Espanhol Para leigos

Falar espanhol exige que você domine todos os tipos de tópicos: vocabulário e expressões essenciais, perguntas básicas em espanhol e o gênero apropriado dos artigos. Além disso, se planeja viajar, é importante saber como obter ajuda e sinalizar em casos de emergência.

USANDO PALAVRAS E FRASES BÁSICAS EM ESPANHOL

Tal como acontece em qualquer idioma, o número de palavras e frases em espanhol pode ser intimidador. Se está apenas começando a explorá-lo, você pode fingir fluência com essas palavras e frases básicas até que seu espanhol se torne tão eficiente quanto o esperado.

- ¡Hola! (¡ô-la!) (Olá!)
- Por favor. (por fa-bvor.) (Por favor.)
- Gracias. (gra-ssias.) (Obrigado.)
- ¿Dónde está el baño? (¿don-de ês-tá êl bvá-nho?) (Onde fica o banheiro?)
- Lo siento. (lo siên-to.) (Desculpe-me.)
- ¿Habla usted portugués? (¿a-bvla us-tê por-tu-gues?) (Você fala português?)
- No hablo mucho español. (no a-bvlo mu-tcho es-pá-nhôl.) (Não falo muito espanhol.)
- No sé. (no sê.) (Não sei.)
- Claro. (cla-ro.) (Claro.)
- Adiós. (a-di-ôs.) (Tchau.)

FAZENDO PERGUNTAS BÁSICAS EM ESPANHOL

Saber como fazer perguntas básicas em espanhol — ou em qualquer outra língua — é essencial em uma sociedade globalizada. Para pedir informações em espanhol, use estas palavras interrogativas básicas e perguntas de exemplo.

- ¿Quién? (¿kiên?) (Quem?)
- ¿Qué? (¿kê?) (Quê?)
- ¿Dónde? (¿dôn-de?) (Onde?)

Espanhol Para leigos

- ¿Cuándo? (¿kuán-do?) (Quando?)
- ¿Por qué? (¿por ke?) (Por quê?)
- ¿Cuál? (¿kual?) (Qual?)
- ¿Cómo? (¿kô-mo?) (Como?)
- ¿Cuánto? (¿kuán-to?) (Quanto?)

Os exemplos a seguir usam na prática essas palavras interrogativas que você pode achar úteis:

¿Quién es él? (¿kiên ês êl?) (Quem é ele?)
¿Qué hace usted? (¿ke *a*-sse us-*tê*?) (O que você está fazendo?)
¿Dónde viven ustedes? (¿*dôn*-de *bvi*-bven us-*te*-des?) (Onde vocês vivem?)
¿Cuándo llegan ellos? (¿*kuán*-do *dje*-gan ê-djos?) (Quando eles chegam?)
¿Por qué está usted aquí? (¿por *ke* ês-*tá* us-*tê* a-*kí*?) (Por que você [formal] está aqui?)
¿Cuál restaurante es mejor? (¿kual rrres-tau-*rán*-te ês me-*rrôr*?) (Qual restaurante é melhor?)
¿Cómo es su casa? (¿*kô*-mo ês su *ka*-ssa?) (Como é a sua casa?)
¿Cuánto cuesta el boleto? (¿*kuán*-to kuês-ta êl bvo-*le*-to?) (Quanto custa a passagem?)

DISTINGUINDO ARTIGOS MASCULINOS E FEMININOS EM ESPANHOL

Como muitas coisas no espanhol, os artigos têm gênero masculino ou feminino, que devem corresponder ao gênero dos substantivos com os quais você os relacionará. Igual ao português. (Por exemplo, você diz la blusa (la *bvlu*-ssa) (a blusa), mas o vestido (êl bves-*ti*-do) (o vestido). Artigos em espanhol incluem o, a (artigos definidos) e um, uma (artigos indefinidos).

Português	Espanhol	
	Masculino	Feminino
o, a	el (êl)	la (la)
os, as	los (los)	las (las)
um, uma	un (un)	una (*u*-na)
uns, umas	unos (*u*-nos)	unas (*u*-nas)

Espanhol

Para leigos

Espanhol
Para leigos

Tradução da 2ª Edição

Susana Wald, da Berlitz® e Cecie Kraynak

ALTA BOOKS
GRUPO EDITORIAL
Rio de Janeiro, 2020

Espanhol Para Leigos® – Tradução da 2ª Edição
Copyright © 2020 da Starlin Alta Editora e Consultoria Eireli. ISBN: 978-85-508-0175-9

Translated from original Spanish For Dummies®, Copyright © 2011 by Wiley Publishing, Inc. ISBN 9780470878552. This translation is published and sold by permission of John Wiley & Sons, Inc, the owner of all rights to publish and sell the same. PORTUGUESE language edition published by Starlin Alta Editora e Consultoria Eireli, Copyright © 2020 by Starlin Alta Editora e Consultoria Eireli.

Todos os direitos estão reservados e protegidos por Lei. Nenhuma parte deste livro, sem autorização prévia por escrito da editora, poderá ser reproduzida ou transmitida. A violação dos Direitos Autorais é crime estabelecido na Lei nº 9.610/98 e com punição de acordo com o artigo 184 do Código Penal.

A editora não se responsabiliza pelo conteúdo da obra, formulada exclusivamente pelo(s) autor(es).

Marcas Registradas: Todos os termos mencionados e reconhecidos como Marca Registrada e/ou Comercial são de responsabilidade de seus proprietários. A editora informa não estar associada a nenhum produto e/ou fornecedor apresentado no livro.

Impresso no Brasil — 1ª Edição, 2020 — Edição revisada conforme o Acordo Ortográfico da Língua Portuguesa de 2009.

Publique seu livro com a Alta Books. Para mais informações envie um e-mail para autoria@altabooks.com.br

Obra disponível para venda corporativa e/ou personalizada. Para mais informações, fale com projetos@altabooks.com.br

Produção Editorial Editora Alta Books Gerência Editorial Anderson Vieira	Produtor Editorial Juliana de Oliveira Thiê Alves Assistente Editorial Ian Verçosa	Marketing Editorial marketing@altabooks.com.br Editor de Aquisição José Rugeri j.rugeri@altabooks.com.br	Vendas Atacado e Varejo Daniele Fonseca Viviane Paiva comercial@altabooks.com.br	Ouvidoria ouvidoria@altabooks.com.br
Equipe Editorial	Adriano Barros Carolinne de Oliveira Illysabelle Trajano Keyciane Botelho	Larissa Lima Laryssa Gomes Leandro Lacerda Livia Carvalho	Maria de Lourdes Borges Paulo Gomes Raquel Porto Thales Silva	Thauan Gomes
Tradução c/ Copy Carolina Gaio	**Revisão Gramatical** Franciane Freitas Alessandro Thomé	**Revisão Técnica** Alberto Gassul Streicher Língua Espanhola UNADECA/ Costa Rica Juan Cosme de Abreu Língua Espanhola UERJ	**Diagramação** Luana Silva	

Erratas e arquivos de apoio: No site da editora relatamos, com a devida correção, qualquer erro encontrado em nossos livros, bem como disponibilizamos arquivos de apoio se aplicáveis à obra em questão.

Acesse o site www.altabooks.com.br e procure pelo título do livro desejado para ter acesso às erratas, aos arquivos de apoio e/ou a outros conteúdos aplicáveis à obra.

Suporte Técnico: A obra é comercializada na forma em que está, sem direito a suporte técnico ou orientação pessoal/exclusiva ao leitor.

A editora não se responsabiliza pela manutenção, atualização e idioma dos sites referidos pelos autores nesta obra.

Dados Internacionais de Catalogação na Publicação (CIP) de acordo com ISBD

W157e   Wald, Susana

         Espanhol Para Leigos / Susana Wald, Cecie Kraynak ; traduzido por Anderson Vitorio. - Rio de Janeiro : Alta Books, 2020.
         416 p. : il. ; 15,7cm x 23cm. - (Para Leigos)

         Tradução de: Spanish For Dummies
         Inclui índice e anexo.
         ISBN: 978-85-508-0175-9

         1. Espanhol. 2. Línguas. I. Kraynak, Cecie. II. Vitorio, Anderson. III. Série.

2019-1085   CDD 460
                    CDU 811.134.2

Elaborado por Vagner Rodolfo da Silva - CRB-8/9410

Rua Viúva Cláudio, 291 — Bairro Industrial do Jacaré
CEP: 20.970-031 — Rio de Janeiro (RJ)
Tels.: (21) 3278-8069 / 3278-8419
www.altabooks.com.br — altabooks@altabooks.com.br
www.facebook.com/altabooks — www.instagram.com/altabooks

Sobre as Autoras

Susana Wald é escritora e tradutora e intérprete de húngaro, espanhol, inglês e francês. Como editora, lida com livros e autores há muitos anos. Já foi professora no Chile e no Canadá e conheceu as alegrias de aprender com seus alunos, com o entusiasmo e a tolerância incansáveis deles. É também artista e já teve seu trabalho exposto em diversos países da Europa e das Américas do Norte, Central e do Sul.

Cecie Kraynak, orienta e leciona espanhol nos ensinos médio e superior há mais de 25 anos. É turista constante de países de língua espanhola e fez intercâmbio na University of the Americas, em Cholula, México, e na Universidad Complutense, em Madri, Espanha. Cecie concluiu bacharelado e licenciatura em Espanhol em 1980 e seu mestrado em Literatura espanhola em 1983, pela Purdue University. Cecie escreveu *Spanish Verbs For Dummies* (Wiley, sem versão em português) e editou vários livros sobre ensino de espanhol. Atualmente é coordenadora das South Montgomery Schools, em New Market, Indiana.

A Berlitz® representa excelência em serviços de idiomas há mais de 130 anos. Com mais de 400 unidades em 50 países no mundo inteiro, a Berlitz® oferece uma gama completa de idiomas e serviços relacionados a seu ensino, incluindo instrução, conhecimento intercultural, tradução de documentos, localização de software e serviços de interpretação simultânea. Oferece também uma grande variedade de produtos editoriais, como cursos de idiomas autodidáticos, livros de expressões idiomáticas, guias de viagem e dicionários.

O mundialmente famoso Método Berlitz® é o cerne de todo o ensino de idiomas da Berlitz®. Desde sua introdução, em 1878, milhões de pessoas já utilizaram esse método para aprender novas línguas. Para mais informações sobre as aulas e os produtos da Berlitz®, procure o telefone do centro de idiomas mais próximo de você ou visite o site da Berlitz®: **www.berlitz.com.br**[*], em que você pode se inscrever em aulas e comprar produtos online.

---

[*] A Berlitz é um serviço independente da Editora Alta Books. O conteúdo do site é de responsabilidade das autoras.

Dedicatória

Cecie: Em memória de meu pai, Frank Howard, que nunca perdeu o espírito de aventura.

Agradecimentos

Cecie: Agradeço ao editor Michael Lewis, por me escolher para trabalhar nesta segunda edição do *Espanhol Para Leigos* e por colaborar de perto comigo durante os estágios iniciais da formulação da base para este livro. Agradeço também ao produtor Georgette Beatty, por preparar cuidadosamente o original e acompanhar toda a produção do texto; à preparadora de originais Megan Knoll, por limpar o manuscrito de quaisquer erros ortográficos e gramaticais grosseiros; e a ambos, por usarem seu conhecimento de espanhol para tornar este livro o melhor possível. Obrigada também aos revisores técnicos, Alicia Añino e Greg Harris, por sua experiência e cuidadosa atenção aos detalhes. Por último, mas não menos importante, agradeço ao meu marido, Joe, que ajudou na preparação das inúmeras submissões dos manuscritos.

Sumário Resumido

Introdução 1

Parte 1: Começando. 9
CAPÍTULO 1: Espanhol em Poucas Palavras. 11
CAPÍTULO 2: Elementos Básicos de Gramática. 23
CAPÍTULO 3: Expressões Básicas 43
CAPÍTULO 4: Conhecendo Horas, Números e Unidades de Medida 67
CAPÍTULO 5: Falando Espanhol em Casa 85

Parte 2: Espanhol em Ação. 111
CAPÍTULO 6: Batendo Papo. 113
CAPÍTULO 7: Pedindo Informações 127
CAPÍTULO 8: Jantando Fora e Indo ao Mercado 141
CAPÍTULO 9: Compras à Moda Espanhola 163
CAPÍTULO 10: Saindo na Cidade 185
CAPÍTULO 11: Negócios e Comunicação 199
CAPÍTULO 12: Diversão em Todo Lugar. 219

Parte 3: Espanhol em Movimento 237
CAPÍTULO 13: Planejando uma Viagem. 239
CAPÍTULO 14: Dinheiro, Dinheiro, Dinheiro 249
CAPÍTULO 15: Por Aí Afora: Aviões, Trens, Táxis e Mais 261
CAPÍTULO 16: Encontrando um Lugar para Ficar 283
CAPÍTULO 17: Lidando com Emergências. 295

Parte 4: A Parte dos Dez 315
CAPÍTULO 18: Dez Formas de Aprender Rápido 317
CAPÍTULO 19: Dez Coisas para Nunca Dizer. 323
CAPÍTULO 20: Dez Expressões Favoritas. 329
CAPÍTULO 21: Dez Frases Para Parecer Nativo 333

Parte 5: Apêndices 339
APÊNDICE A: Minidicionário Espanhol–português 341
         Minidicionário Português-espanhol. 355
APÊNDICE B: Tabelas de Verbos. 369
APÊNDICE C: Sobre o Áudio. 383
APÊNDICE D: Respostas dos Exercícios. 385

Índice. 391

Sumário

INTRODUÇÃO.............................1

Sobre Este Livro 2
Convenções Usadas Neste Livro 2
O que Você Não Vai Ler......................... 4
Penso que... 4
Como Este Livro Está Organizado 4
    Parte 1: Começando 5
    Parte 2: Espanhol em Ação..................... 5
    Parte 3: Espanhol em Movimento..................... 5
    Parte 4: A Parte dos Dez 5
    Parte 5: Apêndices..................... 6
Ícones Utilizados Neste Livro 6
De Lá para Cá, Daqui para Lá 7

PARTE 1: COMEÇANDO......................9

CAPÍTULO 1: Espanhol em Poucas Palavras.........**11**

Elementos Básicos de Gramática..................... 11
Expressões Básicas......................... 13
Conhecendo Horas, Números e Unidades de Medida 14
Falando Espanhol em Casa..................... 14
Colocando o Espanhol em Ação..................... 15
    Batendo papo..................... 15
    Pedindo informações..................... 16
    Jantando fora e indo ao mercado 17
    Indo às compras..................... 17
    Saindo na cidade 18
    Negócios e comunicação 18
    Diversão em todo lugar..................... 18
Colocando o Espanhol em Movimento..................... 19
    Planejando uma viagem 19
    Dinheiro, dinheiro, dinheiro..................... 19
    Por aí afora: aviões, trens, táxis e mais..................... 20
    Encontrando um lugar para ficar 20
    Lidando com emergências..................... 21

CAPÍTULO 2: Elementos Básicos de Gramática......**23**

Formando Frases Simples..................... 24
Formulando Perguntas: O Básico 25
Face a Face com Pronomes Substantivos 26
    Algumas palavras sobre yo..................... 27
    Nosotros e nosotras 28
    É você, você sabe: A questão do tú/usted..................... 28
    Ellos versus ellas..................... 30

Sumário   xiii

Apresentando Verbos Regulares e Irregulares 31
    Verbos regulares 31
    Verbos irregulares 34
Entendendo o que É o Tal do Gênero. 37
    Particularizando com artigos 38
    Criando mais descrições com adjetivos 41

CAPÍTULO 3: Expressões Básicas. .43

Recitando Seu ABC 43
Entendendo Pronúncia e Acentuação. 44
    Encontrando a sílaba tônica. 44
    Reconhecendo sílabas acentuadas. 45
    Pronunciando ditongos. 46
Regras de Pontuação 47
Verbos e Pronomes Reflexivos. 48
    Transformando sujeito em objeto com
        verbos reflexivos 48
    Acompanhando verbos reflexivos com
        pronomes reflexivos 50
    Pronomes reflexivos em seus lugares 51
Cumprimentos e Apresentações: Formais ou Informais 53
    Apresentando-se com o verbo
        llamarse em qualquer situação. 53
    Encontros com termos formais. 54
    Fazendo apresentações solenes. 56
    Ficando íntimo: Cumprimentos informais 56
Desmembrando Nomes Espanhóis. 57
Perguntando e Respondendo "Como Você Está?"
    com os Verbos Ser e Estar 58
    Verbo ser e estado de permanência 58
    Verbo estar e estado momentâneo 61
    Perguntando como as pessoas estão com outras frases. . 63
Dizendo "Por Favor", "Obrigado", "Tchau" e Outras
    Cordialidades 63
Falando sobre Falar: O Verbo Hablar 64

CAPÍTULO 4: Conhecendo Horas, Números e Unidades de Medida 67

Contando até 100 e Além 67
    Falando de números cardinais 68
    Fazendo sequências com ordinais 71
Dizendo as Horas 73
    Falando sobre o tempo. 73
    Expressões básicas sobre horário 74
Usando o Calendário e Datas. 75
    Discutindo os dias da semana 75
    Nomeando meses e estações 76
    Expressando datas no formato adequado 77
Familiarizando-se com o Sistema Métrico 81
    Unidades de peso e volume. 81
    Medidas lineares 83

xiv   Espanhol Para Leigos

CAPÍTULO 5: Falando Espanhol em Casa 85

Um Tour pela Sua Casa 85
A cozinha 86
A sala de jantar 87
A sala de estar. 88
O quarto. 88
O banheiro. 89
A lavanderia. 89
A garagem 90
Outras áreas 90
Planejando sua Rotina 93
Indo com o verbo ir 93
Descrevendo o que gosta com o verbo gustar. 94
Indo para o trabalho 95
Saindo para a escola 96
Comendo em Casa 99
Cozinhando com o verbo cocinar 99
Pondo a mesa. 100
Comidas e bebidas. 100
Usando três verbos à mesa 101
Atividades Básicas do Lar 103
Fazendo tudo com o verbo hacer 103
Dando uma geral na casa 103
Contando carneirinhos 106
Seu, Meu e Nosso: Sendo Possessivo. 106
Adjetivos possessivos 107
Pronomes possessivos 108

PARTE 2: ESPANHOL EM AÇÃO 111

CAPÍTULO 6: Batendo Papo 113

Começando com Questões Simples 113
Conversando sobre o Tempo. 116
Descrevendo Membros da Família 118
Falando sobre Onde Você Mora e o Verbo Vivir 119
Conversando sobre Trabalho com os Verbos
Trabajar e Entender. 120
Uma Conversinha sobre Diminutivos 124

CAPÍTULO 7: Pedindo Informações 127

Perguntando "Onde Fica... ?" e "Onde Está... ?" 128
Descrevendo Posições em Relação a Você 129
Entendendo Direções: Uma Questão Adverbial 130
Explorando com um Mapa 132
Pontos de uma bússola e outros termos úteis. 132
Entendendo frases básicas. 133
Entre Altos e Baixos: Os Verbos Subir e Bajar 136
Para cima com o verbo subir 136
Para baixo com o verbo bajar 137
Para Cá, para Lá e para Qualquer Lugar. 137
Cerca e Lejos: O Quão Longe Você Vai? 138

Sumário   XV

CAPÍTULO 8: Jantando Fora e Indo ao Mercado 141

Comendo Fora. 142
    Fazendo uma reserva 142
    Você quer o que você quer com o verbo querer. 143
    Reconhecendo e pedindo comidas no cardápio 144
    Tipos de molho: Quente, frio e picante!. 152
    Tomando um drink. 153
    Pagando a conta. 156
Indo à Feira 157
    Fazendo compras com o verbo comprar. 158
    Comprando frutas 158
    Comprando vegetais 159
    Comprando peixes. 160
Fazendo Compras no Supermercado. 161

CAPÍTULO 9: Compras à Moda Espanhola 163

O Essencial de Farmácias e Perfumarias 163
Comprando em Lojas de Departamentos 165
    Procurando algo com o verbo buscar 166
    Descobrindo o horário de funcionamento 167
    Comprando roupas 168
    Experimentando tudo com o verbo probarse 169
    Uma versão colorida de você. 170
    Conferindo tecidos. 173
Vestindo e Comprando com o Verbo Llevar 174
Comparações: Bom, Superior, Melhor 175
Superlativos Não Bastam: Exagero!. 176
Comprando em Lojas Especializadas 177
Comprando em Mercados Tradicionais 179
    Barganhando em feiras. 179
    Produtos de metal, vidro, cerâmica e madeira. 181
    Roupas artesanais 182
    Comprando cestos. 182

CAPÍTULO 10: Saindo na Cidade 185

Saindo com o Verbo Salir 185
Convidando com o Verbo Invitar .186
Dançando com o Verbo Bailar 189
Curtindo Shows e Eventos. 189
    No cinema 190
    No teatro 192
    Em galerias e museus 193
    Em shows. 194
No Karaokê com o Verbo Cantar .196

CAPÍTULO 11: Negócios e Comunicação. 199

Indo para o Escritório. 199
    Organizando o escritório: Mobiliário, materiais e afins. .200
    Trocando de sala 202
    Atendendo o Telefone 204

Fazendo uma ligação e seus verbos:
  Ligar, deixar e escutar. 205
  Deixando uma mensagem 206
Formando o Pretérito. 206
  Pretérito e verbos regulares -ar. 207
  Pretérito e verbos regulares -er e -ir 208
Um Pouco de Ação no Escritório 208
  Enviando uma encomenda. 209
  Tirando cópias. 209
  Usando um computador. 210
  Mandando e recebendo e-mails 212
  Marcando uma reunião. 212
Delegando Tarefas com o Imperativo. 214
  Formando o imperativo com verbos regulares 215
  Lidando com o imperativo dos verbos irregulares 216

CAPÍTULO 12: **Diversão em Todo Lugar** **219**

Jogando Xadrez na Espanha 219
Lendo com o Verbo Leer. 221
Escrevendo com o Verbo Escribir 223
Saindo de Casa (por Bem ou por Mal) 225
Dando uma Volta com o Verbo Pasear. 225
Observando os Animais. 226
Brincando com o Verbo Jugar. 229
Jogos com Bola 230
  O mais famoso de todos: Fútbol 230
  Beisebol #2 233
Nadando com o Verbo Nadar. 233

PARTE 3: ESPANHOL EM MOVIMENTO. 237

CAPÍTULO 13: **Planejando uma Viagem** **239**

Planos de Viagem 239
Vistos e Passaportes. 242
De Volta para o Futuro com a Locução Verbal Ir a Viajar . . . 245
Fazendo as Malas: Menos É Mais. 246
Levando seu Computador. 247

CAPÍTULO 14: **Dinheiro, Dinheiro, Dinheiro.** **249**

Entendendo os Termos Básicos. 250
Usando um caixa eletrônico 251
Recarregando com o Cartão de Crédito. 254
Negociando com Cheques de Viagem 255
Trocando Dólares 257
  Trocando moedas com o verbo cambiar. 258
  Moedas curinga: Conhecendo as moedas
  latino-americanas 259

Sumário   xvii

CAPÍTULO 15: Por Aí Afora: Aviões, Trens, Táxis e Mais. 261

Adquirindo Passagens 261
Trazendo Coisas com o Verbo Traer 262
Seguindo pelo Aeroporto 263
Passeando de Trem 264
Encontrando a estação de trem 264
Conferindo seus documentos 264
Lidando com a Alfândega 266
Declarações e direitos 267
Registrando equipamentos eletrônicos 269
Pegando um Táxi ou um Ônibus 272
Chamando um táxi 272
Pegando um ônibus para chegar lá 272
Circulando com o Transporte Público 272
Dirigindo em um Local Desconhecido 273
Tirando a licença 274
Decifrando placas de trânsito 274
Alugando um carro 275
Marcando Encontros: Chegando Tarde,
Cedo ou em Ponto 278
Esperando com o Verbo Esperar 281

CAPÍTULO 16: Encontrando um Lugar para Ficar. . . . 283

Reservando a Estada 284
Conhecendo o Hotel 286
Registrando-se no Hotel 288
Dormindo com o Verbo Dormir 290
Acordando com o Verbo Despertarse 292
Pedindo Toalhas e Outros Itens 293

CAPÍTULO 17: Lidando com Emergências. 295

Gritando por Socorro 296
Lidando com Problemas de Saúde 297
Prestando ajuda com o verbo ayudar 298
Expressando dor com pronomes oblíquos 299
Falando de sangramentos 300
Dizendo onde dói 300
Descrevendo sintomas 304
Encarando o dentista 306
Conseguindo reembolso: Planos de saúde 307
Obtendo Ajuda com Problemas Legais 308
Denunciando um roubo 311
Explicando um incidente à polícia 311
Recusando Ajuda Quando Você Realmente Não Quiser 313

xviii   Espanhol Para Leigos

PARTE 4: A PARTE DOS DEZ 315

CAPÍTULO 18: **Dez Formas de Aprender Rápido** 317

Vá para Locais em que Se Fale Espanhol 317
Investigue sua Vizinhança 318
Ouça Músicas e Assista à TV 318
Assista a um Filme 318
Confira a Biblioteca 319
Traduza Palavras e Frases no Google 319
Encontre Imagens em Espanhol no Google 320
Crie um Jogo 321
Marque Tudo com Notas Adesivas 321
Repita, Pequeno Padawan 321

CAPÍTULO 19: **Dez Coisas para Nunca Dizer** 323

Soy un americano 323
Yo no hablo mexicano 324
Así no es como lo hacemos en Brasil 324
Tu madre... 325
No sé 325
Yo iré un poco más temprano 325
¡Muy mucho! 326
Disculpe — me siento tan embarazada 326
Presunto en la Salada 326
¿Tiene hombre? e Outros Acidentes de Troca de Letras 327

CAPÍTULO 20: **Dez Expressões Favoritas** 329

¿Qué tal? 329
¿Quiubo? 329
¿Qué pasó? 330
¿Cómo van las cosas? 330
¡Del uno! 330
¿Cuánto cuesta? 331
¿A cuánto? 331
¡Un asalto! 331
¡Una ganga! 332
¡Buen provecho! 332
¡Salud! 332
¡Buen viaje! 332

CAPÍTULO 21: **Dez Frases Para Parecer Nativo** 333

¡Esta es la mía! 333
¡Voy a ir de farra! 334
¡La cosa va viento en popa! 334
Nos divertimos en grande 335
¿Y eso con qué se come? 335
¡Así a secas! 335
Caer fatal 336
Ver negras para 336
¡Ojo! 337
Pasó sin pena ni gloria 337

Sumário xix

PARTE 5: APÊNDICES 339

APÊNDICE A: **Minidicionário Espanhol–português** . . **341**

Minidicionário Português-espanhol . . . **355**

APÊNDICE B: **Tabelas de Verbos** **369**

Verbos Regulares 369
Verbos Irregulares 370
Verbos com Alomorfia de e para i 376
Verbos com Alomorfia de e para ie 377
Verbos com Alomorfia de o para ue 379
Verbo com Alomorfia de u para ue 381

APÊNDICE C: **Sobre o Áudio** **383**

Lista de Faixas de Áudio 383

APÊNDICE D: **Respostas dos Exercícios** **385**

ÍNDICE 391

Introdução

Como nossa sociedade se torna cada vez mais globalizada, saber falar pelo menos algumas palavras em uma língua estrangeira é cada vez mais necessário. Passagens aéreas mais baratas tornaram viagens internacionais uma opção possível. Ambientes corporativos das grandes empresas incluem viagens ao exterior. Você pode ter amigos e vizinhos que falam outra língua ou pode se interessar por sua herança cultural e decidir aprender um pouco da língua que seus ancestrais falavam.

Seja qual for seu motivo para aprender, *Espanhol Para Leigos* poderá ajudá-lo. Duas autoridades em ajudar estudantes a adquirir conhecimento — Berlitz®, especialista no ensino de idiomas, e IDG Books Worldwide, Inc., editora especializada na bem-sucedida série de livros *Para Leigos* — se juntaram para produzir este livro, que fornece as ferramentas para a comunicação básica em Espanhol. Não prometemos fluência, mas se você deseja cumprimentar alguém, comprar uma passagem ou fazer um pedido em um restaurante, não precisará de nada além de *Espanhol Para Leigos*.

O espanhol é uma das grandes línguas europeias e tem uma rica cultura de mais de nove séculos de existência. A língua espanhola se originou em uma região da Espanha chamada Castilha. Quando Cristóvão Colombo e outros exploradores espanhóis chegaram ao Novo Mundo, o espanhol se tornou o idioma dos povos que viviam desde a Flórida até a Terra do Fogo (com exceção do Brasil, claro!). Quando você for a países como Argentina, Bolívia, Chile, Uruguai, Paraguai, Peru, Equador, Colômbia, Venezuela, México, Guatemala, Porto Rico, Cuba, Costa Rica, Panamá, Honduras ou Nicarágua, e a muitos outros, a comunicação será em espanhol. Ao falar o idioma, ou pelo menos tentar se comunicar na língua nativa local, você acrescenta uma rica dimensão à sua experiência. Alguns povos dizem que a língua pode ser uma barreira. Nós acreditamos que, removendo esse obstáculo, você abre um mundo de possibilidades.

Então você tem muitas razões para aprender esse lindo idioma. Você provavelmente se interessará pela cultura e seu povo e também irá querer que seus amigos falantes de espanhol compreendam você na língua deles. Então, se seu espanhol não é perfeito, você apreciará e será encorajado em suas tentativas de mergulhar no mundo do espanhol.

Sobre Este Livro

Espanhol Para Leigos, Segunda Edição, ajuda você a atingir momentos de verdadeira compreensão em um idioma diferente. Use o texto como um guia cultural para aqueles momentos em que você realmente precisa saber como e por que as coisas são do jeito que são. Este livro se concentra no espanhol latino-americano, ou seja, no espanhol falado no México e nas Américas Central e do Sul.

Este livro não é uma aula para a qual você tem que se arrastar duas vezes na semana por um período de tempo determinado. Você pode usá-lo da maneira que desejar: seja para saber algumas palavras e frases para ajudá-lo quando for visitar o México e os países das Américas Central e do Sul, quando viajar para a Espanha ou simplesmente quando desejar ser capaz de dizer "Olá, tudo bem?" para seu vizinho que fala espanhol. Use este livro em seu próprio ritmo, lendo tanto quanto quiser a cada vez. Você também não tem que seguir os capítulos em ordem; apenas leia as seções que interessam a você.

E não se esqueça de praticar usando as faixas de áudio para ajudá-lo na pronúncia e nas inflexões. A única maneira de realmente conhecer e amar um idioma é falando-o. Ao longo do livro, damos a você muitas palavras, frases e diálogos com as respectivas pronúncias. As faixas de áudio incluem apenas uma amostra deles, mas nós oferecemos uma ampla seleção que deve servir à maioria de seus desejos básicos.

Convenções Usadas Neste Livro

Para tornar a leitura deste livro mais prática, adotamos algumas convenções:

» Os termos em espanhol estão em **negrito** para se destacarem. Eles são acompanhados das pronúncias, com a sílaba tônica em *itálico* (veja o quadro a seguir), e da tradução para o português, seguindo a mesma regra. (Exceção: boxes com "Palavras a Saber" sublinham a tônica e não marcam as palavras em espanhol ou as traduções.)

» Nos parênteses de pronúncia, separamos todas as palavras com mais de uma sílaba com um hífen, assim: (*ka*-ssa).

» Conjugações verbais (listas que mostram as formas dos verbos) aparecem nas tabelas nesta ordem: a forma *eu*, a forma *você*

2   Espanhol Para Leigos

(informal), as formas *ele/ela* e *o senhor/a senhora* (formal), a forma *nós*, a forma *vocês* (informal) e as formas *eles/elas/senhores/ senhoras* (formal). As pronúncias ficam na segunda coluna. Aqui está um exemplo:

Conjugação	Pronúncia
yo llevo	djô *djê*-bvo
tú llevas	tu *djê*-bvas
él, ella, usted lleva	êl, ê-dja, us-*tê djê*-bva
nosotros, nosotras llevamos	nô-*ssô*-tros, nô-*ssô*-tras djê-*bvá*-mos
vosotros, vosotras lleváis	bvô-*ssô*-tros, bvô-*ssô*-tras djê-*bváis*
ellos, ellas, ustedes llevan	ê-djôs, ê-djas, us-*tê*-des *djê*-bvan

Aprender um idioma é uma batalha peculiar, então este livro inclui alguns elementos que os outros *Para Leigos* não incluem. A seguir estão esses elementos:

» **Diálogos "Tendo uma Conversa":** A melhor forma de aprender um idioma é vendo e ouvindo como ele é utilizado na conversação, então incluímos diálogos ao longo do livro. Eles vêm sob o cabeçalho "Tendo uma Conversa" e mostram as palavras em espanhol, a pronúncia e a tradução.

» **Boxes "Palavras a Saber":** Memorizar palavras-chave e frases também é importante no aprendizado de idiomas, então juntamos as palavras importantes de um capítulo (ou de uma seção dele) em um box, como as que aparecem nos diálogos, e as escrevemos em um cabeçalho com o título "Palavras a Saber".

» **Atividades "Diversão & Jogos":** Se você não tem um falante de espanhol com quem praticar suas novas regras do idioma (ou até mesmo se tiver), você pode usar as atividades do "Diversão & Jogos" para reforçar seu aprendizado. Esses jogos de palavras são um jeito divertido de desafiá-lo e auxiliar seu progresso. Você encontra as respostas de cada exercício no Apêndice D.

Note ainda que, como cada idioma tem sua própria maneira de expressar ideias, as traduções em português para os termos em espanhol podem não ser exatamente literais. Queremos que você saiba a essência do que está sendo dito, não apenas quais palavras estão sendo ditas. Por exemplo, a frase "Hola, ¿qué tal?" (ô-la, quê *tál*) pode ser traduzida literalmente como "Olá, que tal?", mas como não é muito usado em português, este livro apresenta a tradução "Olá, como vai?".

Introdução 3

O que Você Não Vai Ler

Nós gostamos de pensar que você vai ler cada palavra deste livro, mas também sabemos que você está ansioso para mergulhar de cabeça no espanhol. Portanto, sinta-se livre para pular as caixas sombreadas de cinza ao longo dos capítulos; elas estão cheias de informações interessantes, mas que não são essenciais para o seu estudo do espanhol.

Penso que...

Para escrever este livro tivemos que fazer algumas suposições sobre quem você é e o que espera de um livro chamado *Espanhol Para Leigos*, Segunda Edição. Aqui estão algumas suposições que fizemos sobre você:

>> Você não sabe nada de espanhol — ou, se estudou um pouco na escola, já não se lembra de muita coisa.

>> Você está interessado principalmente na comunicação verbal, não em ler ou escrever em espanhol, embora este livro também vá ajudá-lo nisso.

>> Você não está procurando um livro que o torne fluente em espanhol, quer apenas aprender algumas palavras, frases e construções de sentenças para poder se comunicar de forma básica no idioma.

>> Você não quer memorizar longas listas de vocabulário ou várias regras gramaticais chatas, mas você quer um direcionamento sobre gramática para aprofundar seu entendimento e uso do espanhol.

>> Você quer se divertir e, ao mesmo tempo, aprender um pouco de espanhol.

Se essas afirmações se aplicam a você, então encontrou o livro certo!

Como Este Livro Está Organizado

Este livro está dividido por tópicos em cada parte; e as partes, em capítulos. As próximas seções mostram que tipo de informação você encontrará em cada parte.

Parte 1: Começando

Esta parte permite que você dê os primeiros passos no espanhol, dando-lhe algumas noções básicas de seu ABC, tais como pronúncia de palavras e frases como um falante nativo, e que conheça, cumprimente e troque gentilezas com outros falantes da língua. Nós trazemos uma rápida gramática básica, então você está bem equipado para formular suas próprias expressões. Você descobre como contar em espanhol (até um milhão!), dizer as horas, falar sobre dias e datas medidas. Finalmente, vamos apresentar o espanhol em sua casa para que você conheça todas as palavras e frases úteis.

Parte 2: Espanhol em Ação

Nesta parte você começa a aplicar o espanhol de modo eficaz. Em vez de se concentrar na gramática, como muitos livros didáticos de idiomas fazem, esta parte foca situações cotidianas nas quais você pode se encontrar caso esteja visitando ou vivendo em um país de língua espanhola ou lidando com seus vizinhos falantes nativos de espanhol. Esta parte aperfeiçoa suas habilidades de bater papo e o leva por passeios de compras e refeições. Você descobrirá também como pedir informações, curtir a cidade, realizar negócios e desfrutar de atividades recreativas. No final desta parte, você será capaz de fazer um passeio básico pela língua espanhola.

Parte 3: Espanhol em Movimento

Esta parte lhe possibilitará colocar seu espanhol na estrada, seja para ir a um restaurante local ou a um museu no México. Ela é dedicada ao mochileiro que há em você, ajudando-o a sobreviver aos processos alfandegários, a procurar acomodações, a pedir um táxi, a converter moedas e a se divertir muito fazendo tudo isso. Por meio dessas pequenas amostras culturais você conhecerá pessoas, lugares e coisas relevantes para a cultura espanhola.

Parte 4: A Parte dos Dez

Se você está procurando por informações breves e dinâmicas sobre o espanhol, esta parte do livro foi feita para você. Aqui você encontrará dez formas rápidas de aprender espanhol, dez coisas que nunca devem ser ditas, dez expressões favoritas em espanhol e dez frases que farão com que você pareça um legítimo nativo da língua espanhola.

Introdução 5

Parte 5: Apêndices

Esta parte do livro inclui informações importantes que podem ser usadas como referência. Incluímos dois minidicionários (espanhol–português e português–espanhol), tabelas que mostram como conjugar verbos regulares e irregulares, uma lista com as faixas de áudio (e a localização no livro dos diálogos correspondentes para que você possa acompanhá-los) e todas as respostas para as seções "Diversão & Jogos", do final de cada capítulo.

Ícones Utilizados Neste Livro

Talvez você queira informações específicas ao ler este livro. Para que você as encontre com facilidade, colocamos os seguintes ícones na margem esquerda das páginas:

Preste muita atenção às informações marcadas com este ícone; elas são tão importantes que você deve mantê-las na memória.

Este ícone destaca dicas que podem tornar seu aprendizado mais fácil.

As línguas são cheias de particularidades que podem enganá-lo se você não estiver atento a elas. Este ícone sinaliza discussões sobre essas regras gramaticais inusitadas.

Se você deseja informações e conselhos sobre cultura e viagens, procure este ícone. Ele dá dicas interessantes de cada país onde o espanhol é falado.

Este símbolo marca os diálogos que você pode ouvir nas faixas de áudio que podem ser encontradas no site www.altabooks.com.br ao buscar pelo título desta obra.

De Lá para Cá, Daqui para Lá

A melhor maneira de aprender uma língua é mergulhar de cabeça nela e em sua cultura. Ouça músicas em espanhol, concentre-se na pronúncia e atente para a grafia dos sons. Ao ouvir e repetir, você entra em um mundo de novas ideias e pessoas. Essa imersão realmente torna o aprendizado de espanhol uma espécie de magia.

Se você nunca teve aulas de espanhol antes, pode querer ler os capítulos da Parte 1 antes de dar seguimento aos outros. A Parte 1 lhe dará alguns dos princípios básicos que você precisa saber sobre a língua espanhola.

O aprendizado de um idioma tem a ver com meter a cara e tentar (não importa o quanto sua pronúncia seja ruim). Então, se jogue! Comece pelo início, escolha o capítulo que você achar mais interessante ou utilize as faixas de áudio e ouça alguns diálogos. Apenas se certifique de falar o mais semelhante possível ao que ouve e divirta-se nessa jornada!

1
Começando

NESTA PARTE. . .

Esta parte permite que você dê seus primeiros passos na língua espanhola, com algumas noções básicas do ABC, tais como pronúncia de palavras e frases típicas de um falante nativo, para conhecer, cumprimentar e trocar gentilezas com outros falantes de espanhol. Apresentamos uma rápida gramática básica, assim você estará bem equipado para formular suas próprias expressões. Você descobrirá como contar em espanhol (até um milhão!), dizer as horas, falar sobre dias, datas e medidas. Finalmente, vamos mostrar como falar espanhol em casa, onde você pode conhecer todos os tipos de palavras e frases úteis.

NESTE CAPÍTULO

» **Fazendo a transição do português para a gramática espanhola**

» **Entendendo os elementos básicos**

» **Contando até dez, falando as horas e marcando encontros**

» **Adquirindo vocabulário e frases úteis para usar em casa**

» **Falando espanhol quando você estiver fora ou em viagens**

Capítulo **1**

Espanhol em Poucas Palavras

Todos querem conhecer o espanhol, mas aprendê-lo requer tempo e esforço consideráveis. Paciência! Roma não foi construída em um dia, e nós também não aprendemos espanhol de um dia para o outro.

No entanto, você pode se concentrar nas regras gramaticais básicas e começar a produzir frases em questão de minutos. É a isso que se dedica este capítulo. Aqui nós oferecemos uma versão resumida do restante deste livro para que você possa começar a falar e entender o espanhol imediatamente.

Elementos Básicos de Gramática

Estudar gramática (as regras do idioma) é um grande desmancha-prazeres. Você quer começar a falar espanhol *agora*, mas a gramática é um ingrediente essencial e realmente oferece um atalho para você aprender e compreender uma segunda língua:

Vocabulário + Gramática + Prática = Fluência

Conheça o vocabulário, conecte as palavras na estrutura gramatical e você estará pronto para fazer perguntas e entender as respostas.

O Capítulo 2 está repleto de regras da gramática espanhola, mas você não precisa saber tudo de uma vez. Comece com o básico — uma frase simples, um substantivo seguido de um verbo, uma pessoa ou uma coisa que executa uma ação.

LEMBRE-SE

Ao construir a estrutura das frases, siga algumas regras gramaticais básicas:

- » O sujeito executa a ação (o verbo).
- » Se usar um artigo, como **el** ou **la** (*o* ou *a*), ele deve concordar com o substantivo em gênero — substantivos masculinos usam **el**; femininos, **la**.
- » O verbo concorda com o substantivo em pessoa (eu, você, nós, ele, ela, eles) e número. Em português, por exemplo, dizemos *Eu vou à loja*, mas *Ele vai à loja*. O processo de adaptar as formas dos verbos é chamado de conjugação.

Conjugar um verbo é o processo de mudar a sua terminação para que ele se adeque ao pronome referente ao sujeito. Aqui vemos um exemplo simples com o verbo **hablar** (*falar*):

Pronome do Sujeito	Verbo	Português
yo (*eu*)	hablo	eu falo
tú (*você* [informal])	hablas	você fala
Usted (*senhor/ senhora* [formal])	habla	o senhor/ a senhora fala
él/ella (*ele/ela*)	habla	ele/ela fala
nosotros/nosotras (*nós*)	hablamos	nós falamos
vosotros/vosotras (*vocês* [informal])	habláis	vocês falam
Ustedes (*senhores/ senhoras* [formal])	hablan	os senhores/ as senhoras falam
ellos/ellas (*eles/elas*)	hablan	eles falam

PARTE 1 **Começando**

Sim, isso ficará um pouco mais complicado. O espanhol tem verbos irregulares que não seguem essas regras (veja exemplos no Apêndice B) e, como na maioria dos idiomas, seus verbos são conjugados de maneiras diferentes conforme os tempos, presente, pretérito e futuro. Por ora, contudo, entender o que a conjugação significa já é um grande passo.

Expressões Básicas

LEMBRE-SE

No Capítulo 3 apresentamos inúmeras expressões comuns do espanhol (assim como uma série de pronúncias, cumprimentos, apresentações e muito mais), que permitirão que você fale espanhol rapidamente. Antes de chegarmos lá, adiantamos algumas expressões essenciais:

¡**Hola!** (¡ô-la!) *(Olá!)*

¿**Quiubo?** (¿kí-*ú*-bo?) *(O que foi?)*

Adiós. (a-di*ôs*.) *(Tchau.)*

Por favor. (por fa-*bvôr*.) *(Por favor.)*

Gracias. (*grá*-cias.) *(Obrigado.)*

Lo siento. (lô *siên*-to.) *(Desculpe-me.)*

¿**Habla usted portugués?** (¿*a*-bla us-*têd* por-tu-*guês*?) *(Você fala português?)*

No hablo mucho español. (nô á-blo *mú*-tcho ês-pã-*nhôl*.) *(Não falo muito espanhol.)*

No sé. (nô sê.) *(Não sei.)*

Claro. (*clá*-ro.) *(Claro.)*

As seguintes frases podem ajudá-lo a evitar pausas estranhas enquanto você pensa na palavra certa durante uma conversa:

¡**Olé!** (¡ô-lê!) *(Muito bom!; É isso aí!; Ótimo!)*

¿**De veras?** (¿dê *bvê*-ras?) *(É mesmo?)* Essa frase expressa desconfiança.

¡**No me digas!** (¡nô mê *dí*-gas!) *(Não diga!)* Essa frase também expressa desconfiança.

CAPÍTULO 1 **Espanhol em Poucas Palavras** 13

Conhecendo Horas, Números e Unidades de Medida

Visitar qualquer país requer um conhecimento de números, datas, horas e medidas. Sem essa noção você pode se atrasar para um jantar (ou sequer saber o dia da semana) e pode não conseguir pedir a quantidade certa do que deseja. O Capítulo 4 trará para você todos esses tópicos rapidamente. Até lá, as frases a seguir podem ajudá-lo em seu primeiro encontro:

» **Pergunte** *Que dia?:* **¿Qué día?** (¿kê *dí*-a?)

» **Pergunte** *Que horas?:* **¿A qué hora?** (¿á kê ô-ra?)

» **Nomeie os dias da semana começando com a segunda: lunes** (*lú*-nes), **martes** (*már*-tes), **miércoles** (miêr-kô-les), **jueves** (rruê-bves), **viernes** (bviêr-nes), **sábado** (*sá*-bva-do), **domingo** (dô-*mín*-go)

» **Conte até 12 em espanhol: uno** (*ú*-no), **dos** (dôss), **tres** (três), **cuatro** (kuá-tro), **cinco** (*sín*-ko), **seis** (sêes), **siete** (siê-te), **ocho** (ô-tcho), **nueve** (nuê-bve), **diez** (diês), **once** (ôn-sse), **doce** (dô-sse)

» **Diga que horas do dia são:** Para dizer **É** *1h,* use **Es la una** (ês la *ú*-na). *É meio-dia* fica **Es el mediodía** (ês êl mê-dio-*dí*-a), e *É meia-noite* fica **Es la medianoche** (ês la mê-dia-*nô*-tche). Para todas as outras horas do dia após 1h, use **Son las** + o número; por exemplo **Son las dos** (sôn lás dôs) (*São 2h*).

Falando Espanhol em Casa

Muitas pessoas começam a aprender espanhol em casa ou na escola antes de se aventurar no território da língua espanhola. De qualquer forma, sua casa é um ótimo lugar para adquirir vocabulário e frases funcionais. Nomear os cômodos de sua casa é o primeiro passo:

» **la cocina** (lá kô-*ssí*-na) (*a cozinha*)

» **el comedor** (êl kô-me-*dôr*) (*a sala de jantar*)

» **el salón** (êl sa-*lôn*) (*a sala de estar*)

» **el baño** (êl *bvá*-nho) (*o banheiro*)

» **el dormitorio** (êl dôr-mi-*tô*-rio) (*o quarto*)

14   PARTE 1 **Começando**

Sua casa é equipada com toda sorte de coisas, mas poucas delas são essenciais:

- **la nevera** (la nê-*bvê*-ra) (*a geladeira*)
- **el horno microondas** (êl *ôr*-no *mí*-krô-*ôn*-das) (*o micro-ondas*)
- **el mando a distancia** (êl *mán*-do a dis-*tán*-ssia) (*o controle remoto*)

O Capítulo 5 apresenta a você muito mais palavras referentes a utensílios domésticos que eventualmente podem ajudá-lo em numerosas atividades na sua casa.

Colocando o Espanhol em Ação

Logo mais você vai querer levar seu espanhol para além dos limites seguros de sua casa ou da sala de aula e começar a usá-lo nas conversas do dia a dia. Os capítulos da Parte 2 o auxiliarão com palavras, frases, diálogos e muito mais, para usar em cenários comuns, tais como bater papo, pedir informações e ir às compras. As seguintes seções fornecem uma prévia do que esperar.

LEMBRE-SE

Ame-o ou deixe-o. Procure ativamente oportunidades para falar espanhol. Você pode se sentir um pouco desconfortável no começo, mas quanto mais praticar e aprender com seus erros, mais rápido a fluência virá.

Batendo papo

Grande parte das conversas que você ouve diariamente é basicamente um bate-papo, que normalmente começa com uma pergunta:

¿Cómo te llamas? (¿*kô*-mo tê *djá*-mas?) (*Como você se chama?*)

¿Dónde vives? (¿*dôn*-de *bví*-bvês?) (*Onde você mora?*)

¿Qué hace usted? (¿kê *á*-sse *ús*-tê?) (*O que o senhor/a faz?*)

¿Cómo está usted? (¿*kô*-mo ês-*tá ús*-tê?) (*Como vai o senhor/a senhora* [formal]?)

¿Cuántos años tienes? (¿*kuán*-tos *á*-nhôs *tiên*-es?) (*Quantos anos você tem?*)

Para responder a essas perguntas, tente o seguinte:

Me llamo... (mê djá-mo...) (*Meu nome é...*)

Vivo en... (*bvi*-bvo ên...) (*Moro em...*)

Yo soy un estudiante. (iô sôi ún ês-tu-dián-te.) (*Sou um estudante.*)

Estoy muy bien. (ês-*tôi múi* biên) (*Estou ótimo.*) ou **Estoy así así.** (ês-tôi á-*ssí* á-*ssí.*) (*Estou mais ou menos.*)

Yo tengo veinticinco años. (iô *tên*-go bvêín-ti-*ssín*-kô *án*-nhôs.) (*Eu tenho 25 anos.*)

Essa pequena amostra de frases para iniciar um bate-papo é um grande quebra-gelo, mas elas não sustentam uma conversa inteira. Confira o Capítulo 6 para mais opções para começar um bate-papo em espanhol, com exemplos de palavras e frases.

Pedindo informações

Pedir informações em espanhol não é difícil. A parte complicada é entender a resposta à sua pergunta. O jeito mais eficaz de superar esse desafio é levar um mapa da área para a qual deseja a informação e pedir para que as pessoas a apontem nele:

Hola. ¿Por favor, puede Ud. decirme como llegar a...? (ô-la. ¿pôr fa-*bvôr*, puê-de ús-tê dê-ssír-me kô-mo djê-gár á... ?) (*Olá. Por favor, pode me dizer como chegar a ...?*)

Por favor, enséñeme en este mapa. (pôr fa-*bvôr*, ên-*ssê*-nhe-mê ên ês-te *ma*-pa.) (*Por favor, mostre-me neste mapa.*)

¿Dónde estamos ahora? (¿*dôn*-de ês-*tá*-mos a-ô-ra?) (*Onde estamos agora?*)

¿A cuánto estamos a ...? (¿a kuán-to ês-*tá*-mos a... ?) (*A quanto tempo estamos de... ?*)

Pedir e fornecer informações é um pouco mais complexo do que essas frases mostram. Você precisa saber palavras referenciais, como aqui e lá, acima e abaixo, à esquerda e à direita, dentro e fora, norte e sul, e por aí vai. Veja o Capítulo 7 para mais detalhes.

Jantando fora e indo ao mercado

Lutar com uma língua estrangeira pode realmente abrir o apetite, então mate dois coelhos com uma cajadada só — vá até o mercado espanhol local ou restaurante mexicano mais próximo e encare a gororoba.

DICA

Se estiver em um mercado ou restaurante local, usar gestos e indicações podem ajudá-lo nas primeiras experiências de pedir comida e bebidas. Acompanhe as dicas seguintes para tudo ficar mais fácil:

Yo quiero este. (iô kiê-ro ês-te.) (*Eu quero este.*)

Eventualmente você desejará pedir sua comida com uma atitude melhor do que essa de homem das cavernas. No Capítulo 8 daremos a você o espanhol de que precisa para fazer reservas em um **restaurante** (rrrês-tau-*rán*-te), pedir suas refeições e bebidas e comprar mantimentos e verduras no **mercado** (mêr-*ká*-do) (*mercado; feira*) ou no **supermercado** (su-per-mêr-*ká*-do) (*supermercado*).

Indo às compras

Independentemente de onde estiver (na sua cidade ou em um outro local), você precisa comprar coisas, e isso não é tão fácil quanto parece quando as compras são feitas em um local em que o espanhol é a língua oficial. Saber algumas palavras que deem conta de suas necessidades básicas pode ajudá-lo:

- » **la camisa** (la ka-*mí*-ssa) (*a camisa*)
- » **el champú** (êl txam-*pú*) (*o shampoo*)
- » **la falda** (la *fál*-da) (*a saia*)
- » **el jabón** (êl ra-*bôn*) (*o sabão*)
- » **los pantalones** (lôs pan-ta-*lô*-nes) (*as calças*)
- » **el papel higiénico** (êl pa-*pêl* i-rri-ê-ni-ko) (*o papel higiênico*)
- » **la pasta de dientes** (la *pás*-ta dê diên-tes) (*a pasta de dentes*)
- » **los zapatos** (los sa-*pá*-tos) (*os sapatos*)

Se você precisa de mais coisas do que as listadas acima ou de ajuda a respeito do que estiver procurando, vá para o Capítulo 9, que reúne muito mais vocabulário com verbos e frases para pedir informações, comprar roupas, escolher cores e marcas específicas e fazer comparações entre elas.

CAPÍTULO 1 **Espanhol em Poucas Palavras** 17

Saindo na cidade

Metade da diversão de uma viagem consiste em explorar os vários locais para entretenimento que a cidade oferece. Você não quer ficar o dia todo sentado no seu quarto contando lagartixas, então vá para o Capítulo 10, em que você descobrirá como conjugar e usar o verbo **salir** (sa-*lír*) (*sair*). E não se esqueça de convidar um de seus novos amigos com o verbo **invitar** (in-bvi-*tár*).

O Capítulo 10 oferece diversas ideias para marcar encontros, aproveitar a cidade, se divertir e conversar sobre os bons momentos que você teve — em espanhol, é claro!

Negócios e comunicação

Falar espanhol no ambiente corporativo oferece novas oportunidades para ampliar o vocabulário, as frases e até a gramática. É provável que você trabalhe em uma **oficina** (ô-fi-*ssí*-na) (*escritório*); use **la computadora** (la kôm-pu-ta-*dô*-ra) (*o computador*), **el teléfono** (êl tê-lê-fô-no) (*o telefone*) e **la fotocopiadora** (la fô-to-kô-pi-a-*dô*-ra) (*a fotocopiadora*); converse com seus colegas de trabalho sobre **el enfriador de agua** (êl en-*fría-dôr* dê *á*-gua) (*o filtro de água*) e use muitos **suministros de la oficina** (su-mi-*nís*-tros dê la ô-fi-*ssí*-na) (*materiais de escritório*).

Você também precisa localizar os diferentes departamentos e as diferentes salas do prédio em que trabalha, como **la sala de descanso** (la *sá*-la de des-*kán*-so) (*a sala de descanso*), **el cuarto de almacenamiento** (êl *kuár*-to de al-ma-sse-na-*miên*-to) (*o estoque*) e **la salida** (la sa-*lí*-da) (*a saída*). E ainda será importante saber como falar sobre as várias atividades do escritório, como atender ao telefone, fazer cópias e usar o computador.

O Capítulo 11 dá conta de todas essas informações, incluindo o modo imperativo que será apresentado a você, para que aprenda a delegar tarefas com as formas de comando desse modo verbal; e o pretérito, para que você possa conversar sobre coisas que já aconteceram.

Diversão em todo lugar

Somente trabalhar e não ter nenhum tempo de diversão não faz sentido em nenhum idioma, então no Capítulo 12 nós focaremos palavras, frases e diálogos sobre atividades recreativas internas e externas. Aqui vão alguns exemplos para que você possa começar:

¿Juegas al ajedrez? (¿rruê-gas al rrê-drês?) (*Você joga xadrez?*)

¿Te gusta leer? (¿tê *gús*-ta lê-êr?) (*Você gosta de ler?*)

¿Te gusta caminar? (¿tê *gús*-ta ka-mi-*nár*?) (*Você gosta de caminhar?*)

¿Qué te gusta jugar? (¿kê te *gús*-ta rru-*gar*?) (*O que você gosta de jogar?*)

Colocando o Espanhol em Movimento

Ir para um país em que o espanhol é a língua oficial talvez seja a maneira mais eficaz para se familiarizar e se sentir confortável com a conversação. Então nós dedicamos uma parte inteira de capítulos sobre viajar usando o espanhol. As seções seguintes dão a você uma rápida noção dos elementos básicos que encontrará na Parte 3.

Planejando uma viagem

Viagens tranquilas e livres de problemas começam com uma preparação adequada. Você precisa decidir para onde ir com o verbo **ir** (ír) (*ir*), tirar **el pasaporte** (êl pa-ssa-*pôr*-te) (*o passaporte*) e **el visado** (ê bvi-*ssá*-do) (*o visto*) antes de mais nada; agendar **el vuelo** (êl bvuê-lo) (*o voo*) e, finalmente, **hacer la maleta** (a-*ssêr* la ma-*lê*-ta) (fazer as malas).

O Capítulo 13 dá conta de todos esses itens e de outros, apresentando tempos verbais que possibilitarão que você discuta seus planos futuros de viagens.

Dinheiro, dinheiro, dinheiro

Quando viajar para outro país, você terá que lidar com moedas estrangeiras e ser capaz de realizar transações financeiras todos os dias, tais como sacar **el dinero** (êl di-*nê*-ro) (*o dinheiro*) de um caixa eletrônico usando **la tarjeta de crédito** (la tar-*rrê*-ta de *krê*-di-to) (*o cartão de crédito*) ou pagar pelas coisas em espécie.

O Capítulo 14 fornece orientações abundantes sobre como administrar seu dinheiro e realizar transações financeiras em espanhol, se você estiver lidando com um caixa ou diretamente com um caixa eletrônico.

CAPÍTULO 1 **Espanhol em Poucas Palavras** 19

Nós também oferecemos tudo de que precisa saber para obter as melhores taxas de câmbio para o real.

Por aí afora: aviões, trens, táxis e mais

A menos que esteja planejando um tour a pé ou de bicicleta pelo país (o que pode ser um modo interessante de viajar), você precisa saber como utilizar aviões, trens, táxis, ônibus e todas as outras formas de transporte público. Comece perguntando:

¿**Dónde está... ?** (¿dôn-de ês-tá... ?) (Onde fica... ?)

A seguir estão alguns meios de transporte pelos quais você pode estar procurando:

- » **el aeropuerto** (êl a-ê-rô-puêr-to) (*o aeroporto*)
- » **la estación de tren** (la ês-ta-*ssiôn* de trên) (*a estação de trem*)
- » **el taxi** (êl *tak*-ssi) (*o táxi*)
- » **la estación de autobuses** (la ês-ta-*ssiôn* de au-to-*bvú*-ssês) (*a estação de ônibus*)
- » **la oficina de renta de autos** (la ô-fi-*ssí*-na de *rrren*-ta de *áu*-tos) (*a locadora de automóveis*)

Você precisa, também, comprar a passagem ou pagar a tarifa do transporte, dirigir (se você alugou um carro) e talvez lidar com oficiais da alfândega. E você deve ter todas essas atividades previamente planejadas. O Capítulo 15 ajudará nessa empreitada.

Encontrando um lugar para ficar

Mesmo que deseje ficar fora o dia todo conhecendo a cidade em que está, você precisa de um lugar para dormir e deixar seus pertences — você precisa de um hotel, pensão ou equivalente. Isso parece fácil demais, até que você tenha que acertar os detalhes da hospedagem, como o custo da diária, a localização do quarto, o tamanho da cama, e por aí vai. As questões a seguir podem ajudá-lo a encontrar um quarto como precisa e que caiba em seu orçamento:

¿**Hay una habitación disponible?** (¿ai ú-na a-bví-ta-ssiôn dís--po-ní-bvle?) (Tem um quarto disponível?)

20   PARTE 1 **Começando**

¿Es la habitación bastante grande para dos personas? (¿ês la a-bví-ta-ssiôn bvas-*tán*-te grán-*de pa*-ra dôs pêr-*sô*-nas?) (*O quarto é grande o suficiente para duas pessoas?*)

¿Hay un baño privado? (¿ai un *bvá*-nhoh pri-*bvá*-do?) (*Tem um banheiro privativo?*)

¿Hay dos camas? (¿ai dôs *ká*-mas?) (*Tem duas camas?*)

¿Cuánto cuesta por una noche? (¿*kuán*-to kuês-ta por *ú*-na *nô*-t-che?) (*Quanto custa a diária?*)

¿Acepta tarjetas de crédito? (¿a-*ssêp*-ta tar-*rrê*-tas de *krê*-di--to?) (*Aceita cartão de crédito?*)

DICA

A maioria dessas perguntas pode ser respondida com **sí** (*sim*) ou **no** (*não*), o que faz com que o entendimento das respostas seja fácil.

Se você precisa de mais do que isso para encontrar uma hospedagem segura, vá para o Capítulo 16, em que nós mostramos como fazer reservas, conferir o quarto antes de realizar o *check-in*, se registrar e pedir mais toalhas e outros itens necessários.

Lidando com emergências

LEMBRE-SE

Esperamos que, para onde quer que vá, você não precise ter que lidar com situações sérias de emergência, mas, se isso acontecer, nós falamos das principais no Capítulo 17. A primeira coisa é fazer com que saibam que você precisa de ajuda:

¡Por favor, ayúdeme! (¡por fa-*bvôr* a-*iú*-de-*mê*!) (*Por favor, ajude-me!*)

Então virá a parte mais difícil — descrever o tipo de emergência que você tem. O Capítulo 17 se destina a capacitá-lo a conseguir ajuda, se sua necessidade for médica, legal ou algo genérico, como um incêndio, por exemplo. Nós oferecemos também um guia de como ajudar os outros.

Diversão & Jogos

O caça-palavras a seguir contém diversas palavras utilizadas neste capítulo. Nós listamos as traduções para o português aqui; encontre e circule no caça-palavras aquelas equivalentes em espanhol. (Veja o Apêndice D para as respostas dos exercícios.)

```
L  T  U  A  J  T  J  B  K  S  O  L  A  H  O  R  A
N  C  O  M  E  D  O  R  P  I  K  A  J  C  A  E  M
P  X  K  C  Y  V  I  A  R  H  A  B  L  A  M  O  S
H  O  L  A  R  A  P  O  R  A  Z  Z  D  R  X  Y  O
J  N  H  Y  Í  A  T  O  E  B  G  G  Z  S  A  Y  F
M  A  R  D  M  I  N  V  T  L  R  Q  K  U  R  W  I
N  Q  Q  G  M  U  I  B  Z  O  A  Y  U  T  P  G  C
Z  E  Q  R  B  P  R  E  I  V  C  I  K  H  B  Z  I
D  A  O  O  O  A  A  G  D  R  I  W  A  Z  H  A  N
M  D  P  F  O  D  R  E  S  T  A  C  I  Ó  N  W  A
N  Q  W  A  M  F  J  F  H  Z  S  M  F  Y  C  U  Z
J  N  X  J  T  A  E  U  C  W  E  L  W  W  I  O  D
A  N  T  T  R  O  N  P  N  W  R  N  A  D  U  N  O
B  L  G  E  I  W  S  P  Z  N  Y  J  D  H  D  Ñ  D
Ó  G  V  O  S  I  Y  G  L  L  S  W  I  F  A  A  F
N  E  K  Z  P  U  C  G  Q  V  Z  H  Ó  B  D  W  Q
N  P  K  T  R  E  N  X  B  J  P  N  S  O  D  I  X
```

Tchau	Falamos
Agora	Falo
Banheiro	Olá
Cidade	Sabão
Sala de jantar	Mapa
Dia	Geladeira
Quarto	Escritório
Estação	Trem
Obrigado	Sapatos

NESTE CAPÍTULO

» **Entendendo a estrutura de frases simples**

» **Fazendo perguntas básicas**

» **Começando com pronomes**

» **Adicionando ação com verbos regulares e irregulares**

» **Entendendo aquela coisa toda de gênero com artigos e adjetivos**

Capítulo **2**

Elementos Básicos de Gramática

Falar um idioma é como dirigir um carro. Quando você sabe o que está fazendo, isso vira algo natural. Você não precisa ficar pensando sobre aceleração, condução, freios ou até lendo placas de trânsito — você apenas dirige. Com o espanhol é o mesmo. Assim que você conhece o vocabulário e a gramática, você lê, escreve e fala quase que instintivamente.

Saber o que você está fazendo significa conhecer as regras da estrada, e, para o espanhol, essas regras constituem a gramática. Você não precisa saber um monte de regras para começar a falar uma língua, mas memorizar algumas regras básicas pode ajudar seu cérebro a compreender o idioma e entender o que você está estudando e por quê. Este capítulo vai capacitá-lo para isso em um piscar de olhos.

Formando Frases Simples

Naturalmente, quando você conhece pessoas, você quer falar com elas. E como se desenvolve isso? Em frases, é claro. Em espanhol, como em português, você forma uma frase combinando um sujeito, um verbo e eventualmente alguma informação descritiva. Por exemplo:

La casa es grande. (la ká-ssa ês grán-de.) (*A casa é grande.*)

Aqui o sujeito da frase é **la casa** (la ká-ssa) (*a casa*); então vem o verbo, **es** (ês) (*é*); depois vem um adjetivo, **grande** (grán-de) (*grande*), que descreve a casa. Aqui estão outros exemplos:

La mujer es bella. (la mu-rrêr ês bvê-dja.) (*A mulher é bela.*)

El hombre es alto. (êl ôm-bvre ês al-to.) (*O homem é alto.*)

Las calles son anchas. (las ká-djes sôn án-tchas.) (*As ruas são amplas.*)

LEMBRE-SE

Antes de começar a examinar os blocos básicos que compõem uma frase, familiarize-se com dois componentes essenciais de qualquer frase — sujeito e predicado.

- O *sujeito* é a instância que realiza a ação, junto com quaisquer palavras que o caracterizem. Quando explícito, o sujeito é sempre um substantivo ou um pronome.
- O *predicado* é todo o resto — a ação (ou verbo) e tudo o que se relacione a ela.

Para formar uma frase negativa, você simplesmente adiciona um **no** na frente do verbo, como mostrado nos exemplos seguintes:

El carro no es nuevo. (êl ka-rrro nô ês nuê-bvo.) (*O carro não é novo.*)

El perro no es bueno. (êl pê-rrro nô ês bvuê-no.) (*O cachorro não é manso* [Literalmente: *O cachorro não é bom*].)

El hombre no es bajo. (êl ôm-bvre nô ês bva-rro.) (*O homem não é baixo.*)

Formulando Perguntas: O Básico

Temos boas notícias para você: formar uma pergunta em espanhol é fácil. Tudo o que precisa fazer é inverter a ordem do verbo e do sujeito. Enquanto você diz **Esta es...** (ês-ta ês...) em uma frase regular, para uma pergunta, você diz **¿Es esta... ?** (¿ês ês-ta... ?).

Confira este exemplo:

Esta es la puerta. (ês-ta ês la puêr-ta.) (*Esta é a porta.*)

¿Es esta la puerta? (¿ês ês-ta la puêr-ta?) (*É esta a porta?*)

Para responder afirmativamente a uma pergunta, você adiciona a palavra *sim* na frente da resposta, seguida da vírgula. Por exemplo:

¿Es la escuela nueva? (¿ês la ês-kuê-la nuê-bva?) (*A escola é nova?*)

Sí, la escuela es nueva. (si, la ês-kuê-la ês nuê-bva.) (*Sim, a escola é nova.*)

Agora suponha que você queira responder negativamente. Tudo que você tem que fazer é inserir a palavra *não* no começo da resposta e antes do verbo. Um exemplo:

¿Es ése el carro? (¿ês ê-sse êl ka-rrro?) (*É esse o carro?*)

No, ése no es el carro. (nô, ê-sse nô ês êl ka-rrro.) (*Não, esse não é o carro.*)

As frases a seguir foram usadas no afirmativo na seção anterior, e agora estamos as usando para demonstrar questionamento (forma interrogativa) e negação (forma negativa):

¿Es bella la mujer? (¿ês bvê-dja la mu-rrêr?) (*A mulher é bela?*)

No, la mujer no es bella. (nô, la mu-rrêr nô ês bvê-dja.) (*Não, a mulher não é bela.*)

¿Es alto el hombre? (¿ês al-to êl ôm-bvre?) (*O homem é alto?*)

No, el hombre no es alto. (nô, êl ôm-bvre nô ês al-to.) (*Não, o homem não é alto.*)

¿Son anchas las calles? (¿sôn án-tchas las ka-djes?) (*As ruas são largas?*)

CAPÍTULO 2 **Elementos Básicos de Gramática** 25

No, las calles no son anchas. (nô, las *ka*-djes nô sôn *án*-tchas.) (*Não, as ruas não são largas.*)

Repare nesses exemplos que as perguntas em espanhol colocam o adjetivo antes do sujeito, enquanto que em português o adjetivo é posterior a ele.

Nas perguntas, iniciamos com o verbo, e não com o sujeito, como em português:

FALANDO DE GRAMÁTICA

¿Vas al cine? (¿bvas al *sí*-ne?) (*Você vai ao cinema?*)

Sí, voy. (si, bvôi.) (*Sim, eu vou.*)

¿Va tu padre al cine? (¿bva tu *pa*-dre al *sí*-ne?) (*Seu pai vai ao cinema?*)

No, él no va. (nô, êl nô bva.) (*Não, ele não vai.*)

Face a Face com Pronomes Substantivos

Um *pronome substantivo* é uma palavra usada no lugar de um substantivo, na função de sujeito. Em vez de dizer "Lúcia fritou um ovo", por exemplo, você pode dizer "Ela fritou um ovo". *Ela* (pronome substantivo) substitui *Lúcia* (o sujeito representado por um substantivo).

Em português você usa pronomes substantivos o tempo todo no lugar do substantivo ou para evitar repeti-lo. Isso economiza muito tempo e esforço. Você pode escrever (ou dizer) "Eles saíram", em vez de "O sr. Antônio Bolavoluntária e a sra. Cleopatra Johnson saíram". Os pronomes substantivos *eu*, *você*, *ele*, *ela*, *nós*, *eles* e *elas* permitem que você fale de maneira mais concisa e direta quando o sujeito já é conhecido. Substantivos e seus pronomes correspondentes são formas de o verbo expressar suas ações específicas.

FALANDO DE GRAMÁTICA

Você não precisa usar pronomes com tanta frequência, porque os verbos em espanhol, assim como em português, indicam o sujeito na sua terminação. (Veja a seção, ainda neste capítulo, "Apresentando Verbos Regulares e Irregulares", para mais informações.) Você usa pronomes substantivos principalmente para demonstrar educação, ênfase, reforçar o sujeito ou para deixar perfeitamente claro quem é o sujeito.

Assim como em português, os pronomes substantivos em espanhol têm uma pessoa (primeira, segunda ou terceira) e um número (singular ou plural), como você pode ver na Tabela 2–1. (A segunda pessoa do plural **vosotros/vosotras** é usada no espanhol falado principalmente na Espanha. Confira o box "Na Espanha, vosotros comandam", ainda neste capítulo, para detalhes.)

TABELA 2-1 **Pronomes Substantivos**

Pessoa	Singular	Significado	Plural	Significado
primeira pessoa	**yo** (djô)	eu	**nosotros/nosotras** (no-*s*-sô-tros/no-*ssô*-tras)	nós
segunda pessoa informal	**tú** (tu)	você	**vosotros/vosotras** (bvo-*s*-sô-tros/bvoh-*ssô*-tras)	vocês
segunda pessoa formal	**usted (Ud.)** (us-*tê*)	senhor/senhora	**ustedes (Uds.)** (us-*tê*-des)	senhor/senhora
terceira pessoa	**él** (êl)	ele	**ellos** (ê-djos)	eles
	ella (ê-dja)	ela	**ellas** (ê-*djas*)	elas

FALANDO DE GRAMÁTICA

O espanhol admite orações sem sujeito. Isso significa que, como em português, você pode construir orações em que o sujeito é compreensível pelo contexto ou pela terminação verbal, também chamada de desinência:

¿**Qué es?** (¿kê ês?) (*O que é?*)

Es una herramienta. (ês *u*-na ê-rrra-mi-*ên*-ta.) (*É uma ferramenta.*)

As seções a seguir o ajudarão a escolher os pronomes substantivos corretos para todas as circunstâncias em todo o universo da língua espanhola.

Algumas palavras sobre yo

FALANDO DE GRAMÁTICA

Como a conjugação do verbo em primeira pessoa deixa claro que o sujeito a que se refere é **yo**, como em português, eventualmente o **yo** pode ser omitido da sentença, e ela pode simplesmente começar pelo verbo. Aqui está um exemplo:

(**Yo**) **Me voy.** ([iô] mê bvôi.) (*[Eu] Estou indo.*)

CAPÍTULO 2 Elementos Básicos de Gramática   27

Nosotros e nosotras

Quando você fala sobre uma pessoa e sobre você ao mesmo tempo, você deve usar *nós* (**nosotros/nosotras**). **Nosotros** refere-se a um grupo exclusivo de homens ou combinado de homens e mulheres, independentemente do número de membros de cada gênero presente. **Nosotras** refere-se a um grupo exclusivamente de mulheres:

> **Jorge y yo (Nosotros) jugamos al tenis.** (*rrôr*-rre i iô [no-*ssô*--tros] rru-*gá*-mos al *tê*-nis.) (*Jorge e eu [Nós] jogamos tênis.*) [Independentemente do gênero de quem enuncia].
>
> **Luiza y yo (Nosotras) jugamos al tenis.** (lu-*i*-ssa i iô [no-*ssô*--tras] rru-*gá*-mos al *tê*-ni.) (*Luiza e eu [Nós] jogamos tênis.*) [Considerando que quem enuncia (yo) é do gênero feminino].

É você, você sabe: A questão do tú/usted

As pessoas usam tanto a linguagem corporal quanto a verbal para demonstrar o andamento de uma conversa. Essas interações tendem a ser mais formais em espanhol do que em português. Se você quer ser formal em português, em geral você demonstra isso pela sua postura e entonação vocal. Em espanhol, a distinção entre **tú** (tu) e **usted** (us-*tê*) coloca essa formalidade diretamente na língua.

Falantes de espanhol usam o **tú** para o modo informal e o **usted** representando uma forma mais respeitosa de falar com alguém, um recém--conhecido, uma pessoa mais velha ou alguém com quem se queira manter uma certa distância, como é necessário em uma relação de trabalho. Muitos adultos falam com crianças usando o **tú**.

SABEDORIA CULTURAL

Em algum ponto em uma relação entre dois falantes de espanhol, ocorre uma mudança no tratamento formal com o **usted** para o mais informal e íntimo **tú**. Duas pessoas da mesma idade, mesma classe social ou nível de educação ou pessoas que queiram expressar certa intimidade rapidamente chegam ao nível em que querem falar uma com a outra de um jeito mais próximo e pessoal. É nesse momento que elas usam a palavra **tú**. Em espanhol, isso se chama **tutearse** (tu-tê*árrr*-ssê) — isto é, falar **tú**. Por outro lado, se você não quiser criar intimidade com alguém ou se quiser manter o relacionamento mais profissional e menos íntimo, você pode permanecer chamando a pessoa de **usted**. Essas formalidades tornam as relações mais elegantes e diversificadas. Ser cortês em suas relações é muito apreciado nos locais em que se fala espanhol.

A seguir estão alguns exemplos de frases que usam **tú** e **usted**:

¿Vas tú con Juan en el auto rojo? (¿bvás tu kôn rruán ên êl au-to rrrô-rro?) (*Você* [amigável, informal] *vai com Juan no carro vermelho?*)

¿Cómo se llama usted? (¿*kô*-mo ssê *djá*-ma us-*têd*?) (*Como o senhor/a senhora* [respeitoso, formal] *se chama?*)

Usted tiene una casa muy bella. (us-*tê* tieê-ne *u*-na *ka*-ssa *mui bvieê*-dja.) (*o senhor/ a senhora* [respeitoso, formal] *tem uma casa muito bonita.*)

FALANDO DE GRAMÁTICA

Quando as pessoas querem se endereçar a várias pessoas de uma maneira informal, elas usam a palavra **vosotros** (bvo-*ssô*-tros), que é o plural de **tú**. Norte-americanos de língua espanhola nativa quase não usam **vosotros**. No espanhol falado na América Latina, em vez disso, as pessoas dizem **ustedes** (que significa *vocês*). O **ustedes** pode ser um jeito formal de se referir a duas ou mais pessoas ou pode ser informal também — o contexto ditará a diferença. Aqui estão alguns exemplos de **ustedes** usado das duas maneiras:

¿Adónde van ustedes dos? (¿a-*dôn*-de bván us-*tê*-des dôs?) (*Aonde vocês dois vão?*) [Pode ser formal ou informal.]

¿Ustedes van conmigo, ¿Verdad? (¿us-*tê*-des bvan kôon-*mi*-go, ¿bver-*dad*?) (*Vocês vão comigo, certo?*) [Informal.]

¿Bailan ustedes el tango? (¿*bvai*-lan us-*tê*-des êl *tán*-go?) (*Os senhores dançam tango?*) [Formal.]

O box a seguir, "Na Espanha, vosotros comandam", traz mais informações.

FALANDO DE GRAMÁTICA

Sempre escrevemos as abreviações das formas *você* **Ud. (usted)** e *vocês* **Uds. (ustedes)** em maiúsculas. Quando **usted** e **ustedes** não estão abreviados, eles só ficam em maiúscula no começo da frase. Ao ler as abreviações, você pronuncia a palavra inteira. Aqui estão alguns exemplos:

¿Busca Ud. (usted) algo? (¿bus-ka us-tê al-go?) (*o senhor/ a senhora está procurando alguma coisa?*)

¿Necesitan Uds. (ustedes) ayuda? (¿ne-sse-*ssi*-tan us-*tê*-des a-*iu*-da?) (*Vocês precisam de ajuda?*)

NA ESPANHA, VOSOTROS COMANDAM

O pronome **vosotros** é usado no espanhol falado na Espanha. Em todos os outros países de língua espanhola, **vosotros** é ensinado na escola, mas a maioria dos países nunca o usa nas suas conversas corriqueiras. Na América Latina, você ouve **ustedes**; não há distinção entre o plural formal e o informal da terceira pessoa.

Aqui estão todas as variações da terceira pessoa, usando **trabajar** (trabalhar) como exemplo:

tú trabajas (*você trabalha*): singular, informal

usted trabaja (*você trabalha*): singular, formal

vosotros trabajáis (*vocês trabalham*): plural, informal na Espanha

ustedes trabajan (*vocês trabalham*): plural, formal na Espanha; formal *e* informal na América Latina

Você pode ouvir uma variação de **vosotros** na Argentina ou na Colômbia: **Vos trabajás** (*vocês trabalham*).

Ellos versus ellas

Ellos (*eles*) se refere a dois ou mais homens ou a um grupo de homens e mulheres, independentemente do número de membros de cada gênero presente. **Ellas** se refere a um grupo exclusivo de mulheres:

Juan y Jorge (Ellos) escuchan. (rru-án i RRôr-rree [ê-djos] es-ku--tchan.) (*Juan e Jorge [Eles] escutam.*)

Juan y Luiza (Ellos) escuchan. (rru-án i lu-i-ssa [ê-djos] es-ku--tchan.) (*Juan e Luiza [Eles] escutam.*)

El niño y mil niñas (Ellos) escuchan. (êl ni-nho i mil ni-nhas [ê-djos] es-ku-tchan.) (*O menino e mil meninas [Eles] escutam.*)

Luiza y Susana (Ellas) escuchan. (lu-i-ssa i ssu-ssá-na [ê-djas] es-ku-tchan.) (*Luiza e Susana [Elas] escutam.*)

Apresentando Verbos Regulares e Irregulares

O infinitivo dos verbos em espanhol é feito a partir de três possibilidades: **-ar**, **-er** ou **-ir**, conforme a conjugação. Independentemente da terminação do verbo, no entanto, ele pode ser classificado como regular ou irregular, como você verá nas seções a seguir. Verbos regulares seguem um esquema padrão de conjugação; e os irregulares não.

» **Verbos regulares:** Conjugar verbos regulares é fácil. Quando você sabe como conjugar um verbo regular da primeira conjugação, **-ar**, você consegue conjugar todos os outros verbos terminados em **-ar**. O mesmo acontece com os verbos regulares terminados em **-er** e **-ir** — você entende as regras de um deles e consegue aplicá-las a todo o grupo de verbos.

» **Verbos irregulares:** A conjugação dos verbos irregulares, no entanto, é menos previsível. Portanto, você precisa memorizar mais formas de cada verbo irregular para saber que os está usando corretamente. (Não se preocupe se você cometer um erro; a maioria dos falantes de espanhol entenderá o que você quer dizer mesmo que a terminação do verbo não esteja perfeita.)

Verbos regulares

Em todos os verbos regulares em espanhol, a primeira parte do verbo — seu radical — permanece imutável. Por exemplo, o verbo **preparar** (pre-pa-*rar*) (*preparar*) é um verbo regular terminado em **-ar**. Seu radical **prepar**- não se altera durante a conjugação. A tabela a seguir mostra como conjugar esse verbo — e todos os outros verbos regulares da primeira conjugação **-ar** — no presente.

Conjugação	Pronúncia
yo preparo	djô pre-*pa*-ro
tú preparas	tu pre-*pa*-ras
él, ella, usted prepara	êl, ê-dja, us-*tê* pre-*pa*-ra
nosotros, nosotras preparamos	no-*ssô*-tros, no-*ssô*-tras pre-pa-*rá*-mos
vosotros, vosotras preparáis	bvo-*ssô*-tros, bvo-*ssô*-tras pre-pa-*rais*
ellos, ellas, ustedes preparan	ê-djos, ê-djas, us-*tê*-des pre-*pa*-ran

CAPÍTULO 2 **Elementos Básicos de Gramática** 31

A tabela a seguir mostra como conjugar no presente todos os verbos regulares terminados em **-er**. Para o nosso exemplo, escolhemos o verbo da segunda conjugação, **-er**, **comprender** (kom-pren-*der*) (*compreender*). O radical desse verbo é **comprend-**.

Conjugação	Pronúncia
yo comprendo	djô kom-*pren*-do
tú comprendes	tu kom-*pren*-des
él, ella, usted comprende	êl, ê-dja, us-tê kom-*pren*-de
nosotros, nosotras comprendemos	no-*ssô*-tros, no-*ssô*-tras kom-*pren*-de-mos
vosotros, vosotras comprendéis	bvo-*ssô*-tros, bvo-*ssô*-tras kom-pren-*deis*
ellos, ellas, ustedes comprenden	ê-djos, ê-djas, us-*te*-des kom-*pren*-den

A tabela a seguir mostra como conjugar no presente todos os verbos regulares terminados em **-ir**, usando o verbo regular da terceira conjugação, **-ir**, **aburrir** (ah-bvooh-*rreer*) (*chatear; aborrecer*) como exemplo. Seu radical é **aburr-**.

Conjugação	Pronúncia
yo aburro	djô a-*bvu*-rrro
tú aburres	tu a-*bvu*-rrres
él, ella, usted aburre	êl, ê-dja, us-tê ah-*bvooh*-rrren
nosotros, nosotras aburrimos	no-*ssô*-tros, no-*ssô*-tras a-bvu-*rrri*-mos
vosotros, vosotras aburrís	bvo-*ssô*-tros, bvo-*ssô*-tras a-bvu-*rrris*
ellos, ellas, ustedes aburren	ê-djos, ê-djas, us-*te*-des a-*bvu*-rrren

DICA

Para deixar as coisas simples, comece com o presente enquanto você estiver se habituando ao espanhol. No Capítulo 11 você descobrirá como dar ordens, com o imperativo, e conjugar verbos no pretérito. O Capítulo 13 apresenta a conjugação do futuro simples.

Tendo uma Conversa

Rosario está preparando um jantar para seu namorado, Alejandro. Acompanhe a seguir a conversa que ela tem ao telefone com um amigo sobre o que está cozinhando para essa refeição tão romântica. (Faixa 2)

(O telefone toca...)
Rosario: **Bueno.**
bu*ê*-no.
Alô.

Lupe: **Hola, Rosario. Soy Lupe. ¿Qué haces?**
ô-la, rrro-*ssa*-rio. soy *lu*-pe. ¿kê a-*sses*?
Olá, Rosario. É Lupe. O que você está fazendo?

Rosario: **Preparo una cena romántica para mi novio Alejandro.**
pre-*pa*-ro *u*-na *sse*-na rrro-*mán*-ti-ka *pa*-ra mi *no*-bvio a-le-*rran*-dro.
Estou preparando um jantar romântico para meu namorado, Alejandro.

Lupe: **¿Qué preparas?**
¿ke pre-*pa*-ras?
O que você está preparando?

Rosario: **Preparo una paella especial con arroz, camarones, cebollas y judías verdes.**
pre-*pa*-ro *u*-na pa-ê-ia es-pe-*ssial* kon a-*rrrôs*, ka-ma-*rô*-nes, sse-*bvô*-ias, i rru-*di*-as *bver*-des.
Estou preparando uma paella especial, com arroz, camarões, cebolas e vagem.

Lupe: **¡Excelente! Es muy especial y muy romántico.**
¡ek-sse-*len*-te! ês *mui* es-pe-*ssial* i *mui* rrro-*mán*-ti-ko.
Excelente! É muito especial e muito romântico.

Rosario: **Pues, adiós. Necesito terminar de preparar la cena.**
puês, a-di-*ôs*. ne-sse-*ssi*-to ter-mi-*nar* de pre-pa-*rar* la *ssê*-na.
Bom, tchau. Preciso terminar de preparar o jantar.

Lupe: **Hasta mañana.**
as-ta ma-*nhá*-na.
Até amanhã.

CAPÍTULO 2   Elementos Básicos de Gramática   33

Palavras a Saber

la cena	la <u>ssê</u>-na	o jantar
romántica	rrro-<u>mán</u>-ti-ka	romântica
el novio	êl <u>no</u>-bvi-o	o namorado
el arroz	êl a-<u>rrros</u>	o arroz
los camarones	los ka-ma-<u>ro</u>-nes	os camarões
las cebollas	las sse-<u>bvô</u>-ias	as cebolas
las judías verdes	las rru-<u>di</u>-as <u>bver</u>-des	as vagens

Verbos irregulares

Conjugar verbos irregulares é um desafio, porque esses verbos não seguem as regras padrão que descrevemos na seção anterior. A boa notícia é que mesmo os verbos irregulares podem ser previsíveis em sua imprevisibilidade. Isso significa que cada verbo irregular tem suas particularidades, mesmo em meio à sua loucura aparentemente caótica.

Um exemplo é o verbo **tener** (te–*nêr*) (*ter*). Como a tabela a seguir mostra, o radical do verbo, **ten–**, muda para **teng–** e **tien–** na maior parte do presente. Olhe atentamente para as terminações e você reparará que elas continuam as mesmas.

Conjugação	Pronúncia
yo tengo	djô *ten*-go
tú tienes	tu tiê-nes
él, ella, usted tiene	êl, ê-dja, us-tê tiê-ne
nosotros, nosotras tenemos	no-ssô-tros, no-ssô-tras te-*ne*-mos
vosotros, vosotras tenéis	bvo-ssô-tros, bvo-ssô-tras te-*nêis*
ellos, ellas, ustedes tienen	*ê-djos, ê-djas, us-te-des* tiê-nen

PARTE 1 **Começando**

FALANDO DE GRAMÁTICA

Outro verbo irregular que significa *ter* é **haber** (h-*bver*). Embora seu significado seja o mesmo que **tener**, conjugado na tabela anterior, **haber** é usado como um verbo auxiliar para formar locuções verbais — assim como em português, com o verbo ter, que é usado em frases como *Ele tem estado* ou *Eu tenho feito*.

Outro verbo irregular muito útil é **poder**, que significa *ser capaz de* (eventualmente traduzido como poder, como na frase "Eu posso falar espanhol!"). Aqui está a conjugação do verbo **poder**:

Conjugação	Pronúncia
yo puedo	djô puê-do
tú puedes	tu puê-des
él, ella, usted puede	êl, ê-dja, us-tê puê-de
nosotros, nosotras podemos	no-ssô-tros, no-ssô-trass po-*de*-mos
vosotros, vosotras podéis	bvo-ssô-tros, bvo-ssô-tras po-*deis*
ellos, ellas, ustedes pueden	ê-*djos*, ê-*djas*, us-te-des puê-den

Confira o Apêndice B para ver uma variedade de verbos irregulares conjugados.

Conversando

Na conversa a seguir, as irmãs Gonzalez estão participando de uma reunião familiar depois de cinco anos sem se ver. Elas querem recuperar o tempo perdido. (Faixa 3)

Verónica: **Hola, Susana. ¿Cómo estás?**
ô-la, ssu-*ssá*-na. ¿*ko*-mo ês-*tas*?
Olá, Susana. Como você está?

Susana: **Estoy muy bien. ¿Y tú? Hace mucho tiempo. ¿Cuántos años tiene tu hijo ahora?**
es-*toi mui* biên. ¿i tu? a-sse *mu*-tcho ti-êm-po. ¿kuán-tos á-nhos tiê-ne tu i-rro a-ô-ra?
Estou muito bem. E você? Quanto tempo! Com quantos anos o seu filho está?

Verónica: **Estoy muy bien también. Mi hijo, Francisco, ya tiene doce años y es muy alto para su edad.**
es-*toi mui* bviên tam-bviên. mi *i*-rro, fran-*ssi*s-ko, ia tiê-ne *do*-sse á-nhos i ês *mui ál*-to *pa*-ra ssu ê-*dad*.

Estou muito bem também. Meu filho, Francisco, já tem doze anos e é muito alto para sua idade.

Y ahora tengo las gemelas Calíope y Camila. Ellas tienen cuatro años. Son preciosas.
i a-ô-ra *ten*-go las rre-*mê*-las ka-*li*-o-pe i ka-*mi*-la. ê-djas tiê-nen ku*á*-tro *á*-nhos. son pre-*ssiô*-ssas.
E agora eu tenho as gêmeas, Calíope e Camila. Elas têm quatro anos. São muito bonitas.

¿Y tú y tu esposo? ¿Cuántos hijos tienen Uds?
¿i tu i tu es-*po*-sso? ¿ku*á*n-tos i-rros tiê-nen us-*tê*-des?
E você e seu marido? Quantos filhos têm?

Susana: **Nosotros tenemos tres hijos — un niño y dos niñas.**
no-*ssô*-tros te-*ne*-mos tres *i*-rros un *ni*-nho i dôs *ni*-nhas.
Nós temos três filhos — um menino e duas meninas.

Verónica: **¿Cuántos años tienen ellos?**
¿ku*á*n-tos *á*-nhos tiê-nen ê-djos?
Quantos anos eles têm?

Susana: **Nuestro hijo Roberto tiene cinco años, nuestra hija Sara tiene tres años, y la chiquita, Ramona, tiene catorce meses.**
nu*ê*s-tro *i*-rro rrro-*bvêr*-to tiê-ne *ssin*-ko *á*-nhos, nu*ê*s-tra *i*-rra *ssá*-ra tiê-ne tres *á*-nhos, i la tchi-*ki*-ta rrra-*mô*-na tiê-ne ka-*tor*-sse me-sses.
Nosso filho Roberto tem cinco anos, nossa filha Sara tem três anos, e a mais nova, Ramona, tem quatorze meses.

Verónica: **¡Qué maravilloso! Estoy muy contenta de verte después de tanto tiempo y hablar de nuestras familias.**
¡ke ma-ra-bvi-*djô*-sso! ês-*toi* mui kon-*ten*-ta de *bver*-te des-pu*ês* de *tan*-to tiê*m*-po i a-*bvlar* de nu*ê*s-tras fa-*mi*-lias.
Que maravilhoso! Estou muito contente de vê-la depois de tanto tempo e falar de nossas famílias.

Susana: **Estoy de acuerdo.**
es-*toi* de a-ku*ê*r-do.
Eu concordo.

Palavras a Saber

hace mucho tiempo	a-sse mu-tcho tiêm-po	quanto (literalmente: faz muito) tempo
el hijo	êl i-rro	o filho
la hija	la i-rra	a filha
ahora	a-ô-ra	agora
también	tam-bviên	também
la edad	la ê-dad	a idade
las gemelas	las rre-mê-las	as gêmeas
preciosa	pre-ssi-ô-ssah	bonita
el esposo	êl ês-pô-sso	o marido
el niño	êl ni-nho	o menino
la niña	la ni-nha	a menina
contenta	kon-ten-ta	contente

Entendendo o que É o Tal do Gênero

Em espanhol, tudo na criação (não só as pessoas) tem um gênero! Quando você se refere a pessoas e animais, compreender o gênero é muito fácil, porque ele faz parte de suas essências, assim como as flores; todo mundo sabe que as flores são polinizadas, precisando de ambos os gêneros para a produção de suas sementes.

Então por que não se referir a todas as coisas que crescem com nomes marcados por gênero? E se todas as coisas que crescem têm um gênero, por que não dar a tudo (e a cada palavra) esse privilégio? Muitas línguas, incluindo o espanhol, espalham o gênero dentro de seus universos. Nas seções a seguir vamos compreender o gênero por meio de artigos e adjetivos.

CAPÍTULO 2 **Elementos Básicos de Gramática** 37

Particularizando com artigos

Com os artigos você pode indicar quando está se referindo a um ou a vários seres ou coisas específicos, e em uma tacada só ainda consegue especificar o gênero.

Os artigos definidos (representados em português por *o*, *a*, *os*, *as*), em espanhol, são:

» **el** (êl): masculino, singular
» **la** (la): feminino, singular
» **los** (los): masculino, plural
» **las** (las): feminino, plural

Os artigos indefinidos (significando *um*, *uma*, *uns*, *umas*), em espanhol, são:

» **un** (un): masculino, singular
» **una** (*u*-na): feminino, singular
» **unos** (*u*-nos): masculino, plural
» **unas** (*u*-nas): feminino, plural

LEMBRE-SE

Então como você faz para usar o gênero nos seus artigos? Aqui estão algumas regras simples que você pode seguir para ajudá-lo.

» Se o substantivo representar uma pessoa, você sabe se a pessoa é um homem ou uma mulher, e essa é a sua indicação.
» Quando o substantivo termina em *o*, geralmente é masculino.
» Terminando em *a*, comumente o substantivo é feminino.
» Um substantivo que termina em *e* costuma ser masculino. Algumas exceções para essa regra são **estudiante** (*estudante*), que pode ser tanto feminino quanto masculino, e **madre** (*mãe*), que é feminino. (Lembre-se, se é de uma pessoa que você está falando, olhe para seu gênero para ter uma pista!)
» Substantivos que terminam em consoante geralmente são femininos. Uma exceção para esta regra é **jardín** (*jardim*), que é masculino.

Em espanhol, como em português, *piano* (piá-no) termina em *o* e é masculino. Consequentemente, a palavra *piano* terá um artigo masculino definido antes dela, **el piano** (êl piá–no) (*o piano*), ou um artigo masculino indefinido, **un piano** (un piá–no) (*um piano*).

Aqui estão alguns exemplos adicionais:

> » **el niño** (êl *ni*-nho) (*o menino; a criança*)
>
> **los niños** (los *ni*-nhos) (*os meninos; as crianças*)
>
> **un niño** (un *ni*-nho) (*um menino; uma criança*)
>
> **unos niños** (*u*-nos *ni*-nhos) (*uns meninos; umas crianças*)
>
> » **la niña** (la *ni*-nha) (*a menina*)
>
> **las niñas** (las *ni*-nhas) (*as meninas*)
>
> **una niña** (*u*-na *ni*-nha) (*uma menina*)
>
> **unas niñas** (*u*-nas *ni*-nhas) (*umas meninas*)

UM TRABALHO PROFISSIONAL

Quando a palavra para uma profissão em particular for masculina, você forma o feminino adicionando um *a* ao final da palavra. Assim, **doctor** vira **doctora**. A partir daí, você pode escolher o artigo apropriado, com a ajuda da seção anterior, "Particularizando com artigos":

> **la doctora** (la dok-*tô*-ra) (*a médica*)
>
> **las doctoras** (las dok-*tô*-ras) (*as médicas*)
>
> **una doctora** (u-na dok-*tô*-ra) (*uma médica*)
>
> **unas doctoras** (u-nas dok-*tô*-ras) (*umas médicas*)

É mais fácil do que parece, não é mesmo? Mas as regras têm exceções, e com esta não é diferente. Algumas profissões usam o mesmo termo, independentemente de o profissional ser homem ou mulher. Aqui estão alguns exemplos dessas exceções:

> **el/la cantante** (êl/la kan-*tán*-te) (*o/a cantor[a]*)
>
> **el/la dentista** (êl/la den-*tis*-ta) (*o/a dentista*)
>
> **el/la electricista** (êl/la e-lek-tri-*ssis*-ta) (*o/a eletricista*)
>
> **el/la policía** (êl/la po-li-*ssi*-a) (*o/a policial*)

CAPÍTULO 2 **Elementos Básicos de Gramática** 39

Olhe para **los niños** na lista anterior e repare que sua tradução constitui um plural, que se aplica tanto para "os meninos" quanto para "as crianças". Quando você tem um grupo misturado (que inclui homens e mulheres), como em português, você usa o plural masculino, bem como o artigo correspondente. Assim, **los niños** podem significar *meninos* ou *meninos e meninas*. Você segue o mesmo padrão com **unos**.

Para criar o plural dos substantivos, siga estas três regras simples:

» **Regra #1:** se um substantivo termina em vogal, adicione *s*.

» **Regra #2:** por outro lado, se terminar em consoante, acrescente *es*.

» **Regra #3:** se a última letra de uma palavra for *z*, altere-a para *c* e coloque *es*.

Aqui estão alguns exemplos para ilustrar:

» **la chica** (la *tchi*-ka) (*a garota*)
las chicas (las *tchi*-kas) (*as garotas*)
una chica (*u*-na *tchi*-ka) (*uma garota*)
unas chicas (*u*-nas *tchi*-kas) (*umas garotas*)

» **la mujer** (la mu-*rrêr*) (*a mulher*)
las mujeres (las mu-*rrê*-res) (*as mulheres*)
una mujer (*u*-na mu-*rrêr*) (*uma mulher*)
unas mujeres (*u*-nas mu-*rrê*-res) (*umas mulheres*)

» **la luz** (la luss) (*a luz*)
las luces (las *lu*-sses) (*as luzes*)
una luz (*u*-na luss) (*uma luz*)
unas luces (*u*-nas *lu*-sses) (*umas luzes*)

Criando mais descrições com adjetivos

Adjetivos são o que dá o tom a uma língua! Substantivos dizem sobre o que se está falando; e um pronome, de quem se fala. Mas adjetivos dizem a você como as coisas e as pessoas são, incluindo seu gênero e número.

Suponha que você queira dizer *Eu tenho um carro branco*. Em espanhol, você diz **Tengo un carro blanco**. (*ten*-go un *ka*-rrro *bvlán*-ko.). Lembre-se de que, como em português, esse *o* no final indica que **carro** é masculino. Um substantivo masculino requer um adjetivo também masculino: **blanco** (*bvlán*-ko).

Para dizer *A garota é alta*, você diz **La chica es alta**. (la *tchi*-ka ês *al*-ta.). *Garota* é um substantivo feminino, então você o caracteriza com um adjetivo feminino. Neste caso, ambos terminam em *a*.

FALANDO DE GRAMÁTICA

Como em português, quando você está falando sobre coisas no plural, você adiciona o *s* ao adjetivo para mostrar que você está falando de mais de uma coisa. Assim, **blanco** (*bvlán*-ko) vira **blancos** (*bvlán*-kos), **alta** (*al*-ta) vira **altas** (*al*-tas), e por aí vai. Mais exemplos a seguir:

Las mujeres son altas. (las mu-*rrê*-res sôn *al*-tas.) (*As mulheres são altas.*)

Los hombres altos van en un auto rojo. (los *ôm*-bvres *al*-tos bván ên un *au*-to *rrrô*-rro.) (*Os homens altos vão em um carro vermelho.*)

Las casas son grandes. (las *ka*-ssas son *grán*-des.) (*As casas são grandes.*)

Los caminos son largos. (los ka-*mi*-nos son *lar*-gos.) (*As estradas são longas.*)

CAPÍTULO 2 **Elementos Básicos de Gramática** 41

Diversão & Jogos

Pausa para um passatempo — um jogo de palavras cruzadas! Escreva a forma correta para os pares sujeito/verbo dados nas pistas. Dica: para escrever corretamente, você pode usar os exemplos dados neste capítulo para as conjugações correspondentes dos verbos regulares terminados em **-ar, -er** e **-ir**. (Veja o Apêndice D para as respostas dos exercícios.)

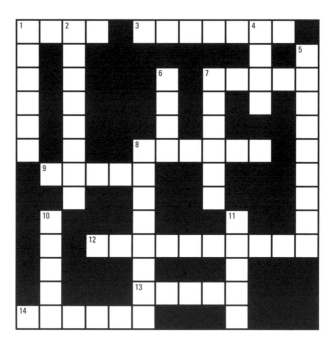

Horizontal

1. él vivir
3. Uds. retirar
7. él barrer
8. Uds. soplar
9. yo viajar
12. nosotras preparar
13. Ud. hablar
14. ella caminar

Vertical

1. ellos vender
2. vosotros visitar
4. ella abrir
5. tú mencionar
6. yo comer
7. tú bailar
8. Ud. sospechar
10. ella desear
11. ellos nadar

> **NESTE CAPÍTULO**
>
> » Dominando o ABC e a pronúncia do espanhol
>
> » Fazendo apresentações e cumprimentos formais e informais
>
> » Detalhando nomes espanhóis e pontuação especial
>
> » Apresentando os verbos *ser* e *falar*
>
> » Demonstrando boas maneiras com *por favor, obrigado, tchau,* e por aí vai

Capítulo **3**

Expressões Básicas

Falar espanhol é totalmente diferente de escrevê-lo, e como este livro se direciona mais para a conversação do que para a escrita, queremos que você fale espanhol o mais rápido possível. Você não precisa ser capaz de recitar parágrafos inteiros. Comece devagar descobrindo como dizer algumas expressões que as pessoas usam diariamente, tais como **¡Hola!** (*¡ô*-la!) (*Olá!*) e **Adiós** (a-diôs) (*Tchau*). Claro, você precisa aprender a pronunciar essas expressões para que as pessoas com as quais você vai falar entendam o que você quer dizer.

Neste capítulo começaremos bem lentamente com o alfabeto espanhol, as regras de pronúncia e outras orientações essenciais. Depois que você dominar essa fase preliminar, começará a falar espanhol com as expressões mais básicas do dia a dia.

Recitando Seu ABC

LEMBRE-SE

O bloco de construção mais elementar de qualquer língua é o seu alfabeto. Felizmente, a pronúncia das letras do alfabeto espanhol é similar à do português; no entanto, os nomes das letras são levemente diferentes.

CAPÍTULO 3 **Expressões Básicas** 43

Aqui está o alfabeto básico e sua pronúncia (você pode ouvi-la na Faixa 1):

a (a)	b (bvê)	c (ssê)	d (de)
e (ê)	f (ê-fe)	g (rrê)	h (*a*-tche)
i (i) (i la-*ti*-na)	j (rrô-ta)	k (ka)	l (ê-le)
m (ê-me)	n (ê-ne)	ñ (ê-nhe)	o (ô)
p (pê)	q (ku)	r (ê-rrre)	s (ê-sse)
t (tê)	u (u)	v (bve)	w (*do*-ble bve) (*u*-bve *do*-bvle) (Espanha)
x (ê-kis)	y (i gri-ê-ga)	z (ssê-ta)	

O espanhol também inclui alguns encontros consonantais em seu alfabeto: **ch** (tche), **ll** (ê-dje ou iê) e **rr** (um *r* vibrante).

As pronúncias neste livro aparecem entre parênteses (*parênteses de pronúncia*). Dentro dos parênteses de pronúncia separamos as sílabas com um hífen (*ka*-ssa) e identificamos a sílaba tônica em itálico. Vamos falar muito mais sobre tonicidade na próxima seção.

Entendendo Pronúncia e Acentuação

Em espanhol, uma sílaba sempre tem mais destaque do que as outras — você diz que ela é mais forte do que as outras. Em monossílabos, saber qual é a tônica é óbvio. Mas a maioria das palavras tem mais de uma sílaba, e é aí que a situação começa a ficar, bem, sibilante. Nas seções a seguir descrevemos o lugar da tônica, o uso dos acentos e a pronúncia dos ditongos.

Encontrando a sílaba tônica

LEMBRE-SE

Você está procurando a sílaba tônica de uma palavra? Em espanhol, o tom certo na hora certa é uma coisa boa e, felizmente, é fácil de encontrar. Se não tem um acento para guiá-lo, você tem duas regras a seguir:

» A tônica fica perto da última sílaba se a palavra termina em uma vogal, em *n* ou em *s*. Aqui estão alguns exemplos:
  • **pollo** (*pô*-djo) (*frango*)
  • **caminan** (ka-*mi*-nan) (*caminham*)

44 PARTE 1 **Começando**

- **mariposas** (ma-ri-*pô*-ssas) (*borboletas*)

» A tônica fica na última sílaba quando a palavra termina em consoante que não é *n* ou *s*. Veja estes exemplos:

- **cantar** (kan-*tar*) (*cantar*)
- **feliz** (fe-*lis*) (*feliz*)

Se a palavra não seguir nenhuma dessas duas regras, ela terá um acento indicando onde é a tônica; veja a próxima seção para mais informações.

Reconhecendo sílabas acentuadas

Uma vantagem de ter um acento em uma sílaba é que você pode dizer imediatamente onde a tônica fica somente olhando a palavra.

LEMBRE-SE

O acento não afeta como a vogal é pronunciada. Pelo contrário, ele apenas indica a sílaba forte da palavra. Aqui estão alguns exemplos de palavras acentuadas:

balcón (bal-*kôn*) (*varanda*)

carácter (ka-*rak*-ter) (*caráter*)

fotógrafo (fo-*tô*-gra-fo) (*fotógrafo*)

pájaro (*pa*-rra-ro) (*pássaro*)

Um acento é sempre uma marca de sílaba tônica. Ele pode também ser usado em monossílabos, para distinguir duas palavras que são escritas igualmente, como é mostrado na Tabela 3–1.

TABELA 3–1 Monossílabos que Mudam de Sentido Quando Acentuados

Forma Acentuada	Significado	Forma Não Acentuada	Significado
dé	dê (imperativo de **dar**)	de	de
él	ele	el	o
más	mais	mas	mas
mí	mim	mi	meu
sé	sei, seja (imperativo de **ser**)	se	si
sí	sim	si	se
té	chá	te	te
tú	você	tu	seu

MUDE UMA LETRA, MUDE O SENTIDO

Mudar uma letra, como em **marea** (ma-*rê*-a) (*maré*) e **mareo** (ma-*rê*-o) (*tontura*), pode alterar o significado da palavra. Este fenômeno ocorre tanto em espanhol quanto em português, e encontrar essas palavras é divertido. No caso do exemplo anterior, as duas palavras vêm do mesmo radical, **mar** (mar) (*mar*). E a associação de marés a tonturas não é tão improvável, inclusive nós temos a palavra *marear*. Mas em outras situações você pode ter oceanos de diferença. Aqui estão mais exemplos: **casa** (*ka*-ssa) (*casa*) e **cosa** (*ko*-ssa) (*coisa*); e **pito** (*pi*-to) (*apito*), **pato** (*pa*-to) (*pato*) e **peto** (*pe*-to) (*escudo*).

Pronunciando ditongos

A palavra *ditongo* vem do grego, em que *di* significa "dois" e *tongo* vem da palavra similar a "tom" ou "voz". (Não se preocupe, nós tivemos que procurar no dicionário etimológico.) Muito simples, ditongo significa "duplo som".

Em espanhol, a palavra é **diptongo** (dip-*ton*-go). Ditongos são uma combinação de duas vogais, uma fraca e uma forte. Por exemplo, o **i** se combina com o **o** para formar o *djô* de **patio** (*pa*-tio) (*pátio*).

Nas seções a seguir mostramos como juntar uma vogal fraca e uma forte, a posição da tônica nos ditongos e como é feita sua separação de sílabas.

Juntando o fraco ao forte

Ditongos são sempre feitos com uma vogal fraca e outra forte. Chamamos essas vogais de "fracas" ou "fortes" por causa de uma convenção do espanhol. Essa prática vem do fato de que a vogal forte é sempre dominante no ditongo. *I* e *u* são vogais fracas, enquanto *a*, *e* e *o* são fortes.

Para visualizar esse conceito de vogais fracas e fortes, considere um flautim e uma buzina grave. O som do flautim é definitivamente mais semelhante ao *i* e ao *u*, enquanto a buzina grave se assemelha mais ao *a*, ao *e* e, especialmente, ao *o*.

As vogais em um ditongo permanecem juntas na mesma sílaba. Na verdade, é como se elas tivessem uma supercola; elas só podem ser separadas se a vogal fraca tiver um acento gráfico.

No ditongo, a tônica recai naturalmente na vogal forte. Um acento gráfico é necessário para marcar uma tônica na vogal fraca. Na combinação de duas vogais fracas, a tônica recai sobre a segunda. Observe estes exemplos de ditongos:

¡Adiós! (¡a-diôs!) (*Tchau!*)
bueno (bvuê-no) (*bom*)
cuando (kuán-do) (*quando*)
fiar (fiar) (*fiar*)
fuera (fuê-ra) (*fora*)

Separando os fortes

Quando duas vogais fortes são combinadas, elas não formam um ditongo. Em vez disso, elas mantêm suas pronúncias separadas, então você deve colocá-las em sílabas diferentes na divisão silábica. Aqui estão alguns exemplos:

aorta (a-ôr-ta) (*aorta*) (Viu! Igualzinho em português!)
feo (fê-o) (*feio*)
marea (ma-rê-a) (*maré*)
mareo (ma-rê-o) (*tontura*)

Regras de Pontuação

Ao lidar com o espanhol, você notará uma pontuação atípica antes de perguntas e exclamações. O espanhol indica o modo (ou tom) do que se está dizendo tanto no começo quanto no final da frase, inserindo uma interrogação de ponta-cabeça (¿), como em **¿Decía?** (¿de-*ssi*-a?) (*O que estava dizendo?*), ou um ponto de exclamação de cabeça para baixo (¡), como em **¡Decía!** (¡de-*ssi*-a) (*Você estava dizendo!*).

DICA

Até onde sabemos, o espanhol é a única língua que trabalha com esse tipo de pontuação. No entanto, essa pontuação é muito útil quando você tem que ler algo em voz alta, porque você sabe de antemão como modular sua voz desde o começo da frase. Isso é o equivalente verbal à expressão corporal, como você pode ver nos exemplos a seguir:

¿Dónde está? (¿*don*-de ês-ta?) (*Onde está?*)
¡Qué maravilla! (¡ke ma-ra-*bvi*-dja!) (*Que maravilha!*)

Verbos e Pronomes Reflexivos

Como em português, o espanhol usa verbos e pronomes reflexivos. Sempre que você se olha, se banha, se levanta ou se preocupa, está praticando uma ação reflexiva. Você, o sujeito, está fazendo algo com você mesmo, o objeto. O espanhol designa a ação reflexiva com o uso dos verbos e pronomes reflexivos. As seções a seguir contam mais sobre esse interessante fenômeno.

Transformando sujeito em objeto com verbos reflexivos

FALANDO DE GRAMÁTICA

Ao criar construções verbais reflexivas, você precisa de um sujeito, um verbo e um pronome reflexivo, mas não necessariamente nessa ordem. Em português, o pronome reflexivo pode estar antes ou depois do verbo e, em alguns casos, como na mesóclise, até no meio; porém, em espanhol, a ordem é obrigatoriamente a próclise, ou seja, o pronome vem antes do verbo.

A tabela a seguir mostra o verbo reflexivo **bañarse** (bva-*nhár*-sse) (*banhar-se*) em todas as formas como é conjugado no presente:

Conjugação	Pronúncia
yo me baño	djô me *bvá*-nho
tú te bañas	tu te *bvá*-nhas
él, ella, usted se baña	êl, ê-dja, us-*tê* ssê *bvá*-nhan
nosotros, nosotras nos bañamos	no-*ssô*-tros, no-*ssô*-tras nôs *bvá*-*nhá*-mos
vosotros, vosotras os bañáis	bvo-*ssô*-tros, bvo-*ssô*-tras ôs *bvá*-*nháis*
ellos, ellas, ustedes se bañan	ê-djos, ê-djas, us-*te*-des sse *bvá*-nhan

LEMBRE-SE

Muitos desses verbos envolvem uma menção a alguma parte do corpo, e como o referente já está claro (devido ao verbo reflexivo), você não usa um pronome possessivo. Em vez de dizer *Eu penteio o meu cabelo*, por exemplo, você diz *Eu penteio o cabelo* (**Me cepillo el pelo**) (me sse-*pi*-djo êl *pê*-lo), porque o pronome reflexivo já indica que o cabelo é seu.

TABELA 3-2 Verbos Reflexivos Comuns

Verbo (Usado com um Pronome Reflexivo)	Pronúncia	Português	Verbo (Usado com um Pronome Reflexivo)	Pronúncia	Português
aburrirse	a-bvu-*rrrir*-sse	chatear-se	equivocarse	e-ki-bvo-*kar*-sse	equivocar-se
acostarse (de *o* para *ue*)	a-kos-*tar*-sse	deitar-se	hacerse	a-*ssêr*-sse	tornar-se
afeitarse	a-fei-*tar*-sse	barbear-se	irse	*i*-ss	ir-se
bañarse	bvá-*nhár*-sse	banhar-se	lavarse	la-*bvar*-sse	lavar-se
callarse	ka-*djar*-sse	calar-se	levantarse	le-bvan-*tar*-sse	levantar-se
casarse (con)	ka-*ssár*-sse (kon)	casar-se	llamarse	dja-*mar*-sse	chamar-se
cepillarse el pelo	sse-pi-*djar*-sse êl pê-lo	escovar o cabelo	maquillarse	ma-ki-*djar*-sse	maquiar-se
cepillarse los dientes	sse-pi-*djar*-sse lôs dieên-tes	escovar os dentes	olvidarse (de)	ôl-bvi-*dar*-sse (de)	esquecer-se
despertarse (de *e* para *ie*)	des-per-*tar*-sse	despertar-se	peinarse	pei-*nar*-sse	pentear-se
divertirse (de *e* para *ie*)	di-bver-*tir*-sse	divertir-se	preocuparse por	pre-o-ku-*par*-sse por	preocupar-se
dormirse (de *o* para *ue*)	dor-*mir*-sse	dormir	quejarse (de)	ke-*rrar*-sse (de)	queixar-se
ducharse	du-*tchar*-sse	tomar uma ducha	quitarse	ki-*tar*-sse	despir-se
encontrarse (de *o* para *ue*)	en-kon-*trar*-sse	encontrar-se	reírse (de)	rrre-*ir*-sse (de)	rir-se
enfadarse (con)	en-fa-*dar*-sse (kon)	cansar-se	**sentarse** (de *e* para *ie*)	sen-*tar*-sse	sentar-se
enfermarse	en-fer-*mar*-sse	adoentar-se	**sentirse** (de *e* para *ie*)	sen-*ti*-sse	sentir-se
enojarse	e-no-rrar-sse	enojar-se	**vestirse** (**e** para **i**)	bves-ti-sse	vestir-se

A Tabela 3–2, na página anterior, mostra uma lista dos verbos reflexivos mais usuais; repare que alguns são alomórficos (veja o Capítulo 6 para saber mais sobre alomorfia verbal).

Acompanhando verbos reflexivos com pronomes reflexivos

Você sempre conjuga um verbo reflexivo com um pronome que concorda com o sujeito. Geralmente esses pronomes precedem o verbo conjugado. E sua conjugação não é afetada pelo uso do pronome. A Tabela 3–3 mostra cada pronome reflexivo com um exemplo de verbo.

TABELA 3-3   ## Utilizando Pronomes Reflexivos Corretamente

Infinitivo	Sujeito	Pronome Reflexivo	Verbo
dormirse (de o para ue) (*dormir*)	**yo**	**me** (*mê*)	**duermo**
despertarse (de e para ie) (*despertar-se*)	**tú**	**te** (tê)	**despiertas**
vestirse (de e para i) (*vestir-se*)	**él, ella, Ud.**	**se** (ssê)	**viste**
enfermarse (*adoentar-se*)	**nosostros**	**nos** (nôs)	**enfermamos**
callarse (*calar-se*)	**vosotros**	**os** (ôs)	**calláis**
ducharse (*tomar uma ducha*)	**ellos, ellas, Uds.**	**se** (ssê)	**duchan**

Aqui estão alguns exemplos para mostrar a você como usar os pronomes reflexivos:

¿De qué se queja Ud? (¿de kê se kê-rra us-tê?) (De que o senhor/ a senhora está se queixando?)

Me quejo de los precios. (me kê-rro de los *pre*-ssios.) (*Me queixo dos preços.*)

¿A qué hora se acuestan los niños? (¿a kê ô-ra se a-kuês-tan los ni-nhos?) (*A que horas as crianças vão se deitar?*)

Los niños se acuestan a las nueve. (los ni-nhos sea-kuês-tan alas nuê-bveh.) (*As crianças se deitam às 21h.*)

50   PARTE 1 **Começando**

LEMBRE-SE

Para negar um verbo reflexivo, você coloca **no** ou outra palavra negativa propícia antes do pronome reflexivo:

¿Se enoja Ud. a menudo? (¿sse ê-nô-rra us-tê a mê-nu-do?) (*o senhor/ a senhora se irrita facilmente?*)

No, no me enojo a menudo. (no, no me ê-nô-rro a mê-nu-do.) (*Não, não me irrito facilmente.*)

Nunca me enojo. (nun-ka me ê-nô-rro.) (*Nunca me irrito.*)

No me enojo nunca. (no me ê-nô-rro nun-ka.) (*Eu não me irrito nunca.*)

Pronomes reflexivos em seus lugares

Você geralmente posiciona os pronomes reflexivos antes dos verbos conjugados:

Me aplico en la clase de español. (me a-pli-ko en la kla-sse de es-pa-nhôl.) (*Me dedico a aulas de espanhol.*)

¿Por qué te pones enojado? (¿por ke te pô-nes e-nô-rra-do?) (*Por que você está se irritando?*)

Ella no se siente bien. (ê-dja no sse ssiên-te bviên.) (*Ela não se sente bem.*)

FALANDO DE GRAMÁTICA

Em frases com uma locução verbal (como nos dois primeiros exemplos a seguir) ou em sentenças com um particípio (as duas seguintes), você pode escolher posicionar o pronome reflexivo antes do verbo conjugado ou depois e acoplado ao infinitivo ou particípio. Ao fundir o pronome ao particípio, a sílaba tônica precisa ser acentuada:

Voy a maquillarme. (bvoy a ma-ki-djar-me.) (*Vou maquiar-me.*)

Me voy a maquillar. (me bvoi a ma-ki-djar.) (*Vou me maquiar.*)

Estoy maquillándome. (ês-toi ma-ki-dján-do-me.) (*Estou maquiando-me.*)

Me estoy maquillando. (me es-toi ma-ki-dján-do.) (*Estou me maquiando.*)

Em geral, para posicionar o acento corretamente nesses casos, conte três sílabas para trás e a acentue:

Ella está peinándose. (ê-dja ês-ta pei-nán-do-sse.) (Ela está penteando-se.)

Se a sentença é negativa, o **no** vai diretamente na frente do verbo (quando o pronome está acoplado ao particípio) ou na frente do pronome (quando o pronome precede um verbo conjugado). Qualquer sujeito explícito (não desinencial) deve aparecer primeiro.

» Com sujeito desinencial:

No voy a maquillarme. (no bvoi a ma-ki-*djar*-me.) (*Não vou maquiar-me.*)

No me voy a maquillar. (noh meh bvohy ah mah-*kee*-yahr.) (*Não vou me maquiar.*)

» Com sujeito explícito:

Yo no voy a maquillarme. (djô no bvoi a ma-ki-*djar*-me.) (*Eu não vou maquiar-me.*)

» **Yo no me voy a maquillar.** (djô no me bvoi a ma-*ki*djar.) (*Eu não vou me maquiar.*)

Quando você usa um imperativo (veja o Capítulo 11 para saber mais sobre formas de comando), o pronome reflexivo o precede na forma negativa; e na afirmativa (em que deve ser acoplado) é posterior (formal ou informal):

Lávese. (**Lávate.**) (la-bve-sse. [la-bva-te.]) (Lave-se.)

No se lave. (**No te laves.**) (no sse *la*-bve. [no te *la*-bves.]) (*Não se lave.*)

LEMBRE-SE

Tenha em mente essas regras gerais sobre acentuação:

» Quando um pronome está acoplado ao verbo, conte três sílabas para trás e o acentue:

Acuéstate temprano. (a-kuês-ta-te tem-*prá*-no.) (*Vá para a cama cedo.*)

» Quando dois pronomes estão fundidos ao verbo, acentue a quarta sílaba, contando de trás para frente:

Póngaselo. (*pôn*-ga-sse-lo.) (*Ponha-o.*)

Cumprimentos e Apresentações: Formais ou Informais

Ao começar um relacionamento, os latino-americanos acreditam que é melhor manter certa formalidade. Somente quando já se conhece a pessoa usam-se frases informais e mais simpáticas. Como os latinos enxergam relacionamentos dessa maneira, respeite esse ponto de vista quando estiver em países de língua espanhola ou lidando com latinos no Brasil. É apenas o jeito latino-americano de ser educado. Em um relacionamento de negócios com um cliente, no entanto, deve sempre ser mantido um nível de formalidade.

DICA

Os latinos não usam **tú** (tu), o você informal, quando se direcionam a alguém para quem querem mostrar respeito ou a alguém que estão vendo pela primeira vez (veja o Capítulo 2 para saber mais sobre o **tú**). Entretanto, os latino-americanos sabem que em outros lugares as pessoas podem ser mais informais, então eles podem tratar essas pessoas como se já as conhecessem. Você pode ficar um pouco surpreso com esse comportamento, e essa informalidade atípica pode fazer você se perguntar se há alguma razão para isso. Por outro lado, um falante de espanhol com uma atitude extremamente amigável pode estar apenas tentando deixar você à vontade.

As seções a seguir mostram todos os tipos de cumprimentos e formas de se apresentar em espanhol, das formais às informais.

LEMBRE-SE

Latino-americanos geralmente são pessoas descontraídas e que gostam de conversar. Sinta-se livre para começar um contato com eles usando os cumprimentos que mostraremos nas próximas seções. Se você sentir que a pessoa está receptiva, você pode se apresentar, mas espere esse retorno antes de falar seu nome. Você só deve perguntar o nome de uma pessoa se ela não se apresentar. Em algumas situações específicas, uma terceira pessoa fará as apresentações, mas comumente o esperado é que você mesmo se apresente.

Apresentando-se com o verbo llamarse em qualquer situação

FALANDO DE GRAMÁTICA

Agora é um bom momento para incluirmos a conjugação de **llamarse** (dja-*mar*-sse) (chamar-se), o equivalente a nomear algo, como você faz consigo mesmo quando se apresenta a alguém.

O verbo **llamar** é regular, terminado em **-ar** (veja o Capítulo 2 para saber mais sobre verbos regulares); entretanto, o **se** em seu final indica que ele é *reflexivo*. Um verbo reflexivo é um daqueles que agem sobre o substantivo (ou sujeito) da frase. Por exemplo, a frase **Yo me llamo** (djô me *djá*-mo) literalmente significa *Eu me chamo*. Nesse caso, *eu* é o sujeito da sentença, e *me chamo* reflete de volta para *eu*. Nós discutimos os verbos reflexivos em detalhes mais cedo neste capítulo.

Dê uma olhada na tabela a seguir com a conjugação de **llamarse** no presente. Preste atenção aos pronomes reflexivos — eles são os mesmos para todos os verbos reflexivos.

Conjugação	Pronúncia
yo me llamo	djô me *djá*-mo
tú te llamas	tu te *djá*-mas
él, ella, usted se llama	êl, ê-dja, us-*tê* sse *djá*-ma
nosotros, nosotras nos llamamos	no-*ssô*-tros, no-*ssô*-tras nos djá-*má*-mos
vosotros, vosotras os llamáis	bvo-*ssô*-tros, bvo-*ssô*-tras os djá-*mais*
ellos, ellas, ustedes se llaman	ê-djos, ê-djas, us-*tê*-des sse *djá*-man

Os falantes de espanhol costumam tirar o pronome das frases, e o mesmo acontece com o verbo **llamarse**. Então uma pessoa geralmente se apresenta apenas com **Me llamo**..., e não com **Yo me llamo**...

Encontros com termos formais

Apresentações formais significam que você não fala de modo íntimo com uma pessoa com quem ainda não tem um relacionamento. É uma maneira de demonstrar respeito com novos conhecidos, e isso não significa que você está sendo frio ou distante. Pessoas que não se conhecem usam o **usted** (us-*tê*) e a forma verbal correspondente (a terceira pessoa formal) para se dirigir umas às outras (veja o Capítulo 2).

DICA

Ao conversar com uma criança, você fala de uma maneira menos formal, enquanto a criança se dirige a você mais formalmente, colocando **don** (don) ou **doña** (*do*-nha) na frente de seu nome. Chamar alguém de **don** ou **doña** é uma maneira de mostrar que você está se direcionando a uma pessoa mais velha ou apenas demonstrando respeito. (Para as crianças, os adultos são pessoas mais velhas.)

SABEDORIA CULTURAL

Na América Latina, especificamente, a forma *como* você cumprimenta as pessoas é muito importante. Latino-americanos tendem a ser muito respeitosos uns com os outros e com estrangeiros. Como regra, quando você cumprimenta alguém pela primeira vez na América Latina, é melhor não dizer **¡Hola!**, que é traduzido como *Olá!* ou *Oi!* — um cumprimento considerado muito informal. Em vez disso, você pode usar os mais formais **¡Buenos días!** (¡bvuê-nos *di*-as!) (*Bom* dia!), **¡Buenas tardes!** (¡bvuê-nas *tar*-des!) (*Boa tarde!*) ou **¡Buenas noches!** (¡bvuê-nas *no*-tches!) (*Boa noite!*).

Tendo uma conversa

Em situações mais formais, as pessoas se apresentam de maneiras diferentes. Ouça como Pedro García Fernández se aproxima de uma mesa em um café em que uma pessoa já está sentada. (Faixa 4)

Pedro: **¿Me permite?**
¿me per-*mi*-te?
Me permite?

Jane: **Sí, ¡adelante!**
si, ¡a-de-*lán*-te!
Sim, [vá] em frente!

Pedro: **Buenas tardes. Me llamo Pedro García Fernández.**
bv*uê*-nas *tar*-des. me *djá*-mo *pe*-dro gar-*ssi*-a fer-*nán*-des.
Boa tarde. Meu nome é Pedro García Fernández.

Jane: **Mucho gusto, señor García. Me llamo Jane Wells.**
mu-tcho *gus*-to, se-*nhor* gar-*ssi*-a. me *djá*-mo *djêi*n uêls.
Prazer, senhor García. Meu nome é Jane Wells.

Pedro: **Igualmente.**
i-guál-*men*-te.
Igualmente.

Palavras a Saber

adelante	a-de-*lán*-te	[vá] em frente
¿Me permite?	¿me per-*mi*-te?	Me permite?
mucho gusto	*mu*-tcho *gus*-to	muito gosto; um prazer
igualmente	i-guál-*men*-te	igualmente

CAPÍTULO 3 **Expressões Básicas** 55

Fazendo apresentações solenes

DICA

Algumas situações pedem certo nível de solenidade. Um exemplo é quando você está se apresentando a uma pessoa muito importante ou famosa. Como em português, algumas frases específicas mostram esse grau de formalidade, como os exemplos a seguir demonstram:

¿Me permite presentarle a...? (¿me per-mi-te pre-ssen-tar-le a...?) (Permita-me apresentá-la a...?) ou (Permita-me apresentá-lo a...?)

Es un gusto conocerle. (ês un *gus*-to ko-no-*sser*-le.) (*É um prazer conhecê-la.*) ou (*É um prazer conhecê-lo.*)

El gusto es mío. (el *gus*-to ês *mi*-o.) (*O prazer é meu.*)

Ficando íntimo: Cumprimentos informais

Quando você está cumprimentando alguém com quem está familiarizado (ou quando é apresentado a uma criança), você pode usar cumprimentos mais informais sem medo de ofender a outra pessoa. Claro, você usa a forma **tú** para se dirigir a alguém de quem é íntimo, mas você pode ser ainda mais casual nos seus cumprimentos usando expressões como **¿Qué tal?** (¿ke tal?) (*Como está?*), **¿Qué pasa?** (¿ke *pa*-ssa?) (*Como vai?*) ou com um simples **Hola**. (*ô*-la.) (*Olá.*).

Tendo uma conversa

Descubra como Gustavo e Julia, dois adolescentes, se cumprimentam informalmente.

Gustavo:	**¡Hola! ¿Cómo te llamas?**
	¡ô-la! ¿*ko*-mo te *djá*-mas?
	Olá! Como você se chama?
Julia:	**Me llamo Julia. ¿Y tú?**
	me *djá*-mo *rru*-lia. ¿i tu?
	Me chamo Julia. E você?
Gustavo:	**Yo me llamo Gustavo.**
	djô me *djá*-mo gus-*ta*-bvo.
	Eu me chamo Gustavo.

Desmembrando Nomes Espanhóis

Suponha que você conheceu uma mulher chamada María Carmen Fernández Bustamante (ma-*ri*-a *kar*-men fer-*nán*-des bvus-ta-*mán*-te). Fernández é o sobrenome da família de seu pai, e Bustamante, de sua mãe. Você pode chamá-la de **señorita** (sse-nho-*ri*-ta) ou señorita Fernández, porque é uma das partes da estrutura de seu nome. (No Brasil, seu nome seria rearrumado para María Carmen Bustamante Fernández, porque em português colocamos o sobrenome do pai por último, e é ele que é usado como referência.)

Por enquanto, tudo certo. Mas se a senhorita Fernández se casar, ela vai acrescentar mais sobrenomes. No nosso exemplo, ela casa como o **señor** (sse-*nhôr*) (*sr.*) Juan José García Díaz (rru*án* rro-*ssê* gar-*si*-a *di*-as). Ela ainda será chamada de Fernández, mas depois do sobrenome de seu pai ela acrescentará um **de** (de) (*de*) e o sobrenome de seu marido, que é García. Agora ela será **señora** (se-*nhô*-ra) María Carmen Fernández de García (ma-*ri*-a *kar*-men fer-*nán*-des de gar-*ssi*-a).

FALANDO DE GRAMÁTICA

Observe que os falantes de espanhol colocam **señor** ou **señora** com a primeira letra em maiúscula quando abreviam, assim como fazemos opcionalmente com Sr. e Sra. Veja o próximo box, "Abreviações e maiúsculas", para mais informações.

Nos círculos sociais de alguns países, o sobrenome do marido de uma mulher casada tem mais ênfase; em outros lugares, o de seu pai é destacado. Por exemplo, você ouve mais o sobrenome do marido sendo usado na Argentina do que no México.

A consequência dessas convenções é que a mulher mantém seus sobrenomes, que são considerados mais importantes e significativos. Um sobrenome de uma criança indica ambos os seus pais. **Señor** García, no nosso exemplo, tem um filho, Mario, de um casamento anterior, cujo sobrenome da mulher é Ocampo. Como a criança carrega o nome de ambos os pais, Mario se chama Mario García Ocampo. E quando a filha do **señor** García e de María Carmen Fernández de García, Ana, nasceu, seu nome ficou Ana García Fernández. Ana e Mario são irmãos, tendo o mesmo pai e mães diferentes. O uso dos sobrenomes do pai e da mãe indica rapidamente que os dois são irmãos.

ABREVIAÇÕES E MAIÚSCULAS

Somente nas abreviações (como nos nomes próprios) os falantes de espanhol usam maiúsculas. É assim que funciona:

señor	Sr.	se-*nhôr*	Sr.
señora	Sra.	se-*nhô*-ra	Sra. ou *madame*
señorita	Srta.	se-nhô-*ri*-ta	*Senhorita*
usted	Ud.	u-*tê*	você (formal)
ustedes	Uds.	us-*tê*-des	vocês (formal)

SABEDORIA CULTURAL

Entre os falantes de espanhol, é comum usar o primeiro nome dos pais para nomear filhos do mesmo sexo. Assim, em uma família em que a mãe, Marta Inés, tem três filhas, ela pode chamar uma de Marta Julieta, outra de Marta Felicia e a terceira de Marta Juana. Quando o nome do pai é colocado no filho, os dois ficam com o mesmo nome, porque o Jr. não é usado em espanhol. Mas você pode distinguir seus nomes pelos sobrenomes das mães, que são diferentes.

Perguntando e Respondendo "Como Você Está?" com os Verbos Ser e Estar

Como em português, em espanhol você tem duas maneiras de perguntar *Ser ou não ser?* Você pode dizer **¿Ser o no ser?** (¿ser ô no ser?) quando o estado é permanente (você sempre é uma pessoa, por exemplo), e usar **¿Estar o no estar?** (¿es-*tar* ô no es-*tar*?) se o estado é mutável (você não está sempre cansado... esperamos!). Nas seções a seguir falamos sobre esses dois verbos e mostramos outras frases para que você pergunte às pessoas como estão.

Verbo ser e estado de permanência

LEMBRE-SE

Ser (ser) (*ser*) indica um estado de permanência, como de fato você é. Esse verbo também se refere a todas as descrições que esperamos que sejam estáveis, como locais de origem (nacionalidade); certas características ou qualidades físicas (altura e peso) ou idade (velho ou jovem), que não são passíveis de mudar de uma hora para outra; profissão; e descrições de evento.

O verbo **ser** é um dos mais frequentemente usados em espanhol. E, claro, como o *ser*, em português, é irregular. (Discutimos os verbos irregulares no Capítulo 2.) A tabela a seguir mostra como **ser** é conjugado no presente.

Conjugação	Pronúncia
yo soy	djô soi
tú eres	tu ê-res
él, ella, usted es	êl, *ê*-dja, us-*tê* ês
nosotros, nosotras somos	no-*ssô*-tros, no-*ssô*-tras *sô*-mos
vosotros, vosotras sois	bvo-*ssô*-tros, bvo-*ssô*-tras *sôis*
ellos, ellas, ustedes son	*ê*-djos, *ê*-djas, us-*te*-des sôn

Aqui estão alguns exemplos de usos comuns do verbo **ser**:

¿De dónde es Ud.? (¿de dôn-de ês us-tê?) (De onde o senhor/ a senhora [formal] é?)

¿De dónde eres tú? (¿de *dôn*-de ê-res tu?) *(De onde você* [informal] *é?)*

Soy mujer. (soi mu-*rrer*.) *(Sou mulher.)*

Soy canadiense. (soi ka-na-di-ên-sse.) *(Sou canadense.)*

Soy de Winnipeg. (soi de u-í-ni-*pêg*.) *(Sou de Winnipeg.)*

Eres muy bella. (ê-res mui *bvê*-dja.) *(Você é muito bela.)*

Ella es maestra. (ê-dja ês ma-ês-tra.) *(Ela é professora.)*

Nosotros somos de aquí. (no-*ssô*-tros *so*-mos de a-*ki*.) *(Nós somos daqui.)*

Vosotras sois muy generosas. (bvo-*ssô*-tras *sôis* mui rre-ne-*rô*-ssas.) *(Vocês* [informal] *são muito generosas.)*

Ellos son muy altos. (ê-djos son mui *al*-tos.) *(Eles são muito altos.)*

¿Son ustedes uruguayos? (¿son us-*tê*-des u-ru-gua-djos?) *(os senhores* [formal] *são uruguaios?)*

CAPÍTULO 3 **Expressões Básicas** 59

Tendo uma Conversa

Imagine que você está em um café, o lugar da socialização por excelência na maior parte dos países da América Latina, e você ouve diversas conversas. Ao prestar atenção na conversa das pessoas da primeira mesa, você ouve o seguinte:

Roberto: **¿Y tú Jane, de qué ciudad eres?**
¿i tu djêin, de ke ssiu-*dad* ês?
E você, Jane, de que cidade é?

Jane: **Soy de New Berlin, en el estado de Nueva York.**
soi de niu Ber-*lin*, en êl es-ta-do de nuê-bva djôrk.
Sou de Nova Berlim, no estado de Nova Iorque.

Roberto: **¿Es una ciudad grande?**
¿ês *u*-na ssiu-*dad grán*-de?
É uma cidade grande?

Jane: **Es un pueblo chico, pero muy bonito.**
ês un puê-bvlo *tchi*-ko, *pê*-ro mui bvo-*ni*-to.
É um povoado pequeno, mas muito bonito.

Roberto: **Bueno, esta es también una ciudad chica.**
bvuê-no, *ês*-ta ês tam-bviên *u*-na ssiu-*dad tchi*-ka.
Bom, esta é também uma cidade pequena.

Jane: **¡Para nada!, es bastante grande.**
¡pa-ra *na*-da!,ês bvas-*tán*-te *grán*-de.
Que nada, é bastante grande.

Palavras a Saber

ciudad	ssiu-<u>dad</u>	cidade
grande	<u>grán</u>-de	grande
pueblo	puê-bvlo	povoado; cidade
chico	<u>tchi</u>-ko	pequeno
bonito	bvo-<u>ni</u>-to	bonito
bastante	bvas-<u>tán</u>-te	bastante (Suficiente)

60   PARTE 1 **Começando**

SOMOS TODOS AMERICANOS

Você provavelmente gostaria de dizer às pessoas de onde é, bem como saber de onde são. Quase todo mundo gosta de falar sobre nacionalidades. Ao falar sobre nacionalidade com latino-americanos não brasileiros, lembre-se de que você também é um latino-americano. Portanto, dizer latino-americano (la-*ti*-no a-me-ri-*ká*-no) para se referir a um brasileiro (bra-ssi-*lê*-nho) não dá conta de sua nacionalidade, então é melhor ser mais específico, falando que você vem do Brasil.

Verbo estar e estado momentâneo

O espanhol é uma língua muito precisa. Você tem duas formas para falar de *estar*, cada uma com um significado diferente, para ser mais preciso em suas descrições, deixando claro se você se refere a um estado permanente ou momentâneo.

LEMBRE-SE

Como discutimos na seção anterior, ao falar de estados permanentes você usa o verbo **ser**. Mas quando você está se referindo a estados que não são fixos — como estar em algum lugar (você não fica lá para sempre) ou a algo temporário (estar doente, por exemplo) —, você usa o verbo **estar** (ês-*tar*). A tabela a seguir conjuga o presente do verbo **estar**:

Conjugação	Pronúncia
yo estoy	djô ês-*toi*
tú estás	tu ês-*tás*
él, ella, usted está	êl, ê-dja, us-tê ês-*tá*
nosotros, nosotras estamos	no-*ssô*-tros, no-*ssô*-tras ês-*tá*-mos
vosotros, vosotras estáis	bvo-*ssô*-tros, bvo-*ssô*-tras ês-*táis*
ellos, ellas, ustedes están	ê-djos, ê-djas, us-*te*-des ês-*tán*

Para falar sobre como você se sente, use o verbo **estar**, como mostrado nos exemplos a seguir.

>**¿Cómo está usted?** (¿*ko*-mo ês-*tá* us-*têd*?) (*Como está o senhor/a senhora* [formal]?)
>
>**¿Cómo estás?** (¿*ko*-mo ês-*tás*?) (*Como está* [informal]?)
>
>**Yo estoy muy alegre.** (djô ês-*toi* mui a-*lê*-gre.) (*Eu estou muito alegre.*)

Carmen está enferma. (*kar*-men ês-*tá* ên-*fêr*-ma.) (*Carmen está doente.*)

Nosotros estamos aburridos. (no-*sso*-tros ês-*tá*-mos a-bvu-*rr*-ri-dos.) (*Nós estamos chateados.*)

Tendo uma Conversa

Este é um diálogo para ajudá-lo a praticar conversas sobre esta nova maneira de "estar", que não é para sempre. Ao tomar um café em uma cafeteria da vizinhança, você ouve a seguinte conversa. (Faixa 5)

Guillermo: **¿Cómo están ustedes?**
¿*ko*-mo ês-*tán* us-*tê*-des?
Como estão vocês?

Sra. Valdés: **Estamos muy bien, gracias.**
ês-*tá*-mos *mui* bviên, *gra*-ssias.
Estamos muito bem, obrigada.

Guillermo: **¿Están de paseo?**
¿ês-*tán* de pa-*ssê*-o?
Estão a passeio?

Sra. Valdés: **Estamos de vacaciones.**
ês-*tá*-mos de bva-ka-ssiô-nes.
Estamos de férias.

Guillermo: **¿Están contentos?**
¿ês-*tán* kon-*ten*-tos?
Estão contentes?

Sra. Valdés: **Estamos muy felices.**
ês-*tá*-mos *mui* fe-*li*-sses.
Estamos muito felizes.

Guillermo: **¿Cómo está su hija?**
¿*ko*-mo ês-*tá* su *i*-rra?
Como está sua filha?

Sra. Valdés: **Más o menos, no está muy feliz.**
mas o *me*-nos, no ês-*tá* mui fe-*liss*.
Mais ou menos, não está muito feliz.

Perguntando como as pessoas estão com outras frases

Ao cumprimentar as pessoas, você não vai querer falar sempre a mesma coisa — você pode dizer *olá* sem simplesmente dizer *olá*. Selecionamos algumas formas mais interessantes com as quais você pode se deparar em suas conversas, e aqui estão algumas delas.

¿Cómo le va? (¿ko-mo le bva?) (Como você está?)

¿Cómo van las cosas? (¿*ko*-mo bván las *kô*-ssas?) (*Como vão as coisas?*)

¿Quiubo? (¿kiú-bvo?) (*Como você está?* [Literalmente: *O que foi?*]) (Chile)

¿Qué pasó? (¿ke pa-*ssô?*) (*Como estão as coisas?* [Literalmente: *O que está acontecendo?*]) (México)

Dizendo "Por Favor", "Obrigado", "Tchau" e Outras Cordialidades

Quando estiver batendo papo, você pode falar e ouvir algumas cordialidades básicas, como as seguintes:

Por favor. (por fa-bvor.) (Por favor.)

Muchas gracias. (*mu*-tchas gra-ssias.) (*Muito obrigado.*)

No, gracias. (no, gra-ssias.) (*Não, obrigado.*)

Nada, gracias. (*na*-da, gra-ssias.) (*Nada, obrigado.*)

Lo siento. (lo ssiên-to.) (*Sinto muito.*)

Mi culpa. (mi *kul*-pa.) (*Minha culpa.*)

Con permiso. (kon per-*mi*-sso.) (*Com permissão.*)

Discúlpeme. (dis-*kul*-pe-me.) (*Desculpe-me.*)

¿Qué necesita usted? (¿kê ne-sse-*ssi*-ta us-*tê?*) (*Do que o senhor/a senhora precisa?*)

Quiero unas baterías. (kiê-ro *u*-nas ba-ter-*i*-as.) (*Quero umas baterias.*)

No entiendo. (no en-tiên-do.) (*Não entendo.*)

CAPÍTULO 3 **Expressões Básicas** 63

¿Repita, por favor? (¿rrre-*pi*-ta, por fa-*bvor?*) (*Pode repetir, por favor?*)

Necesito información, por favor. (ne-sse-*ssi*-to in-for-ma-ssi--ôn, por fa-*bvor.*) (*Preciso de uma informação, por favor.*)

Necesito ayuda. (ne-ssê-*ssi*-to a-*djiu*-da.) (*Preciso de ajuda.*)

¿Adónde va usted? (¿a-*dôn*-de bvá us-*tê?*) (*Aonde você vai?*)

No sé. (no sê.) (*Não sei.*)

Quando você terminar de falar e estiver pronto para se despedir, você tem algumas opções para dizer adeus, incluindo as seguintes; você pode usá-las em contextos formais ou informais.

Adiós. (a-diôs.) (*Adeus.*)

Ciao. (tchau.) (*Tchau.*)

Hasta luego. (*as*-ta luê-go.) (*Até logo.*)

Hasta mañana. (*as*-ta má-*nhá*-na.) (*Até amanhã.*)

Hasta la vista. (*as*-ta la *bvis*-ta.) (*Até breve.*)

Falando sobre Falar: O Verbo Hablar

FALANDO DE GRAMÁTICA

Para completar suas conversas, você precisa conhecer o verbo **hablar** (a-*bvlar*) (*falar*). Você ficará feliz ao saber que **hablar** é um verbo regular, então não precisa memorizar como ele funciona. (Nós já falamos dos verbos regulares no Capítulo 2.) Este verbo é do grupo dos terminados em **-ar**. Seu radical é **habl-**, e a tabela a seguir mostra como ele é conjugado no presente.

Conjugação	Pronúncia
yo hablo	djô *a*-bvlo
tú hablas	tu *a*-bvlas
él, ella, usted habla	êl, ê-dja, us-*tê a*-bvla
nosotros, nosotras hablamos	no-*ssô*-tros, no-*ssô*-tras a-*bvlá*-mos
vosotros, vosotras habláis	bvo-*ssô*-tros, bvo-*ssô*-tras a-*bvláis*
ellos, ellas, ustedes hablan	ê-djos, ê-djas, us-*te*-des a-*bvlan*

Aqui estão alguns exemplos de **hablar** em ação:

¿Habla usted inglés? (¿a-bvla us-tê in-gles?) (O senhor/ A senhora fala inglês?)

Hablo inglés. (a-bvlo in-gles.) (Falo inglês.)

¿Hablas español? (¿a-bvlas es-pá-nhol?) (Você fala espanhol?)

Hablamos español. (a-bvla-mos e-spá-nhol.) (Falamos espanhol.)

Ellas no hablan mucho español. (ê-djas no a-bvlan mu-tcho es-pá-nhol.) (Elas não falam muito espanhol.)

Tendo uma Conversa

Em um café, você ouve conversas sobre falar um idioma.

Antonia:	**¿Habla usted español?**
	¿a-bvla us-tê es-pá-nhol?
	Você fala espanhol?
Reynaldo:	**Sí. ¿Qué idiomas habla usted?**
	si. ¿ke i-diô-mas a-bvla us-tê?
	Sim. Que idiomas você fala?
Antonia:	**Yo hablo inglés y francés.**
	djô a-bvlo in-gles i frán-ssês.
	Eu falo inglês e francês.
Reynaldo:	**¿Es muy difícil hablar inglés?**
	¿ês mui di-fi-ssil a-bvlar in-gles?
	É muito difícil falar inglês?
Antonia:	**No, ¡es muy fácil!**
	no, ¡ês mui fa-ssil!
	Não, é muito fácil!
Reynaldo:	**¿Y es difícil hablar francés?**
	¿i ês di-fi-ssil a-bvlar frán-ssês?
	E é difícil falar francês?
Antonia:	**No, no es en absoluto difícil.**
	no, no ês ên abv-so-lu-to di-fi-ssil.
	Não, não é nada difícil.

CAPÍTULO 3 **Expressões Básicas** 65

Palavras a Saber

el idioma	êl i-diô-ma	o idioma
difícil	di-fi-ssil	difícil
fácil	fa-ssil	fácil
en absoluto	ên ab-so-lu-to	em absoluto;
completamente		

Diversão & Jogos

Traduza as frases abaixo para o espanhol. Todas elas são baseadas em informações deste capítulo. Sente-se, relaxe e maravilhe-se com o quanto você já sabe espanhol. (Veja o Apêndice D para as respostas dos exercícios.)

Boa tarde! _____

Meu nome é sr. Kendall. _____

Prazer, senhora. _____

Meu nome é Jane Wells. _____

De onde você (informal) é? _____

Sou do Canadá. _____

De que cidade você é? _____

Sou de Nova Iorque. _____

Essa cidade é muito grande? _____

Sim, é uma cidade muito grande. _____

Estamos de férias. _____

Estão contentes? _____

Estamos muito felizes. _____

66   PARTE 1 **Começando**

NESTE CAPÍTULO

» Contando até dez e além

» Descobrindo que horas são

» Escolhendo e escrevendo datas

» Medindo o sistema métrico

Capítulo **4**

Conhecendo Horas, Números e Unidades de Medida

D ominar o funcionamento básico de uma língua requer que você seja capaz de recitar seu ABC, contar até dez, descrever coisas com termos básicos e lidar com horários e compromissos. Enquanto o Capítulo 3 deu conta do ABC do espanhol, este capítulo toca nesses outros pontos básicos, incluindo contar, dizer as horas, nomear dias da semana e meses do ano e conhecer pesos e medidas.

Contando até 100 e Além

Uma das primeiras habilidades que você adquire é contar na sua língua nativa. Da mesma forma, para o espanhol também é necessário que você domine os números logo no começo, pelo menos até dez. As seções a seguir mostram como contar em espanhol — tanto com números cardinais (um, dois, três) quanto com ordinais (primeiro, segundo, terceiro).

Falando de números cardinais

Você pode sobreviver pedindo uma coisa ou mais de uma coisa, ou eventualmente algumas coisas, para se referir a quantidades em espanhol... por pouco tempo. Em algum momento você vai querer pedir duas coisas, ou dez ou até mais. Como os números são importantes, você precisa saber como dizê-los, por isso vamos mostrá-los nas seções a seguir.

De zero a...

É assim que se conta de 1 a 2 bilhões em espanhol:

Número	Espanhol	Número	Espanhol
0	**cero** (ssê-ro)	19	**diecinueve** (diê-ssi-nuê-bve)
1	**uno** (*u*-no)	20	**veinte** (bvê*in*-te)
2	**dos** (dôs)	21	**veintiuno** (bvêin-ti-*ú*-no)
3	**tres** (tres)	22	**veintidós** (bvêin-ti-*dôs*)
4	**cuatro** (ku*á*-tro)	23	**veintitrés** (bvêin-ti-*tres*)
5	**cinco** (*ssin*-ko)	24	**veinticuatro** (bvêin-ti-ku*á*-tro)
6	**seis** (*ssês*)	25	**veinticinco** (bvêin-ti-*ssin*-ko)
7	**siete** (ssiê-te)	26	**veintiséis** (bvêin-ti-*ssês*)
8	**ocho** (ô-tcho)	27	**veintisiete** (bvêin-ti-ssiê-te)
9	**nueve** (nuê-bve)	28	**veintiocho** (bvêin-ti-ô-tcho)
10	**diez** (diês)	29	**veintinueve** (bvêin-ti-nuê-bve)
11	**once** (ôn-sse)	30	**treinta** (*trê*in-ta)
12	**doce** (dô-sse)	40	**cuarenta** (kua-*rên*-ta)
13	**trece** (*trê*-sse)	50	**cincuenta** (ssin-ku*ên*-ta)
14	**catorce** (ka-*tôr*-sse)	60	**sesenta** (sse-*ssên*-ta)
15	**quince** (*kin*-sse)	70	**setenta** (sse-*tên*-ta)
16	**dieciséis** (diê-ssi-*ssês*)	80	**ochenta** (ô-*tchên*-ta)
17	**diecisiete** (diê-ssi-siê-te)	90	**noventa** (no-*bvên*-ta)
18	**dieciocho** (diê-ssi-ô-tcho)	100	**cien (ciento)** (ssiên) (ssiên-to)

Número	Espanhol	Número	Espanhol
101	**ciento uno** (ssiên-to *u*-no)	900	**novecientos** (nô-bveh-ssiên-tos)
200	**doscientos** (dô-ssiên-tos)	1.000	**mil** (mil)
300	**trescientos** (tre-ssiên-tos)	2.000	**dos mil** (dôs mil)
400	**cuatrocientos** (kua-tro-ssiên-tos)	100.000	**cien mil** (ssiên mil)
500	**quinientos** (ki-niên-tos)	1.000.000	**un millón** (un mi-*djôn*)
600	**seiscientos** (sei-ssiên-tos)	2.000.000	**dos millones** (dôs mi-*djô*-nes)
700	**setecientos** (sê-te-ssiên-tos)	1.000.000.000	**mil millones** (mil mi-*djô*-nes)
800	**ochocientos** (ô-tcho-ssiên-tos)	2.000.000.000	**dos mil millones** (dôs mil mi-*djô*-nes)

Se você está acostumado a organizar as coisas por dúzias, adicione o seguinte à sua lista de numerais:

- » **una docena** (*u*-na dô-*ssê*-na) (*uma dúzia*)
- » **media docena** (*mê*-dia dô-*ssê*-na) (*meia dúzia*)

DICA

Em espanhol, o número 1 é escrito com um traço em seu topo, como em português, o que o deixa similar ao número 7. Assim, para distingui-los, riscamos o 7 no meio para que fique parecido com o número que ele realmente é: 7.

Orientações úteis para números cardinais

LEMBRE-SE

Tenha em mente as seguintes regras quando usar cardinais:

- » **Uno** (*1*), usado somente em contagens, se torna **un** antes de substantivos masculinos e **una** antes de femininos, tanto no singular quanto no plural (para saber mais sobre gênero, confira o Capítulo 2):
  - **uno, dos, tres** (*um, dois, três*)
  - **un niño y una niña** (*um menino e uma menina*)
  - **sesenta y un dólares** (*sessenta e um dólares*)

CAPÍTULO 4 Conhecendo Horas, Números e Unidades de Medida   69

» Você usa a conjunção **y** (*e*) somente para números entre 16 e 99. Você não a usa para as centenas:

- **ochenta y ocho** (*oitenta e oito*)
- **doscientos treinta y siete** (*duzentos [e] trinta e sete*)

» Geralmente você escreve os números de 16 a 19 e 21 a 29 com uma única palavra. Os números 16, 22, 23 e 26 são acentuados na última sílaba:

- *16:* **dieciséis**
- *22:* **veintidós**
- *23:* **veintitrés**
- *26:* **veintiséis**

» Quando você usá-lo antes de um substantivo masculino, **veintiún** (*21*) tem acento na última sílaba:

- **veintiún días** (*21 dias*)
- **veintiuna semanas** (*21 semanas*)

» **Ciento** (*100*) vira **cien** antes de substantivos de ambos os gêneros e antes do número **mil** (*1.000*) e de **millones**. Antes de todos os outros números, você usa **ciento**. **Un** (*1*), que você não usa antes de **cien(to)** ou **mil**, vem antes de **millón** (*1.000.000*). Quando um substantivo segue **millón**, você coloca a preposição de entre **millón** e o substantivo. **Millón** perde o acento no plural (**millones**):

- **cien sombreros** (*cem chapéus*)
- **cien blusas** (*cem blusas*)
- **cien mil millas** (*100.000 milhas*)
- **cien millones de dólares** (*100 milhões de dólares*)
- **ciento noventa acres** (*190 acres*)
- **mil posibilidades** (*mil possibilidades*)
- **un millón de razones** (*um milhão de razões*)

» Compostos de **ciento** (**doscientos**, **trescientos**, e por aí vai) devem concordar com o gênero dos substantivos que os seguirem:

- **cuatrocientos pesos** (*400 pesos*)
- **seisientas pesetas** (*600 pesetas*)

» Você pode usar números cardinais para expressar a primeira parte de um endereço:

- **mil seiscientos Pennsylvania Avenue** (*Avenida Pennsylvania, 1600*)

FALANDO DE GRAMÁTICA

Com numerais, o espanhol usa ponto, e com decimais, usa vírgulas, como o português:

Português	Espanhol
6.000	6.000
0,75	0,75
R$14,99	$14,99

Fazendo sequências com ordinais

Você pode identificar suas atividades diárias elencando-as em primeira, segunda, terceira, e por aí vai. Essas palavras representam os *números ordinais*, pois definem a ordem em uma sequência.

Ao receber informações sobre direção, você ouve uma porção de frases descrevendo coisas, como a terceira quadra à esquerda ou o quarto piso. Assim, números ordinais são extremamente úteis. Aqui estão os dez primeiros:

- **primero** (pri-*mê*-ro) (*primeiro*)
- **segundo** (ssê-*gun*-do) (*segundo*)
- **tercero** (ter-*ssê*-ro) (*terceiro*)
- **cuarto** (ku*ar*-to) (*quarto*)
- **quinto** (*kin*-to) (*quinto*)
- **sexto** (*sêks*-to) (*sexto*)
- **séptimo** (*sêp*-ti-mo) (*sétimo*)
- **octavo** (ôk-*ta*-bvo) (*oitavo*)
- **noveno** (no-*bvê*-no) (*nono*)
- **décimo** (*dê*-ssi-mo) (*décimo*)

Aqui estão algumas frases para ajudá-lo a praticar o uso dos ordinais:

- **Vivo en el octavo piso.** (*bvi*-bvo en êl ok-*ta*-bvo *pi*-sso.) (*Moro no oitavo andar.*)
- **En la tercera calle hay un museo.** (en la ter-*ssê*-ra *ka*-dje ai un mu-*ssê*-oh) (*Na terceira rua tem um museu.*)
- **Mi casa es la cuarta casa de la esquina.** (mi *ka*-ssa ês la ku*ar*-ta *ka*-ssa de la es-*ki*-na.) (*Minha casa é a quarta a partir da esquina.*)
- **En el primer piso hay una florería.** (en êl pri-*mer pi*-sso ai *u*-na flo-re-*ri*-a.) (*No primeiro piso tem uma floricultura.*)

LEMBRE-SE

A lista a seguir descreve tudo de que você deve se lembrar ao usar números ordinais em espanhol:

» Falantes de espanhol raramente usam ordinais depois do décimo. Daí em diante, eles geralmente usam os cardinais tanto na língua falada quanto na escrita:
  - **el séptimo mes** (*o sétimo mês*)
  - **el siglo quince** (*o século 15*)

» Números ordinais podem concordar em gênero (masculino ou feminino) com os substantivos que modificam. Você forma números ordinais femininos trocando o final *-o* da forma masculina para *-a*:
  - **el cuarto día** (*o quarto dia*)
  - **la cuarta vez** (*a quarta vez*)

Primero e **tercero** perdem o *-o* final antes de um substantivo masculino singular:
  - **el primer muchacho** (*o primeiro rapaz*)
  - **el tercer hombre** (*o terceiro homem*)

» Em espanhol, os ordinais podem ser abreviados. Você usa o sobrescrito º para os substantivos masculinos e o ª para os femininos. E você usa o ᵉʳ sobrescrito somente para as abreviações de **primer** e **tercer**:
  - **primero(a): 1º⁽ᵃ⁾**
  - **segundo(a): 2o(a)**
  - **primer: 1ᵉʳ**
  - **tercer: 3ᵉʳ**

» Um número cardinal que substitua um ordinal acima do décimo é sempre masculino, porque a palavra masculina **número** (*número*) está subentendida:
  - **la calle (número) ciento dos** (*a rua [número] 102*)

» Nas datas, **primero** é o único ordinal que você usa. Todas as outras datas pedem um número cardinal:
  - **el primero de mayo** (*1º de maio*)
  - **el doce de enero** (*12 de janeiro*)

» Em espanhol, números cardinais precedem os ordinais:
  - **las dos primeras escenas** (*as duas primeiras cenas*)

Dizendo as Horas

Saber falar e compreender palavras e frases relacionadas ao tempo é uma obrigação para qualquer estudante de uma língua estrangeira. Nas seções a seguir explicamos como registrar o tempo precisamente e mostramos as expressões mais comuns relacionadas a números.

Falando sobre o tempo

Se você ouvir **¿Qué hora es?** (¿kê ô-ra ês?), alguém quer saber a hora. Se é 1h, você responde **Es la una**. (ês la *u*-na.) (*É 1h*.). Para qualquer horário diferente de 1h, você usa **Son las...** e o número apropriado para a hora que você deseja expressar: **Son las dos.** (sôn las dôs.) (*São 2h*.).

Meio-dia e meia-noite têm suas designações específicas:

» **el mediodía** (êl mê-dio-*di*-a) (*o meio-dia*)
» **la medianoche** (la mê-dia-*nô*-tche) (*a meia-noite*)

LEMBRE-SE

Para falar as horas em espanhol, você pode imaginar a face do relógio dividida em duas metades: com os minutos depois das horas no lado direito, e os minutos antes das horas à esquerda. Assim, para expressar o horário depois de uma hora (inclusive meia hora), use **y** (i) (*e*) e o número de minutos. Para se referir a algum horário antes de uma hora, use o número da próxima hora **menos** (*me*-nos) (*menos*) o número de minutos que faltam para chegar àquele horário. Como os costumes ocidentais se espalharam ao redor do globo e o horário muitas vezes é lido a partir de relógios digitais, falantes de espanhol às vezes expressam horas simplesmente declarando o número de minutos após a hora com **y** (i) (*e*). A tabela a seguir mostra como expressar o horário depois e antes de uma hora completa (usando ambos os métodos):

Hora	Espanhol
2h05	**las dos y cinco** (las dôs i *ssin*-ko)
3h10	**las tres y diez** (las tres i diês)
4h15	**las cuatro y cuarto** (las ku*a*-tro i ku*ar*-to) ou **las cuatro y quince** (las kua-tro i kin-sse)
5h20	**las cinco y veinte** (las *ssin*-ko i bv*ein*-te)
6h25	**las seis y veinticinco** (las ssê*is* i bvêin-ti-*ssin*-ko)
7h30	**las siete y media** (las ssi*ê*-te i *mê*-dia) ou **las siete y treinta** (las si*ê*-te i trê*in*-ta)

CAPÍTULO 4 **Conhecendo Horas, Números e Unidades de Medida** 73

7h35	**las ocho menos veinticinco** (las ô-tcho *me*-nos bvein-ti-*ssin*-ko) ou **las siete y treinta y cinco** (las ssiê-te i trê*in*-ta i *ssin*-ko)
8h40	**las nueve menos veinte** (las nuê-ve *mê*-nos bve*in*-te) ou **las ocho y cuarenta** (las ôh-tcho i kua-*rên*-ta)
9h45	**las diez menos cuarto** (las diê*ss mê*-nos ku*ar*-to) ou **las nueve y cuarenta y cinco** (las nuê-ve i kua-*rên*-ta i *ssin*-ko)
10h50	**las once menos diez** (las ô*n*-sse *mê*-nos diê*ss*) ou **las diez y cincuenta** (las diê*ss* i ssin-kuê*n*-ta)
11h55	**las doce menos cinco** (las dô-sse *mê*-nos *ssin*-ko) ou **las once y cincuenta y cinco** (las ô*n*-sse i ssin-kuê*n*-ta i *ssin*-ko)

Se você quer saber o horário em que um evento em particular ocorrerá, pode usar a pergunta — **¿A qué hora...?** (¿a kê ô-ra...?) (*A que horas...?*) — e responder indicando o horário conforme mostramos anteriormente:

¿A qué hora vienen? (¿a kê ô-ra bviên-en?) (*A que horas vêm?*)

A la una. (a la *u*-na.) (*À 1h.*)

A las tres y cuarto. (a las tres i ku*ar*-to.) (*Às 3h15.*)

Expressões básicas sobre horário

Para falar de horários, as palavras e expressões na tabela a seguir podem vir a calhar:

Espanhol	Português
un segundo (un sse-*gun*-do)	*um segundo*
un minuto (un mi-*nu*-to)	*um minuto*
un cuarto de hora (un ku*ar*-to de ô-ra)	*um quarto de hora*
una hora (*u*-na ô-ra)	*uma hora*
media hora (*mê*-dia ô-ra)	*meia hora*
por la mañana (por la ma-*nhá*-na)	*de manhã*
por la tarde (por la *tar*-de)	*de tarde*
por la noche (por la *nô*-tche)	*de noite*
¿a qué hora? (¿a ke ô-ra?)	*a que horas?*

74   PARTE 1 **Começando**

a las nueve en punto (a las nuê-bve ên *pun*-to)	*às 9h em ponto*
a eso de las dos (a ê-sso de las dos)	*por volta das 2h*
en una hora (en *u*-na ô-ra)	*em uma hora*
dentro de un rato (*den*-tro de un *rrra*-to)	*em um instante*
hasta las diez (*as*-ta las diês)	*até as 10h*
antes de las nueve (*án*-tes de las nuê-bve)	*antes das 9h*
después de las siete (dess-puês de las ssiê-te)	*depois das 7h*
¿desde qué hora? (¿*des*-de ke ô-ra?)	*desde que horas?*
desde las ocho (*des*-de las ô-tcho)	*desde as 8h*
hace una hora (*a*-sse *u*-na ô-ra)	*faz uma hora*
temprano (tem-*prá*-no)	*cedo*
adelantado (a-de-lán-*ta*-do)	*adiantado*
tarde (*tar*-de)	*tarde*
de retraso (de rrre-*tra*-sso)	*em atraso, atrasado*

Usando o Calendário e Datas

Datas são uma parte importante da rotina (em vários sentidos!). Se você está escrevendo um documento com uma data de vencimento específica, saindo de férias, precisa confirmar seu voo ou está agendando compromissos com seus clientes, você deve saber usar as datas. Nas seções a seguir você descobrirá tudo que precisa saber sobre dias, semanas, meses, estações e datas.

Discutindo os dias da semana

Se você escutar **¿Qué día es hoy?** (¿kê *di*–a ês oi?), alguém deve ter se esquecido de que dia da semana é. Você pode responder com **Hoy es...** (oi ês...) (*Hoje é...*) e então falar o nome de um dos dias listados aqui:

Espanhol	Português
lunes (*lu*-nes)	*segunda-feira*
martes (*mar*-tes)	*terça-feira*

Espanhol	Português
miércoles (miêr-ko-les)	quarta-feira
jueves (rruê-bvês)	quinta-feira
viernes (bviêr-nes)	sexta-feira
sábado (ssa-bva-do)	sábado
domingo (do-min-go)	domingo

LEMBRE-SE

Diferentemente do calendário brasileiro, o espanhol começa na segunda. Aqui estão mais duas diretrizes para falar sobre os dias da semana em espanhol:

» A menos que você os use no começo da frase, você não precisa escrevê-los em maiúsculas:

Lunes es un día de vacaciones. (*lu*-nes ês un *di*-a de bva-ka-*ssiô*-nes.) (*Segunda-feira é feriado.*)

Lunes y martes son días de vacaciones. (*lu*-nes i *mar*-tes ssôn *di*-as de bva-ka-*ssiô*-nes.) (*Segunda e terça-feira são feriados.*)

» Você usa **el** para se referir a um dia em particular da semana, e **los** para expressar atividades que ocorrem rotineiramente:

No trabajo el sábado. (no tra-*bva*-rro êl *ssa*-bva-do.) (*Não trabalho no sábado.*)

» **No trabajo los sábados.** (no tra-*bva*-rro los *sa*-bva-dos.) (*Não trabalho aos sábados.*)

Nomeando meses e estações

Se ouvir **¿En qué mes...?** (¿ê kê mes...?), alguém está perguntando a você em que mês um evento determinado acontecerá. A pessoa curiosa pode estar perguntando sobre o começo ou final de um ano letivo, um feriado específico, a ocorrência de uma reunião de negócios ou fazendo planos de viagem. A tabela a seguir mostra os nomes dos meses em espanhol:

Espanhol	Português
enero (e-*ne*-ro)	janeiro
febrero (fe-*bvre*-ro)	fevereiro

Espanhol	Português
marzo (*mar*-sso)	março
abril (a-*bvril*)	abril
mayo (*ma*-djo)	maio
junio (*rru*-nio)	junho
julio (*rru*-lio)	julho
agosto (a-*gos*-to)	agosto
septiembre (sep-ti*êm*-bvre)	setembro
octubre (ok-*tu*-bvre)	outubro
noviembre (no-bvi*êm*-bvre)	novembro
diciembre (di-ssi*êm*-bvre)	dezembro

DICA

Como os dias da semana, os meses não são escritos com a inicial em maiúscula, a menos que apareçam no começo da frase:

Junio es un mes agradable. (rru-nio ês un mes a-gra-da-bvle.) (Junho é um mês agradável.)

Junio y julio son meses agradables. (rru-nio i rru-lio son me-sses a-gra-da-bvles.) (Junho e julho são meses agradáveis.)

Em espanhol, as estações são masculinas, exceto a primavera, como em português:

- » **el invierno** (êl in-bvi*êr*-no) (*o inverno*)
- » **la primavera** (la pri-ma-*bvê*-ra) (*a primavera*)
- » **el verano** (êl bve-*rá*-no) (*o verão*)
- » **el otoño** (êl o-*tô*-nio) (*o outono*)

Expressando datas no formato adequado

LEMBRE-SE

Se você quiser perguntar a data a um transeunte ou a um conhecido, diga educadamente: **¿Cuál es la fecha de hoy?** (¿ku*al* ês la *fê*-tcha de oi?) (*Qual é a data de hoje?*). A pessoa deve responder com: **Hoy es...** (oi ês...) (*Hoje é...*) e então usar a fórmula a seguir para expressar a data correta:

CAPÍTULO 4 **Conhecendo Horas, Números e Unidades de Medida** 77

dia + **el** + número cardinal (exceto para **primero**) + **de** + mês + **de** + ano

O que se segue é um exemplo de tradução que utiliza essa fórmula:

Hoy es viernes, el quince de abril de dos mil once. (oi ês bviêr-nes êl kin-sse de a-bvril de dôs mil ôn-sse.) (Hoje é sexta-feira, 15 de abril de 2011.)

Agora que já tem essa fórmula útil, precisa saber alguns poucos detalhes a mais sobre como escrever datas em espanhol:

» Você expressa o primeiro dia de cada mês com **primero** (pri-*mê*-ro). E usa os números cardinais para todos os outros:
  - **el primero de enero** (êl pri-*mê*-ro de e-*nê*-ro) (1º de janeiro)
  - **el siete de enero** (êl siê-te de e-*nê*-ro) (7 de janeiro)
  - **el treinta de octubre** (ê tre*in*-ta de ôk-*tu*-bvre) (30 de outubro)
» Use **el** (ehl) para dizer as datas:
  - **Partimos el once de octubre.** (par-*ti*-mos êl *ôn*-sse de ôk-*tu*-bvre.) (*Partimos em 11 de outubro.*)
» Em espanhol, como em português, você expressa anos em milhares e centenas, não só em centenas:
  - **mil cuatrocientos noventa y dos** (mil kua-tro-ssiê*n*-tos no-bvê*n*-ta i dôs) (*1492 [mil quatrocentos e noventa e dois]*)

FALANDO DE GRAMÁTICA

Quando você escreve datas e números em espanhol, eles seguem a sequência dia/mês/ano. Assim, você escreve 9 de fevereiro como 9/2.

Ao falar rotineiramente de datas, as palavras e expressões a seguir podem ser bastante úteis:

Espanhol	Português	Espanhol	Português
un día (un *di*-a)	um dia	**anteayer** (an-te-a-*djêr*)	anteontem
una semana (*u*-na se-*má*-na)	uma semana	**ayer** (a-*djêr*)	ontem
un mes (un mes)	um mês	**hoy** (oi)	hoje
un año (un *á*-nho)	um ano	**mañana** (má-*nhá*-na)	amanhã
en (en)	em	**mañana por la mañana** (má-*nhá*-na por la má-*nhá*-na)	amanhã de manhã

Espanhol	Português	Espanhol	Português
hace (*a*-sse)	*atrás*	**mañana por la tarde** (má-*nhá*-na por la *tar*-de)	*amanhã à tarde*
por (por)	*por*	**mañana por la noche** (má-*nhá*-na por la *nô*-tche)	*amanhã à noite*
durante (du-*rán*-te)	*durante*	**pasado mañana** (pa-*ssa*-do má-*nhá*-na)	*depois de amanhã*
próximo(a) (*prôk*-si-mo)	*próximo(a)*	**desde** (*dês*-de)	*desde*
pasado(a) (pa-*ssa*-do/da)	*passado(a)*	**de hoy en una semana** (de oi en *u*-na sse-*má*-na)	*daqui a uma semana*
último(a) (*ul*-ti-mo/ma)	*último(a)*	**de mañana en dos semanas** (de má-*nhá*-na en dôs se-*má*-nas)	*daqui a duas semanas a partir de amanhã*
la víspera (la *bvis*-pe-ra)	*a véspera*	**dentro de una (dos) semana(s)** (*den*-tro de *u*-na/dôs se-*má*-na/nas)	*dentro de uma (duas) semana(s)*

Tendo uma Conversa

Ouça como Cruz fala com sua amiga Talia sobre seus planos de férias. (Faixa 6)

Cruz: **¡Vamos de vacaciones a Puerto Rico en un mes!**
¡*bva*-mos de bva-ka-*ssiô*-nes a pu*er*-to *rrri*-ko en un mes!
Sairemos de férias para Porto Rico daqui a um mês!

Talia: **¡Que suerte tienes! Hemos pasado un invierno terrible aquí.**
¡ke su*êr*-te ti*ê*-nes! *ê*-mos pa-*ssa*-do un in-bvi*êr*-no te-*rrr-ri*-bvle a-*ki*.
Que sorte vocês têm! Temos passado um inverno terrível aqui.

Cruz: **Sí, yo sé. El mes de febrero es especialmente difícil para mí cada año. Es un mes corto, pero para mí es largo.**
si, djô sê. el mes de fe-*bvre*-ro es es-pe-ssial-*men*-te di-*fi*-ssil *pa*-ra mi *ka*-da *á*-nho. ês un mes *kôr*-to, *pê*-ro *pa*-ra mi ês *lar*-go.
Sim, eu sei. O mês de fevereiro é especialmente difícil para mim a cada ano. É um mês curto, mas para mim é grande.

Talia:	**Estoy de acuerdo. Casi siempre hace muy mal tiempo en el mes de febrero. ¿En qué día salen?**	
	ês-*toi* de a-kuêr-do. *ka*-ssi *siêm*-pre *a*-sse *mui* mal tiêm-po en el mes de fe-*bvre*-ro. ¿en ke *di*-a *sa*-len?	
	Estou de acordo. Quase sempre faz um tempo muito ruim no mês de fevereiro. Em que dia saem?	

Cruz:	**Salimos el cinco de abril. Es un sábado.**	
	sa-*li*-mos êl *ssin*-ko de a-*bvril*. ês un *sa*-bva-do.	
	Saímos no dia 4 de abril. É um sábado.	

Talia:	**¿A qué hora sale tu vuelo?**	
	¿a ke ô-ra *sa*-le tu bvuê-lo?	
	A que horas sai seu voo?	

Cruz:	**A las cinco y media de la mañana. Es muy temprano, pero entonces podemos ir a la playa por la tarde.**	
	a las *sin*-ko i *mê*-dia de la má-*nhá*-na. ês *mui* tem-*prá*-no, *pê*-ro en-*tôn*-sses po-*de*-mos ir a la *pla*-dja por la *tar*-de.	
	Às 5h30 da manhã. É muito cedo, mas assim podemos ir à praia de tarde.	

Talia:	**¡Seguramente Uds. van a pasar un tiempo excelente en Puerto Rico!**	
	¡se-gu-ra-*mên*-te us-*tê*-des bván a *pa*-ssar un tiêm-po ek-sse-*lên*-te ên puêr-to *rrr*-ko!	
	Com certeza vocês vão passar um tempo excelente em Porto Rico!	

Palavras a Saber

el mes	êl mes	o mês
febrero	fe-<u>bvrê</u>-ro	fevereiro
¡Que suerte tienes!	¡kê suêr-te tiê-nes!	Que sorte você tem!
el invierno	êl in-bviêr-no	o inverno
el año	êl <u>á</u>-nho	o ano
hace muy mal tiempo	a-sse mui mal tiêm-po	faz um tempo muito ruim
abril	a-<u>bvril</u>	abril
sábado	<u>sa</u>-bva-do	sábado

Familiarizando-se com o Sistema Métrico

Conhecer os números em espanhol pode levá-lo muito longe. Mas para se referir a peso, volume e distância, você também precisa mencionar as unidades de medidas. O México, a Espanha e outros países de língua espanhola também usam o sistema métrico, então não será necessário fazer conversões. Nas seções a seguir, descrevemos unidades de peso e volume, além de medidas lineares.

Unidades de peso e volume

O sistema métrico mede peso em gramas e quilogramas e mede volume em mililitros e litros. Aqui estão algumas conversões comuns (e os termos em espanhol para as respectivas unidades):

» *Um grama* é **un gramo** (un *grá*-mo) — o equivalente ao peso da água que enche um dedal.

» Um **kilo** (*ki*-lo) é um quilo. **Kilo** na verdade vem da palavra **kilogramo** (ki-lo-*grá*-mo) (*quilograma*), que representa 1.000 gramas.

» Um **litro** (*li*-tro) (*litro*) é um pouco mais que um quarto de um galão ou exatamente a metade de uma daquelas garrafas de refrigerante de dois litros.

» Um **mililitro** (mi-li-*li*-tro) (*mililitro*) é um milésimo de um litro. Uma colher contém cerca de 5 mililitros. Uma xícara contém aproximadamente 250 mililitros.

Tendo uma Conversa

Ouça como Amalia barganha laranjas com um vendedor em uma barraca de frutas e vegetais. (Faixa 7)

Amalia: **¿A cuánto las naranjas?**
¿a *kuán*-to las ná-*rán*-rras?
Quanto estão as laranjas?

Vendedor: **A diez pesos las veinticinco.**
a *diés pê*-ssos las bvein-ti-*ssin*-ko.
Vinte e cinco por 10 pesos.

CAPÍTULO 4 **Conhecendo Horas, Números e Unidades de Medida** 81

Amalia:	**¿A cuánto los aguacates?**
	¿a ku*á*n-to los a-gua-*ka*-tes?
	Quanto estão os abacates?
Vendedor:	**Quince pesos el kilo.**
	kin-sse *pê*-ssos êl *ki*-lo.
	Quinze pesos o quilo.
Amalia:	**¡Es muy caro!**
	¡ês mui *ka*-ro!
	É muito caro!
Vendedor:	**Es más barato que ayer.**
	ês mas bva-*ra*-to ke a-*djêr*.
	Está mais barato do que ontem.
Amalia:	**¿Tiene bananas?**
	¿tiê-ne bva-*ná*-nas?
	Tem bananas?
Vendedor:	**¿Sí, de cuáles?**
	¿si, de ku*a*-les?
	Sim, de quais?
Amalia:	**De esos. ¿Cuánto son?**
	de ê-ssos. ¿ku*á*n-to son?
	Estas. Quanto estão?
Vendedor:	**Tres pesos el kilo.**
	tres *pê*-ssos êl *ki*-lo.
	Três pesos o quilo.
Amalia:	**Medio kilo, por favor. ¿A cuánto los ajos?**
	mê-dio *ki*-lo, por fa-*bvôr*. ¿a ku*á*n-to los *ah*-rros?
	Meio quilo, por favor. Quanto está o alho?
Vendedor:	**A cinco pesos el ramillete.**
	a *ssin*-ko *pê*-ssos êl rrra-mi-*djê*-te.
	Cinco pesos a cabeça.

Palavras a Saber

naranjas	na-rán-rras	laranjas
aguacates	a-gua-ka-tes	abacates
caro	ka-ro	caro
más barato	mas bva-ra-to	mais barato
bananas	bva-ná-nas	bananas
ajo	a-rro	alho
ramillete	rrra-mi-djê-te	ramo; cabeça

Medidas lineares

Os países falantes de espanhol usam centímetros, metros e quilôme-tros para indicar medidas de comprimento, como no Brasil. Aqui estão as traduções:

» **centímetro** (sên-*ti*-mê-tro) (*centímetro*)

» **metro** (*mê*-tro) (*metro*)

» **kilómetro** (k-*lô*-mê-tro) (*quilômetro*)

Para ter uma ideia de medidas lineares e de distância no sistema métrico espanhol, em comparação com outros sistemas, considere as conversões a seguir:

» Uma polegada equivale a 2½ centímetros.

» Um metro é um pouco mais comprido do que uma jarda.

» Um quarto de milha é proporcional a 400 metros.

» Uma milha é equivalente a 1,6 quilômetro.

» 60 milhas por hora equiparam-se a 100 quilômetros por hora.

Diversão & Jogos

O jogo de palavras cruzadas a seguir está com as pistas em português. Tudo o que você tem que fazer é encontrar as equivalentes em espanhol para preencher o quebra-cabeça! (Veja o Apêndice D para as respostas dos exercícios.)

Horizontal

1 verão
4 oito
7 mês
8 segundo
11 agosto
13 cinquenta
14 maio
15 primavera
18 trinta
20 cem
21 oitenta
22 três
23 inverno
25 onze

Vertical

1 sexta-feira
2 quinto
3 domingo
5 hoje
6 quinze
7 terça-feira
9 janeiro
10 quatro
12 semana
16 Março
17 quinta-feira
19 nove
20 quatorze
24 nono

NESTE CAPÍTULO

» **Nomeando os cômodos da casa (e as coisas neles)**

» **Planejando sua rotina**

» **Cozinhando e conversando sobre refeições**

» **Fazendo aquela faxina**

» **Dominando o possessivo em torno da sua casa**

Capítulo **5**

Falando Espanhol em Casa

A ntes de colocar suas habilidades de espanhol na estrada, passe um tempo em casa conhecendo o vocabulário e as expressões básicas que você usa no seu lar. Este capítulo leva você a um passeio em espanhol pela sua casa e, em seguida, ajuda você a se envolver em tarefas domésticas. Além disso, você descobrirá como categorizar os itens na *sua* residência. Considere este capítulo como uma imersão pessoal na sua casa!

Um Tour pela Sua Casa

Cada cômodo da sua casa provavelmente é equipado com itens de que as pessoas falam diariamente — cadeiras, mesas, lâmpadas, eletrodomésticos, panelas, frigideiras, pratos e o que mais você puder contabilizar. As seções seguintes o levarão a um passeio por uma casa comum.

DICA

Neste tour pela casa, você pode rotular os objetos com seus nomes em espanhol para ir lendo ao longo do dia. Às vezes, escrever e falar o nome dos itens é suficiente para ajudá-lo a se lembrar deles. E se acontecer de você se esquecer, as notas adesivas funcionam como um lembrete rápido e eficaz. Apenas certifique-se de usar etiquetas que sejam fáceis de retirar depois.

LEMBRE-SE

Independentemente de onde esteja na sua casa, você encontra diversas palavras para objetos encontrados em cada cômodo:

- **la alfombra** (la á-*fôm*-bvra) (*o tapete*)
- **el interruptor de luz** (êl in-te-rrrup-*tôr* de lus) (*o interruptor de luz*)
- **la lámpara** (la *lám*-pa-ra) (*a lâmpada*)
- **los muebles** (lôs muê-bvles) (*os móveis; a mobília*)
- **la pared** (la pa-*rêd*) (*a parede*)
- **la puerta** (la puêr-ta) (*a porta*)
- **el suelo** (êl suê-lo) (*o chão*)
- **el techo** (êl *tê*-tcho) (*o teto*)
- **la ventana** (la bvên-*tá*-na) (*a janela*)

A cozinha

Você provavelmente sabe se virar muito bem na cozinha, mas circular na mesma cozinha (**la cocina**) (la ko-*ssi*-na) em espanhol pode ser um verdadeiro desafio. Aqui estão algumas palavras que fazem referência à maioria das coisas desse ambiente da casa — a pia, o fogão, a geladeira, e por aí vai.

- **el congelador** (êl kôn-rre-la-*dor*) (*o freezer; o congelador*)
- **la encimera** (la ên-ssi-*mê*-ra) (*a bancada*)
- **la estufa** (la ê-*stu*-fa) (*o fogão*)
- **el fregadero** (êl fre-ga-*de*-ro) (*a pia*)
- **el gabinete** (êl ga-bvi-*nê*-te) (*o armário*)
- **el horno** (êl *ôr*-no) (*o forno*)
- **el horno microondas** (êl *ôr*-no mi-kro-*ôn*-das) (*o micro-ondas*)
- **el lavaplatos** (êl la-bva-*pla*-tos) (*a lava-louça*)
- **la nevera** (la nê-*bvê*-ra) (*a geladeira*)

Muitas cozinhas contêm uma robusta coleção de pequenos equipamentos, como panelas e outros itens, incluindo o seguinte:

» **el abrelatas** (êl a-bvre-*la*-tas) (*o abridor de latas*)

» **el basurero** (êl bva-ssu-*rê*-ro) (*a lixeira*)

» **el batidor manual** (êl bvá-ti-*dor* ma-nu*al*) (*o batedor de claras*)

» **la cafetera de filtro automática** (la ka-fe-*tê*-ra de *fil*-tro au-to-*ma*-ti-ka) (*a cafeteira elétrica*)

» **el caldero** (êl kal-*dê*-ro) (*a panela*)

» **las cucharas dosificadoras** (las ku-*tcha*-ras do-ssi-fi-ka-*do*-ras) (*as colheres de medidas*)

» **el destapador** (êl des-ta-pa-*dor*) (*o saca-rolha*)

» **la espátula** (la ês-*pa*-tu-la) (*a espátula*)

» **el escurridor** (êl ês-ku-rrri-*dor*) (*o escorredor*)

» **la jarra medidora** (la *rra*-ra me-di-*do*-ra) (*o copo de medidas*)

» **la licuadora** (la li-kua-*do*-ra) (*o liquidificador*)

» **la sartén** (la sar-*tên*) (*a frigideira*)

» **la tabla de cortar** (ah *ta*-bvla de kor-*tar*) (*a tábua de corte*)

» **la tapa** (la *tá*-pa) (*a tampa*)

» **el tostador** (êl tos-ta-*dor*) (*a torradeira*)

A sala de jantar

Se você foi incumbido de colocar a mesa ou se precisa de um guardanapo, ter alguns termos estocados na memória referentes à sala de jantar (**el comedor**) (êl ko–me–*dor*) é bem útil.

» **la cuchara** (la ku-*tcha*-ra) (*a colher*)

» **el cuchillo** (êl ku-*tchi*-djo) (*a faca*)

» **el mantel** (êl mán-*têl*) (*a toalha de mesa*)

» **la mesa** (la *me*-ssa) (*a mesa*)

» **el plato** (êl *pla*-to) (*o prato*)

» **la servilleta** (la ser-bvi-*djê*-ta) (*o guardanapo*)

» **la silla** (la *si*-dja) (*a cadeira*)

» **la taza** (la *tá*-ssa) (*a xícara*)

» **el tazón** (êl ta-*ssôn*) (*a tigela*)

» **el tenedor** (êl tê-ne-*dor*) (*o garfo*)

» **el vaso** (êl *bva*-sso) (*o copo*)

A sala de estar

Quando você está em uma sala de estar **(el salón)** (êl sa-*lôn*), o mais importante a saber em qualquer língua é **¿Dónde está el mando a distancia?** (*¿dôn*-de ês-*ta* êl *man*-do a dis-*tán*-ssia?) (*Onde está o controle remoto?*). Para completar seu vocabulário sobre a sala de estar, incluímos algumas palavras adicionais na lista a seguir:

- » **el escritorio** (êl ês-kri-*tô*-rio) (*a escrivaninha*)
- » **la mesita** (la mê-*ssi*-ta) (*a mesa de canto*)
- » **la mesita central** (la mê-*ssi*-ta ssên-*tral*) (*a mesa central*)
- » **la pintura** (la pin-*tu*-ra) (*a pintura; o quadro*)
- » **el sillón reclinable** (êl si-*djôn* rrre-kli-*na*-bvle) (*a cadeira reclinável*)
- » **el sofá** (êl sso-*fa*) (*o sofá*)
- » **el tele** (êl *tê*-le) (*a TV*)
- » **el teléfono** (êl te-*lê*-fo-no) (*o telefone*)
- » **el televisor** (êl te-le-bvi-*ssor*) (*o televisor*)

O quarto

Quando estiver no **dormitorio** (dor-mi-*tô*-rio) (quarto), é bem provável que você prefira estudar ou mesmo dormir, em vez de falar. Esperamos que depois de ler alguns capítulos deste livro e escutar as faixas de áudio você comece a sonhar em espanhol. Até lá, coloque estas palavras no seu vocabulário sobre o quarto. (Para a hora de dormir ficar ainda melhor, veja a seção "Contando carneirinhos", ainda neste capítulo.)

- » **la almohada** (la al-mo-*a*-da) (*o travesseiro*)
- » **el armario** (êl ar-*ma*-rio) (*o armário*)
- » **la cama** (la *ká*-ma) (*a cama*)
- » **mi cuarto** (mi ku*ar*-to) (*meu quarto*)
- » **la cobija** (la ko-*bvi*-rra) (*o cobertor*)
- » **el despertador** (êl des-per-ta-*dor*) (*o despertador*)
- » **el gavetero** (êl ga-bve-*tê*-ro) (*a cômoda*)
- » **la mesita de noche** (la mê-*ssi*-ta de *nô*-tche) (*o criado-mudo*)
- » **la sábana** (la *ssa*-bva-na) (*o lençol*)

O banheiro

El baño (êl *bvá*-nho) (*o banheiro*) pode ser um dos menores cômodos da casa, mas é geralmente equipado com muitas coisas, incluindo esta parafernália básica (veja o Capítulo 9 para itens que você pode comprar na farmácia):

- » **la bañera** (la bva-*nhê*-ra) (*a banheira*)
- » **el botiquín** (êl bo-ti-*kin*) (*o armário de remédios*)
- » **el cepillo** (êl sse-*pi*-djo) (*a escova*)
- » **el champú** (êl tchám-*pu*) (*o xampu*)
- » **la ducha** (la *du*-tcha) (*a ducha*)
- » **el espejo** (êl ês-*pe*-rro) (*o espelho*)
- » **el excusado** (êl eks-*ku*-ssa-do) (*o vaso*)
- » **el jabón** (êl rra-*bvôn*) (*o sabonete*)
- » **el lavamanos** (êl la-bva-*má*-nos) (*a pia*)
- » **el papel higiénico** (êl pa-*pêl* i-rriê-ni-ko) (*o papel higiênico*)
- » **el peine** (êl *pei*-ne) (*o pente*)
- » **la toalla** (la to-*a*-dja) (*a toalha*)

A lavanderia

La lavandería (la la-bván-de-*ri*-ah (*a lavanderia*) é onde fica a maior parte das coisas que você não quer que suas visitas vejam, incluindo sua máquina de lavar, a secadora e a maioria dos seus produtos de limpeza. Por agora, familiarize-se com esta terminologia básica.

- » **el detergente** (êl de-ter-*rren*-te) (*o detergente*)
- » **el gancho** (êl *gán*-tcho) (*o pregador*)
- » **la lavadora** (la la-bva-*dô*-ra) (*a máquina de lavar; a lavadora*)
- » **la lejía** (la le-*rri*-a) (*o cloro; a água sanitária*)
- » **la plancha** (la *plán*-tcha) (*o ferro de passar*)
- » **la secadora** (la sse-ka-*dô*-ra) (*a secadora*)
- » **el suavizante** (êl sua-bvi-*ssán*-te) (*o amaciante*)
- » **la tabla de planchar** (la *ta*-bvla de plan-*tchar*) (*a tábua de passar*)

CAPÍTULO 5 **Falando Espanhol em Casa** 89

A garagem

El garaje (êl ga–*ra*–rre) (*a garagem*) geralmente é mais do que o lugar em que você estaciona seu carro. Ela costuma ser uma sala de trabalho, com uma coleção completa de ferramentas. Aqui está uma lista com itens que você comumente encontra em uma garagem:

» **los alicates** (los a-li-*ka*-tes) (*o alicate*)

» **la bicicleta** (la bvi-ssi-*klê*-ta) (*a bicicleta*)

» **la caja de herramientas** (la *ka*-rra de ê-rrra-miên-tas) (*a caixa de ferramentas*)

» **el camión** (êl ka-miôn) (*o caminhão*)

» **la camioneta** (la ka-mio-*ne*-ta) (*a caminhonete*)

» **el carro** (êl *ka*-rrro) (*o carro*)

» **la cinta métrica** (la *ssin*-ta *mê*-tri-ka) (*a fita métrica*)

» **los clavos** (los *klá*-bvos) (*os pregos*)

» **la cortadora de césped** (la kor-ta-*do*-ra de *ssês*-ped) (*o cortador de grama*)

» **el destornillador** (êl des-tor-ni-dja-*dor*) (*a chave de fenda*)

» **la llave** (la *dja*-bve) (*a chave-inglesa*)

» **la llave inglesa** (la *dja*-bve in-*gle*-ssa) (*a chave-inglesa*)

» **el martillo** (êl mar-*ti*-djoh) (*o martelo*)

» **el serrucho** (êl sse-*rrru*-tcho) (*o serrote*)

» **los tornillos** (los tor-*ni*-djos) (*os parafusos*)

Outras áreas

Nós demos conta dos principais cômodos nas seções anteriores, mas não falamos de alguns espaços secundários — o porão, o sótão e várias áreas de passagem (corredores e escadarias, por exemplo). Isso está prestes a mudar. Aqui apresentamos os termos para esses lugares muitas vezes esquecidos, mas frequentemente usados.

» **el ático** (êl *a*-ti-ko) (*o sótão*)

» **la entrada** (la en-*tra*-da) (*a entrada*)

» **la escalera** (la ês-ka-*le*-ra) (*a escada*)

» **el estudio** (êl ês-*tu*-dio) (*o estúdio*)

» **el pasillo** (êl pa-*ssi*-djo) (*o corredor*)

- **el portal** (êl por-*tal*) (*o portal*)
- **el recibidor** (êl rrre-ssi-bvi-*dor*) (*o hall*)
- **el sótano** (êl *ssô*-ta-no) (*o porão*)

Tendo uma Conversa

Valería acabou de se mudar para sua nova casa e precisa de ajuda para levar os os móveis da garagem, onde foram deixados, para os vários cômodos. Ela pediu a seus amigos Javier e Manolo para ajudá-la com o trabalho pesado, com a promessa de preparar-lhes um jantar na cozinha nova. (Faixa 8)

Valería: **Hola, Javier y Manolo. Gracias por venir a ayudarme.**
ô-la rra-bviêr i ma-*no*-lo. *gra*-ssias por bve-*nir* a a-dju-*dar*-me.
Olá, Javier e Manolo. Obrigada por virem me ajudar.

Javier: **No es ningún problema. Siempre estamos contentos de trabajar por una comida gratis.**
no ês nin-*gun* pro-*bvle*-ma. siêm-pre ês-*ta*-mos kon-*tên*-tos a tra-bva-*rrar* por *u*-na ko-*mi*-da *gra*-ti.
Não é nenhum problema. Sempre ficamos contentes de trabalhar por um boca-livre (Literalmente: por uma comida grátis).

Manolo: **Pues, ¿dónde debemos empezar?**
puês, ¿*dôn*-de de-*bve*-mos em-pe-*ssar*?
Bem, onde devemos começar?

Valería: **Primero podemos llevar mi cama, mi gavetero y este escritorio arriba al dormitorio.**
pri-*me*-ro po-*de*-mos djê-*bvar* mi *ka*-ma, mi ga-bve-*te*-ro i ês-te ês-kri-*tô*-rio a-*rrri*-bva al dor-mi-*tô*-rio.
Primeiro podemos subir minha cama, minha cômoda e esta escrivaninha para o quarto.

Javier: **¿Dónde está el dormitorio?**
¿*dôn*-de ês-*ta* êl dor-mi-*tô*-rio?
Onde fica o quarto?

Valería: **Suben por las escaleras y pasan por el pasillo.**
ssu-bven por las ês-ka-*lê*-ras i pa-ssan por êl pa-*ssi*-djo.
Subam as escadas e passem pelo corredor.

Manolo:	**Entonces solamente necesitamos mover el sofá, las dos mesitas, el sillón reclinable y el tele al salón.**
	ên-*ton*-sses sô-la-*men*-te ne-sse-ssi-*ta*-mos mo-*bver* êl sso-*fa*, las dôs me-*ssi*-tas, êl ssi-*djôn* rrre-kli-*na*-bvle, i êl *tê*-le al sa-*lôn*.
	Então só precisamos mover o sofá, as duas mesinhas, a cadeira reclinável e a TV para a sala de estar.
Valería:	**¡Fantástico!**
	¡fan-*tas*-ti-ko!
	Fantástico!
Javier:	**¿Es el cuarto pequeño al lado de la cocina la lavandería?**
	¿ês êl ku*ar*-to pe-*kê*-nho al *la*-do de la ko-*ssi*-na la la-bvan-de-*ri*-a?
	A lavanderia é este quarto pequeno ao lado da cozinha?
Valería:	**Sí, tienes razón. La lavadora y la secadora van allí.**
	ssi, tiê-nes rrra-*ssôn*. lah la-bva-*dô*-ra i la sse-ka-*do*-ra bván a-*dji*.
	Sim, você está certo. A lavadora e a secadora vão ficar aí.
Valería:	**Ahora necesitamos mover la mesa y las sillas a la cocina, y entonces yo puedo desempacar los platos y los utensilios de cocina.**
	a-ô-ra ne-ssê-ssi-*tá*-mos mo-*bver* la me-*ssa* i las *ssi*-djas a la ko-*ssi*-na, i ên-*ton*-sses djô puê-do dess-em-pa-*kar* los *pla*-tos i los u-ten-*ssi*-lios de ko-*ssi*-na.
	Agora precisamos mover a mesa e as cadeiras para a cozinha, e então posso desempacotar os pratos e os utensílios de cozinha.
	¡Y pronto podemos comer!
	¡i *pron*-to po-*de*-mos ko-*mer*!
	E então já podemos comer!
Manolo:	**¡Eso es una idea excelente!**
	¡*ê*-sso ês *u*-na i-*dê*-a ek-ssê-*lên*-te!
	Essa é uma ideia excelente!

Palavras a Saber

venir	bvê-<u>nir</u>	vir
ayudar	a-dju-<u>dar</u>	ajudar
ningún	nin-<u>gun</u>	nenhum
gratis	<u>gra</u>-tis	grátis
pues	pu<u>ês</u>	bem
subir	su-<u>bvir</u>	subir
pasar	pa-<u>ssar</u>	passar
entonces	ên-<u>tôn</u>-sses	então
tener razón	te-<u>nêr</u> rrra-<u>ssôn</u>	estar certo; ter razão
desempacar	dess-em-pa-<u>kar</u>	desempacotar

Planejando sua Rotina

Os membros da família costumam se encontrar no café da manhã para conversar sobre seus planos diários ou pelo menos para conversar sobre seu dia antes de saírem pela porta para a correria louca do cotidiano. Nas seções a seguir nós apresentamos palavras e frases comuns que você pode usar para falar sobre a programação do seu dia, independentemente de qual seja ela.

Indo com o verbo ir

A minitabela a seguir mostra como conjugar o presente do verbo **ir** (ir) (*ir*) — um verbo muito útil para quando você precisa ir! **Ir** é um verbo bastante irregular — então você terá que acreditar que estamos mostrando a conjugação correta, porque você jamais saberá só de olhar para ele.

Conjugação	Pronúncia
yo voy	djô bvoi
tú vas	tu bvás

CAPÍTULO 5 **Falando Espanhol em Casa** 93

Conjugação	Pronúncia
él, ella, usted va	êl, ê-dja, us-tê bvá
nosotros, nosotras vamos	nô-ssô-tros, nô-ssô-tras bvá-mos
vosotros, vosotras vais	bvo-ssô-tros, bvo-ssô-tras bváis
ellos, ellas, ustedes van	ê-djos, ê-djas, us-tê-des bván

Você (ou eu, ele, ela, nós, eles ou elas) pode ir a vários lugares:

Voy a la casa de mi amigo. (bvoi a la *ka*-ssa de mi a-*mi*-go.) (*Vou à casa do meu amigo.*)

¿Cuándo vas a casa? (¿kuán-do bvás a *ka*-ssa?) (*Quando você vai para casa?*)

Ella va a la ciudad para trabajar. (ê-djab váa lassiu-*dad pa*-ratra-bva-rrar.) (*Ela vai à cidade para trabalhar.*)

Él va al otro lado de la calle. (êl bvá al ô-tro *la*-do de la *ka*-dje.) (*Ele vai para o outro lado da rua.*)

Nosotros vamos al aeropuerto mañana. (no-ssô-tros bvá-mos al a-ê-ro-puêr-to ma-nhá-na.) (*Nós vamos para o aeroporto amanhã.*)

Los estudiantes van afuera para jugar. (los ês-tu-dián-tes bvan a-fuê-ra *pa*-ra rru-*gar*.) (*Os estudantes vão sair para jogar.*)

Ellos van al cine. (ê-djos bván al *ssi*-ne.) (*Eles vão ao cinema.*)

Descrevendo o que gosta com o verbo gustar

FALANDO DE GRAMÁTICA

Quando você fala que gosta de alguma coisa em espanhol, incluindo as atividades diárias que fazem parte de seus planos rotineiros, você usa o verbo **gustar** (gus-*tar*) (*gostar*). Como **gustar** é um bicho estranho, nós incluímos a tradução na tabela seguinte com as conjugações para ajudá-lo a escolher a forma correta.

Conjugação	Pronúncia	Tradução
me gusta	mê *gus*-ta	*eu gosto (me agrada)*
te gusta	te *gus*-ta	*você* [informal] *gosta (o agrada)*

Conjugação	Pronúncia	Tradução
le gusta	le *gus*-ta	*ele, ela, você* [formal] *gosta (o, a, o agrada)*
nos gusta	nôs *gus*-ta	*nós gostamos (nos agrada)*
os gusta	ôs *gus*-ta	*vocês* [informal] *gostam (os agradam)*
les gusta	les *gus*-ta	*eles, elas, vocês* [formal] *gostam (os, as, os agrada)*

As expressões seguintes podem ajudá-lo a explicar do que você gosta:

Me gusta pasear. (me gus-ta pa-ssê-ar.) (Eu gosto de passear.)

Le gusta jugar con el gato. (le *gus*-ta rru-*gar* kôn êl *ga*-to.) (*Ela gosta de brincar com o gato.*)

¿Les gusta comer algo? (¿les *gus*-ta ko-*mer* al-go?) (*Vocês* [formal] *gostariam de comer?*)

Quando a coisa de que gosta está no plural, você faz a concordância verbal acrescentando um *n*:

Nos gustan los gatos. (nos gus-tan los ga-tos.) (Gostamos de gatos. [Literalmente: Os gatos nos agradam.])

Se realmente ama algo, você pode usar o verbo **encantar** (en-kán-*tar*) (*encantar; amar*) para mostrar uma emoção mais intensa. A conjugação desse verbo segue o mesmo padrão de **gustar**:

Les encantan las películas románticas. (les en-kán-tan las pe-li--ku-las rrro-mán-ti-kas.) (Eles amam filmes românticos. [Literalmente: Os filmes românticos os encantam.])

Indo para o trabalho

Ao sair para o trabalho **(el trabajo)** (êl tra-*bva*-rro), é mais provável que você discuta planos em torno do seu dia de trabalho do que sobre as tarefas em si. As frases seguintes virão a calhar:

Necesito salir temprano para el trabajo hoy. (ne-sse-*ssi*-to sa-*lir* têm-*prá*-no *pa*-ra êl tra-*bvá*-rro oi.) (*Preciso sair cedo para o trabalho hoje.*)

CAPÍTULO 5 **Falando Espanhol em Casa** 95

Voy a llegar tarde a casa hoy. (bvoi a djê-*gar tar*-de a *ka*-ssa oi.) (Vou chegar tarde em casa hoje.)

¿Quieres almorzar juntos? (¿kiê-res al-mor-*ssar rrun*-tos?) (Você quer almoçar junto comigo?)

Tengo una reunión importante hoy. (*tên*-go *u*-na rrreu-niô*n* im-por-*tán*-te oi.) (*Tenho uma reunião importante hoje.*)

¿A qué hora debo de llegar a casa hoy? (¿a kê ô-ra *de*-bvo de dje- -*gar* a *ka*-ssa oi?) (*A que horas devo chegar em casa hoje?*)

¿Tienes unos planes después del trabajo hoy? (¿tiê-nes *u*-nos *pla*-nes des-puês del tra-*bvá*-rro oi?) (*Você tem planos para depois do trabalho hoje?*)

No, no tengo planes después del trabajo. (no, no *tên*-go *plá*-nes des-puês del tra-*bva*-rro.) (*Não, não tenho planos para depois do trabalho.*)

Vá para o Capítulo 11 se estiver interessado em descobrir alguns termos relacionados ao trabalho em um escritório.

Saindo para a escola

Independentemente de sair para a escola **(la escuela)** (la ês-kuê-la) ou falar sobre alguém que está indo para o colégio, você quer ser capaz de fazer perguntas e interpretar respostas. Aqui estão alguns termos importantes para saber:

>> **el autobús escolar** (êl au-to-*bvus* ês-ko-lar) (*o ônibus escolar*)

>> **el bolígrafo** (êl bvo-*li*-gra-fo) (*a caneta*)

>> **la carpeta** (la kar-*pê*-ta) (*a pasta*)

>> **la clase de ciencias** (la *kla*-sse de ssiê*n*-ssias) (*a aula de ciências*)

>> **la clase de historia** (la *kla*-sse de is-*tô*-ria) (*a aula de história*)

>> **la clase de matemáticas** (la *kla*-sse de ma-te-*má*-ti-kas) (*a aula de matemática*)

>> **el examen** (êl êk-*ssá*-men) (*o exame*)

>> **el informe** (êl in-*fôr*-me) (*o relatório*)

>> **el lápiz** (êl *la*-pis) (*o lápis*)

>> **los libros** (los *li*-bvros) (*os livros*)

>> **la mochila** (la mo-*tchi*-la) (*a mochila*)

>> **la tarea** (la ta-*rê*-a) (*o dever de casa*)

96   PARTE 1 **Começando**

Tendo uma Conversa

Zarita está conversando sobre seu dia com sua mãe, Nadia, antes de sair para a escola. (Faixa 9)

Nadia: **Buenos días, Zarita. ¿Pasa algo especial en la escuela hoy?**
bvuê-nos *dias*, ssa-*ri*-ta. ¿*pa*-ssa *al*-go ês-pe-ss*ial* ên la ês-kuê-la oi?
Bom dia, Zarita. Tem algo especial acontecendo na escola hoje?

Zarita: **No, de veras no hay nada especial hoy.**
no, de *bvê*-ras no ai *na*-da ês-pe-ss*ial* oiy.
Não, na verdade, não tem nada de especial hoje.

Nadia: **¿Tienes toda la tarea terminada?**
¿tiê-nes *to*-da la ta-*rê*-a ter-mi-*na*-da?
Está com toda a tarefa terminada?

Zarita: **Sí, salvo un informe para la clase de historia que es para el viernes.**
si, *sal*-bvo un in-*fôr*-me *pa*-ra la *kla*-sse de is-*tô*-ria ke ês *pa*-ra êl bviêr-nes.
Sim, exceto um relatório para a aula de história, que é para sexta-feira.

Nadia: **¿Cómo va en la clase de historia, en general?**
¿*ko*-mo bva ên la *kla*-sse de is-*tô*-ria, ên rren-e-*ral*?
Como você está indo na aula de história, em geral?

Zarita: **Así así, pero de veras no me gusta escribir los informes.**
a-*ssi* a-*ssi*, *pê*-ro de *bvê*-ras no me *gus*-ta ês-kri-*bvir* los in-*fôr*-mes.
Mais ou menos, mas, na verdade, eu não gosto de escrever os relatórios.

Nadia: **¿Llegas a casa inmediatamente después de la escuela hoy?**
¿*djê*-gas a *ka*-ssa in-me-dia-ta-*mên*-te des-puês de la ês-kuê-la oi?
Você vem para casa imediatamente depois da escola hoje?

CAPÍTULO 5 Falando Espanhol em Casa   97

Zarita:	**Tengo que practicar con el equipo de fútbol hasta las seis.** *ten*-go ke prak-ti-*kar* kon êl ê-*ki*-po de *fut*-bvol *as*-ta las *seis*. *Tenho que treinar com o time de futebol até as 6h.*
Nadia:	**Está bien. Hasta luego.** es-*ta* bviên. *as*-ta luê-go. *Está bem. Até logo.*
Zarita:	**Bien. Tengo que irme. El autobús está aquí. ¡Hasta luego!** bviên. *ten*-go ke *ir*-me. êl au-to-*bvus* ês-*ta* a-ki. ¡*as*-ta luê-go! *Bem. Tenho que ir. O ônibus já está aqui. Até logo!*

Palavras a Saber

¿Pasa algo especial?	¿*pa*-ssa *al*-go ês-pe-ssi*al*?	Tem algo especial acontecendo?
la escuela	la ês-ku*ê*-la	a escola
de veras	de *bvê*-ras	na verdade
la tarea	la ta-*rê*-a	tarefa
terminada	ter-mi-*na*-da	terminada
salvo	*sal*-bvo	salvo; exceto
un informe	un in-*fôr*-me	um relatório
la clase	la *kla*-sse	a classe; a aula
escribir	ês-kri-*bvir*	escrever

Comendo em Casa

Ainda hoje, a comida continua sendo a linguagem universal e uma das melhores ferramentas para apresentar aos estudantes de idiomas e culturas. Saber algumas frases e palavras básicas antes de se sentar para uma refeição em casa pode tornar a experiência mais agradável e certamente melhora as oportunidades de jogar conversa fora durante um jantar. Nas seções a seguir listamos frases úteis para pôr a mesa e pedir comidas e bebidas; mostramos também como conjugar três importantes verbos relacionados a comer e beber. Vá para o Capítulo 8 para dicas sobre comer fora e ir ao mercado.

Cozinhando com o verbo cocinar

Cocinar (ko-ssi-*nar*) significa cozinhar, e, gostando ou não dessa atividade, alguém tem que fazê-la, ou ninguém comerá. **Cocinar** é um verbo regular terminado em **-ar** e é muito fácil de conjugar, como você pode ver na seguinte tabela:

Conjugação	Pronúncia
yo cocino	djô ko-*ssi*-no
tú cocinas	tu ko-*ssi*-nas
él, ella, usted cocina	êl, ê-dja, us-*tê* ko-*ssi*-na
nosotros, nosotras cocinamos	no-*ssô*-tros, no-*ssô*-tras ko-ssi-*ná*-mos
vosotros, vosotras cocináis	bvo-*ssô*-tros, bvo-*ssô*-tras ko-ssi-*náis*
ellos, ellas, ustedes cocinan	ê-djos, ê-djas, us-*tê*-des ko-*ssi*-nan

Aqui está um par de exemplos desse verbo em ação:

Mi padre siempre cocina los sábados. (mi pa-dre siêm-pre ko-s-si-na los sa-bva-dos.) (Meu pai sempre cozinha aos sábados.)

Nosotros cocinamos paella para ocasiones especiales. (no-*ssô*--tros ko-ssi-*ná*-mos pa-ê-dja *pa*-ra o-ka-ssiô-nes ês-pe-ssia--les.) (*Nós cozinhamos paella para ocasiões especiais.*)

CAPÍTULO 5 **Falando Espanhol em Casa** 99

Pondo a mesa

Você pode achar essas frases úteis ao se sentar à mesa:

¡A poner la mesa! (¡a po-*ner* la *me*-ssa!) (*Ponha a mesa!*)

Aquí están los platos y los vasos. (a-*ki* ês-*tán* los *pla*-tos i los bva-ssos.) (*Aqui estão os pratos e os copos.*)

¿Qué cubiertos? (¿kê ku-bviêr-tos?) (*Quais talheres?*)

Cuchara, cuchillo y tenedor. (ku-*tcha*-ra ku-*tchi*-djo i te-ne--dor.) (*Colher, faca e garfo.*)

Aquí están las servilletas. (a-*ki* ês-*tan* las ser-bvi-*djê*-tas.) (*Aqui estão os guardanapos.*)

No se olvide de poner el pimentero en la mesa. (no se ol-*bvi*-de de po-*ner* êl pi-men-*te*-ro en la *me*-ssa.) (*Não se esqueça de colocar o galheteiro na mesa.*)

Más sal en el salero. (mas sal ên êl sa-*lê*-ro.) (*Mais sal no saleiro.*)

Comidas e bebidas

Aqui estão alguns termos comuns relacionados a refeições:

» **el almuerzo** (êl al-muêr-sso) (*o almoço*)

» **la cena** (la ssê-na) (*o jantar*)

» **la comida** (la ko-*mi*-da) (*a comida*)

» **el desayuno** (êl de-ssa-*dju*-no) (*o café da manhã*)

» **tener hambre** (te-*ner* ám-bvre) (*ter fome*)

» **tener sed** (te-*ner* sêd) (t*er sede*)

Você pode ouvir ou falar essas frases ao servir e receber comidas e bebidas:

Está picante. (ês-*ta* pi-*kán*-te.) (*Está picante.*)

Está caliente. (ês-ta ka-liên-te.) (*Está quente.*)

Está frío. (ês-*ta* frio.) (*Está frio.*)

Es sabroso. (ês sa-*bvrô*-sso.) (*É saboroso.*)

Lamento, no tenemos... (la-*mên*-to, no te-*nê*-mos...) (*Lamento, não temos...*)

¿Qué ingredientes tiene? (¿ke in-gre-diên-tes tiê-ne?) (*Quais são os ingredientes?*)

¡Salud! (sa-*lud*) (*Saúde!*)

Estas palavras podem ajudá-lo quando estiver pedindo bebidas; o Capítulo 8 dá a você uma lista com muito mais opções.

- » **un refresco** (un rrre-*frês*-ko) (*um refresco*)
- » **un trago** (un *tra*-go) (*uma dose*)
- » **un vaso de agua** (un *bva*-sso de *a*-gua) (*um copo de água*)
- » **un vaso de leche** (un *bva*-sso de *lê*-tche) (*um copo de leite*)
- » **un vaso de vino** (un *bva*-sso de *bvi*-no) (*uma taça de vinho*)

Usando três verbos à mesa

Em espanhol, você fala sobre comer com o verbo **comer** (ko-*mer*) e beber com o verbo **beber** (bve-*bver*). O verbo **tomar** (to-*mar*) faz um duplo trabalho; você pode usá-lo nas duas acepções. Confira os detalhes nas seções a seguir.

Comer: O verbo comer

Comer significa *comer*. Um verbo regular da segunda conjugação, **-er**, e seu radical é **com-** (kohm), como mostra a tabela a seguir:

Conjugação	Pronúncia
yo como	djô *ko*-mo
tú comes	tu *kô*-mes
él, ella, usted come	êl, ê-dja, us-*tê kô*-me
nosotros, nosotras comemos	no-*ssô*-tros, no-*ssô*-tras kô-*me*-mos
vosotros, vosotras coméis	bvo-*ssô*-tros, bvo-*ssô*-tras kô-*meis*
ellos, ellas, ustedes comen	ê-djos, ê-djas, us-*tê*-des *kô*-men

Beber: O verbo beber

Beber (bve-*bver*), que significa *beber*, é um verbo regular; ele faz parte da segunda conjugação, **-er**. Seu radical é **beb-** (bveb), como você vê na tabela seguinte:

Conjugação	Pronúncia
yo bebo	djô *bve*-bvo
tú bebes	tu *bvê*-bves
él, ella, usted bebe	êl, ê-dja, us-*tê bvê*-bve
nosotros, nosotras bebemos	no-*ssô*-tros, no-*ssô*-tra bve-*bvê*-mos
vosotros, vosotras bebéis	bvo-*ssô*-tros, bvo-*ssô*-tras bve-*bvêis*
ellos, ellas, ustedes beben	ê-djos, ê-djas, us-*tê*-des *bvê*-bven

Comer e beber: O verbo tomar

LEMBRE-SE

Tomar (to-*mar*) literalmente significa *tomar* e indica exatamente isso (como na frase **tomar el autobús** [to-*mar* êl au-to-*bvus*] [*tomar um ônibus*]). Mas quando diz **tomar un refresco** (to-*mar* un rrre--*frês*-ko), você está falando sobre *beber um refresco*, não literalmente tomá-lo, no sentido de pegar. Da mesma maneira, quando você diz **tomar una hamburguesa** (to-*mar* u-na am-bvur-*guê*-ssa), você está falando sobre *comer um hambúrguer*, e você entende o significado nesses casos porque **tomar** é seguido por algo que se come ou se bebe.

Tomar é um verbo regular terminado em **-ar**. Seu radical é **tom-** (tom); confira a tabela a seguir para entender como ele é conjugado:

Conjugação	Pronúncia
yo tomo	djô *tô*-mo
tú tomas	tu *tô*-mas
él, ella, usted toma	êl, ê-dja, us-*tê tô*-ma
nosotros, nosotras tomamos	no-*ssô*-tros, no-*ssô*-tra to-*má*-mos
vosotros, vosotras tomáis	bvo-*ssô*-tros, bvo-*ssô*-tras to-*mais*
ellos, ellas, ustedes toman	ê-djos, ê-djas, us-*tê*-des *tô*-man

Atividades Básicas do Lar

Enquanto comer e beber consomem a maior parte das atividades das pessoas (veja a seção anterior), você pode encontrar muito mais o que fazer em sua casa, como assistir à TV, se divertir com jogos, realizar tarefas domésticas e, quando tudo isso esgotá-lo, ir para a cama. As seções a seguir dão a você palavras e frases para falar sobre essas atividades.

Fazendo tudo com o verbo hacer

Um verbo muito básico é o **hacer** (a-*ssêr*), que significa *fazer*. Ele é ligeiramente irregular no presente, como você pode ver na tabela a seguir. Ele segue as regras de conjugação dos verbos regulares terminados em **-er**, menos no **yo** — ele muda de *c* para *g*.

Conjugação	Pronúncia
yo hago	djô *a*-go
tú haces	tu *a*-sses
él, ella, usted hace	êl, ê-dja, us-*tê* *a*-sse
nosotros, nosotras hacemos	no-*ssô*-tros, no-*ssô*-tras a-*ssê*-mos
vosotros, vosotras hacéis	bvo-*ssô*-tros, bvo-*ssô*-tras a-*sseis*
ellos, ellas, ustedes hacen	ê-djos, ê-djas, us-*tê*-des *a*-ssen

Aqui está um par de exemplos de como usar **hacer**:

> **Ella hace un crucigrama.** (e-ydja a-sse un kru-ssi-grá-ma.) (Ela está fazendo palavras cruzadas.)

> **Nosotros hacemos un rompecabezas.** (no-*ssô*-tros a-*ssê*--mos un rrrom-pe-ka-*bvê*-ssas.) (*Nós estamos fazendo um quebra-cabeça.*)

Dando uma geral na casa

Independentemente de você e os outros membros da casa cuidarem das tarefas domésticas ou de contratarem alguém para fazê-lo, você precisa saber discutir a limpeza da casa e se referir aos materiais que serão usados. Aqui estão algumas palavras para começar:

CAPÍTULO 5 **Falando Espanhol em Casa** 103

- **la aspiradora** (la as-pi-ra-*do*-ra) (*o aspirador de pó*)
- **el cubo** (êl *ku*-bvo) (*o balde*)
- **el detergente (en polvo)** (êl de-ter-*rren*-te [êen *pôl*-bvoh]) (*o detergente [em pó]*)
- **la escoba** (la ês-*ku*-bva) (*a vassoura*)
- **el recogedor** (êl rrre-ko-rre-*dor*) (*a pá de lixo*)
- **el trapeador** (êl tra-pe-a-*dor*) (*o esfregão*)

Com certeza você vai querer saber também os nomes destas atividades domésticas (nem que seja para você se queixar de fazê-las). Confira a lista a seguir:

- **barrer** (bva-*rrrêr*) (*varrer*)
- **trapear** (tra-pe-*ar*) (*esfregar*)
- **pasar la aspiradora** (pa-*ssar* la as-pi-ra-*dô*-ra) (*aspirar o pó*)
- **quitar el polvo** (ki-*tar* êl *pôl*-bvo) (*tirar o pó*)
- **sacar la basura** (sa-*kar* la bva-*ssu*-ra) (*tirar o lixo*)

DICA

Vá para o Capítulo 11 para descobrir como formar comandos com esses verbos para que você saiba como delegar essas tarefas a outras pessoas.

Dar uma geral na casa geralmente requer uma boa dose de limpeza, então familiarize-se com o verbo **limpiar** (lim-pi*ar*) (*limpar*). **Limpiar** é um verbo regular da primeira conjugação, **-ar**. Seu radical é **limpi-** (*lim*-pi), como você pode ver na tabela a seguir:

Conjugação	Pronúncia
yo limpio	djô *lim*-pio
tú limpias	tu *lim*-pias
él, ella, usted limpia	êl, ê-dja, us-tê *lim*-pia
nosotros, nosotras limpiamos	no-*ssô*-tros, no-*ssô*-tras lim-pi*á*-mos
vosotros, vosotras limpiáis	bvo-*ssô*-tros, bvo-*ssô*-tras lim-pi-*ais*
ellos, ellas, ustedes limpian	ê-djos, ê-djas, us-tê-des *lim*-pian

Tendo uma Conversa

Solana e Octavio têm uma lista de tarefas para dar conta. Agora eles só precisam conferi-la juntos para decidir quem fará o quê.

Solana:
Octavio, ¿prefieres pasar la aspiradora por las alfombras o barrer y trapear el suelo de la cocina?
ok-*ta*-bvio, ¿pre-fiê-res pa-*ssar* la as-pi-ra-*dô*-ra por las al-*fom*-bvras o bva-*rrrer* i tra-pe-*ar* el suê-lo de la ko-*ssi*-na?
Octavio, você prefere passar o aspirador de pó nos tapetes ou varrer e esfregar o chão da cozinha?

Octavio:
Prefiero pasar la aspiradora por las alfombras. También puedo sacar la basura.
pre-*fiê*-ro pa-*ssar* la as-pi-ra-*dô*-ra por las al-*fom*-bvras. tam-biên puê-do sa-*kar* la bvah-*ssu*-ra.
Prefiro passar o aspirador nos tapetes. Também posso tirar o lixo.

Solana:
Yo puedo empezar a lavar la ropa, y tú puedes poner la ropa en la secadora.
djô puê-do em-pe-*ssar* a la-*bvar* la *rrro*-pa, i tu puê-des po-*ner* la *rrro*-pa en la sse-ka-*dô*-ra.
Eu posso começar a lavar a louça, e você pode pôr a roupa na secadora.

Octavio:
¿Eso es todo en la lista?
¿ê-sso ês *to*-do ên la *lis*-ta?
É só isso na lista? [Literalmente: *Isso é tudo na lista?*]

Solana:
Sí, es todo. Gracias por tu ayuda.
si, ês *to*-do. *gra*-ssias por tu a-*dju*-da.
Sim, é tudo. Obrigada pela sua ajuda.

Palavras a Saber

pasar la	pas-<u>ssar</u> la as-	passar o
aspiradora	pi-ra-<u>do</u>-ra	aspirador
barrer	bva-<u>rrrer</u>	varrer
trapear	tra-pe-<u>ar</u>	esfregar
empezar	em-pe-<u>ssar</u>	começar
lavar	la-<u>bvar</u>	lavar

CAPÍTULO 5 **Falando Espanhol em Casa**

Contando carneirinhos

Em muitos lares, a hora de dormir é um ritual cercado de algumas frases comuns. Quando esse momento finalmente chega, você pode achar estas frases muito úteis.

Tengo mucho sueño. (ten-go mu-tcho suê-nho.) (Estou com muito sono.)

Voy a acostarme. (bvoi a a-kos-*tar*-me.) (*Vou me deitar.*)

¿Cuándo vas a acostarte? (¿kuán-do bvas a a-kos-*tar*-te?) (*Quando você vai se deitar?*)

Necesito levantarme temprano mañana. (ne-sse-*ssi*-to le-bvan--*tar*-me tem-*prá*-no má-*nhá*-na.) (*Preciso levantar cedo amanhã.*)

¿A qué hora necesitas despertarte mañana? (¿a ke ô-ra ne-sse--*ssi*-tas des-per-*tar*-te má-*nhá*-na?) (*A que horas você precisa acordar amanhã?*)

Favor de poner el despertador para las seis de la mañana. (fa-b-vor de po-*ner* êl des-per-ta-*dor* pa-ra las seis de la ma-*nhá*-na.) (*Por favor, coloque o despertador para as 6h.*)

¿Hay más pasta de dientes? (¿ai mas *pas*-ta de diên-tes?) (*Tem mais pasta de dentes?*)

¿Necesitas otra cobija? (¿ne-sse-*ssi*-tas ô-tra ko-*bvi*-rra?) (*Você precisa de outro cobertor?*)

Necesitas lavarte la cara. (ne-sse-*ssi*-tas la-*bvar*-te la *ka*-ra.) (*Você precisa lavar o rosto.*)

Necesitas cepillarte los dientes. (ne-sse-*ssi*-tas sse-pi-*djar*-te los diên-tes.) (*Você precisa escovar os dentes.*)

Necesitas ducharte. (ne-sse-*ssi*-tas du-*tchar*-te.) (*Você precisa tomar uma ducha.*)

Confira o Capítulo 16 para mais detalhes sobre os verbos **dormir** (dor--*mir*) (*dormir*) e **despertarse** (des-per-*tar*-sse) (*despertar; acordar*).

Seu, Meu e Nosso: Sendo Possessivo

Em espanhol, você pode usar as palavras que exprimem posse no singular ou no plural, dependendo da quantidade de itens a que estiver se referindo. Por exemplo, quando estiver lidando com adjetivos possessivos, você diz **mi llave** (mi *dja*-bve) (*minha chave*), se estiver se referindo a uma chave. Mais frequentemente, no entanto, você diz **mis llaves** (mis *dja*-bves) (*minhas chaves*), porque é provável que você tenha mais de uma chave.

Você segue as mesmas regras para um pronome possessivo, como quando você diz **esta llave es mía** (*ês*-ta *dja*-bve ês *mi*-a) (*esta chave é minha*), ou, no caso de mais de uma, **estas llaves son mías** (*ês*-tas *dja*-bves son *mi*-as) (*estas chaves são minhas*).

FALANDO DE GRAMÁTICA

Repare que, como **llave** é feminino, você usa **mía**, o possessivo de gênero feminino. Essa regra pode soar mais complicada do que realmente é. Apenas use o número (singular ou plural) e o gênero (masculino ou feminino) dos substantivos a que você se refere quando um adjetivo estiver caracterizando-os (veja o Capítulo 2).

As seções a seguir mostram mais detalhes sobre adjetivos e pronomes possessivos.

Adjetivos possessivos

LEMBRE-SE

A lista a seguir mostra todas as possibilidades de adjetivos possessivos; as designações de singular e plural se referem ao sujeito, e não aos objetos aos quais você está fazendo referência:

- » **mi/mis** (mi/mis) (*meu/meus*)
- » **tu/tus** (tu/tus) (*teu/teus* ou *seu/seus* [informal])
- » **su/sus** (su/sus) (*seu/seus* [formal])
- » **nuestro/nuestros** (nuês-tro/nuês-tros) (*nosso/nossos*)
- » **nuestra/nuestras** (nuês-tra/nuês-tras) (*nossa/nossas*)
- » **vuestro/vuestros** (bvuês-tro/bvuês-tros) (*vosso/vossos* ou *seu/seus* [informal])
- » **vuestra/vuestras** (bvuês-tra/bvuês-tras) (*vossa/vossas* ou *sua/suas* [informal])
- » **su/sus** (su/sus) (*seu/seus* [formal])

Aqui estão alguns exemplos de como são usados os adjetivos possessivos:

Este es mi dormitorio. (ês-te ês mi dor-mi-tô-rio.) (Este é meu quarto.)

Tus llaves están en la mesa. (tus *dja*-bves ês-*tan* ên la *me*-ssa.) (*Tuas chaves estão na mesa.*)

Tus toallas están secas. (tus to-*a*-djas ês-*tan se*-kas.) (*Tuas toalhas estão secas.*)

Su hermano tiene mi libro. (su êr-*má*-no tiê-ne mi *li*-bvro.) (*Seu irmão está com o meu livro.*)

Este es su sillón reclinable nuevo. (ês-te ês su si-*djôn* rrre-kli--na-bvle nuê-bvo.) (*Esta é a sua nova cadeira reclinável.*)

Nuestras sábanas están limpias. (nuês-tras *sa*-bva-nas ês-*tan* lim-pias.) (*Nossos lençóis estão limpos.*)

Pronomes possessivos

A lista a seguir mostra a você os pronomes possessivos básicos:

- **el mío/los míos** (êl *mi*-o/los *mi*-os) (*o meu/os meus*)
- **la mía/las mías** (la *mi*-a/las *mi*-as) (*a minha/as minhas*)
- **el tuyo/los tuyos** (êl *tu*-djo/los *tu*-djos) (*o teu/os teus* ou *o seu/os seus* [informal])
- **la tuya/las tuyas** (la *tu*-dja/las *tu*-djas) (*a tua/as tuas* ou *a sua/as suas* [informal])
- **el suyo/los suyos** (êl *su*-djo/los *su*-djos) (*o seu/os seus* [singular; formal])
- **la suya/las suyas** (la *su*-dja/las *su*-djas) (*a sua/as suas* [singular; formal])
- **el nuestro/los nuestros** (êl nuês-tro/los nuês-tros) (*o nosso/os nossos*)
- **la nuestra/las nuestras** (la nuês-tra/las nuês-tras) (*a nossa/as nossas*)
- **el vuestro/los vuestros** (êl bvuês-tro/los bvuês-tros) (*o vosso/os vossos* ou *o seu/os seus* [informal])
- **la vuestra/las vuestras** (la bvuês-tra/las bvuês-tras) (*a vossa/as vossas* ou *a sua/as suas* [informal])
- **el suyo/los suyos** (êl *su*-djo/los *su*-djos) (*o seu/os seus* [plural; formal])
- **la suya/las suyas** (la *su*-dja/las *su*-djas) (*a sua/as suas* [plural; formal])

Aqui estão alguns exemplos de pronomes possessivos para você praticar. Repare que o artigo costuma ser omitido depois do verbo **ser**, a menos que seja necessário para dar ênfase.

Esa cama es mía. (ê-ssa ká-ma ês mi-a.) (*Essa cama é minha.*)

La mía es más grande. (la *mi*-a ês mas *grán*-de.) (*A minha é maior.*)

Los calcetines son míos. (los kal-sse-*ti*-nes son *mi*-os.) (*As meias são minhas.*)

Esa maleta es la tuya. (ê-ssa ma-*le*-ta ês la *tu*-dja.) (*Essa mala é sua.*)

Ese otro plato es el suyo. (ê-sse ô-tro *pla*-to ês êl *su*-djo.) (*Esse outro prato é o seu* [formal].)

Ese vaso es suyo. (ê-sse *bva*-sso ês *su*-djo.) (*Este copo é seu.*)

El suyo está aquí. (êl *su*-djo ês-*ta* a-*ki*.) (*O seu está aqui.*)

Las camas que están en el otro cuarto son suyas. (las *ká*-mas que es-*tán* ên êl *ô*-tro kuar-to son *su*-djas.) (*As camas que estão no outro quarto são suas* [formal].)

Las nuestras están en el segundo piso. (las nuês-tras ês-*tán* ên êl se-*gun*-do *pi*-sso.) (*As nossas estão no segundo piso.*)

Esas sillas son nuestras. (ê-ssas *si*-djas son nuês-tras.) (*Essas cadeiras são nossas.*)

Diversão & Jogos

A partir da planta do corte lateral da casa, escreva as palavras para cada cômodo nos números correspondentes (incluindo o artigo; por exemplo, **la cocina**):

©2019 Aurélio Corrêa

1. _____

2. _____

3. _____

4. _____

5. _____

6. _____

7. _____

Agora escreva em espanhol as palavras referentes aos móveis relacionados a cada item ao lado correspondente (inclua o artigo):

a. _____

b. _____

c. _____

d. _____

e. _____

f. _____

g. _____

h. _____

i. _____

j. _____

k. _____

l. _____

m. _____

n. _____

(Veja o Apêndice D para as respostas dos exercícios.)

110   PARTE 1 **Começando**

Espanhol em Ação

NESTA PARTE...

Nesta parte você começa a aplicar o espanhol com uma utilização eficaz. Em vez de se concentrar na gramática, como muitos livros didáticos de idiomas fazem, esta parte foca situações cotidianas nas quais você pode se encontrar se estiver visitando ou vivendo em um país de língua espanhola ou lidando com seus vizinhos falantes nativos de espanhol.

Esta parte afia suas habilidades de bater papo e o leva por excursões de compras e refeições; você também descobrirá como pedir informações, curtir a cidade, realizar negócios e desfrutar de atividades recreativas. No final desta parte você será capaz de fazer um passeio básico pela língua espanhola.

> **NESTE CAPÍTULO**
>
> » Começando com questões simples
> » Conversando sobre o clima
> » Descrevendo membros da família
> » Falando sobre onde você mora e o que você faz
> » Compreendendo os diminutivos

Capítulo 6
Batendo Papo

Bater papo é universalmente conhecido como a forma de discutir assuntos comuns, de fácil entendimento, preocupações e interesses corriqueiros, sendo a melhor maneira de rapidamente se familiarizar com novas pessoas de todas as esferas da vida onde você estiver. Este capítulo ajuda você a bater papo com seus vizinhos falantes de espanhol, de modo que você compreenda melhor seus costumes e sua rotina.

Começando com Questões Simples

LEMBRE-SE

Você deve conhecer os cinco tipos de informação que precisa saber sobre uma situação (quem, o quê, onde, quando e por quê). Nós acrescentamos mais três questões a esse grupo que talvez sejam úteis para quando você conhecer alguém. Aqui vão as perguntas-chave:

» **¿Quién?** (¿kiên?) (*Quem?*)
» **¿Qué?** (¿kê?) (*O quê?*)
» **¿Dónde?** (¿dôn-de?) (*Onde?*)

CAPÍTULO 6 **Batendo Papo** 113

- » **¿Cuándo?** (¿kuán-do?) (*Quando?*)
- » **¿Por qué?** (¿por kê?) (*Por quê?*)
- » **¿Cuál?** (¿ku*al?*) (*Qual?*)
- » **¿Cómo?** (¿*ko*-mo?) (*Como?*)
- » **¿Cuánto?** (¿kuán-to?) (*Quanto?*)

A seguir estão alguns exemplos de como usar essas palavras:

¿Quién es él? (¿kiên ês êl?) (*Quem é ele?*)

¿Qué hace usted? (¿kê *a*-sse us-*tê?*) (*O que você faz?*)

¿Dónde viven ustedes? (¿*don*-de b*vi*-bven us-*tê*-des?) (*Onde vocês [plural] vivem?*)

¿Cuándo llegan ellos? (¿kuán-do djê-gan ê-djos?) (*Quando eles chegam?*)

¿Por qué está usted aquí? (¿por ke es-ta us-tê a-ki?) (*Por que você [formal] está aqui?*)

¿Cuál hotel es mejor? (¿kual ô-tê ês me-*rror?*) (*Qual hotel é o melhor?*)

¿Cómo es el camino? (¿*ko*-mo ês êl ka-*mi*-no?) (*Como está a estrada?*)

¿Cuánto cuesta el cuarto? (¿kuán-to kuês-ta êhl ku*ar*-to?) (*Quanto custa o quarto?*)

FALANDO DE GRAMÁTICA

Todas as palavras têm acentos adicionados a elas quando estão em uma interrogação ou exclamação. Nesse caso, o acento não explicita a sílaba tônica. Quando essas mesmas palavras são usadas em uma sentença regular (não interrogativa ou exclamativa), o acento não é usado.

Tendo uma Conversa

Carlos está no voo 223 de Mendoza para Buenos Aires. Ele se apresentou para seus colegas de assento, então ele sabe seus nomes, mas quer jogar um pouco de conversa fora.

Carlos: **¡Qué vuelo tan agradable!**
¡kê bvuê-lo tán a-gra-*da*-bvle!
Que voo mais agradável!

Juan: **Sí, es un vuelo tranquilo.**
si, ês un bvuê-lo tran-*ki*-lo.
Sim, é um voo tranquilo.

Carlos:	**¿Viaja a menudo en avión?** ¿bvia-rra a me-*nu*-do ên a-bviôn? *Você anda de avião com frequência?*
Juan:	**No, éste es mi primer vuelo.** no, ês-te ês mi pri-*mer* bvuê-lo. *Não, este é o meu primeiro voo.*
Carlos:	**¿De dónde es usted?** ¿de *dôn*-de ês us-*tê*? *De onde você é?*
Juan:	**Soy de Buenos Aires. ¿Y usted?** soi de bvuê-nos *ai*-res. ¿i us-*tê*? *De Buenos Aires. E você?*
Carlos:	**Yo soy de Nueva York.** djô soi de nuê-bva iôrk. *Eu sou de Nova Iorque.*
	¿Cómo es Buenos Aires? ¿*kô*-mo ês bvuê-nos *ai*-res? *Como é Buenos Aires?*
Juan:	**Es una ciudad grande y maravillosa.** ês *u*-na ssiu-*dad grán*-de i ma-ra-bvi-*djô*-ssa. *É uma cidade grande e maravilhosa.*

Palavras a Saber

vuelo	bvuê-lo	voo
tan	tán	assim
agradable	a-gra-<u>da</u>-bvle	agradável
tranquilo	trán-<u>ki</u>-lo	tranquilo
a menudo	a me-<u>nu</u>-do	bastante
primer	pri-<u>mer</u>	primeiro
maravillosa	ma-ra-bvi-<u>djô</u>-ssa	maravilhosa

CAPÍTULO 6 **Batendo Papo** 115

Conversando sobre o Tempo

Em países de zona temperada, o clima é mais ameno do que em outros em que ele varia muito. Algumas cidades do sul do México, por exemplo, sequer fazem a previsão meteorológica. De qualquer maneira, o tempo é sempre um tópico bom para uma conversa aonde quer que você vá.

Para perguntar sobre o tempo **(el tiempo)** (êl tiêm-po), você diz **¿Qué tiempo hace?** (¿ke tiêm-po a-sse?) (*Que tempo está fazendo?*). Provavelmente você ouvirá uma das seguintes respostas:

- **Está húmedo.** (ês-*tá* u-me-do). (*Está úmido.*)
- **Está nublado.** (ês-*tá* nu-*bvlá*-do.) (*Está nublado.*)
- **Hace calor.** (*a*-sse ka-*lor*.) (*Faz calor.*)
- **Hace fresco.** (*a*-sse *fres*-ko.) (*Está fresco.*)
- **Hace frío.** (*a*-sse *fri*-o.) (*Faz frio.*)
- **Hace sol**. (*a*-sse sôl.) (*Faz sol.*)
- **Hay niebla.** (ai niê-bvla.) (*Tem neblina.*)
- **Llueve**. (djuê-bve). (*Chove.*)
- **Nieva.** (niê-bva.) (*Neva.*)

Aqui estão outros termos relativos ao clima para você se familiarizar:

- **el clima** (êl *kli*-ma) (*o clima*)
- **un relámpago** (un rrre-*lám*-pa-go) (*um relâmpago*)
- **la temperatura** (la tem-pe-ra-*tu*-ra) (*a temperatura*)
- **un trueno** (un truê-no) (*um trovão*)

Tendo uma Conversa

Mario acabou de voltar de uma viagem de seis meses a trabalho na Argentina. Agora, em seu escritório em casa, Mario e sua parceira de trabalho, Rosa, conversam sobre o clima em Buenos Aires. (Faixa 10)

Rosa: **¿Cómo es el clima de Buenos Aires?**
¿*kô*-mo ês êl *kli*-ma de bvuê-nos *ai*-res?
Como é o clima de Buenos Aires?

PARTE 2 **Espanhol em Ação**

Mario:	**Es muy agradable y templado.** ês *mui* a-gra-*da*-bvle i tem-*plá*-do. *É muito agradável e temperado.*
Rosa:	**¿Llueve mucho?** ¿djuê-bve *mu*-tcho? *Chove muito?*
Mario:	**Sí, llueve todo el año, pero no mucho.** si, djuê-bve *to*-do êl *á*-nho, *pe*-ro no *mu*-tcho. *Sim, chove o ano todo, mas não muito.*
Rosa:	**¿Y también hace sol?** ¿i tam-bviên *a*-sse sôl? *E também faz sol?*
Mario:	**Sí, hace sol casi todos los días.** si, *a*-sse sôl *ka*-ssi *to*-dos los *di*-as. *Sim, faz sol quase todos os dias.*
Rosa:	**¿No nieva nunca?** ¿no niê-bva *nun*-ka? *Não neva nunca?*
Mario:	**No, en Buenos Aires nunca nieva.** no, en bvuê-nos *ai*-res *nun*-ka niê-bva. *Não, em Buenos Aires nunca neva.*

Palavras a Saber

templado	tem-<u>pla</u>-do	temperado
todo el año	<u>to</u>-do êl <u>á</u>-nho	o ano todo
nunca	<u>nun</u>-ka	nunca
casi	<u>ka</u>-ssi	quase

Descrevendo Membros da Família

O indivíduo é a unidade básica nas sociedades dos Estados Unidos e do Canadá. Na América Latina, por outro lado, é a família (**la família**) (la fa–*mi*–lia) o núcleo básico. As pessoas trabalham, vivem e se comportam de acordo com suas famílias. Ao encontrar vizinhos falantes de espanhol, preste atenção à forma como os latinos salientam a importância dos laços familiares.

A seguir listamos os nomes básicos dos membros da família. A Figura 6–1 mostra uma típica árvore genealógica, que pode ajudá-lo a fixar as palavras em espanhol que descrevem cada membro da família:

- » **la abuela** (la a-bvuê-la) (*a avó*)
- » **el abuelo** (êl a-bvuê-lo) (*o avô*)
- » **la cuñada** (la ku-*nha*-da) (*a cunhada*)
- » **el cuñado** (êl ku-*nha*-do) (*o cunhado*)
- » **la esposa** (la ês-*po*-ssa) (*a esposa*)
- » **el esposo** (êl ês-*po*-sso) (*o marido; o esposo*)
- » **la hermana** (la êr-*má*-na) (*a irmã*)
- » **el hermano** (êl êr-*má*-no) (*o irmão*)
- » **la hija** (la *i*-rra) (*a filha*)
- » **el hijo** (êl *i*-rro) (*o filho*)
- » **la madre** (la *ma*-dre) (*a mãe*)
- » **la madrina** (la ma-*dri*-na) (*a madrinha*)
- » **la nieta** (la *niê*-ta) (*a neta*)
- » **el nieto** (êl *niê*-to) (*o neto*)
- » **la nuera** (la nuê-ra) (*a nora*)
- » **el padre** (êl *pa*-dre) (*o pai*)
- » **el padrino** (êl pa-*dri*-no) (*o padrinho*)
- » **la prima** (la *pri*-ma) (*a prima*)
- » **el primo** (êl *pri*-mo) (*o primo*)
- » **la sobrina** (la so-*bvri*-na) (*a sobrinha*)
- » **el sobrino** (êl so-*bvri*-no) (*o sobrinho*)
- » **la suegra** (la suê-gra) (*a sogra*)
- » **el suegro** (êl suê-gro) (*o sogro*)
- » **la tía** (la *ti*-a) (*a tia*)

118   PARTE 2 **Espanhol em Ação**

» **el tío** (êl *ti*-o) (*o tio*)

» **el yerno** (êl *djêr*-no) (*o genro*)

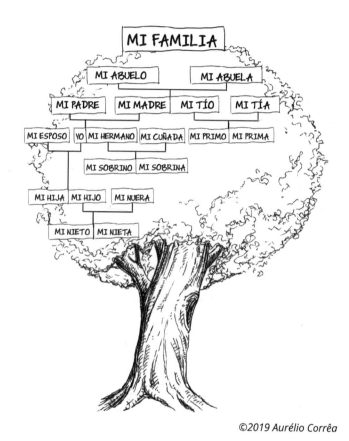

FIGURA 6-1: Árvore genealógica.

©2019 Aurélio Corrêa

Falando sobre Onde Você Mora e o Verbo Vivir

Após alguém ter convidado você para sair, por exemplo, você pode muito bem querer retribuir o convite. E "Onde você mora?" é uma pergunta tão frequente quanto "Onde você trabalha?" na hora de bater papo. O verbo **vivir** (bvi–*bvir*) é um verbo regular (nós apresentamos os verbos regulares no Capítulo 2) e significa *viver*. Você pode ver como conjugá-lo no presente na tabela a seguir:

CAPÍTULO 6 **Batendo Papo** 119

Conjugação	Pronúncia
yo vivo	djô *bvi*-bvo
tú vives	tu *bvi*-bves
él, ella, usted vive	êl, ê-dja, us-*tê bvi*-bve
nosotros, nosotras vivimos	no-*ssô*-tros, no-*ssô*-tras bvi-*bvi*-mos
vosotros, vosotras vivís	bvo-*ssô*-tros, bvo-*ssô*-tras bvi-*bvis*
ellos, ellas, ustedes viven	ê-djos, ê-djas, us-*tê*-des *bvi*-bven

Confira estes exemplos de vivir:

Yo vivo en una casa grande. (djô bvi-bvo ên u-na ka-ssa grán-de.) (*Eu vivo em uma casa grande.*)

Ellos viven en un apartamento en el centro de la ciudad. (ê-djos *bvi*-bven ên un a-par-ta-*men*-to en êl *ssen*-tro de la siu-*da*.) (*Eles vivem em um apartamento no centro da cidade.*)

Mis abuelos viven en un pueblo cerca del Océano Pacífico. (mis a-b-vuê-los *bvi*-bven en un puê-bvlo *sser*-ka dêl o-sse-*á*-no pa-*ssi*-fi--ko.) (*Meus avós vivem em uma cidade perto do Oceano Pacífico.*)

Conversando sobre Trabalho com os Verbos Trabajar e Entender

Trabalho e profissões são temas sempre úteis para se jogar conversa fora. O verbo para trabalhar é **trabajar** (tra-bva-*rrar*); ele é um verbo regular da primeira conjugação, **–ar**. O Capítulo 11 reúne todos os termos relacionados a trabalho, mas a seguir estão algumas expressões para você começar:

>> **la compañía** (la kom-pa-*nhi*-a) (*a empresa*)

>> **el/la director/a** (êl/la di-rek-*tor*/a) (*o/a gerente*)

>> **los empleados** (los em-ple-*a*-dos) (*os empregados*)

>> **la fábrica** (la *fa*-bvri-ka) (*a fábrica*)

>> **la jefa** (la *rrê*-fa) (*a chefe*)

>> **el jefe** (êl *rrê*-fe) (*o chefe*)

>> **el sueldo** (êl suêl-do) (*o pagamento*)

>> **el trabajo** (êl tra-*bva*-rro) (*o trabalho*)

Aqui estão alguns exemplos de frases que você pode ouvir quando estiver conversando sobre trabalho:

Ella trabaja en una fábrica. (*ê*-dja tra-*bva*-rra ên *u*-na *fa*-bvri--ka.) (*Ela trabalha em uma fábrica.*)

Todos los empleados reciben el sueldo mínimo cuando empiezan. (*to*-dos los em-ple-*a*-dos rrre-*ssi*-bven êl su*êl*-do *mi*-ni-mo ku*án*-do em-pi*ê*-ssan.) (*Todos os empregados recebem um salário mínimo quando começam.*)

El trabajo del director es muy difícil. (êl tra-*bva*-rro dêl di-rek--tor ês mui di-*fi*-ssil.) (*O trabalho do gerente é muito difícil.*)

Ao conversar sobre trabalho e profissões, você quer ter certeza de que compreende as pessoas com quem fala. Então use o verbo irregular **entender** (en-ten-*der*) (*entender*). Por **entender** ser um verbo irregular, você o conjuga no presente como é mostrado na tabela a seguir (encontre mais informações sobre verbos irregulares no Capítulo 2):

Conjugação	Pronúncia
yo entiendo	djô en-ti*ên*-do
tú entiendes	tu en-ti*ên*-des
él, ella, usted entiende	êl, ê-dja, us-*tê* en-ti*ên*-de
nosotros, nosotras entendemos	no-*ssô*-tros, no-*ssô*-tras en-ten-*de*-mos
vosotros, vosotras entendéis	bvo-*ssô*-tros, bvo-*ssô*-tras en-ten-*deis*
ellos, ellas, ustedes entienden	ê-djos, ê-djas, us-*tê*-des en-ti*ên*-den

FALANDO DE GRAMÁTICA

Ao usar o verbo **entender** com a preposição **de** (de) (*de*), você está dizendo que o sujeito sabe fazer o que o verbo indica.

Aqui estão alguns exemplos para ajudá-lo a usar o verbo irregular **entender**:

Yo entiendo de enfermería. (djô en-ti*ên*-do de en-fer-me-ri-a.) (*Eu entendo de enfermagem.*)

Francisca entiende de cocina. (fran-*ssis*-ka en-ti*ên*-de de ko-*ssi*--na.) (*Francisca entende de culinária.*)

Pedro no entiende. (*pe*-dro no en-ti*ên*-de.) (*Pedro não compreende.*)

Nosotros entendemos el problema. (no-*ssô*-tros en-ten-*de*-mos êl pro-*bvle*-ma.) (*Nós compreendemos o problema.*)

CAPÍTULO 6 **Batendo Papo** 121

Ellos entienden lo que decimos. (ê-djos en-tiên-den lo ke de-ssi--mos.) (*Eles entendem do que estamos falando.*)

FALANDO DE GRAMÁTICA

Ao ouvir o termo *alomorfia verbal*, você pode imaginar alguma criatura esquisitíssima, saída dos melhores filmes de ficção científica, que se transforma assim que os estudantes de espanhol começam a conjugar os verbos. Lidar com a alomorfia verbal não é tão ruim assim, mas é necessário um pouco de paciência para compreendê-la. Para ajudá-lo, tenha os seguintes pontos em mente:

» Foque o presente, por enquanto. Você pode olhar as conjugações dos verbos no Apêndice B para ver outros tempos.

» Você encontra três tipos primários de alomorfia verbal nas vogais, com mudanças de *e* para *i*, de *e* para *ie* e de *o* para *ue*.

» Ocasionalmente, você encontra um quarto tipo de alomorfia verbal — o verbo **jugar**, ao ser conjugado, muda de *u* para *ue*.

» A alomorfia verbal ocorre em todas as formas do presente dos verbos, *exceto* nas formas **nosotros** e **vosotros**.

Às vezes a alomorfia verbal é chamada de "a bota", porque se você desenhar uma linha em torno das formas verbais que sofrem esse processo, parecerá uma bota. Confira a Figura 6-2 para entender o que isso significa:

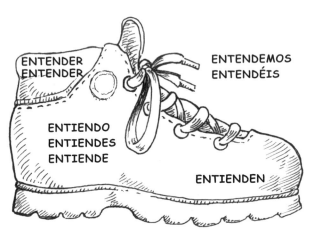

FIGURA 6-2: A bota da alomorfia verbal.

©2019 Aurélio Corrêa

Tendo uma conversa

 Ouça Jane e Pedro conversando sobre seus trabalhos em um café. (Faixa 11)

Jane: **¿Dónde trabaja usted?**
¿*dôn*-de tra-*bva*-rra us-*tê*?
Onde você trabalha?

Pedro: **Trabajo en México; soy ingeniero.**
tra-*bva*-rro ên *mê*-rri-ko; soi i-rre-niê-ro.
Eu trabalho no México, sou engenheiro.

Jane: **¿Para qué compañía trabaja?**
¿*pa*-ra kê kom-pa-*nhi*-a tra-*bva*-rra?
Para que companhia trabalha?

Pedro: **Soy empresario independiente.**
soi e-pre-*ssa*-rio in-de-pen-diê*n*-te.
Sou um empresário autônomo.

Jane: **¿Cuántos empleados tiene?**
¿*kuán*-tos em-ple-*a*-dos tiê-ne?
Quantos empregados você tem?

Pedro: **Tengo nueve empleados. ¿Y usted, qué hace?**
ten-go nuê-bve em-ple-*a*-dos. ¿i us-*tê*, kê *a*-sse?
Tenho nove empregados. E você, o que faz?

Jane: **Soy dentista.**
soi den-*tis*-ta.
Sou dentista.

Pedro: **¿Y dónde tiene su consultorio?**
¿i *don*-de tiê-ne su kon-ssul-*tô*-rio?
E onde fica seu consultório?

Jane: **En Puebla.**
ên puê-bvla.
Em Puebla.

CAPÍTULO 6 **Batendo Papo**

Palavras a Saber

ingeniero	in-rre-niê-ro	engenheiro
empresario	em-pre-ssa-rio	empresário
independiente	in-de-pen-diên-te	autônomo
dentista	den-tis-ta	dentista
consultorio	kon-sul-tô-rio	consultório

Uma Conversinha sobre Diminutivos

FALANDO DE GRAMÁTICA

Em espanhol, assim como no português, para indicar o *diminutivo*, você adiciona algumas letras, chamadas de *sufixo*, ao final da palavra. Com esse tipo de sufixo você cria um diminutivo, e as pessoas sabem que você está falando de algo ou alguém pequeno, ou pelo qual se tenha um carinho especial, intimidade. Os sufixos que você adiciona às palavras são **-ito** (i-to) ou **-ita** (i-ta). Por exemplo, um **niño** (*ni*-nho) (*menino*) se torna pequeno quando você adiciona o sufixo **-ito: niñito** (ni-*nhi*-to) (*menininho*). Outros exemplos incluem **Juanito** ou **Juanita**, para diferenciar um filho ou uma filha do pai ou da mãe que tenham o mesmo nome (Juan or Juana); referir-se a uma casa pequena (**casa**) como **mi casita**, e chamar um cachorro de estimação de **perrito**.

Tendo uma Conversa

Shirley conversa sobre filhos com a família de Juan Carlos.

Florencia: **Dime Shirley, ¿tienes hijos?**
di-me xir-lei, ¿*tiê*-nes *i*-rros?
Diga-me, Shirley, você tem filhos?

Shirley: **Tengo un hijo. Aquí está su foto.**
te-go un *i*-rro. a-*ki* es-*tá* su *fô*-to.

Tenho um filho. Aqui está a foto dele.

Florencia: **A ver... un muchachito muy guapito.**
a bver... un mu-tcha-*tchi*-to *mui* gua-*pi*-to.
Vamos ver... um rapaz muito bonitinho.

Shirley: **Sí. ¿Y tú?**
si. ¿i tu?
Sim. E você?

Florencia: **Yo tengo una hija y un hijito.**
djô *ten*-go *u*-na i-rra i un i-*rri*-to.
Eu tenho uma filha e um filhinho.

Shirley: **¿Cuántos años tienen?**
¿*kán*-tos *á*-nhos tiê-nen?
Quantos anos eles têm?

Florencia: **Mi hija tiene seis años y mi hijito tres. Aquí viene mi hija.**
mi *i*-rra tiê-ne *sei*s á-nhos i mi i-*rri*-to tres. a-*ki* bviê-ne mi *i*-rra.
Minha filha tem seis anos; e meu filhinho, três. Aí vem minha filha.

Shirley: **Hola, ¿cómo te llamas?**
ô-la, ¿*ko*-mo te *djá*-mas?
Olá, como se chama?

Rosita: **Me llamo Rosita.**
me *djá*-mo rrro-*ssi*-ta.
Me chamo Rosita.

Shirley: **¡Qué bello nombre!**
¡kê *bvê*-djo *nôm*-bre!
Que belo nome!

Palavras a Saber

dime	<u>di</u>-me	diga-me
bello	<u>bve</u>-djo	belo
nombre	<u>nôm</u>-bvre	nome

CAPÍTULO 6 **Batendo Papo** 125

Diversão & Jogos

Você foi convidado para participar de um casamento de espanhóis. Tanto a noiva quanto o noivo têm família muito grande, então você tem várias pessoas com quem bater papo. Na noite anterior ao casamento, seu anfitrião lhe deu um quebra-cabeça com palavras interrogativas e nomes de membros da família. Desembaralhe as palavras em português e então escreva suas respectivas traduções em espanhol. (Veja o Apêndice D para as respostas dos exercícios.)

- » amrpi _____
- » alqu _____
- » oti _____
- » tane _____
- » óav _____
- » dripanho _____
- » vaô _____
- » ipa _____
- » donaqu _____
- » rop uqe _____
- » hnamadri _____
- » lhifo _____
- » rnoge _____
- » anor _____
- » emã _____
- » rãmi _____
- » nhocuad _____
- » romiã _____
- » oten _____
- » rmoip _____
- » nhucada _____
- » tai _____
- » ueq _____
- » faihl _____

126   PARTE 2 **Espanhol em Ação**

> **NESTE CAPÍTULO**
>
> » Identificando locais
> » Recebendo informações
> » Saindo com ajuda de um mapa
> » Altos e baixos com subir e bajar
> » Expressando distância com cerca e lejos

Capítulo 7
Pedindo Informações

Neste capítulo você descobrirá como usar **¿Dónde?** (¿dôn-de?) (*Onde?*) e outras palavras e frases comuns que representam como ir e vir. Sim, você obterá informações sobre como pedir indicação de direções. Ainda mais importante, quanto mais essas palavras e frases se tornarem familiares, mais você será não só capaz de entender as respostas, mas também de auxiliar outras pessoas e direcioná-las.

DICA

Se os comandos no imperativo soarem como grego para você, vá para o Capítulo 11, em que discutimos esse modo verbal em detalhes.

Perguntando "Onde Fica... ?" e "Onde Está... ?"

Em sua aplicação mais básica, *Onde?* é a pergunta que ajuda a determinar onde algo está. Quando você está perdido, por exemplo, provavelmente pergunta: "Onde estou?"; quando você está procurando por algum lugar em particular, como um teatro, pode perguntar: "Onde fica o teatro?"; quando você perde algo, como uma caneta, então pergunta: "Onde está a caneta?"

Para perguntar onde as coisas estão, em espanhol, você usa a palavra **¿dónde?**, com o verbo que a acompanha expressando um estado temporário — **estar** (ês-*tar*), do qual trata o Capítulo 3.

LEMBRE-SE

Quando você usa **¿dónde?** em uma pergunta, acentua o *o*, mas quando usa em um afirmação, como em **el pueblo donde ellos viven** (êl puê-bvlo *don*-de ê-djos bvi-bven) (*a cidade onde eles vivem*), o *o* não é acentuado, tal como vimos no Capítulo 6.

Observe as seguintes sentenças, que usam **¿dónde?** e **estar**:

¿Dónde está el Museo de Larco? (¿dôn-de ês-*ta* êl mu-*sse*-o de *lar*-ko?) (*Onde fica o Museo de Larco?*)

¿Dónde estamos ahora? (¿dôn-de ês-*ta*-mos a-ô-ra?) (*Onde estamos agora?*)

¿Dónde estás? (¿dôn-de es-*tás*?) (*Onde você está?*)

¿Dónde están los perros? (dôn-de es-*tán* los pê-rros?) (*Onde estão os cachorros?*)

E aqui está a pergunta para a pessoa que quer saber tudo:

¡Quiero saber el cómo, el cuándo y el dónde! (¡kiê-ro sa-*bver* êl *kô*-mo êl kuán-do i êl *dôn*-de!) (*Eu quero saber como, quando e onde!*)

Descrevendo Posições em Relação a Você

Você pode identificar o espaço ao redor do seu corpo de seis maneiras:

- **delante (de)** (de-*lán*-te [de]) (*na frente [de], adiante*):

    Paula camina delante de Clara. (*pau*-la ka-*mi*-na de-*lán*-te de *kla*-ra.) (*Paula caminha na frente de Clara.*)

- **detrás (de)** (de-*trás* [de]) (*atrás, detrás*):

    Clara va detrás de Paula. *(kla*-ra bva de-*tras* de *pau*-la.) (*Clara vai atrás de Paula.*)

- **a la derecha (de)** (a la de-*rê*-tcha [de]) (*à direita [de]*):

    A la derecha de Paula está Felipe. (a la de-*rê*-tcha de *pau*-la ês-*ta* fe-*li*-pe.) (*Felipe está à direita de Paula.*)

- **a la izquierda (de)** (a la iss-kiêr-da [de]) (*à esquerda [de]*):

    José se sienta a la izquierda de Clara. (rrô-*ssê* se siên-ta a la is-kiêr-da de *kla*-ra.) (*José está sentado à esquerda de Clara.*)

- **debajo (de)** (de-*bva*-rro [de]) (*debaixo; embaixo*):

    Hay pasto debajo de los pies de José. (ai *pas*-to de-*bva*-rro de los piês de rro-*ssê*.) (*Tem grama embaixo dos pés de José.*)

- **por encima (de)** (por en-*ssi*-ma [de]) (*acima, em cima*):

    La rama está por encima de la cabeza de Paula. (la *rrrá*-ma es-*ta* por en-*ssi*-ma de la ka-*bve*-ssa de *pau*-la.) (*O ramo está em cima da cabeça de Paula.*)

FALANDO DE GRAMÁTICA

Antes de avançarmos, você precisa entender a distinção entre duas palavras muito parecidas: **derecho** e **derecha**. O que são elas?, você pergunta. Olhe de novo. A única diferença entre elas é que uma termina em *o*; e a outra, em *a*, mas o sentido de cada uma está longe de ser o mesmo!

- **derecho** (de-*rê*-tcho) (*reto*):

    Siga derecho por esta calle. *(ssi*-ga de-*rê*-tcho por ês-ta *ka*-dje.) (*Siga reto por esta rua.*)

- **derecha** (de-*rê*-tcha) (*direita*):

    En la esquina doble a la derecha. (en la es-*ki*-na dô-bvle a la de-*rê*-tcha.) (*Na esquina, dobre à direita.*)

CAPÍTULO 7 **Pedindo Informações** 129

Entendendo Direções: Uma Questão Adverbial

Geralmente você usa palavras para dizer onde as pessoas estão em relação a outras pessoas ou coisas. Você usa estes termos para fazer essas referências:

- **al lado (de)** (al *la*-do [de]) (*ao lado [de]*)
- **enfrente (de)** (en-*fren*-te [de]) (*em frente de*)
- **dentro (de)** (*den*-tro [de]) (*dentro*)
- **adentro** (a-*den*-tro) (*adentro*)

Enquanto **dentro** também significa *dentro*, **adentro** pode expressar movimento, como quando algo ou alguém se move em direção ao interior de alguma coisa. O mesmo acontece com as palavras abaixo **fuera** e **afuera**.

- **fuera** (fuê-ra) (*fora*)
- **afuera** (a-fuê-ra) (*afora*)
- **bajo** (*bvá*-rro) (*abaixo*)
- **debajo** (de) (de-*bvá*-rro [de]) (*debaixo [de]*)
- **arriba** (a-*rrri*-bva) (*acima*)
- **junto a** (*rrun*-to a) (*junto a*)
- **encima de** (en-*ssi*-ma de) (*em cima de*)

Praticar esses termos de direção é bastante útil. As sentenças a seguir os utilizam:

La pastelería está al lado del banco. (la pas-te-le-ri-a ês-ta al la-do del bván-ko.) (*A padaria fica próxima ao banco.*)

Al frente del banco hay una zapatería. (al *fren*-te del *bván*-ko ai *u*-na sa-pa-te-*ri*-a.) (*Em frente ao banco há uma sapataria.*)

Cuando hace buen tiempo, comemos el almuerzo afuera. (kuán--do a-sse buên tiêm-po, ko-me-mos el al-muêr-sso a-fuê-ra.) (*Quando faz tempo bom, almoçamos fora.*)

Hay un gato dentro de la caja. (ai un ga-to den-tro de la ka-rra.) (*Tem um gato dentro da caixa.*)

Cuando llueve, ponen las mesas adentro. (kuán-do djuê-bve po-nen las me-ssas a-den-tro.) *(Quando chove, eles colocam as mesas para dentro.)*

El tren subterráneo corre debajo de la calle. (el tren subv-te-rr-rá-ne-o ko-rrre de-bva-rro de la ka-dje.) *(O metrô anda embaixo das ruas.)*

Ellos ponen sus libros encima de la mesa. (ê-djos po-nen sus li-bvros en-si-ma de la me-ssa.) *(Eles colocam seus livros em cima da mesa.)*

Tendo uma Conversa

Depois de dar entrada no hotel, Catalina pede informações à recepcionista sobre onde ficam o restaurante e a piscina. (Faixa 12)

Catalina: **¿Dónde está el restaurante?**
¿dôn-de es-ta êl rrres-tau-rán-te?
Onde fica o restaurante?

Recepcionista: **Está arriba, en el segundo piso.**
es-ta a-rrri-bva, en êl se-gun-do pi-sso.
Está acima, no segundo piso.

Catalina: **¿En qué piso está la piscina?**
¿en kê pi-sso es-ta la pi-ssi-na?
Em que piso fica a piscina?

Recepcionista: **Está en el quinto piso.**
es-ta en êl kin-to pi-sso.
Fica no quinto piso.

Recepcionista: **Puede tomar el ascensor.**
puê-de to-mar el a-ssen-ssor.
Você pode pegar o elevador.

Catalina: **¿Cómo llego al ascensor?**
¿ko-mo dje-go al a-ssen-ssor?
Como chego ao elevador?

Recepcionista: **El ascensor está allí a la izquierda.**
el a-ssen-ssor es-ta a-dji a la is-kiêr-da.
O elevador está ali, à esquerda.

Palavras a Saber

restaurant	rrres-tau-<u>rán</u>-te	restaurante
arriba	a-<u>rrri</u>-bva	acima
piso	<u>pi</u>-sso	piso
piscina	pi-<u>ssi</u>-na	piscina
ascensor	a-ssên-<u>ssor</u>	elevador

Explorando com um Mapa

Você pode se achar com mais facilidade se conseguir entender um mapa ou se alguém mostrar a você no mapa onde fica o local pelo qual está procurando. Nas seções a seguir mostramos termos e frases que podem ajudá-lo a utilizar um mapa.

Pontos de uma bússola e outros termos úteis

LEMBRE-SE

Algumas direções são usadas ao redor do mundo para indicar como chegar a algum lugar ou encontrar alguma coisa usando os pontos cardeais. Os termos seguintes ajudam você a diferenciar o norte do sul e o leste do oeste:

» **el norte** (êl *nôr*-te) (*o Norte*)
» **el sur** (êl surrr) (*o Sul*)
» **el este** (êl *ês*-te) (*o Leste*)
» **el oriente** (êl o-riên-te) (*o nascente*)
» **el oeste** (êl o-ês-te) (*o Oeste*)
» **el poniente** (êl po-niên-te) (*o poente*)

As palavras seguintes são úteis para dar e receber informações de direção:

» **la avenida** (la a-bve-*ni*-da) (*a avenida*)

- » **el barrio** (êl *bva*-rrrio) (*o bairro*)
- » **el bulevar** (êl bvu-le-*bvar*) (*a alameda*)
- » **la calle** (la *ká*-dje) (*a rua*)
- » **la cuadra** (la ku*a*-dra) (*a quadra*)
- » **la esquina** (la es-*ki*-na) (*a esquina*)
- » **el jardín** (êl rrar-*din*) (*o jardim*)
- » **la manzana** (la man-*ssá*-na) (*a quadra*)
- » **el parque** (êl *par*-ke) (*o parque*)
- » **la plaza** (la *pla*-ssa) (*a praça*)
- » **el río** (êl *rrri*-o) (*o rio*)

Os verbos **doblar** (do–*bvlar*) (*dobrar; virar*) e **seguir** (se–*guir*) (*seguir*) são úteis para indicar direções. **Doblar** é um verbo regular da primeira conjugação, **–ar. Seguir**, por outro lado, é um verbo irregular e alomórfico; ele muda de **e** para **i** em todas as conjugações, exceto nas pessoas verbais **nosotros/nosotras** e **vosotros/vosotras**. A forma do **yo** é **sigo** (*si*–go) — conforme as regras do espanhol, o **u** cai para que a pronúncia permaneça correta.

Entendendo frases básicas

Aqui estão algumas frases básicas que você pode ouvir quando utilizar um mapa:

- » **La avenida Venus está al este de mi casa.** (la a-bve-*ni*-da *bve*-nus es-*ta* al *ês*-te de mi *ka*-ssa.) (*A avenida Venus fica ao leste da minha casa.*)
- » **Al oeste está la calle Las Violetas.** (al o-*ês*-te es-*ta* la *ka*-dje las bvio-*lê*-tas.) (*A Oeste, fica a rua Las Violetas.*)
- » **El parque está al norte.** (el *par*-ke es-*ta* al *nôr*-te.) (*O parque fica ao Norte.*)
- » **Al sur se va hacia el río.** (al sur se bva a-*ssi*-a êl *rrri*-o.) (*Ao Sul, se encontra o rio.*)
- » **El oriente es donde el sol se levanta.** (êl o-*riên*-te es *don*-de êl sôl se le-*bván*-ta.) (*O nascente é onde o Sol nasce.*)
- » **El poniente es donde el sol se pone.** (êl po-*niên*-te ês *don*-de êl sôl se *po*-ne.) (*O poente é onde o Sol se põe.*)

CAPÍTULO 7 **Pedindo Informações** 133

Pedir informações de direção pode ser problemático. As pessoas para as quais você pergunta conhecem a cidade, e as respostas parecem óbvias para elas! Então, para que você siga aprendendo e aguce seus ouvidos, aqui estão algumas perguntas que você pode fazer e as possíveis respostas que receberá quando tentar se localizar na cidade:

¿Cómo llego a la Avenida de los Ángeles? (¿ko-mo djê-go a la a-bve-ni-da de los án-rre-les?) (Como chego à Avenida dos Anjos?)

Siga derecho hasta que llegue a una avenida ancha. (si-ga de-rê-tcho a-sta ke djê-gue a u-na a-bve-ni-da án-tcha.) (Siga reto até chegar a uma avenida ampla.)

¿Dónde hay un parque grande? (¿dôn-de ai un par-ke grán-de?) (Onde tem um parque grande?)

Vaya derecho en la Calle Principal, y junto al río hay un parque grande. (bva-dja de-rê-tcho en la ka-dje prin-ssi-pal, i rrun-to al rrri-o ai un par-ke grán-de.) (Siga reto na Rua Principal, e próximo ao rio tem um parque grande.)

¿Dónde está el Palacio Nacional? (¿dôn-de es-ta êl pa-la-ssio na-ssio-nal?) (Onde está o Palácio Nacional?)

Camine derecho por cuatro cuadras a la plaza que está en el centro de la ciudad. (ka-mi-ne de-rê-tcho por kua-tro kua-dras a la pla-ssa ke es-ta en êl ssên-tro de la siu-da.) (Siga reto por quatro quadras até a praça que está no centro da cidade.)

¿Cómo llego al centro de la ciudad? (¿ko-mo djê-go al ssên-tro de la siu-da?) (Como chego ao centro da cidade?)

Doble a la izquierda en la avenida que se llama La Alameda. (do-bvle a la is-kiêr-da en la a-bve-ni-da ke se djá-ma la a-la-mê-da.) (Dobre à esquerda na avenida que se chama La Alameda.)

Tendo uma Conversa

Ana Luisa é uma artista que está ansiosa para conhecer o Museo de la Estampa. Ela planeja ir caminhando do hotel até o local para evitar o trânsito. (Faixa 13)

Ana Luisa: **Disculpe, ¿cómo llego al Museo de la Estampa?**
dis-kul-pe, ¿ko-mo djê-go al mu-sse-o de la es-tám-pa?
Com licença, como chego ao Museo de la Estampa?

Recepcionista:	**Muy fácil. Sale del hotel.** *mui fa-ssil. sa-le dêl o-têl.* *É muito fácil. Saia do hotel.*
Ana Luisa:	**¿Dónde está la salida?** *¿don-de es-ta la sa-li-da?* *Onde está a saída?*
Recepcionista:	**La salida está a la derecha.** *la sa-li-da es-ta a la de-rê-tcha.* *A saída está à direita.*
	Al salir, vaya a la izquierda. *al sa-lir, bva-dja a la is-kiêr-da.* *Ao sair, vá pela esquerda.*
	Camine hasta la segunda calle. *ka-mi-ne as-ta la se-gun-da ka-dje.* *Caminhe até a segunda rua.*
	Doble a la derecha y camine una cuadra. *dô-bvle a la de-rê-tcha i ka-mi-ne u-na kua-dra.* *Dobre à direita e caminhe uma quadra.*
	Llega al museo. *dje-ga al mu-ssê-o.* *Você chega ao museu.*
Ana Luisa:	**Gracias por su ayuda.** *gra-ssias por su a-dju-da.* *Obrigada por sua ajuda.*

Palavras a Saber

disculpe	dis-**kul**-pe	desculpe-me; com licença
llegar	dje-**gar**	chegar
muy fácil	mui **fa**-ssil	muito fácil
caminar	ka-mi-**nar**	caminhar
salida	sa-**li**-da	saída
ayuda	a-**dju**-da	ajuda

Entre Altos e Baixos: Os Verbos Subir e Bajar

Normalmente, ao dar direções, você lida com duas dimensões, como em um mapa. Mas em alguns casos você pode precisar indicar subidas e descidas, se estiver lidando com colinas, escadas, elevadores, e assim por diante. Em situações assim, você precisa saber usar os verbos **subir** (su-*bvir*) (*subir*) e **bajar** (bva-*rrar*) (*descer; baixar*). As seções a seguir mostram como conjugar esses dois verbos no presente e como usá-los nas frases.

Para cima com o verbo subir

A tabela a seguir mostra como conjugar o presente do verbo **subir** (su-*bvir*) (*subir*). Seu radical é **sub-** (subv) e ele é um verbo regular da terceira conjugação, **-ir** (veja o Capítulo 2 para mais informações).

Conjugação	Pronúncia
yo subo	djô *su*-bvo
tú subes	tu *su*-bves
él, ella, usted sube	êl, ê-*dja*, us-*tê su*-bve
nosotros, nosotras subimos	no-*ssô*-tros, no-*ssô*-tras su-*bvi*-mos
vosotros, vosotras subís	bvo-*ssô*-tros, bvo-*ssô*-tras su-*bvis*
ellos, ellas, ustedes suben	ê-djos, ê-djas, us-*tê*-des su-bven

Praticar as conjugações verbais é essencial; assim elas se tornarão rapidamente algo natural. Mas até que isso aconteça, aqui vão algumas frases que podem ajudá-lo:

Yo subo las escaleras todos los días. (djô su-bvo las es-ka-lê-ras to-dos los di-as.) (*Eu subo as escadas todos os dias.*)

Subes por esa calle, a la izquierda. (*su*-bves por *e*-ssa *ka*-dje, *a* la is-kiêr-da.) (*Você [informal] sobe por esta rua, à esquerda.*)

Nosotros subimos con ustedes. (no-*ssô*-tros su-*bvi*-mos kon us-*tê*-des.) (*Nós subimos com vocês.*)

Ellos suben por esa escalera. (ê-djos su-bven por ê-ssa es-ka-lê--ra.) (*Eles sobem por esta escada.*)

136 PARTE 2 **Espanhol em Ação**

Para baixo com o verbo bajar

Tudo o que sobe desce, certo? O verbo que indica descida é o **bajar** (bva-
-rrahr) (*descer; baixar*). **Bajar** é um verbo regular (veja o Capítulo 2 para
mais detalhes) e seu radical é **baj–** (bvarr). A seguir mostramos como
conjugar **bajar** no presente:

Conjugação	Pronúncia
yo bajo	djô *bva*-rro
tú bajas	tu *bva*-rras
él, ella, usted baja	êl, ê-*dja*, us-*tê*, us-*tê bva*-rra
nosotros, nosotras bajamos	no-*ssô*-tros, no-*ssô*-tras bva-*rrá*-mos
vosotros, vosotras bajáis	bvo-*ssô*-tros, bvo-*ssô*-tras bva-*rráis*
ellos, ellas, ustedes bajan	ê-djos, ê-djas, us-*tê*-des *bva*-rran

Se precisar descer para algum lugar, desça! Pratique, pratique,
pratique!

> **Tú bajas del auto con el perro.** (tu bva-rras del au-to kon êl
> pê-rrro.) (Você [informal] desce do carro com o cão.)

> **Ella baja por la escalera.** (ê-dja *bva*-rra por la es-ka-*lê*-ra.) (*Ela
> desce pela escada.*)

> **Bajamos por esta calle.** (bva-*rrá*-mos por ês-ta *ka*-dje.) (*Descemos
> por esta rua.*)

> **Ellos dicen que bajan al restaurante a comer.** (ê-djos *di*-ssen ke
> bva-rran al rrres-tau-*rán*-te a *ko*-mer.) (*Eles disseram que estão
> indo para o restaurante comer.*)

Para Cá, para Lá e para Qualquer Lugar

Em espanhol, você pode indicar aqui, aí, ali e lá em relação à distância
que estiver do falante. Por *aqui*, *aí*, *ali* e *lá* serem advérbios locativos,
eles sempre lidam com verbos e palavras que se relacionam ao espaço:

» **acá** (a-*ka*) (*aqui*)

» **aquí** (a-*ki*) (*aqui*)

» **allí** (a-*dji*) (*aí; ali*)

» **allá** (a-*dja*) (*lá*)

As frases a seguir possibilitam que você pratique situações nas quais usar *aqui, aí, ali* e *lá*:

Acá está el museo. (a-ka ês-tá êl mu-sse-o.) (Aqui fica o museu.)

Aquí está tu libro. (a-ki ês-tá tu li-bvro.) (*Aqui está o seu livro.*)

Allí, en la esquina, está el banco. (a-dji, ên la es-ki-na, ês-tá êl bván-ko.) (*Ali, na esquina, está o banco.*)

¡Corre allá! (¡kô-rrre a-dja!) (*Corre lá!*)

Às vezes você também fala sobre nenhum lugar e todos os lugares: *em lugar algum* e *em todos os lugares*. Você pode usar as frases a seguir para expressar essas ideias de todos os lugares e de nenhum lugar em espanhol:

» **en ninguna parte** (en nin-*gu*-na *pár*-te) (*em lugar algum*)

» **en todas partes** (en *to*-das *par*-tes) (*em todos os lugares*)

As frases a seguir podem ajudá-lo a praticar:

En todas partes hay gente simpática. (en to-das par-tes ai rren-te sim-pa-ti-ka.) (Em todo lugar há gente simpática.)

En ninguna parte encuentro mis llaves. (en nin-*guh*-na par--te en-kuên-tro mis *dja*-bves.) (*Em lugar algum encontro minhas chaves.*)

Cerca e Lejos: O Quão Longe Você Vai?

Nesta seção você explorará as palavras **cerca** (*ser*-ka) (*perto*) e **lejos** (*le*-rros) (*longe*). Use essas duas palavras quando quiser discutir a proporção de uma distância e o possível esforço que será necessário para chegar a um lugar específico. Confira estes exemplos:

Mi casa está muy lejos del centro de la ciudad. (mi ka-ssa ês-tá mui le-rros dêl sen-tro de la siu-da.) (Minha casa fica muito distante do centro da cidade.)

Su casa está muy cerca de la biblioteca. (su ka-ssa ês-tá mui se-ka de la bvi-bvlio-tê-ka.) (Sua casa fica muito perto da biblioteca.)

Ellos viven muy lejos de sus abuelos. (eh-djos bvi-bven mui le-rros de sus a-bvooê-los.) (Eles vivem muito longe de seus avós.)

Tendo uma Conversa

Inés está decidindo como passar o dia. Ela deveria ir ao cinema, visitar um museu, ou ambos? Primeiro ela precisa descobrir a distância que esses lugares ficam um do outro.

Inés:
¿Está lejos el cine Las Flores?
¿ês-tá le-rros el si-ne las flo-res?
Está longe o cinema Las Flores?

Martín:
No, está muy cerca — a sólo dos cuadras.
no, ês-tá mui ser-ka a sô-lo dôs kua-dras.
Não, está bem perto — a só duas quadras.

Inés:
¿Y el Teatro Bolívar?
¿i el te-a-tro bvo-li-bvar?
E o Teatro Bolívar?

Martín:
El Teatro Bolívar sí está lejos.
el te-a-tro bvo-li-bvar si ês-tá le-rros.
O Teatro Bolívar sim está longe.

Tiene que tomar el subte.
tiê-ne ke to-mar el subv-te.
Você precisa pegar o metrô.

Palavras a Saber

cine	si-ne	cinema
sólo	sô-lo	só
teatro	te-a-tro	teatro
subte	subv-te	metrô

Diversão & Jogos

Felipe e Bárbara Rodriguez, que falam bem pouco português, estão chegando para sua festa de aniversário. Você deu as coordenadas de como chegar para todos os seus convidados, mas elas estavam em português. Bárbara pediu para que você traduzisse as informações para eles. (Veja o Apêndice D para as respostas dos exercícios.)

Vá até a praça. _____

Caminhe duas quadras até o jardim.
_____

Vá pela direita para a Avenida Alabaster.
_____

Dobre à esquerda. _____

Siga ao norte pela Rua Camisa.
_____

Dobre à direita. _____

Ande mais duas quadras e dobre à esquerda no Bulevar Reina.
_____
_____

Minha casa fica atrás do parque.
_____

140   PARTE 2 **Espanhol em Ação**

NESTE CAPÍTULO

» **Fazendo reservas em restaurantes latinos e espanhóis**

» **Pedindo comidas e bebidas**

» **Degustando iguarias dos deuses**

» **Pagando a conta**

» **Comprando em diferentes mercados**

Capítulo **8**

Jantando Fora e Indo ao Mercado

A comida é um elemento importante de qualquer cultura. Cada país e região da América Latina tem uma culinária específica, então, ir ao mercado, a restaurantes e experimentar novos pratos são experiências muito ricas. O mesmo se aplica à ensolarada Espanha, em que peixes fritos, presuntos curados e diversas outras delícias esperam por você. Para abrir seu apetite pela culinária espanhola e latino-americana, seja caseira ou em restaurantes, prepare seu espanhol para que você consiga fazer reservas e comprar guloseimas nos mercados locais.

Neste capítulo, nós damos a você uma rápida ideia das palavras e frases em espanhol para comer em restaurantes e ir a mercados. Assim você poderá pedir as refeições (e bebidas) nos seus estabelecimentos favoritos e comprar comida nos supermercados bastante confiante de que você receberá o que está pedindo.

Comendo Fora

Nada parece mais prático do que comer fora. Tudo o que você tem que levar para a mesa é a sua fome, não é? Geralmente, isso é verdade — até que você decida comer em um restaurante espanhol em que os funcionários não falam português ou compreendem bem pouco. As seções a seguir recriam as situações desde fazer as reservas até pagar a conta... só não recriam a boa comida, infelizmente.

Nem todos os restaurantes (rrres-tau-rán-tes) (restaurantes) são iguais; aqui destacamos algumas palavras para ajudá-lo a distinguir entre os diferentes tipos de estabelecimentos que você pode encontrar.

>> **el bar** (êl bvar) (o bar)
>> **el café** (êl ka-fê) (o café)
>> **la cafetería** (la ka-fe-te-ri-a) (a cafeteria)
>> **el mesón** (êl me-ssôn) (a pousada)
>> **la taberna** (la ta-bvêr-na) (a taverna)

Fazendo uma reserva

Para fazer uma reserva, você precisa do verbo **reservar** (rrre-sser-*b-var*) (reservar). **Reservar é um verbo regular da primeira conjugação, -ar, então ele não é difícil de ser conjugado,** como você pode ver na tabela a seguir:

Conjugação	Pronúncia
yo reservo	djô rrre-*ssêr*-bvo
tú reservas	tu rrre-*ssêr*-bvas
él, ella, usted reserva	êl, ê-dja, us-*tê* rrre-*ssêr*-bva
nosotros, nosotras reservamos	no-*ssô*-tros, no-*ssô*-tras rrre-ssêr-*bvá*-mos
vosotros, vosotras reserváis	bvo-*ssô*-tros, bvo-*ssô*-tras rrre-ssêr-*bváis*
ellos, ellas, ustedes reservan	ê-djos, ê-djyas, us-*te*-des rrre-*ssêr*-bvan

142   PARTE 2 **Espanhol em Ação**

A seguir, mostramos algumas frases que podem ajudá-lo a fazer uma reserva e encontrar sua mesa em um restaurante:

Necesitamos una mesa para seis personas, por favor. (ne-sse-s-si-*tá*-mos *u*-na mê-ssa *pa*-ra seis per-*sso*-nas, por fa-*bvor*.) (Precisamos de uma mesa para seis pessoas, por favor.)

Tengo una reservación para dos personas. (*ten*-go *u*-na rrre-s-sêr-bva-*ssiôn pa*-ra dôs per-*ssô*-nas.) (Tenho uma reserva para duas pessoas.)

Necesitamos otro cubierto, por favor. (ne-sse-ssi-*tá*-mos *o*-tro ku-bviêr-to, por fa-*bvor*.) (Precisamos de outra mesa, por favor.)

Vá para o Capítulo 4 para relembrar como falar datas e horários, que você precisa para fazer reservas.

A grande maioria dos restaurantes na América Latina não exige que se faça reserva.

Você quer o que você quer com o verbo querer

O verbo **querer** (ke-*rêr*) é geralmente usado representando querer ou desejar como no português. **Querer é um verbo irregular que sofre alomorfia**. Repare que, ao ser conjugado no presente, seu radical **quer-** (ker) se transforma em **quier-** (kiêr). O **e** do radical vira **ie** em todas as pessoas verbais, exceto nas formas **nosotros/nosotras** e **vosotros/vosotras**. (Vá para o Capítulo 6 para saber mais sobre alomorfia verbal.)

Conjugação	Pronúncia
yo quiero	djô kiê-ro
tu quieres	tu kiê-res
él, ella, usted quiere	êl, ê-dja, us-*tê* kiê-re
nosotros, nosotras queremos	no-*ssô*-tros, no-*ssô*-tras ke-*re*-mos
vosotros, vosotras queréis	bvo-*ssô*-tros, bvo-*ssô*-tras ke-*rêis*
ellos, ellas, ustedes quieren	ê-djos, ê-djyas, us-*te*-des kiê-ren

Tendo uma Conversa

O Señor Porter quer levar sua esposa a um restaurante bem bacana para comemorar o aniversário dela.

Señor Porter: **Quiero reservar una mesa para dos personas.**
kiê-ro rrre-sser-*bvar* u-na mê-ssa *pa*-ra dôs per-*ssô*-nas.
Quero reservar uma mesa para duas pessoas.

Garçom: **¡Cómo no! ¿Para qué hora?**
¡*ko*-mo nô! ¿*pa*-ra kê ô-ra?
Pois não! Para que horas?

Señor Porter: **Para las ocho de la noche.**
pa-ra las ô-tcho de la *no*-tche.
Para as 20h.

Garçom: **¿A nombre de quién?**
¿a *nom*-bvre de kiên?
Em nome de quem?

Señor Porter: **El señor Porter.**
êl se-*nhor* Porter.
Do senhor Porter.

Garçom: **Bien, les esperamos.**
bviên, les es-pe-*rá*-mos.
Bem, esperamos vocês.

Señor Porter: **Muchas gracias.**
mu-tchas *gra*-ssias.
Muito obrigado.

Reconhecendo e pedindo comidas no cardápio

Um cardápio em uma língua estrangeira pode ser intimidador, como o mostrado na Imagem 8–1. Mas as culinárias espanhola e latino–americana têm tantas comidas exóticas e deliciosas que você não vai perder a oportunidade de experimentar só por causa desse detalhe! Confira nas seções a seguir.

Após decidir qual das iguarias você deseja, use o verbo **pedir** (pe–*dir*) (pedir). **Pedir é um verbo alomórfico que muda de e para i** em todas as pessoas verbais, exceto nas formas **nosotros/nosotras** e **vosotros/vosotras**.

(Veja o Capítulo 6 para saber mais sobre alomorfia verbal.)

144   PARTE 2 **Espanhol em Ação**

CHAMANDO UM GARÇOM

Um garçom, na Argentina, chama-se mozo (*mô*-sso), algo como moço. Mas chamar alguém de mozo no Chile é uma ofensa. No Chile, você diz garzón (gar-*ssôn*), palavra derivada da forma francesa para moço — que se escreve de maneira semelhante e tem pronúncia idêntica.

Se você chamar um garçom com alguns desses termos no México, ele não vai reagir. Você consegue sua atenção chamando-o de joven (*rrô*-bven), que significa jovem, mesmo que ele esteja longe disso. Na Espanha, um garçom é um camarero (ka-ma-*rê*-ro).

Quando é uma mulher que está lhe servindo, chame-a simplesmente de señorita (se-nhô-*ri*-ta), senhorita, não importa onde você esteja; isso traz à tona uma outra nota cultural interessante. Nos Estados Unidos, essa profissão é dominada por mulheres, mas na maior parte da Europa, no México e nas Américas Central e do Sul é uma ocupação principalmente masculina.

Os pratos mais populares

Aqui listamos os pratos mais populares da cultura latino–americana:

» **Empanada** (em-pa-*ná*-da) significa pão. No México, uma **empanada** é uma tortilha de milho sovada e recheada. Você pode fazer **empanadas** a partir de uma massa de trigo moldada, recheada e frita na Argentina e no Chile. Eles costumam enchê-las com carne e vegetais picantes, e elas são o equivalente latino-americano do eggroll ou do pierogi do Leste europeu. Os argentinos gostam delas pequenas. Chilenos as fazem grandes. De qualquer maneira, elas são deliciosas!

» **Na Espanha, uma tortilla** (tôr-*ti*-djya) é uma omelete de batata e cebola servida em temperatura ambiente. A Imagem 8–2 traz uma receita de **tortilla de patatas** (tôr-*ti*-dja de pa-*ta*-tas) (omelete de batatas); feita com **huevos** (huê-bvos) (ovos), **patatas** (pa-*ta*-tahs) (batatas), **cebolla** (se-*bvô*-dja) (cebola), **aceite** (a-*ssei*-te) (azeite) e **sal** (sal) (sal).

» No México, **elote** (ê-*lô*-te) é o nome dado a um tipo de milho tenro, como o que você come de uma espiga. O mesmo prato na Argentina, no Chile, no Peru e na Bolívia é chamado de **choclo** (*tchô*-klo).

CAPÍTULO 8 **Jantando Fora e Indo ao Mercado** 145

» Feijões-verdes, no México, são chamados de **ejotes** (e-*rrô*-tes). Na América do Sul, você os encontra como **porotos verdes** (po-*ro*-tos bvêr-des) ou **porotitos** (po-ro-*ti*-tos). Quando os grãos são secos, são chamados de **porotos** (po-*ro*-tos) na maior parte da América de língua espanhola — exceto no México, em que os chamam de **frijoles** (fri-*rrô*-les). Em nenhum outro lugar você encontrará uma variedade de feijões tão grande quanto nos mercados peruanos. Eles vêm em formas, cores e tamanhos variados e vão deixá-lo com água na boca. Você vai querer experimentar todos.

» No Chile, **filete** (fi-*lê*-te) é o corte de carne que no Brasil chamamos de bife. Na Argentina, o mesmo corte se chama **lomo** (*lô*-mo).

» Uma refeição básica na Argentina é composta de **bife, con papas y ensalada** (*bvi*-fe, kon *pa*-pas i *ên*-ssa-la-da) ou bife com batatas e salada. Em uma grelha argentina, você provavelmente vai encontrar um grande número de carnes familiares, bem como algumas que você nunca comeu. Entre as opções mais exóticas está o **chinchulín** (tchin-tchu-*lin*), um tipo de linguiça feita de intestino de boi. **¡Delicioso!** Outra iguaria é a **molleja** (mo-*djê*-rra), a glândula tireoide de uma vaca.

» No México, porém, **molleja** (mo-*djê*-rra) é um guisado de galinha. E no Chile, o mesmo guisado se chama **contre** (*kon*-tre).

» O fígado que você come no Chile se chama **pana** (*pá*-na); nos outros lugares da América Latina, chama-se **hígado** (*i*-ga-do).

» Na Espanha, o **jamón serrano** (rra-*môn* se-rrá-no), um presunto curado típico das regiões montanhosas, é um manjar dos deuses.

FIGURA 8-1: Um cardápio em espanhol

Especialidades del dia

Entremeses

cóctel de camarones   juacamole

sopa de mariscos   ensalada mixta

Platos principales

huachinango a la veracruzana

pollo con mango

mole amarillo con carne de res

© 2019 Aurélio Corrêa

TORTILLA DE PATATAS

RECETA FÁCIL (PARA TRES PERSONAS)

 4 huevos 1 cebolla
3 patatas 100ml de aceite de oliva
sal

Paso 1: Lave y corte las papatas y las cebollas en rebanadas.
Paso 2: Caliente el aceite (menos 3 cucharadas) en una sartén.
Paso 3: Añade las rebanadas de patata y cebolla.
Paso 4: Altere capas de patata y cebolla.
Paso 5: Cocine a fuego lento, revolviendo ocasionalmente hasta que las papas estén tiernas.
Paso 6: Bata los huevos en un tazón grande con un tenedor. Agregue la sal al gusto.
Paso 7: Escurra las patatas y las cebollas y añadálas a los huevos, presionando para que los huevos cubrirlas por completo y dejar que repose durante 15 minutos.
Paso 8: Caliente 2 cucharadas del aceite en una sartén grande.
Paso 9: Agregue la mezcla de papa de huevo se propaga rápidamente.
Paso 10: Baje el fuego a medio-alto y agitar la cacerola para evitar que se pegue.
Paso 11: Cuando las papas empiecen a dorase ponga una placa en la parte superior y tapa la sartén para cocinar otro lado agregando otra cucharada de aceite. (puede voltear 304 veces para una mejor cocción)

©2019 Aurélio Corrêa

FIGURA 8-2: Um exemplo de receita.

Peixes e outras especialidades do mar

Se você adora peixe e frutos do mar, os lugares certos para você ir são o Chile e o Peru, onde você encontra o melhor peixe do mundo, o da Corrente de Humboldt, que vem da Antártida.

» Você encontra delícias como o **loco** (*lô*-ko), uma vieira gigante, e o **congrio** (*kôn*-grio), ou congro, um tipo de peixe.

CAPÍTULO 8 **Jantando Fora e Indo ao Mercado** 147

» Você também pode encontrar **albacora** (al-bva-*kô*-ra) (atum-branco), **cangrejo** (kán-*grê*-rro) (caranguejo), **jaiba** (rra*i*-bva) (siri), **langosta** (lán-*gôs*-ta) (lagosta), **langostino** (lán-gos-*ti*-no) (camarão-grande), **camarón** (ka-ma-*rôn*) (camarão), bem como um **cóctel de camarones** [kok-*têl* de ka-ma-*rô*-nes] [bobó de camarão]) e outras delícias em uma **sopa marinera** (*so*-pa ma-ri-*nê*-ra) ou **sopa de mariscos** (*so*-pa de ma-*ris*-kohs) (moqueca de frutos do mar).

» Os peruanos fazem **ceviche** (se-*bvi*-tche) com peixe e frutos do mar crus. No **ceviche**, esses itens são marinados em suco de limão, sal e pimenta. O peixe e os frutos do mar permanecem crus após essa salmoura, mas ficam menos transparentes, aparentando estar cozidos. Sensacional! Os **ceviches** podem ser servidos de muitas formas, mas é muito comum que os latinos preparem seu **ceviche** bem picante.

Outras iguarias

Você também pode querer pedir uma destas especialidades:

» Apesar de aquela fruta verde cremosa ser chamada de **aguacate** (a-gua-*ka*-te) no México e **palta** (*pal*-ta) na Argentina, no Uruguai e no Chile, ela continua sendo o mesmo abacate.

» No sul do México, quando você diz **pan** (pán), significando pão, as pessoas geralmente pensam em algo doce feito pelo padeiro. Na América do Sul de língua espanhola, **pan** está mais próximo do mesmo pão que as pessoas comem no Brasil.

» A **torta** (*tôr*-ta), no México, é um **sanduíche**; um **sándwich** (*sán*-duitch) é feito com pão assado, moldado e cortado. Mas, na maior parte da América Latina, incluindo o Brasil, **torta** significa torta, e **sándwich** significa sanduíche, não importando a forma como é servido.

» As **memelas** (me-*mê*-las), no México, são tortilhas fritas ou assadas e recheadas com diversas iguarias (como pasta de amêndoas, por exemplo).

» O **gazpacho** (gas-*pa*-tcho) é uma sopa fria de tomates e vegetais da Espanha, aromatizada com azeite de oliva, alho e vinagre.

» Na Espanha, a **paella** (pa-*ê*-dja) é um dos pratos favoritos e é feita com frutos do mar e arroz com açafrão.

Tendo uma Conversa

Agora, uma boa refeição! Você pode usar a conversa a seguir como um exemplo para pedir uma sopa ou uma salada. (Faixa 14)

Garçom: **¿Están listos para ordenar?**
¿es-*tán lis*-tos *pa*-ra or-de-*nar*?
Estão prontos para pedir?

Señora Porter: **Yo quiero una ensalada mixta.**
djô kiê-ro *u*-na en-ssa-*la*-da *mis*-ta.
Eu quero uma salada mista.

Señor Porter: **Y para mí, una sopa de mariscos.**
i *pa*-ra mi, *u*-na *so*-pa de ma-*ris*-kos.
E, para mim, uma moqueca de frutos do mar.

Garçom: **¿Y de plato fuerte?**
¿i de *pla*-to fuêr-te?
E como prato principal?

Señor Porter: **¿Qué nos recomienda?**
¿kê nos rrre-ko-mi*ên*-da?
O que nos sugere?

Garçom: **Tenemos dos platos especiales: mole amarillo con carne de res y huachinango a la veracruzana.**
te-*ne*-mos dôs *pla*-tos es-pe-ssia-les: *mô*-le a-ma-*ri*-djo kon *kar*-ne de rrrês, i ua-tchi-*nán*-go a la bve-ra-kru-*ssá*-na.
Temos duas especialidades: mole amarillo com carne bovina ou huachinango à moda veracruzana.

Señora Porter: **¿Qué es el huachinango a la veracruzana?**
¿kê ês êl ua-tchi-*nán*-go a la bve-ra-kru-*ssá*-na?
O que é huachinango à moda veracruzana?

Garçom: **Es pescado con tomates, chile, cilantro y cebolla.**
ês pes-*ka*-do kon to-*ma*-tes, *tchi*-le, si-*lán*-tro i se-*bvô*-dja.
É um peixe com tomates, pimenta, coentro e cebola.

Señora Porter: **Yo quiero pollo frito.**
djô kiê-ro *pô*-djo *fri*-to.
Eu quero frango frito.

CAPÍTULO 8 **Jantando Fora e Indo ao Mercado**   149

Garçom:	**No tenemos pollo frito. Tenemos pollo asado en salsa de mango.**
	no te-ne-mos *pô*-djo *fri*-to. te-*ne*-mos *pô*-djo a-*ssa*-do en *sal*-ssa de *mán*-go.
	Não temos frango frito. Temos frango assado ao molho de manga.
Señora Porter:	**¿Con qué está acompañado?**
	¿kon kê ês-*tá* a-kôm-pa-*nha*-do?
	Com o que vem acompanhado?
Garçom:	**Con elotes frescos y calabacitas entomatadas.**
	kon e-*lô*-tes *fres*-kos i ka-la-bva-*ssi*-tas en-to-ma-*ta*-das.
	Com milho fresco e abobrinhas ao molho de tomate.
Señora Porter:	**Bueno, voy a probar el pollo con mango.**
	bvuê-no, bvoi a pro-*bvar* êl *pô*-djo kon *mán*-go.
	Ótimo, vou experimentar o frango com manga.

Palavras a Saber

listo	lis-to	pronto
ordenar	or-de-nar	pedir
ensalada	en-sa-la-da	salada mista
mixta	miks-ta	
plato fuerte	pla-to fuê-te	prato principal
platos especiales	pla-tos es-pe-ssia-les	especialidades
mole amarillo con carne de res	mô-le a-ma-ri-djo kon kar-ne de rrrês	mole amarillo com carne
huachinango a la veracruzana	ua-tchi-nan-go a la bve-ra-kru-ssá-na	peixe à moda veracruzana
pescado	pes-ka-do	peixe
pollo frito	pô-djo fri-to	frango frito
calabacitas entomatadas	ka-la-bva-ssi-tas en-to-ma-ta-das	abobrinha ao molho de tomate
pollo asado en salsa de mango	pô-djo a-ssa-do en sal-sa de mán-go	frango assado ao molho de manga

PAUSA PARA IR AO BANHEIRO

Inevitavelmente, você vai querer lavar suas mãos, retocar sua maquiagem ou fazer qualquer outra coisa que precise usar um banheiro público. Banheiros no restante da América Latina são muito parecidos com os do Brasil, quanto mais caro o restaurante, mais elegante o banheiro será. As frases a seguir o auxiliarão a encontrar um banheiro:

¿Dónde están los baños? (*¿dôn*-de ês-*tán* los *bvá*-nhos?) (Onde ficam os banheiros?)

Los baños están al fondo, a la derecha. (los *bvá*-nhos es-*tán* al *fôn*-do, a la de-*rê*-tcha.) (Os banheiros ficam no fundo, à direita.)

¿Es éste el baño? (¿ês *ês*-te êl *bvá*-nho?) (O banheiro é aqui?)

No, éste no es el baño. Es ése. (no, *ês*-te no ês êl *bvá*-nho. ês *ê*-sse.) (Não, o banheiro não é esse, é este.)

Tipos de molho: Quente, frio e picante!

Algumas pessoas dizem que o que há de realmente especial na comida latina são os molhos. Isso é especialmente verdade se falamos dos molhos do México, que têm uma infinita variedade de sabores e texturas.

Molhos servidos quentes e escaldantes

Mole (*mô*–le), uma palavra usada no México, significa molho. Estes molhos mexicanos são servidos quentes com carne ou frango:

» O **mole negro** (*mô*-le *ne*-gro) (molho negro) é preto — óbvio! — e é feito com todos os ingredientes tostados: coco, pimenta, amêndoas, cebola, alho e pão. Pode ser muito picante ou não.

» O **mole colorado** (*mô*-le ko-lo-*ra*-do) (molho vermelho) é vermelho e feito com pimentas. Ele é picante mesmo! Esse molho também é chamado de **coloradito** (ko-lo-ra-*di*-to).

» O **mole amarillo** (*mô*-le a-ma-*ri*-djo) (molho amarelo) é laranja-amarelado. Ele leva amêndoas e uvas-passas, dentre outros ingredientes. Ele costuma ser moderadamente picante.

» O **mole verde** (*mô*-le *bver*-de) (molho verde) é feito com tomates verdes, pimentas-verdes e coentro, e, claro, ele é verde. Pode ser bem picante ou mais suave.

SABEDORIA CULTURAL

Os mexicanos não consomem molhos diariamente. Essas iguarias são servidas apenas em ocasiões especiais. Turistas têm sorte — eles podem encontrá-los o tempo todo.

Molhos frios (eles também podem ser muito picantes!)

Os mexicanos levam molhos frios para a mesa para acrescentar mais tempero à comida.

» O **pico de gallo** (*pi*-ko de *ga*-djo), que pode ser literalmente traduzido como bico de galo, é feito somente com vegetais. Ele costuma ser vermelho, verde e branco, porque é feito com jalapeño, coentro e cebola. Picante!

» O **guacamole** (gua-ka-*mô*-le) não precisa de tradução. É feito com abacate, **chili** (*tchi*-li) (pimenta), coentro, limão e sal. Às vezes, é bastante apimentado.

» A **salsa verde** (*sal*-sa *bver*-de) é um molho verde feito com tomates verdes, pimentas e coentro. Intenso!

» A **salsa roja** (*sal*-sa *rrrô*-rra) é um molho vermelho feito com tomates-vermelhos e pimentas. Picante!

Tomando um drink

Para pedir bebidas em um país de língua espanhola, comece com as seguintes frases:

Quisiera... (ki-ssiê-ra...) (Eu gostaria de...)

Para beber, yo quiero... (*pa*-ra bve-*bver*, djô kiê-ro...) (Para beber, eu quero...)

Y para beber, favor de traer... (i *pa*-ra bve-*bver*, fa-*bvor* de tra--êr...) (E, para beber, por favor, traga...)

Por favor dígame, ¿qué bebidas tiene? (por fah-*bvor* di-ga-me, ¿ke bve-*bvi*-das tiê-ne?) (Por favor, diga-me, quais bebidas vocês têm?)

CAPÍTULO 8 **Jantando Fora e Indo ao Mercado** 153

Se você começou o seu pedido com uma das três primeiras frases anteriores, você deve completá-las com o drink específico de sua escolha:

- **una botella de agua con gas** (*u*-na bvo-*tê*-dja de *a*-gua kon gas) (uma garrafa de água com gás)
- **una botella de agua sin gas** (*u*-na bvo-*tê*-dja de *a*-gua sin gas) (uma garrafa de água sem gás)
- **una cerveza** (*u*-na ser-*bve*-ssa) (uma cerveja)
- **una cerveza negra** (*u*-na ser-*bve*-ssa *ne*-gra) (uma cerveja preta)
- **una cerveza rubia** (*u*-na ser-*bve*-ssa *rrru*-bvia) (uma cerveja clara)
- **un jugo de manzana** (un *rru*-go de man-*ssá*-na) (um suco de maçã)
- **un jugo de naranja** (*rru*-go de na-*rán*-rra) (um suco de laranja)
- **un jugo de tomate** (*rru*-go de to-*ma*-te) (um suco de tomate)
- **una limonada** (*u*-na li-mo-*na*-da) (uma limonada)
- **un refresco** (un rrre-*fres*-ko) (uma limonada)
- **un refresco de naranja** (un rrre-*fres*-ko de na-*rán*-rra) (uma laranjada)
- **una taza de café** (*u*-na *ta*-ssa de ka-*fê*) (uma xícara de café)
- **un vaso de agua** (un *bva*-sso de *a*-gua) (um copo de água)
- **un vaso de leche** (un *bva*-sso de *lê*-tche) (um copo de leite)
- **un vaso de vino blanco** (un *bva*-sso de *bvi*-no *blán*-ko) (uma taça de vinho branco)
- **un vaso de vino** tinto (un *bva*-sso de *bvi*-no *tin*-to) (uma taça de vinho tinto)

SABEDORIA CULTURAL

Agua (*a*-gua) no México pode significar água, a tradução exata, mas também uma bebida feita com água, fruta e açúcar, como um refresco. Todas as frutas e também alguns vegetais fazem **aguas** (*a*-guas) refrescantes. No Chile, **agüita** (a-*gui*-ta) (aguinha) pode ser um chá herbal servido após as refeições.

SABEDORIA CULTURAL

Se você está sempre no México (ou em um restaurante mexicano, neste caso) e observa alguém bebendo um drink turvo com gelo, o que está vendo é uma **horchata** (or-*tcha*-ta). Essa bebida única e refrescante é feita com arroz, amêndoas, canela, raspas de limão e açúcar; embora haja variações, essa é a receita básica.

Tendo uma Conversa

Se você deseja pedir uma bebida para acompanhar a sua refeição, pro-vavelmente vai participar de um diálogo semelhante a este.

Garçom: **¿Quieren algo de beber?**
¿kiê-ren *al*-go de bve-*bver*?
Desejam beber algo?

¿Quieren un agua de frutas?
¿kiê-ren un *a*-gua de *fru*-tas?
Desejam um refresco de frutas?

Señora Porter: **No, yo quiero un vaso de vino tinto de la casa.**
no, djô *kiê*-ro un *bva*-so de *bvi*-no *tin*-to de la *ka*-ssa.
Não, eu quero uma taça de vinho tinto da casa.

Garçom: **Muy bien, ¿y usted?**
mui bviên, ¿i us-*tê*?
Certo, e você?

Señor Porter: **Yo quiero una cerveza.**
djô *kiê*-ro *u*-na ser-*bve*-ssa.
Eu quero uma cerveja.

Garçom: **¿Rubia o negra?**
¿*rrru*-bvia o *ne*-gra?
Clara ou escura?

Señor Porter: **Prefiero negra.**
pre-*fiê*-ro *ne*-gra.
Eu prefiro a cerveja preta.

Palavras a Saber

beber	bve-<u>bver</u>	beber
un agua de frutas	un <u>a</u>-guha	um refresco de de <u>fru</u>-tas
un vaso de vino tinto de la casa	un <u>bva</u>-sso de <u>bvi</u>-no <u>tin</u>-to de la <u>ka</u>-ssa	uma taça de vinho tinto da casa

CAPÍTULO 8 **Jantando Fora e Indo ao Mercado** 155

Pagando a conta

Ao pagar a conta, você, geralmente, pede ao garçom la cuenta (la kuê*n*-ta) (a conta).

A seguir, estão algumas expressões úteis para você usar quando estiver prestes a pagar a conta em um restaurante:

La cuenta, por favor. (la kuê*n*-ta, por fa-*bvor*.) (A conta, por favor.)

¿Cuánto le debo? (¿ku*án*-to le *de*-bvo?) (Quanto eu devo?)

¿Está incluida la propina? (¿ês-*tá* in-klu*i*-da la pro-*pi*-na?) (A gorjeta está inclusa?)

Tendo uma Conversa

Depois de pagar sua conta, você pode receber o troco, como no diálogo a seguir.

Señor Porter: **Joven, ¿nos trae la cuenta por favor?**
rrô-bven, ¿nos *tra*-e la kuê*n*-ta por fa-*bvor*?
Garçom, traga-nos a conta, por favor?

Garçom: **Ya vuelvo con la cuenta.**
dja bvuê*l*-bvo kon la kuê*n*-ta.
Já retorno com a conta.

Señor Porter: **¿Aceptan tarjetas de crédito?**
¿a-*ssêp*-tan tar-*rrê*-tas de *krê*-di-to?
Vocês aceitam cartões de crédito?

Garçom: **No, lo lamento mucho, aquí no aceptamos tarjetas de crédito.**
no, lo la-*men*-to *mu*-tcho, a-*ki* no a-ssep-*tá*-mos tar-*rrê*-tas de *krê*-di-to.
Não, lamento muito; aqui não aceitamos cartões de crédito.

Señor Porter: **Esta bien, puedo pagar en efectivo. Aquí está el dinero.**
ês-*tá* biên, puê-do pa-*gar* en e-fek-*ti*-bvo. a-*ki* ês-*tá* êl di-*nê*-ro.
Tudo bem, posso pagar em espécie. Aqui está o dinheiro.

Garçom: **Gracias. Vuelvo en seguida con su cambio.**
gra-ssias. bvuê*l*-bvo en se-*gui*-da kon su *kám*-bvio.
Obrigado. Volto em seguida com seu troco.

156 PARTE 2 **Espanhol em Ação**

Palavras a Saber

joven	rrô-bven	garçom
la cuenta	la ku__ên__-ta	a conta
tarjeta de crédito	tar-__rrê__-ta de k__rê__-di-to	cartão de crédito
en efectivo	en e-fek-__ti__-bvo	em espécie
el dinero	êl di-__ne__-ro	o dinheiro
en seguida	en se-__gui__-da	em seguida
el cambio	êl __kám__-bvio	o troco

Indo à Feira

Nesta seção, você aprenderá a comprar frutas, vegetais e peixes em uma feira, que é mais informal do que um mercado. Nesses locais, os vendedores são pequenos comerciantes e podem se aproximar de você oferecendo seus produtos. Quando não quiser algo que lhe está sendo oferecido, você pode simplesmente usar algumas das frases a seguir:

Ahora no, gracias. (a-ô-ra no, *gra*-ssias.) (Agora não, obrigado.)

Ya tengo, gracias. (dja *ten*-go, *gra*-ssias.) (Já tenho, obrigado.)

No me interesa, gracias. (no me in-te-*rê*-ssa, *gra*-ssias.) (Não tenho interesse, obrigado.)

Más tarde, gracias. (mas *tar*-de, *gra*-ssias.) (Mais tarde, obrigado.)

No me gusta, gracias. (no me *gus*-ta, *gra*-ssias.) (Eu não gosto, obrigado.)

No me moleste, ¡por favor! (no me mo-*lês*-te, ¡por fa-*bvor*!) (Não me incomode, por favor!)

DICA

Quando você for à feira, levar suas próprias sacolas para carregar o que for comprando é uma boa ideia. Supermercados fornecem sacolas, é claro, mas, nos mercados informais, os ambulantes podem simplesmente entregar o produto nas suas mãos. Nessas feiras, você pode encontrar barracas que vendam sacolas e cestos de diversos tamanhos. Mesmo que tenha onde carregar suas coisas, você pode querer comprar alguns desses cestos para decorar sua casa — muitos deles são artesanais e muito bonitos.

Fazendo compras com o verbo comprar

Comprar (kom-*prar*) significa comprar, e **ir de compras** (ir de kom--pras) significa fazer compras. **Comprar** é um verbo regular da primeira conjugação, **-ar**. O radical desse verbo é **compr-** (kompr). É assim que conjugamos comprar no presente:

Conjugação	Pronúncia
yo compro	djô *kom*-pro
tú compras	tu *kom*-pras
él, ella, usted compra	êl, ê-dja, us-*tê kom*-pra
nosotros, nosotras compramos	no-*ssô*-tros, no-*ssô*-tras kom-*prá*-mos
vosotros, vosotras compráis	bvo-*ssô*-tros, bvo-*ssô*-tras kom-*prais*
ellos, ellas, ustedes compran	ê-djos, ê-djas, us-*tê*-des *kom*-pran

Estas frases, que usam a locução **ir de compras** (ir de *kom*-pras) (fazer compras), podem ajudá-lo na feira.

> **Ella está de compras.** (*ê*-dja ês-*tá* de *kom*-pras.) (Ela está fazendo compras.)

> **¡Voy de compras!** (¡bvoi de *kom*-pras!) (Vou fazer compras!)

> **¡Vamos de compras al mercado!** (¡*bvá*-mos de *kom*-pras al mer--*ka*-do!) (Vamos fazer compras na feira!)

Comprando frutas

Aqui estão os nomes de algumas frutas que você pode encontrar no mercado:

» **la cereza** (la se-*rê*-ssa) (a cereja)

» **la ciruela** (la si-ru*ê*-la) (a ameixa)

» **el durazno** (êl du-*ras*-no) (o pêssego)

» **la fresa** (la *frê*-ssa) (o morango, no México, na América Central e na Espanha)

158 PARTE 2 **Espanhol em Ação**

- » **la frutilla** (la fru-*ti*-dja) (o morango, da Colômbia ao Polo Sul)
- » **la guayaba** (la gua-*dja*-bva) (a goiaba)
- » **el higo** (êl *i*-go) (o figo)
- » **la lima** (la *li*-ma) (a lima)
- » **el limón** (êl li-*môn*) (o limão)
- » **el mango** (êl *mán*-go) (a manga)
- » **la manzana** (la man-*ssá*-na) (a maçã)
- » **el melocotón** (êl me-lo-ko-*ton*) (o pêssego, na Espanha)
- » **el melón** (êl me-*lon*) (o melão)
- » **la mora** (la *mô*-ra) (a amora-preta)
- » **la naranja** (la na-*rán*-rra) (a laranja)
- » **la papaya** (la pa-*pa*-dja) (o [mamão] papaya)
- » **la pera** (la *pê*-ra) (a pera)
- » **el plátano** (êl *pla*-ta-no) (a banana)
- » **el pomelo** (êl po-*mê*-lo) (a toranja, na Espanha)
- » **la sandía** (la san-*di*-a) (a melancia)
- » **la toronja** (la to-*ron*-rra) (a toranja, no México)
- » **la tuna** (la *tu*-na) (a pera-espinhosa)
- » **la uva** (la *u*-bva) (a uva)

Comprando vegetais

Vegetais frescos são sempre saborosos. Você pode achar os seguintes com facilidade:

- » **las acelgas** (las a-*ssêl*-gas) (as acelgas)
- » **el aguacate** (êl a-gua-*ka*-te) (o abacate)
- » **el ají** (êl a-*rri*) (a pimenta, na América do Sul)
- » **el ajo** (êl *a*-rro) (o alho)
- » **el brócoli** (êl *bvrô*-ko-li) (os brócolis)
- » **la calabacita** (la ka-la-bva-*ssi*-ta) (a abobrinha, no México)
- » **las cebollas** (las se-*bvô*-djas) (as cebolas)
- » **el chile** (êl *tchi*-le) (a pimenta, no México e na Guatemala)
- » **el chile morrón** (êl *tchi*-le mo-*rrrôn*) (a páprica, no México)
- » **la col** (la *kôl*) (o repolho, no México)
- » **la coliflor** (la ko-li-*flor*) (a couve-flor)
- » **la espinaca** (la es-pi-*na*-ka) (o espinafre)

- » **el tomate** (êl to-*ma*-te) (o tomate)
- » **la lechuga** (la le-*tchu*-ga) (a alface)
- » **las papas** (las *pa*-pas) (as batatas)
- » **la palta** (la *pal*-ta) (o abacate, na América do Sul)
- » **las patatas** (las pa-*ta*-tas) (as batatas, na Espanha)
- » **el pimentón** (êl pi-men-*tôn*) (a páprica, na Argentina, no Chile e no Uruguai)
- » **el repollo** (êl rrre-*po*-djo) (o repolho, na Argentina e no Chile)
- » **la zanahoria** (la sa-na-ô-ria) (a cenoura)
- » **el zapallito** (êl sa-pa-*dji*-to) (a abobrinha, no Uruguai e na Argentina)

Comprando peixes

Os termos seguintes vão ajudá-lo a escolher frutos do mar:

- » **el camarón** (êl ka-ma-*ron*) (o camarão)
- » **las gambas** (las *gam*-bas) (o camarão, na Espanha)
- » **el huachinango** (êl ua-tchi-*nan*-go) (o pargo-vermelho)
- » **el langostino** (êl lan-gos-*ti*-no) (o camarão-grande)
- » **el marisco** (êl ma-*ris*-ko) (o marisco)
- » **el pescado** (êl pes-*ka*-do) (o peixe)
- » **la trucha** (la *tru*-tcha) (a truta)

Tendo uma Conversa

Os latino-americanos preparam peixes e frutos do mar de diversas maneiras, todas elas deliciosas. Aqui mostramos como Amalia compra seu peixe. (Faixa 15)

Amalia: **¿Cuánto cuesta el pescado?**
¿ku*án*-to kuês-ta êl pes-*ka*-do?
Quanto custa o peixe?

Vendedor: **Treinta pesos el kilo.**
tre*in*-ta *pe*-ssos êl *ki*-lo.
Trinta pesos o quilo.

Amalia: **Lo quiero fileteado, sin espinas.**
lo *kiê*-ro fi-le-te-*a*-do, sin es-*pi*-nas.
Eu quero fileteado, sem espinhas.

160   PARTE 2 **Espanhol em Ação**

Vendedor:	**¿Se lleva la cabeza para la sopa?**
	¿se *djê*-bva la ka-*bve*-ssa *pa*-ra la *so*-pa?
	Você vai levar a cabeça para o pirão?
Amalia:	**Sí, aparte, por favor.**
	si, a-*par*-te, por fa-*bvor*.
	Sim, à parte, por favor.

Palavras a Saber

fileteado	fi-le-te-a-do	fileteado
sin espinas	si es-pi-nas	sem espinhas
la sopa	la so-pa	sopa/pirão
aparte	a-par-te	à parte

Fazendo Compras no Supermercado

Obviamente, você pode comprar mantimentos no **supermercado** (su-per-mer-*ka*-do) (supermercado) como faz no Brasil. Você pode encontrar comidas com as quais está habituado — os supermercados são um bom lugar para comprar coisas como cereais e enlatados.

A seguir estão algumas palavras que podem ajudá-lo ao fazer compras no supermercado:

- » **al fondo** (al *fon*-do) (ao fundo)
- » **el arroz** (êl a-*rrrôs*) (o arroz)
- » **el atún** (êl a-*tun*) (o atum)
- » **los cereales** (los se-re-*a*-les) (os cereais)
- » **el fideo** (êl fi-*dê*-o) (o macarrão)
- » **las galletas** (las ga-*dje*-tas) (as bolachas doces)
- » **las galletas saladas** (las ga-*dje*-tas sa-*la*-das) (as bolachas salgadas)
- » **las galletas de soda** (las ga-*dje*-tas de *so*-da) (as bolachas de água e sal)

- **Gracias, aquí está su vuelto.** (*gra*-ssias, a-*ki* ês-*tá* su bvuêl-to.) (Obrigado, aqui está seu troco.)
- **la leche** (la *le*-tche) (o leite)
- **las ollas** (las ô-djas) (as panelas)
- **pagar** (pa-*gar*) (pagar)
- **el pasillo** (êl pa-*ssi*-djo) (o corredor)
- **las sardinas** (las sar-*di*-nas) (as sardinhas)
- **el tercer pasillo** (êl ter-*sser* pa-*ssi*-djo) (o terceiro corredor)
- **el vino** (êl *bvi*-no) (o vinho)
- **la vuelta** (la bvuêl-ta) (troco, na Espanha)
- **el vuelto** (êl bvuêl-to) (troco)

Diversão & Jogos

Alguns amigos espanhóis vão lhe visitar. Para comemorar, você os levará a um restaurante chique. Naturalmente, o cardápio está em português, e seus amigos pedem que você traduza para eles alguns itens. Escreva abaixo nos espaços as palavras em espanhol referentes a cada item.

Carne _____

Café _____

Leite _____

Frango frito _____

Molho verde _____

Cerveja _____

Marisco _____

Depois de traduzir o cardápio, seus amigos escolhem suas refeições. Agora, traduza para o português para pedir ao garçom.

Un vaso de agua _____

Un vaso de leche _____

Una ensalada mixta_____

Mole amarillo con pollo_____

Calabacita _____

Veja o Apêndice D para as respostas dos exercícios.

162   PARTE 2 **Espanhol em Ação**

NESTE CAPÍTULO

» Comprando itens de cuidado pessoal na farmácia

» Comprando em lojas de departamentos especializadas e em mercados convencionais

» Usando os verbos probarse (*experimentar*) e llevar (*vestir; levar*)

» Utilizando comparativos, superlativos e ênfase

Capítulo **9**

Compras à Moda Espanhola

Não importa quando e onde você vai às compras — farmácias, lojas de departamentos, lojas especializadas ou mercados tradicionais —, você precisa falar com os vendedores e explicar a eles o que deseja. Este capítulo leva você a uma verdadeira ode ao consumo, oferecendo as palavras e frases necessárias para compras de viagem muito bem-sucedidas.

O Essencial de Farmácias e Perfumarias

Muitas pessoas no Brasil frequentam a farmácia para comprar itens de cuidado pessoal. Na maioria dos outros países da América Latina, a **farmacia** (far-*ma*-sia) (farmácia) vende exclusivamente medicamentos. Para encontrar grande parte dos produtos que você encontra nas farmácias brasileiras — álcool, cotonetes, pasta de dentes, creme de barbear, e por aí vai —, você precisa ir a uma **perfumería** (per-fu-me-*ri*-a) (perfumaria). Para encontrar a farmácia ou perfumaria mais próxima, as frases seguintes podem vir a calhar:

¿Dónde está la farmacia más cercana? (¿*dôn*-de ês-*tá* la far-*ma*- -sia mas ser-*ká*-na?) (Onde fica a farmácia mais próxima?)

¿Dónde está la perfumería más cercana? (¿*dôn*-de ês-*tá* la per- -fu-me-*ri*-a mas ser-*ká*-na?) (Onde fica a perfumaria mais próxima?)

Outra frase essencial é **Necesito...** (ne-sse-*ssi*-to...) (Preciso de...), seguida pelas palavras que mais bem descreverem os itens pelos quais você está procurando. A Tabela 9–1 apresenta produtos de farmácia e perfumaria dos quais você pode estar precisando.

TABELA 9–1 ## Itens de Farmácia e Perfumaria

Espanhol	Pronúncia	Português
el acondicionador	êl a-kon-di-ssio-na-*dor*	o condicionador
el alcohol	êl al-ko-*rrôl*	o álcool
el antiácido	êl an-ti-*a*-si-do	o antiácido
el antihistamínico	êl an-ti-is-ta-*mi*-ni-ko	o anti-histamínico
el antiséptico	êl an-ti-*sêp*-ti-ko	o antisséptico
la aspirina	la as-pi-*ri*-na	a aspirina
la bolsa de hielo	la *bvol*-sa de *iê*-lo	a bolsa de gelo
el cepillo de dientes	êl se-*pi*-djo de di-*ên*-tes	a escova de dentes
el champú	êl tchám-*pu*	o shampoo
los condones	los kon-*do*-nes	os preservativos
la crema de afeitar	la *kre*-ma de a-fei-*tar*	o creme de barbear
la crema hidratante	la *kre*-ma i-dra-*tán*-te	o hidratante
la curita	la ku-*ri*-ta	a gaze
el desodorante	êl de-sso-do-*rán*-te	o desodorante
el enjuague bucal	êl en-*rrua*-gue bvu-*kal*	o enxaguatório bucal
el estuche portalentes	êl es-*tu*-tche por-ta-*len*-tes	o estojo de lentes de contato
las gotas oftalmológicas lubricantes	las *go*-tas of-tal-mo-*lô*-rri-kas lu-bvri-*kán*-tes	o colírio lubrificante
la hoja de afeitar	la *ô*-rra de a-fei-*tar*	a lâmina de barbear

164 PARTE 2 **Espanhol em Ação**

el jabón	êl rra-*bvôn*	o sabonete
el jarabe para la tos	êl rr-*ra*-bve *pa*-ra la tôs	o expectorante
el laxante	êl lak-*ssán*-te	o laxante
la loción para después del afeitado	la lo-*ssiôn pa*-ra des-*puês* del a-fei-*ta*-do	a loção pós-barba
la maquinilla desechable	la ma-ki-*ni*-dja dess-e-*tcha*-bvle	a lâmina descartável
la medicina antidiarrea	la me-di-*ssi*-na an-ti-dia-*rrre*-a	o antidiarreico
la medicina para el res-friado	la me-di-*ssi*-na *pa*-ra êl rrres--fri-*a*-do	o antigripal
los pañales	los pa-*nhá*-les	as fraldas
los pañuelos de papel	los pa-*nhuê*-los de pa-*pêl*	os lenços de papel
el papel higiénico	êl pa-*pêl* irri-ê-ni-ko	o papel higiênico
la pasta de dientes	la *pas*-ta de *diên*-tes	a pasta de dentes
las pastillas para dormir	las pas-*ti*-djas *pa*-ra dor-*mir*	o calmante
las pastillas para la tos	las pas-*ti*-djas *pa*-ra la tôs	as pastilhas para tosse
el peine	êl *pêi*-ne	o pente
la solución multipropó-sito para los lentes de contacto	la so-lu-*ssiôn* mul-ti-pro-*pô*--ssi-to *pa*-ra los *len*-tes de kon-*tak*-to	a solução multiuso para lentes de contato
los tampones	los tam-*pô*-nes	os absorventes íntimos internos
el termómetro	êl ter-*mô*-me-tro	o termômetro
las toallas femeninas	las to-*a*-djas fe-me-*ni*-nas	os absorventes íntimos

Comprando em Lojas de Departamentos

Quando você sonha em viajar para o exterior, provavelmente ima-gina os moradores locais fazendo suas compras em feiras ao ar livre e butiques. O fato relevante, no entanto, é que nas grandes cidades do mundo as pessoas compram em lojas de departamentos. Ao visitar um país estrangeiro, programe uma ida a esse tipo de loja. Esse passeio é uma ótima forma de ver como os habitantes daquele local compram roupas e outros itens. Nessas lojas você encontra também os preços dos produtos etiquetados. E você pode também, sem dúvidas, encontrar itens que tenham uma cor local.

CAPÍTULO 9 **Compras à Moda Espanhola** 165

O vocabulário básico na Tabela 9–2 pode ajudá-lo a fazer suas compras em lojas de departamentos que utilizam prioritariamente o espanhol.

TABELA 9–2 **Termos de Compras Básicos**

Espanhol	Pronúncia	Português
apretado	a-pre-*ta*-do	apertado
ayudar	a-dju-*dar*	ajudar
barato	bva-*ra*-to	barato
caro	*ka*-ro	caro
grande	*grán*-de	grande
liso	*li*-sso	liso
más	mas	mais
medir	me-*dir*	medir
menos	*me*-nos	menos
pequeño	pe-*ke*-nho	pequeno
el probador	êl pro-bva-*dor*	o provador
probar	pro-*bvar*	experimentar
suelto	su*êl*-to	solto
la talla	la *ta*-dja	o tamanho

Nas seções a seguir mostramos como descobrir o horário de funcionamento e conseguir ajuda, itens específicos de vestuário e os verbos para procurar e experimentar diferentes cores e tecidos.

Procurando algo com o verbo buscar

Buscar (bvus-*kar*) é um verbo regular muito utilizado que significa *procurar*. Aqui mostramos como conjugá-lo no presente.

Conjugação	Pronúncia
yo busco	djô *bvus*-ko
tú buscas	tu *bvus*-kas
él, ella, usted busca	êl, ê-dja, us-tê *bvus*-ka
nosotros, nosotras buscamos	no-*ssô*-tros, no-*ssô*-tras bvus-*ká*-mos
vosotros, vosotras buscáis	bvo-*ssô*-tros, bvo-*ssô*-tras bvus-*kais*
ellos, ellas, ustedes buscan	ê-djos, ê-djas, us-tê-des *bvus*-kan

166   PARTE 2 **Espanhol em Ação**

Pratique o verbo **buscar** com estas frases:

> **Buscan un mercado.** (*bvus*-kan un mer-*ka*-do.) (Eles procuram uma feira.)
>
> **Ella busca un vestido nuevo para la fiesta.** (*ê*-dja *bvus*-ka un bves--*ti*-do *nuê*-bvo *pa*-ra la *fiês*-ta.) (Ela está procurando um vestido novo para a festa.)
>
> **Buscas una joyería.** (*bvus*-kas *u*-na rro-dje-*ri*-a.) (Você procura uma joalheria.)
>
> **Busco un traje de baño nuevo para el viaje a Puerto Rico.** (*bvus*-ko un *tra*-rre de *bvá*-nho *nuê*-bvo *pa*-ra êl *bvia*-rre a *puêr*-to *rrri*-ko.) (Procuro um traje de banho novo para a viagem para Porto Rico.)

Descobrindo o horário de funcionamento

Suponha que você esteja planejando o seu dia e deseja saber qual é o horário de funcionamento de uma determinada loja. É assim que você consegue essa informação:

> **¿A qué hora abren?** (¿a ke ô-ra *a*-bvren?) (A que horas vocês abrem?)
>
> **¿A qué hora cierran?** (¿a ke ô-ra *ssiê*-rrran?) (A que horas vocês fecham?)

SABEDORIA CULTURAL

Você pode estar acostumado a procurar produtos por sua própria conta no Brasil, mas em alguns outros lugares da América Latina o vendedor pode querer ajudá-lo assim que você entrar na loja. Se você se deparar com um lojista insistente, nosso conselho é o de que você o deixe auxiliá-lo. O vendedor não está tentando impor nada a você, muito pelo contrário, ele está tentando ser simpático e prestativo. Permita-se se sentir mimado como a realeza, a menos que você realmente só queira passear; neste caso, é melhor recusar educadamente a ajuda.

Tendo uma Conversa

Como dizer a um vendedor que você está somente dando uma olhadinha.

> Vendedor: **¿Busca algo en especial?**
> ¿*bvus*-ka *al*-go en es-pe-*ssial*?
> Procurando algo em especial?

CAPÍTULO 9 **Compras à Moda Espanhola** 167

Silvia:	**Quiero mirar, no más.**
	kiê-ro mi-*rar*, no mas.
	Quero só olhar, nada mais.

Vendedor:	**Me llama cuando me necesita.**
	me *djá*-ma *kuán*-do me ne-sse-*ssi*-ta.
	Chame a mim quando precisar.

Silvia:	**Sí, le voy a llamar, gracias.**
	si, le bvoi a djá-*mar*, *gra*-ssias.
	Sim, vou chamá-lo, obrigada.

Comprando roupas

Quase todas as línguas têm um armário repleto de palavras para indicar roupas (**ropas**) (*rrrô*–pas). O espanhol não é diferente. Antes de ir às compras, conheça estas palavras básicas mostradas na Tabela 9–3.

TABELA 9-3   ## Artigos de Vestuário

Espanhol	Pronúncia	Português
el abrigo	êl a-*bvri*-go	o casaco
la bata de baño	la *bva*-ta de *bvá*-nho	o robe de banho
la bata de casa	la *bva*-ta de *ka*-ssa	o roupão
la bata de playa	la *bva*-ta de *pla*-dja	a saída de praia
la blusa	la *bvlu*-ssa	a blusa
las botas	las *bvô*-tas	as botas
las bragas	las *bvra*-gas	as calças
la bufanda	la bvu-*fán*-da	o lenço
los calcetines	los kal-sse-*ti*-nes	as meias
la camisa	la ka-*mi*-ssa	a camisa
la camiseta	la ka-mi-*sse*-ta	a camiseta
la chaqueta	la tcha-*ke*-ta	a jaqueta
el cinturón	êl sin-tu-*ron*	o cinto
la corbata	la kor-*ba*-ta	a gravata
la falda	la *fal*-da	a saia
los guantes	los *guán*-tes	as luvas
el impermeable	êl im-per-me-*a*-bvle	a capa de chuva
los jeans	los djins	os jeans

168   PARTE 2 **Espanhol em Ação**

los pantalones	lo pan-ta-*lô*-nes	as calças
los pantalones cortos	los pan-ta-*lô*-nes *kor*-tos	os shorts
los piyamas	los pi-*djá*-mas	os pijamas
la ropa interior	la *rrro*-pa in-te-*rior*	a roupa de baixo
el saco	êl *sa*-ko	o paletó
las sandalias	las san-*da*-lias	as sandálias
el sombrero	êl som-*bvrê*-ro	o chapéu
el suéter	êl *suê*-ter	o suéter
el sujetador	êl su-rre-ta-*dor*	o sutiã
los tenis	los *te*-nis	os tênis
el traje de baño	el *tra*-rre de *bvá*-nho	o traje de banho
los vaqueros	los bva-*ke*-ros	os jeans
el vestido	êl bves-*ti*-do	o vestido
los zapatos	los ssa-*pa*-tos	os sapatos
los zapatos de salón	los ssa-*pa*-tos de sa-*lôn*	os escarpins

Experimentando tudo com o verbo probarse

O verbo **probarse** (pro–*bvar*–se) (experimentar) é um dos que você mais usa fazendo compras. Ele é um verbo reflexivo, que requer um pronome também reflexivo. Simplificando, isso significa que o sujeito executa e sofre a ação expressa pelo verbo. (Veja o Capítulo 16 para saber mais sobre verbos reflexivos e seu uso.)

FALANDO DE GRAMÁTICA

O radical **probarse** muda de **pro-** (proh) para **prue-** (prooheh) em alguns tempos, então ele é um verbo irregular, que sofre alomorfia (de *o* para *ue*). (Para saber mais sobre conjugação de verbos irregulares, veja o Capítulo 2 e o Apêndice B.) Aqui está sua conjugação:

Conjugação	Pronúncia
yo me pruebo	djô me *pruê*-bvo
tú te pruebas	tu te *pruê*-bvas
él, ella, usted se prueba	êl, ê-dja, us-tê se *pruê*-bva
nosotros, nosotras nos probamos	no-*ssô*-tros, no-*ssô*-tras nos pro-*bvá*-mos
vosotros, vosotras os probáis	bvo-*ssô*-tros, bvo-*ssô*-tras os pro-*bvais*
ellos, ellas, ustedes se prueban	ê-djos, ê-djas, us-tê-des se *pruê*-bvan

Agora que você já sabe como usar o verbo **probarse**, pode experimentar tudo antes de levar, o que é sempre uma boa ideia quando você está fazendo compras. Apenas diga: **¿Puedo probarme éste?** (¿*puê*-do pro-*bvar*-me *ês*-te?) (Posso experimentar este?). Em alguns lugares, os tamanhos variam, e o médio pode parecer bem pequeno para você. O ideal é que você sempre experimente as peças antes de levá-las da loja.

Uma versão colorida de você

Comprar roupas e itens análogos requer alguma familiaridade com a descrição das cores **(colores)** (ko-*lô*-res) para que você possa escolher o que melhor combina com suas necessidades e personalidade. A Tabela 9-4 dá a você uma paleta de cores em espanhol.

TABELA 9-4   Cores

Espanhol	Pronúncia	Português
amarillo	a-ma-*ri*-djo	amarelo
anaranjado	a-na-rán-*rra*-do	laranja
azul	a-*ssul*	azul
blanco	*bvlán*-ko	branco
café	ka-*fê*	marrom
celeste	se-*lês*-te	azul-celeste
gris	gris	cinza
marrón	ma-*rrron*	marrom (na Argentina)
morado	mo-*ra*-do	roxo
negro	*ne*-gro	preto
rojo	*rrro*-rro	vermelho
rosado	rrro-*ssa*-do	rosa
verde	*bver*-de	verde
violeta	bvio-*le*-ta	violeta

Para pedir uma versão mais escura de alguma cor, use o adjetivo **oscuro** (os-*ku*-ro) (escuro). Para uma cor mais clara, use **claro** (*kla*-ro) (claro).

LEMBRE-SE

Uma cor que termine com -*o* ou -*a* funciona como qualquer adjetivo em espanhol e deve concordar com o gênero do substantivo que está caracterizando. Assim, uma blusa vermelha é **una blusa roja** (*u*-na *bvlu*-ssa *rro*-rra), mas um suéter vermelho é **un suéter rojo** (un *suê*-ter *rrro*-rro). Cores que terminam em -*e* ou em uma consoante permanecem com a mesma forma tanto para o feminino quanto para o masculino.

Tendo uma Conversa

Silvia acidentalmente rasgou sua saia enquanto se abaixava para pegar algumas caixas no trabalho. Ela precisa urgentemente de uma nova— uma que tenha bolsos para guardar os materiais que usa em seu trabalho de designer gráfico. Ela pede ajuda a uma vendedora. (Faixa 16)

Silvia:	**¿Me ayuda, por favor?**	
	¿me a-*dju*-da, por fa-*bvor*?	
	Me ajude, por favor?	
	Busco una falda con bolsillos.	
	bvus-ko *u*-na *fal*-da kon bvol-*si*-djos.	
	Procuro uma saia com bolsos.	
Vendedora:	**¿Qué talla tiene?**	
	¿kê *ta*-dja *tiê*-ne?	
	Qual é o seu tamanho?	
Silvia:	**Talla doce americana.**	
	ta-dja *dô*-sse a-me-ri-*ká*-na.	
	Tamanho 12 americano.	
Vendedora:	**¿Me permite medirla para estar segura?**	
	¿me per-*mi*-te me-*dir*-la *pa*-ra es-*tar* se-*gu*-ra?	
	Permite-me medi-la para ter certeza?	
	Ah, su talla es treinta y ocho.	
	a, su *ta*-dja ês *trein*-ta i *o*-tcho.	
	Ah, seu tamanho é 38.	
	¿Qué color busca?	
	¿kê ko-*lor bvus*-ka?	
	Está procurando de que cor?	
Silvia:	**Roja.**	
	rrro-rra.	
	Vermelha.	
Vendedora:	**¿La quiere con flores?**	
	¿la *kiê*-re kon *flo*-res?	
	Você a quer com flores?	
Silvia:	**No, lisa, por favor.**	
	no, *li*-ssa por fa-*bvor*.	
	Não, lisa, por favor.	

CAPÍTULO 9 **Compras à Moda Espanhola**   171

Palavras a Saber

¿Me ayuda por favor?	¿me a-<u>dju</u>-da por fa-<u>bvor</u>?	Ajude-me, por favor?
el bolsillo	êl bvol-<u>si</u>-djo	o bolso
la talla	la <u>ta</u>-dja	o tamanho
¿Me permite medirla?	¿me per-<u>mi</u>-te me-<u>dir</u>-la?	Permite-me medi-la?
con	kon	com
flores	<u>flo</u>-res	flores
liso	<u>li</u>-sso	liso

Tendo uma Conversa

É assim que você experimenta e compra calças.

Claudio:
¿Puedo probarme estos pantalones?
¿puê-do pro-bvar-me ês-tos pan-ta-lo-nes?
Posso experimentar estas calças?

Vendedor:
Cómo no, por aquí.
kô-mo no, por a-ki.
Pois não, por aqui.

Claudio:
Me quedan grandes.
me *kê-dan grán-des.*
Ficaram grandes.

Vendedor:
Le encuentro otros.
le en-*kuên*-tro ô-tros.
Eu pego outras para você.

Claudio:
Estos aprietan aquí.
ês-tos a-priê-tan a-ki.
Estas apertam aqui.

Vendedor:	**A ver éstos.** a bver *ês*-tos. Vamos ver estas.
Claudio:	**¿Los tiene en verde?** ¿los *tiê*-ne en *bver*-de? Você tem estas em verde?
Vendedor:	**Estos, ¿a ver?** *ês*-tos, ¿a bver? Tenho estas, quer ver?
Claudio:	**Quedan muy bien.** *kê*-dan mui bviên. Ficaram muito boas.

Palavras a Saber

quedar	ke-<u>dar</u>	ficar
grande	<u>grán</u>-de	grande
a ver	a bver	quer ver
por aquí	por a-<u>ki</u>	por aqui

Conferindo tecidos

Estes termos o ajudarão a perguntar sobre os tecidos (**los tejidos** [los te-*rri*-dos]) de que as roupas são feitas:

>> **el algodón** (êl al-go-*dôn*) (o algodão)
>> **la fibra** (la *fi*-bvra) (a fibra)
>> **la lana** (la *lá*-na) (a lã)
>> **por ciento** (por *siên*-to) (por cento)
>> **pura** (*pu*-ra) (pura)

CAPÍTULO 9 **Compras à Moda Espanhola** 173

E aqui estão algumas perguntas típicas sobre tecidos:

¿Estos pantalones son de pura lana? (¿es-tos pan-ta-lô-nes son de pu-ra lá-na?) (Estas calças são feitas de lã pura?)

No, son de lana con nylon. (no, son de lá-na kon ni-lon.) (Não, elas são feitas de lã e náilon.)

¿La camisa es de puro algodón? (¿la ka-mi-ssa ês de pu-ro al-go-dôn?) (A camisa é de algodão puro?)

No, es de algodón con poliéster. (no, ês de al-go-dôn kon po-liês-ter.) (Não, ela é de algodão com poliéster.)

¿Cuánto algodón tiene esta tela? (¿kuán-to al-go-dôn tiê-ne ês-ta tê-la?) (Quanto de algodão este tecido tem?)

Tiene cuarenta por ciento. (tiê-ne kua-ren-ta por siên-to.) (Tem quarenta por cento.)

Busco ropa de fibras naturales. (bvus-ko rrro-pa de fi-bvras na-tu-ra-les.) (Procuro roupas de fibras naturais.)

También tenemos. (tam-bviên te-ne-mos.) (Também temos.)

Vestindo e Comprando com o Verbo Llevar

Em espanhol, *vestir e levar* são indicados pelo mesmo verbo — **llevar** (dje-bvahr). Boas notícias! Este é um verbo regular de primeira conjugação, **-ar**; e seu radical é **llev-** (djebv).

Conjugação	Pronúncia
yo llevo	djô djê-bvo
tú llevas	tu djê-bvas
él, ella, usted lleva	êl, ê-dja, us-tê djê-bva
nosotros, nosotras llevamos	no-ssô-tros, no-ssô-tras dje-bvá-mos
vosotros, vosotras lleváis	bvo-ssô-tros, bvo-ssô-tras dje-bvais
ellos, ellas, ustedes llevan	ê-djos, ê-djas, us-tê-des dje-bván

174   PARTE 2 **Espanhol em Ação**

Conte com estes exemplos para ajudá-lo com os verbos vestir e levar:

Me llevo esta pulsera. (me *djê*-bvo *ês*-ta pul-*sê*-ra.) (Eu uso/estou usando esta pulseira.)

El vestido que llevas es bellísimo. (êl bves-*ti*-do ke *djê*-bvas ês bve-*dji*-si-mo.) (O vestido que está usando é belíssimo.)

Ellos llevan un regalo para ti. (ê-djos *djê*-bvan un rrre-*ga*-lo *pa*-ra ti.) (Eles levam um presente para você.)

Ella siempre lleva un uniforme en su trabajo. (ê-dja *siêm*-pre *djê*-bva un u-ni-*fôr*-me en su tra-*bva*-rroh.) (Ela sempre veste um uniforme em seu trabalho.)

La llevo. (la *djê*-bvo.) (A levo.)

DICA

Outra maneira de dizer vestir é **vestir** (bves-*tir*) (vestir), que vem de **vestido** (bve-*ti*-do) (vestido). O verbo **vestir** é irregular e sofre alomorfia de *e* para *i*; isso significa que o *e* se torna *i* em todas as pessoas em que o verbo é conjugado, exceto nas formas **nosotros/nosotras** e **vosotros/vosotras**.

Comparações: Bom, Superior, Melhor

Para comparar uma coisa com outra, usamos comparativos e superlativos. Em espanhol, na maior parte do tempo você usa a palavra **más** (mas) (mais) para comparações e **el más** (êl mas), que literalmente significa *o mais*, para superlativos. Um exemplo é a palavra **grande** (*grán*-de), que significa *grande*. **Más grande** (mas *grán*-de) significa *muito grande*, e **el más grande** (êl mas *grán*-de) significa *maior*.

FALANDO DE GRAMÁTICA

Em português, normalmente você altera o final da palavra; em espanhol, você apenas adiciona **más** ou **el más**. O português tem um sistema parecido quando se trata de formar comparativos, como a palavra *caro*, por exemplo, em que se pode adicionar o "mais" antes e formar um comparativo, e "o mais" para um superlativo.

A Tabela 9-5 mostra alguns exemplos de comparativos e superlativos.

TABELA 9-5 Adjetivos Comparativos e Superlativos

Adjetivo	Comparativo	Superlativo
grande (*grán*-de) (grande)	más grande (mas *grán*-de) (muito grande; maior)	el más grande (êl mas *grán*-de) (o maior)
pequeño (pe-*ke*-nho) (pequeno)	más pequeño (mas pe-*ke*-nho) (menor)	el más pequeño (êl mas pe-*ke*-nho) (o menor)
chico (*tchi*-ko) (pequeno; jovem)	más chico (mas *tchi*-ko) (menor, mais jovem)	el más chico (êl mas *tchi*-ko) (o menor; o mais jovem)
apretado (a-pre-*ta*-do) (apertado)	más apretado (mas a-pre-*ta*-do) (mais apertado)	el más apretado (êl mas a-pre-*ta*-do) (o mais apertado)
suelto (*suêl*-to) (solto)	más suelto (mas *suêl*-to) (mais solto)	el más suelto (êl mas *suêl*-to) (o mais solto)
caro (*ka*-ro) (caro)	más caro (mas *ka*-ro) (mais caro)	el más caro (êl mas *ka*-ro) (o mais caro)
barato (bva-*ra*-to) (barato)	más barato (mas bva-*ra*-to) (mais barato)	el más barato (êl mas bva-*ra*-to) (o mais barato)

FALANDO DE GRAMÁTICA

Como em português, existem algumas exceções para formas comparativas que não requerem o uso da palavra **más**, tais como os exemplos seguintes. Note, pela tradução para o português, que o espanhol também tem exceções em suas regras para formar comparativos e superlativos.

» **bueno** (*bvuê*-no) (bom); **mejor** (me-*rror*) (melhor); **el mejor** (êl me-*rror*) (o melhor)

» **malo** (*ma*-lo) (mau); **peor** (pe-*ôr*) (pior); **el peor** (êl pe-*ôr*) (o pior)

Superlativos Não Bastam: Exagero!

Falantes de espanhol adoram um exagero. O que pode parecer excessivo para quem vê de fora, na verdade, é uma simples ênfase em suas conversas.

Para dizer que algo é exagerado nisto ou naquilo, você acrescenta **-ísimo** (*i*-ssi-mo) ou **-ísima** (*i*-ssi-ma) a um adjetivo ou advérbio. Por exemplo, para dizer de maneira exagerada que algo é **bueno** (*bvuê*-no) (bom), você diz **buenísimo** (bvuê-*ni*-ssi-mo) (boníssimo).

176 PARTE 2 **Espanhol em Ação**

Alguns exemplos adicionais:

La película es buenísima. (la pe-*li*-ku-la ês bvuê-*ni*-ssi-ma.) (O filme é boníssimo.)

La ciudad es grandísima. (la siu-*da* ês grán-*di*-ssi-ma.) (A cidade é grandíssima.)

El hotel es malísimo. (êl o-*têl* ês ma-*li*-ssi-mo.) (O hotel é péssimo.)

Los colores son vivísimos. (los ko-*lo*-res son bvi-*bvi*-ssi-mos.) (As cores são vivíssimas.)

Los precios son carísimos. (los *pre*-ssios son ka-*ri*-ssi-mos) (Os preços são caríssimos.)

Comprando em Lojas Especializadas

SABEDORIA CULTURAL

Se você está em algum lugar a passeio, provavelmente quer fazer compras em lojas especializadas ou em galerias geralmente localizadas nos mais elegantes bulevares, ruas e avenidas dos países da América Latina. Para encontrar os melhores itens artísticos, culturais e da moda, tais como pratarias, você pode ir a **Lima, Peru** (*li*-ma, pe-*ru*), e à Cidade do México; para comprar pinturas, esculturas, sapatos refinados, peças de couro e artigos de colecionador, vá para **Buenos Aires, Argentina** (*bvuê*-nos *ai*-res, ar-rren-*ti*-na).

A Tabela 9-6 lista os itens especiais que você pode desejar comprar.

TABELA 9-6 Itens Especiais

Espanhol	Pronúncia	Português
el alfiler	êl al-fi-*lêr*	o alfinete
la alfombra	la al-*fom*-bvra	o tapete
los aretes	los a-*rê*-tes	os brincos
el broche	êl *brô*-tche	o broche
el colgante	êl kol-*gán*-te	o pingente
el collar	êl ko-*djar*	o colar
los diamantes	los di-a-*mán*-tes	os diamantes

CAPÍTULO 9 **Compras à Moda Espanhola** 177

Espanhol	Pronúncia	Português
la escultura	la es-kul-*tu*-ra	a escultura
los gemelos	los rre-*mê*-los	as abotoaduras
el grabado	êl gra-*bva*-do	a metalogravura
los huaraches	los ua-*ra*-tches	as sandálias de couro
el huipil	êl ui-*pil*	o huipil (vestidos e blusas artesanais típicos)
las joyas de oro	las *rrô*-djas de ô-ro	as joias de ouro
las joyas de plata	las *rrô*-djas de *pla*-ta	as joias de prata
las mascaras	las *mas*-ka-ras	as máscaras
las perlas	las *pêr*-las	as pérolas
la pintura	la pin-*tu*-ra	a pintura
la pulsera	la pul-*sê*-ra	a pulseira
el reloj	êl rrre-*loh*	o relógio

Você pode usar estas frases ao comprar em lojas especializadas ou galerias:

Busco grabados de Rufino Tamayo. (*bvus*-ko gra-*bva*-dos de rrru-*fi*-no ta-*ma*-djo) (Estou procurando metalogravuras de Rufino Tamayo.)

¿Tiene broches de plata? (¿*tiê*-ne bvrô-tches de *pla*-ta?) (Você tem broches de prata?)

¿Cuánto cuesta el collar que tiene en la ventana? (¿*kuán*-to *kuês*--ta êl ko-*djar* ke *tiê*-ne en la bven-*tá*-na?) (Quanto custa o colar que está na vitrine?)

¿Y la pintura? (¿i la pin-*tu*-ra?) (E a pintura?)

¿Vende perlas del sur de Chile? (¿*bven*-de *pêr*-las del sur de *tchi*--le?) (Você vende pérolas do sul do Chile?)

¿De quién es la escultura en la vitrina? (¿de kiên ês la es-kul-*tu*--ra en la bvi-*tri*-na?) (De quem é a escultura na vitrine?)

Favor de embalarlo y mandarlo a este domicilio. (fa-*bvor* de em-bva-*lar*-lo i man-*dar*-lo a *ês*-te do-mi-*ssi*-lio.) (Por favor, embale e mande-o para este endereço.)

Comprando em Mercados Tradicionais

Você pode encontrar roupas e objetos típicos nos mercados tradicionais. Muitos deles ficam abertos todos os dias durante todo o ano, e neles barganhar e negociar são a norma. Nesses mercados, é provável que você encontre diversas etiquetas indicativas de preço diferentes, porque o preço realmente não é fixo. (É por isso que pechinchar é o segredo!)

Nas seções seguintes mostramos a você como barganhar em espanhol e descrevemos itens que você pode encontrar nos mercados tradicionais, como objetos de metal, vidro, cerâmica e madeira; além de bordados e cestos.

Barganhando em feiras

DICA

Quando for fazer compras em mercados tradicionais, chegar cedo é uma boa ideia. Muitos comerciantes vão querer começar o dia já com uma boa venda. Se estiver nessa situação, você vai reparar que os vendedores evitarão que você saia sem levar nada e provavelmente reduzirão o preço para fechar a venda, então você pode sair com uma boa pechincha.

> ### CONSELHOS PARA UM BOM NEGOCIADOR
>
> Em um mercado tradicional de rua, quando mencionarem o preço de algo em que esteja interessado, ofereça pagar a metade. Naturalmente, isso é um ultraje, e o comerciante reagirá à sua proposta com indignação. Mas é exatamente aí que o jogo social começa.
>
> Após oferecer metade, o comerciante reduzirá um pouco o valor em relação ao que ele disse primeiro. A partir daí, o jogo se estabelece, e você oferece um pouco mais do que a metade oferecida antes. O jogo continua até que vocês cheguem a uma média que você possa pagar.
>
> Pechinchar desse jeito é muito satisfatório tanto para o vendedor quanto para o comprador. Você estabelece um certo nível de proximidade, além de jogar ao mesmo tempo com a determinação do vendedor e com a sua capacidade de negociação.

As frases seguintes vão ajudá-lo a barganhar nos mercados:

¿Cuánto cuesta? (¿*kuán*-to *kuês*-ta?) (Quanto custa?)

¿Cuánto vale? (¿*kuán*-to *bva*-le?) (Quanto vale?)

¿A cuánto? (¿a *kuán*-to?) (Quanto?)

Es barato. (ês bva-*ra*-to.) (É barato.)

Es caro. (ês *ka*-ro.) (É caro.)

Use as frases a seguir para dar ênfase à sua negociação. Você não vai usá-las o tempo todo, especialmente a segunda e a terceira, mas elas são divertidas de se usar e o ajudarão a se expressar com mais emoção:

¡Una ganga! (¡u-na *gán*-ga!) (Uma barganha!)

¡Un robo! (¡un *rrrô*-bvo!) (Um roubo!)

¡Un insulto! (¡un in-*sul*-to!) (Um insulto!)

Tendo uma Conversa

Pechinchar é algo um pouco complicado em uma loja de departamentos, mas em mercados tradicionais da América Latina faz parte do negócio. Escute como Silvia negocia um tapete que viu em uma feira ao ar livre. (Faixa 17)

Silvia: **¿Cuánto cuesta esta alfombra?**
¿ *kuán*-to *kuês*-ta ês-ta al-*fom*-bvra?
Quanto custa este tapete?

Comerciante: **Quinientos pesos.**
ki-*nhên*-tos *pe*-ssos.
500 pesos.

Silvia: **¿Tiene otras más baratas?**
¿*tiê*-ne *o*-tras mas bva-*ra*-tas?
Você tem outros mais baratos?

Comerciante: **Tengo ésta más pequeña.**
ten-go ês-ta mas pe-*ke*-nha.
Tenho este menor.

Silvia: **No me gusta el dibujo.**
no me *gus*-ta êl di-*bvu*-rro.
Eu não gosto da estampa.

Comerciante:	**Esta en blanco y negro a trescientos.**
	ês-ta en *bvlán*-ko i *ne*-gro a tres-*ssiên*-tos.
	Tem esta opção em branco e preto por 300.

Silvia:	**Me gusta. ¿A doscientos?**
	me *gus*-ta. ¿a dos-*ssiên*-tos?
	Eu gosto. Por 200?

Comerciante:	**No puedo. Doscientos cincuenta. Último precio.**
	no *puê*-do. do-*ssiên*-tos sin-*kuên*-ta. *ul*-ti-mo *pre*-ssio.
	Não posso. 250. Preço final.

Silvia:	**Bueno, la llevo.**
	bvuê-no, la *djê*-bvo.
	Ótimo, vou levar.

Palavras a Saber

alfombra	al-fom-bvra	tapete
más baratos	mas bva-<u>ra</u>-tos	mais barato
más pequeño	mas pe-<u>ke</u>-nho	menor
el dibujo	êl di-<u>bvu</u>-rro	a estampa
último precio	ul-ti-mo <u>pre</u>-ssio	preço final

Produtos de metal, vidro, cerâmica e madeira

Artesãos latino–americanos são conhecidos por seu trabalho em metal, vidro, madeira, tecidos e cerâmica, e peças feitas desses materiais são muito procuradas por colecionadores e amantes da beleza feita à mão. Se você é uma dessas pessoas, aqui está um vocabulário que vale a pena conhecer:

» **la arcilla** (la ar-*si*-djah (a argila)

» **bordado** (bvor-*da*-do) (bordado)

CAPÍTULO 9 **Compras à Moda Espanhola**

- » **la cerámica** (la se-*rá*-mi-ka) (a cerâmica)
- » **el cobre** (êl *kô*-bvre) (o cobre; o metal)
- » **hecho a mano** (*ê*-tcho a *má*-no) (feito à mão)
- » **la madera** (la ma-*de*-ra) (a madeira)
- » **soplar** (so-*plar*) (fundir)
- » **el vidrio** (êl *bvi*-drio) (o vidro)

Essas frases podem ajudá-lo quando for comprar estes itens especiais:

¿Dónde venden objetos de cobre? (¿*dôn*-de *bven*-den obv-*rrê*-tos de *ko*-bvre?) (Onde vende objetos de cobre?)

Busco objetos de vidrio. (*bvus*-ko obv-*rrê*-tos de *bvi*-drio.) (Procuro objetos de vidro.)

Allí hay cerámica hecha a mano. (a-*dji* ai se-*rá*-mi-ka *ê*-tcha a *má*-no.) (Ali tem cerâmica feita à mão.)

Estas ollas de barro sirven para cocinar. (*ês*-tas *ô*-djas de *bva*-rrro *sir*-bven *pa*-ra ko-*si*-nar.) (Estas panelas de barro servem para cozinhar.)

Roupas artesanais

Quem ainda tem tempo e habilidade para bordar? Bem, na América Latina você encontra algumas dessas maravilhas. Aqui estão algumas frases que podem ajudá-lo a fazer uma boa escolha:

¡Qué bello este bordado! (¡kê *bvê*-djo *ês*-te bvor-*da*-do!) (Que belo bordado!)

¿Tiene blusitas para niña? (¿*tiê*-ne bvlu-*ssi*-tas *pa*-ra *ni*-nha?) (Você tem blusinhas para meninas?)

¿Tiene vestidos bordados para mujeres? (¿*tiê*-ne bves-*ti*-dos bvor-*da*-dos *pa*-ra mu-*rrê*-res?) (Você tem vestidos bordados para mulheres?)

Comprando cestos

Você pode embalar tudo que comprar em um desses cestos **(canastas)** (ka-*nas*-tas) enormes e coloridos e depois usá-los para decorar sua casa ou como um objeto funcional. Como cestos são feitos de diferentes materiais, vêm em formas e tamanhos diversos e geralmente têm uma boa durabilidade, eles são um adicional para sua casa. As sentenças a seguir o ajudarão a comprar cestos:

Estas son canastas de mimbre. (*ês*-tas son ka-*nas*-tas de *mim*-bvre.) (Estes cestos são de vime.)

¿Tiene canastas para la ropa? (¿*tiê*-ne ka-*nas*-tas *pa*-ra la *rrro*-pa?) (Você tem cestos para roupas?)

Estas canastas son de totora. (*ês*-tas ka-*nas*-tas son de *tô-tô*-ra.) (Estes cestos são de junco. [Encontrados na região dos Andes.])

Estas canastas son de totomoxtle. (*ês*-tas ka-*nas*-tas son de tô-tô-*moks*-tle.) (Estes cestos são feitos de palha. [Encontrados no México.])

Diversão & Jogos

Escreva o nome de cada peça de roupa nas letras correspondentes aos itens da imagem a seguir — incluindo o artigo correto para cada uma delas. (Veja o Apêndice D para as respostas dos exercícios.)

© 2017 Aurélio Corrêa

CAPÍTULO 9 **Compras à Moda Espanhola** 183

a. _____

b. _____

c. _____

d. _____

e. _____

f. _____

g. _____

h. _____

i. _____

j. _____

NESTE CAPÍTULO

» **Conjugando o verbo salir (*sair*)**

» **Descobrindo quando a diversão começa e termina**

» **Convidando amigos e familiares com o verbo invitar**

» **Curtindo cinema, teatro, música e arte em geral**

» **Dançando e cantando com os verbos bailar e cantar**

Capítulo **10**

Saindo na Cidade

ocê não tem a menor chance de ficar entediado na América Latina. Seja com músicas, filmes, teatro ou dançando em baladas — a escolha é sua —, você tem muito para ver e experimentar.

Os latinos são fascinados por cultura e eles gostam de transformar suas atividades culturais em eventos sociais — como reuniões com velhos amigos e recém-chegados para assistir a filmes, ir a shows, à ópera ou o que quer que seja. Os eventos latino-americanos combinam cor e fantasia, música e dança, arte e paixão. As pessoas tendem a ser bem festivas e viver a vida com muito gosto. Na verdade, eles que inventaram a palavra **gusto** (*gus*-to) (gosto; prazer).

Neste capítulo você aprenderá a se divertir no melhor estilo latino-americano.

Saindo com o Verbo Salir

Salir (sa-*lir*) (*sair*) é um verbo irregular que tem diferentes usos. É assim que se conjuga **salir** no presente:

Conjugação	Pronúncia
yo salgo	djô *sal*-go
tú sales	tu *sa*-les
él, ella, usted sale	êl, *ê*-dja, us-*tê sa*-le
nosotros, nosotras salimos	no-*ssô*-tros, no-*ssô*-tras sa-*li*-mos
vosotros, vosotras salís	bvo-*ssô*-tros, bvo-*ssô*-tras sa-*lis*
ellos, ellas, ustedes salen	*ê*-djos, *ê*-djas, us-*tê*-des *sa*-len

Aqui estão apenas alguns usos das conjugações do verbo sair:

¿De dónde sale el tranvía a Callao? (¿de*don*-de*sa*-le êl tran-*bvi*-aaka-*dja*-o?) (De onde sai o bonde para Callao?)

Salimos a andar en trolebús. (sa-*li*-mos a an-*dar* en *tro*-le-bvus.) (Vamos pegar um bonde.)

Ellos salen de la estación del tren. (*ê*-djos *sa*-len de la es-ta-*ssiôn* del tren.) (Eles saem da estação de trem.)

DICA

Fazer planos para sair pode ser difícil se você não souber a hora que deve chegar. Estas frases vão ajudá-lo a se programar para passear pela cidade (veja o Capítulo 4 para conhecer as frases e os termos que indicam tempo):

» **¿A qué hora?** (¿a ke ô-ra?) (A que horas?)
» **¿Cuándo comienza?** (¿*kuán*-do ko-*miên*-ssa?) (Quando começa?)
» **¿Hasta qué hora?** (¿*as*-ta ke ô-ra?) (Até que horas?)

Convidando com o Verbo Invitar

Ao fazer amigos falantes de espanhol, você pode querer convidá-los para algum evento, ou também ser convidado. Nessas situações você deve estar familiarizado com o verbo *convidar*, que em espanhol é **invitar** (in-bvi-*tar*). Boas notícias! **Invitar** é um verbo regular, terminado em **-ar**, e é conjugado no presente como você pode ver na tabela seguinte. Seu radical é **invit-** (in-bvit).

Conjugação	Pronúncia
yo invito	djô in-*bvi*-to
tú invitas	tu in-*bvi*-tas
él, ella, usted invita	êl, ê-dja, us-tê in-*bvi*-ta
nosotros, nosotras invitamos	no-*ssô*-tros, no-*ssô*-tras in-bvi-*tá*-mos
vosotros, vosotras invitáis	bvo-*ssô*-tros, bvo-*ssô*-tras in-bvi-*tais*
ellos, ellas, ustedes invitan	ê-djos, ê-djas, us-tê-des in-*bvi*-tan

Use as frases a seguir ao fazer e receber convites:

Invito a mi amigo Juan al teatro. (in-*bvi*-to a mi a-*mi*-go rruán al te-*a*-tro.) (Convido meu amigo Juan para o teatro.)

Ellas invitan a sus novios al baile. (ê-djas in-*bvi*-tan a sus *no*-b-vios al *bvai*-le.) (Elas convidam seus namorados para o baile.)

Voy a invitar a mis padres al concierto. (bvoi a in-bvi-*tar* a mis *pa*-dres al kon-*siêr*-to.) (Vou convidar meus pais para o show.)

FALANDO DE GRAMÁTICA

Repare o uso de **al** (al) (ao) em expressões como **al teatro** e **al baile**. **Teatro** e **baile** são palavras masculinas que normalmente são acompanhadas pelo artigo **el**. Mas **a el**, formado pelo acréscimo da preposição **a** (a) (a), não soa bem aos ouvidos espanhóis. Então o espanhol funde as duas palavras em uma, **al**, que soa bem melhor.

Tendo uma Conversa

Orlando decide convidar sua nova colega de trabalho Julieta para uma festa de outros dois amigos. (Faixa 18)

Orlando:	**Te invito a una fiesta.** te in-*bvi*-to a *u*-na *fiês*-ta. Vou convidá-la para uma festa.
Julieta:	**¿Cuándo?** ¿*kuán*-do? Quando?
Orlando:	**El sábado a las ocho de la noche.** êl *sa*-bva-do a las *ô*-tcho de la *no*-tche. Sábado, às 8h da noite.

Julieta: **Sí, puedo ir. ¿A qué viene la fiesta?**
si *puê*-do ir. ¿a kê *bviê*-ne la *fiês*-ta?
Sim, posso ir. Qual o motivo da festa?

Orlando: **Mario y Luísa se van de viaje.**
ma-rio i lu*i*-ssa se bván de *bvia*-rre.
Mario e Luísa, que vão sair de viagem.

Julieta: **Toda ocasión es buena para bailar. Voy con mucho gusto.**
to-da o-ka-*ssiôn* ês *bvuê*-na *pa*-ra bvai-*lar*. bvoi kon *mu*-tcho *gus*-to.
Qualquer ocasião é boa para dançar. Irei com muito prazer.

Palavras a Saber

la fiesta	la fi**ês**-ta	a festa
el viaje	êl bvi**a**-rre	a viagem
la ocasión	la o-ka-ssi**ôn**	a ocasião
el gusto	êl **gus**-to	o gosto, o prazer

FALANDO DE GRAMÁTICA

¿A QUÉ VIENE?: EXPRESSÕES IDIOMÁTICAS

Em espanhol, expressões idiomáticas se chamam **modismo** (mo-dis-mo). Uma expressão idiomática é uma frase que não pode ser traduzida literalmente, como a frase *Está chovendo canivetes*, em português. Ou seja, traduzir palavra por palavra não vai fazer você compreender o significado da frase. Assim, para traduzir expressões idiomáticas, você precisa encontrar uma frase com sentido equivalente. **¿A qué viene?** (a ke *bviê*-ne) é traduzida literalmente como *Para que vem?*, mas, na verdade, significa *Por que isso?*, *A que devo a honra?* ou simplesmente *Por quê?*, quando é usada no contexto de um evento.

Quando usada com um pronome, a frase **¿A qué viene?** tem o significado da tradução literal: *Para que ele vem?*

Dançando com o Verbo Bailar

Bailar (bvai-*lar*) (dançar) é um verbo lindamente regular, então é bem fácil de lidar. Seu radical é **bail–** (bvail). A conjugação de **bailar** no presente é a seguinte:

Conjugação	Pronúncia
yo bailo	djô *bvai*-lo
tú bailas	tu *bvai*-las
él, ella, usted baila	êl, ê-dja, us-*tê bvai*-la
nosotros, nosotras bailamos	no-*ssô*-tros, no-*ssô*-tras bvai-*lá*-mos
vosotros, vosotras bailáis	bvo-*ssô*-tros, bvo-*ssô*-tras bvai-*lais*
ellos, ellas, ustedes bailan	ê-djos, ê-djas, us-*tê*-des, *bvai*-lán

Quando estiver falando sobre dança (o substantivo), você usa a palavra **baile** (*bvai*-le). Estas frases podem ajudá-lo quando você quiser se acabar de dançar:

La salsa es un baile nuevo. (la *sál*-sa ês un *bvai*-le *nuê*-bvo.) (A salsa é uma dança nova.)

Invito a mi novia a bailar. (in-*bvi*-to a mi *nô*-bvia a bvai-*lar*.) (Vou convidar minha namorada para dançar.)

Bailamos toda la noche. (bvai-*lá*-mos *to*-da la *no*-tche.) (Dança-mos a noite toda.)

Bailan muy bien. (*bvai*-lan mui bviên.) (Eles dançam muito bem.)

Curtindo Shows e Eventos

Os tipos de shows e eventos disponíveis nos países da América Latina dependem do local em que acontecem. Em vilarejos ou cidades peque-nas, os eventos geralmente são celebrações de datas importantes, pri-vadas ou públicas. Ocasionalmente, um show ou circo itinerante pode passar por uma cidade. Cidades grandes oferecem cinema, teatro, ópera, shows, saraus, inaugurações e exposições. Alguns bairros podem fazer celebrações como as que você encontra em cidades pequenas.

As frases a seguir podem ajudá-lo a combinar um evento:

Voy a buscarte a las ocho. (bvoi a bvus-*kar*-te a las *o*-tcho.) (Pego você às 8h.)

¡Qué pena, hoy no puedo! (¡kê *pe*-na, oi no *puê*-do!) (Que pena, hoje não posso!)

Nas seções a seguir descrevemos diversos tipos de eventos aos quais você pode comparecer em países latino-americanos: filmes, jogos, exposições e shows.

DICA

Quando quiser ir a algum show ou evento, você pode precisar comprar um ingresso; em espanhol, a palavra usada é **el boleto** (êl bvo-*le*--to). Mas garanta logo seus ingressos antes que eles fiquem **agotados** (a-go-*ta*-dos) (esgotados)!

No cinema

Assistir a filmes na televisão é bacana, mas eles podem ser muito mais emocionantes em uma sala de cinema. A seguir apresentamos algumas palavras relacionadas a assistir a um filme:

- » **el cine** (êl *si*-ne) (o cinema)
- » **la cartelera** (la kar-te-*le*-ra) (o catálogo de filmes)
- » **una comedia** (u-na ko-*mê*-dia) (uma comédia)
- » **un drama** (un *drá*-ma) (um drama)
- » **la matiné** (la ma-ti-*nê*) (a matinê)
- » **la película** (la pe-*li*-ku-la) (o filme)
- » **una película de acción** (*u*-na pe-*li*-ku-la de ak-*ssiôn*) (um filme de ação)
- » **una película romántica** (*un*-na pe-*li*-ku-la rrro-*mán*-ti-ka) (um filme romântico)
- » **una película de terror** (*u*-na pe-*li*-ku-la de te-*rrror*) (um filme de terror)

Tendo uma Conversa

Cristina é uma garota nova na cidade, e Rafael quer passar algum tempo com ela e causar uma boa impressão. Como bom cinéfilo, Rafael tem uma ideia. (Faixa 19)

Rafael: **Si quieres, vamos al cine.**
si *kiê*-res *bvá*-mos al *si*-ne.
Se quiser, vamos ao cinema.

Cristina: **¿Hay muchos cines en esta ciudad?**
¿ai *mu*-tchos *si*-nes en *ês*-ta siu-*da*?
Tem muitos cinemas nesta cidade?

Rafael: **Sí, hay muchos cines.**
si ai *mu*-tchos *si*-nes.
Sim, tem muitos cinemas.

Cristina: **¿Qué dan hoy?**
¿kê dán oi?
O que está passando hoje?

Rafael: **Veamos la cartelera. ¡Ah, mira, la versión original de Nosferatu!**
bve-*á*-mos la kar-te-*le*-ra. ¡a, *mi*-ra, la bver-*siôn* o-ri-rri-*nal* de nos-fe-*ra*-tu!
Vamos ver o catálogo. Ah, veja! A versão original de Nosferatu!

Cristina: **Esa película me gusta.**
ê-sa pe-*li*-ku-la me *gus*-ta
Eu gosto desse filme.

Palavras a Saber

si quieres	si kiê-res	se quiser
el cine	êl si-ne	o cinema
¿Qué dan hoy?	¿kê dán oi?	O que está passando hoje?
la cartelera	la kar-te-le-ra	o catálogo
la película	la pe-li-ku-la	o filme

CAPÍTULO 10 **Saindo na Cidade** 191

No teatro

Pesquisadores descobriram que as pessoas aprendem melhor quando as informações são associadas a emoções. E como a oportunidade de explorar emoções é o que atrai as pessoas ao cinema e ao teatro, esses lugares são perfeitos para assimilar um idioma novo. Aqui estão algumas palavras para ajudá-lo a falar com propriedade sobre teatro:

- » **el actor** (êl ak-*tor*) (o ator)
- » **la actriz** (la ak-*tris*) (a atriz)
- » **las críticas** (las *kri*-ti-kas) (as críticas)
- » **la dramaturga** (la dra-ma-*tur*-ga) (a dramaturga)
- » **el dramaturgo** (êl dra-ma-*tur*-go) (o dramaturgo)
- » **la fila** (la *fi*-la) (a fileira)
- » **la localidad** (la lo-ka-li-*da*) (o lugar)
- » **la obra** (la ô-bvra) (a obra; a peça)
- » **el teatro** (êl te-*a*-tro) (o teatro)

Tendo uma Conversa

Ir ao teatro envolve uma conversa semelhante a esta:

Diego: **¿Quieres ir al teatro?**
¿*kiê*-res ir al te-*a*-tro?
Você quer ir ao teatro?

Gabriela: **Sí, ¡dan una obra de un dramaturgo de Chile!**
si, ¡dán *u*-na ô-bvra de un dra-ma-*tur*-go de *tchi*-le!
Sim, vai ter uma peça de um dramaturgo do Chile!

Diego: **Tiene muy buena crítica.**
tiê-ne mui *bvuê*-na *kri*-ti-ka.
Teve uma crítica muito boa.

Gabriela: **Los actores son excelentes.**
los ak-*to*-res son ek-se-*len*-tes.
Os atores são excelentes.

Diego: **El teatro es bastante chico.**
êl te-*a*-tro ês bvas-*tan*-te *tchi*-ko.
O teatro é bem pequeno.

Gabriela:	**Tenemos que comprar los boletos pronto.**
	te-*ne*-mos ke kom-*prar* los bvo-*le*-tos *pron*-to.
	Temos que comprar os ingressos logo.
Diego:	**¿En qué fila te gusta sentarte?**
	¿en kê *fi*-la te *gus*-ta sen-*tar*-te?
	Em que fileira você gostaria de se sentar?
Gabriela:	**Para teatro prefiero estar bien adelante.**
	pa-ra te-*a*-tro pre-*fiê*-ro es-*tar* bviên a-de-*lán*-te.
	No teatro, eu prefiro ficar bem na frente.
Diego:	**Bueno. Voy a ver que puedo encontrar.**
	bvuê-no. bvoi a bver ke *puê*-do en-kon-*trar*.

Palavras a Saber

bastante	bvas-*tán*-te	bastante; bem
pronto	*pron*-to	logo
adelante	a-de-*lán*-te	na frente
ver	bver	ver
encontrar	en-kon-*trar*	encontrar

Em galerias e museus

SABEDORIA CULTURAL

Inúmeras exposições de obras de artistas na América Latina aparecem o tempo todo em todo o continente. As exposições podem ficar em galerias e museus públicos e privados. Entre os artistas expostos você pode encontrar grandes nomes, cujas obras costumam ser leiloadas. Um desses artistas é o metalografista Oswaldo Guayasamín (1919–1999).

A seguir apresentamos um pequeno vocabulário sobre arte:

» **el arte** (êl *ar*-te) (a arte)
» **el/la artista** (êl/la ar-*tis*-ta) (o/a artista)

- » **la escultura** (la es-kul-*tu*-ra) (a escultura)
- » **la exhibición** (la ek-ssi-bvi-*ssiôn*) (a exposição)
- » **la galería** (la ga-le-*ri*-a) (a galeria)
- » **la pintura** (la pin-*tu*-ra) (a pintura; o quadro)
- » **la subasta** (la su-*bvas*-ta) (o leilão)

Em shows

Pessoas em todos os cantos do mundo são apaixonadas por música. A cultura espanhola é famosa por seus ritmos fabulosos e grandes talentos musicais. Onde seria melhor apreciar esses mimos culturais do que em um show? A maioria das grandes cidades latino-americanas tem importantes salas de shows e outras menores, onde todos podem desfrutar dos mais variados tipos de música influenciados pelas tradições locais. Independentemente de sua praia ser a música pop ou clássica, uma sinfonia ou uma boa banda de hard rock, você encontrará sua tribo no ritmo apaixonante da América Latina. O importante é se deixar levar pela batida contagiante!

A seguir estão algumas palavras comuns de se ouvir quando estamos falando de música:

- » **la banda** (la *bván*-da) (a banda [de jazz ou groove])
- » **el/la cantante** (êl/la kan-*tán*-te) (o/a cantor[a])
- » **el concierto** (êl kon-*ssiêr*-to) (o show)
- » **el concierto pop** (êl kon-*ssiêr*-to pô) (o show de música pop)
- » **el concierto de rock** (êl kon-*ssiêr*-to de rrrôk) (o show de rock)
- » **el grupo** (êl gru-po) (a banda [de pop ou rock])
- » **el jazz** (êl djáss) (o jazz)
- » **la música** (la *mu*-ssi-ka) (a música, a musicista)
- » **la música clásica** (la *mu*-ssi-ka *kla*-ssi-ka) (a música clássica)
- » **la música pop** (la *mu*-ssi-ka pô) (a música pop)
- » **la música rock** (la *mu*-ssi-ka rrrôk) (o rock)
- » **el músico** (êl *mu*-ssi-ko) (o músico)
- » **la ópera** (la *ô*-pe-ra) (a ópera)

FALANDO DE GRAMÁTICA

A pronúncia da palavra *jazz* não é feita com o som do *j* comum do espanhol (que marcamos neste livro com rr), porque essa pronúncia específica carrega influências da original, em inglês. Então ela soará como o *j* do português.

Tendo uma Conversa

Reinaldo e Lavínia escolhem a data para assistir ao show.

Reinaldo: **Te invito a un concierto con el grupo de rock Pico de Gallo.**
te in-*bvi*-to a un kon-*ssiêr*-to kon êl *gru*-po de rrrok *pi*-ko de *ga*-djo.
Vou convidar você para um show de rock da banda Pico de Gallo.

Lavínia: **¿Cuándo?**
¿*kuán*-do?
Quando?

Reinaldo: **Hoy en el Teatro Esfinge. Tengo dos boletos.**
oi en êl te-*a*-tro es-*fin*-rre. *ten*-go dôs bvo-*le*-tos.
Hoje, no Teatro Esfinge. Tenho dois ingressos.

Lavínia: **Me gusta la idea.**
me *gus*-ta la i-*dê*-a.
Gosto da ideia.

Reinaldo: **Dicen que es un bello teatro.**
di-ssen ke ês un *bvê*-djo te-*a*-tro.
Dizem que é um belo teatro.

Lavínia: **Sí, y tiene muy buena acústica.**
si, i *tiê*-ne mui *bvuê*-na a-*kus*-ti-ka.
Sim, e tem uma acústica muito boa.

Reinaldo: **El grupo tiene muchas canciones muy populares.**
êl *gru*-po *tiê*-ne *mu*-tchas kan-*ssiô*-nes mui po-pu-*la*-res.
A banda tem muitas músicas muito famosas.

CAPÍTULO 10 **Saindo na Cidade** 195

Palavras a Saber

bello	b<u>ê</u>-djo	belo
la acústica	la a-<u>kus</u>-ti-ka	a acústica
las canciones	las kan-ssi<u>ô</u>-nes	as músicas

No Karaokê com o Verbo Cantar

Cantar (kan–tar) (cantar) é um verbo regular, louvado seja!, e seu radical é **cant–** (kant). Ele é conjugado no presente da seguinte maneira:

Conjugação	Pronúncia
yo canto	djô *kán*-to
tú cantas	tu *kán*-tas
él, ella, usted canta	êl, ê-dja, us-*tê kán*-ta
nosotros, nosotras cantamos	no-*ssô*-tros, no-*ssô*-tras kán-*ta*-mos
vosotros, vosotras cantáis	bvo-*ssô*-tros, bvo-*ssô*-tras kán-*tais*
ellos, ellas, ustedes cantan	ê-djos, ê-djas, us-*tê*-des *kán*-tan

Tendo uma Conversa

Que ocasião animal! Seu cantor favorito vem fazer um showzaço.

Claudia: **¿Sabes si viene a cantar Shakira?**
¿*sa*-bves si *bviê*-ne a kan-*tar* xa-*ki*-ra?
Você sabe se a Shakira vem cantar?

Pedro: **Quizás. La anunciaron.**
ki-*ssas*. la a-nun-*ssia*-ron.
Talvez. Ela foi anunciada.

196 PARTE 2 **Espanhol em Ação**

Claudia:	**Espero que sí. Ella canta y baila muy bien. Es tan animada.** es-*pe*-ro ke si. ê-dja *kán*-ta i *bvai*-la mui biên. ês tán a-ni-*ma*-da Espero que sim. Ela canta e dança muito bem. É tão animada.
Pedro:	**Es la verdad. Cuando ella canta, todos quieren bailar.** ês la bver-*da*. *kuán*-do ê-dja *kán*-ta, *to*-dos *kiê*-ren bvai-*lar*. É verdade. Quando ela canta, todos querem dançar.
Claudia:	**Yo no canto bien en absoluto, pero mis padres cantan muy bien.** djô no *kán*-to bviên en abv-so-*lu*-to, *pe*-ro mis *pa*-dres *kán*-tan mui bviên. Eu não sou propriamente uma cantora, mas meus pais cantam muito bem.
Pedro:	**Pues, no importa. Vamos al concierto de Shakira y podemos bailar pero no cantar. ¿Bien?** puês, no im-*por*-ta. *bvá*-mos al kon-*ssiêr*-to de xa-*ki*-ra i po-*de*-mos bvai-*lar pe*-ro no *kan*-tar. ¿bviên? Bom, não importa. Vamos ao show da Shakira e podemos dançar, mas não cantar. Certo?

Palavras a Saber

quizás	k<u>i</u>-ssas	talvez
anunciar	a-nun-ss<u>iar</u>	anunciar
en absoluto	ên abv-so-<u>lu</u>-to	em absoluto; propriamente
tan	tán	tão; tanto
animado/a	a-ni-<u>ma</u>-do/da	animado/a

CAPÍTULO 10 **Saindo na Cidade** 197

Diversão & Jogos

O jogo de palavras cruzadas a seguir contém várias palavras apresentadas neste capítulo. Escreva a tradução das palavras nas numerações correspondentes, na grade do quebra-cabeça. (Veja o Apêndice D para as respostas dos exercícios.)

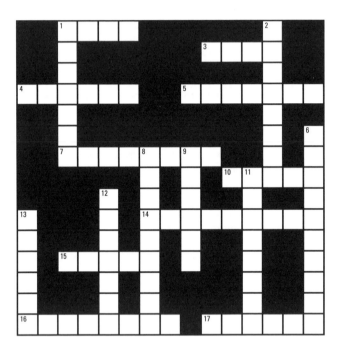

Horizontal

1 cinema
3 fila
4 matinê
5 ingressos
7 anunciar
10 ópera
14 catálogo
15 viagem
16 esgotados
17 teatro

Vertical

1 crítica
2 cantor
6 dramaturgo
8 show
9 atriz
11 filme
12 leilão
13 festa

> **NESTE CAPÍTULO**
>
> » Conhecendo o vocabulário do escritório
>
> » Dando ordens com o imperativo
>
> » Falando ao telefone
>
> » Formando o pretérito perfeito
>
> » Executando tarefas rotineiras no escritório

Capítulo **11**

Negócios e Comunicação

Se você trabalha em um escritório em que o espanhol é falado regularmente, tem uma boa oportunidade para expandir seu vocabulário e aperfeiçoar suas habilidades. Um escritório é um ambiente inteiramente novo, com cômodos, equipamentos, materiais e atividades que comumente não encontramos em outro lugar.

Neste capítulo você conhecerá palavras e frases usadas no ambiente corporativo. Além disso, aprenderá novas formas verbais: o modo imperativo, para dar comandos e instruções, e o tempo pretérito, para falar de ações ocorridas no passado.

Indo para o Escritório

Ao conversar com colegas de trabalho, você precisa ser capaz de fazer referência a salas, equipamentos e outras coisas concernentes ao seu negócio e ao espaço ao redor. Nas seções seguintes mostramos como falar de materiais e espaços do ambiente corporativo.

Organizando o escritório: Mobiliário, materiais e afins

Cada escritório é equipado com mobiliário e materiais típicos — tudo que engloba desde escrivaninhas e cadeiras a fotocopiadoras, máquinas de fax, papel e grampos. Para começar, dê uma volta em seu escritório, nomeando sua mobília **(los muebles)** (lôs *muê*-bvles) em espanhol, com a ajuda da Tabela 11–1.

TABELA 11-1 Mobiliário Comum de Escritório

Espanhol	Pronúncia	Português
el bote de basura	êl *bvô*-te de bva-*ssu*-ra	o cesto de lixo
el escritorio	êl es-kri-*tô*-rio	a escrivaninha
la estantería	la es-tán-te-*ri*-a	a estante
el fichero	êl fi-*tchê*-ro	o arquivo
la lámpara de escritorio	la *lám*-pa-ra de es-kri-*tô*-rio	a luminária de mesa
la silla	la *si*-dja	a cadeira

O equipamento **(el equipo)** (êl e-*ki*-po) de escritório pode incluir mais coisas do que os itens mais comuns que listamos na Tabela 11–2.

TABELA 11-2 Equipamentos Comuns de Escritório

Espanhol	Pronúncia	Português
la computadora	la kom-pu-ta-*do*-ra	o computador
la computadora portátil	la kom-pu-ta-*do*-ra por-*ta*-til	o laptop
el enfriador de agua	êl en-fria-*dor* de *a*-gua	o filtro
la fotocopiadora	la fô-to-ko-pia-*do*-ra	a fotocopiadora
la grapadora	la gra-pa-*do*-ra	o grampeador
la impresora	la im-pre-*ssô*-ra	a impressora
la máquina de fax	la *ma*-ki-na de faks	a máquina de fax
la pizarra blanca	la pi-*ssa*-rrra *bvlán*-ka	o quadro branco
el proyector	êl pro-djek-*tor*	o projetor
el sacagrapas	êl sa-ka-*gra*-pas	o extrator de grampos

200   PARTE 2 **Espanhol em Ação**

Espanhol	Pronúncia	Português
el sacapuntas	êl sa-ka-*pun*-tas	o apontador
el teléfono	êl te-*lê*-fo-no	o telefone
el teléfono celular	êl te-*lê*-fo-no se-lu-*lar*	o celular
las tijeras	las ti-*rre*-ras	as tesouras

Antes de enviar o seu estagiário para o estoque, confira como se cha-mam os diversos materiais de escritório **(los suministros)** (los su-mi--*nis*-tros) em espanhol, listados na Tabela 11–3.

TABELA 11–3   ## Materiais Comuns de Escritório

Espanhol	Pronúncia	Português
la agenda de entrevistas	la a-*rren*-da de en-tre-*bvis*-tas	a agenda
los bolígrafos	los bvo-*li*-gra-fos	as canetas
el calendario	êl ka-len-*da*-rio	o calendário
las carpetas	las kar-*pe*-tas	as pastas
un cartucho de tinta	un kar-*tu*-tcho de *tin*-ta	um cartucho de tinta
la cinta adhesiva	la *sin*-ta ad-e-*ssi*-bva	a fita adesiva
las gomas de borrar	las *go*-mas de bvo-*rrrar*	as borrachas
las grapas	las *gra*-pas	os grampos
los lápices	los *la*-pi-sses	os lápis
las libretas	las li-*bvre*-tas	os blocos de notas
las ligas	las *li*-gas	os elásticos
los marcadores	los mar-ka-*do*-res	os marcadores
las notas autoadhesi-vas desprendibles	las *nô*-tas *au*-to-ad-e-*ssi*-bvas des--pren-*di*-bvles	as notas autoadesivas
el papel	êl pa-*pêl*	o papel
el papel de fotocopia-dora	êl pa-*pêl* de fo-to-ko-pia-*dô*-ra	o papel de fotocopia-dora
el pegamento	êl pe-ga-*men*-to	a cola
los sellos	los *sê*-djos	os carimbos
los sobres	los *sô*-bvres	os envelopes
los sujetapapeles	los su-rre-ta-pa-*pê*-les	os clipes de papel

Trocando de sala

Embora você provavelmente fique a maior parte do tempo na sua mesa, precisa conhecer as outras salas e áreas do edifício. A Tabela 11-4 pode ajudá-lo a se encontrar em todos esses espaços.

TABELA 11-4   Cômodos do Escritório e Outras Áreas

Espanhol	Pronúncia	Português
el almacén	êl al-ma-*ssên*	o estoque
el ascensor	êl a-ssên-*ssor*	o elevador
el baño	êl *bvá*-nho	o banheiro
el cuarto de almacenamiento	êl *kuar*-to de al-ma-sse--na-*miên*-to	o almoxarifado
el cubículo	êl ku-*bvi*-ku-lo	a baia
el departamento	êl de-par-ta-*men*-to	o departamento
la división	la di-bvi-*ssiôn*	a divisão
el edificio	êl e-di-*fi*-ssio	o edifício
la escalera	la es-ka-*le*-ra	a escada
la escalera mecánica	la es-ka-*le*-ra me-*ká*--ni-ka	a escada rolante
la fábrica	la *fa*-bvri-ka	a fábrica
la oficina	la o-fi-*ssi*-na	o escritório
el pasillo	êl pa-*ssi*-djo	o corredor
la sala de copias	la *sa*-la de *kô*-pias	a sala de cópias
la sala de reuniones	la *sa*-la de rrreu-*niô*-nes	a sala de reuniões
la sala de correos	la *sa*-la de ko-*rrre*-os	a sala de correspondências
la sala de descanso	la *sa*-la de des-*kán*-so	a sala de descanso
la salida	la sa-*li*-da	a saída
el vestíbulo	êl bves-*ti*-bvu-lo	a recepção
la zona de carga y descarga	la *ssô*-na de *kar*-ga i des-*kar*-ga	a zona de carga e descarga

Tendo uma Conversa

 Inês foi transferida para a filial na Cidade do México da empresa em que trabalha. Sua atual chefe mostra a ela sua nova sala e a ajuda a arrumar os materiais de que precisa. (Faixa 20)

Gestora:	**Inês, ésta es su oficina.**
	i-*nês*, *ês*-ta ês su o-fi-*ssi*-na.
	Inês, esta é a sua sala.

Inês:	**Es más pequeña que mi última oficina, pero tiene una vista mejor.**
	ês mas pe-*kê*-nha ke mi *ul*-ti-ma o-fi-*ssi*-na, *pe*-ro tiê-ne *u*-na *bvis*-ta me-*rrôr*.
	É menor do que minha sala anterior, mas tem uma vista melhor.

Gestora:	**La sala de descanso queda a mitad del pasillo a la izquierda.**
	la *sa*-la de des-*kán*-so kê-da a mi-*ta* del pa-*ssi*-djo a la is-*kiêr*-da.
	A sala de descanso fica na metade do corredor, à esquerda.

	Los baños están al otro lado del pasillo, enfrente de la sala de descanso.
	los *bvá*-nhos es-*tán* al *o*-tro la-do del pa-*ssi*-djo, en-*fren*-te de la *sa*-la de des-*kán*-so.
	Os banheiros ficam do outro lado do corredor, em frente à sala de descanso.

	¿Hay algo que usted necesita ahora?
	¿ai *al*-go ke us-*tê* ne-sse-*ssi*-ta a-ô-ra?
	Tem algo de que você precise agora?

Inês:	**Definitivamente necesito una computadora.**
	de-fi-ni-ti-bva-*mên*-te ne-sse-*ssi*-toh *u*-na kom-pu-ta-*do*-ra.
	Definitivamente, preciso de um computador.

Gestora:	**Están preparando su computadora. Debe de tenerla para mañana en la mañana.**
	es-*tán* pre-pa-*rán*-do su kom-pu-ta-*do*-ra. *de*-bve de te-*ner*-la pa-ra ma-*nhá*-na en la ma-*nhá*-na.
	Estão preparando o seu computador. Deve estar na sua sala amanhã de manhã.

Inês:	**También necesito unos suministros: papel, carpetas, bolígrafos...**
	tam-*bviên* ne-sse-*ssi*-to *u*-nos su-mi-*nis*-tros: pa-*pêl*, kar-*pê*-tas, bvo-*li*-gra-fos...
	Também preciso de alguns materiais: papel, pastas, canetas...

Gestora:	**Todos los suministros para la oficina están en el cuarto enfrente de mi oficina.**
	to-dos los su-mi-*nis*-tros *pa*-ra la o-fi-*ssi*-na es-*tán* en êl *kuár*-to en-*fren*-te de mi o-fi-*ssi*-na.
	Todos os materiais de escritório estão no cômodo em frente à minha sala.

CAPÍTULO 11 **Negócios e Comunicação**   203

Puede escribir un inventario de los suministros que toma.
puê-de es-kri-*bvir* un in-bven-*ta*-rio de los su-mi-*nis*-tros ke tô-ma.
Você deve fazer um inventário dos materiais que pegar.

Inês: **Sí, entiendo.**
si, en-*tiên*-do.
Sim, entendo.

Gestora: **Podemos reunirnos después del almuerzo para hablar. ¡Bienvenida!**
po-*dê*-mos rrreu-*nir*-nos des-*puês* del al-*muêr*-sso pa-ra a-*bvlar*. ¡*bviên*-bve-ni-da!
Podemos nos reunir depois do almoço para conversar. Bem-vinda!

Palavras a Saber

la oficina	la o-fi-<u>ssi</u>-na	o escritório; a sala
la vista	la <u>bvis</u>-ta	a vista
queda a mitad	<u>kê</u>-da a mi-<u>tad</u>	fica na metade
del pasillo	del pa-<u>ssi</u>-djo	do corredor
definitivamente	de-fi-ni-ti-bva-<u>men</u>-te	definitivamente
el cuarto	êl ku<u>ar</u>-to	o cômodo; o quarto
el inventario	êl in-bven-<u>ta</u>-rio	o inventário
el almuerzo	êl al-mu<u>êr</u>-sso	o almoço
bienvenida	bviên-bve-<u>ni</u>-da	bem-vinda

Atendendo o Telefone

Embora cada vez mais os negócios sejam feitos pela internet, uma grande quantidade de transações ainda é realizada pelo telefone. Nas seções a seguir mostramos frases para ajudá-lo a fazer uma ligação.

Fazendo uma ligação e seus verbos: Ligar, deixar e escutar

LEMBRE-SE

Quando estiver falando ao telefone ou falando sobre falar ao telefone, é comum você encontrar três verbos: **llamar** (dja-*mar*) (chamar; ligar), **dejar** (de-*rrar*) (deixar) e **escuchar** (es-ku-*tchar*) (escutar). Todos esses três verbos regulares pertencem à primeira conjugação, **-ar**. Se você tirar a terminação **-ar**, encontra a raiz de cada um desses verbos. E como eles são todos do mesmo grupo, daremos a conjugação de **llamar**, e a partir daí você consegue também conjugar **dejar** e **escuchar**.

Conjugação	Pronúncia
yo llamo	djô *djá*-mo
tú llamas	tu *djá*-mas
él, ella, usted llama	êl, ê-dja, us-tê *djá*-ma
nosotros, nosotras llamamos	no-*ssô*-tros, no-*ssô*-tras djá-*má*-mos
vosotros, vosotras llamáis	bvo-*ssô*-tros, bvo-*ssô*-tras dja-*má*-is
ellos, ellas, ustedes llaman	ê-djos, ê-djas, us-tê-des *djá*-man

LEMBRE-SE

Não se esqueça de conjugar os outros dois verbos (**dejar** e **escuchar**), mesmo sem o nosso auxílio. Confira as tabelas de verbos no Apêndice B se você estiver confuso.

Aqui estão alguns exemplos de como usar esses verbos:

Su madre llama todos los días. (su *ma*-dre *djá*-ma *to*-dos los *di*-as.) (Sua mãe liga todos os dias.)

Yo dejo un mensaje cuando ellos no están en casa. (djô *dê*-rroun men-*ssa*-rre *kuán*-do ê-djos no es-*tán* en *ka*-ssa.) (Eu deixo uma mensagem quando eles não estão em casa.)

Yo escucho muy cuidadosamente cuando ella habla porque tiene un acento italiano. (djo es-*ku*-tcho mui kui-da-do-ssa-*men*-te *kuán*-do ê-dja *a*-bvla por-*ke* tiê-ne un a-*ssên*-to i-ta-*liá*-no.) (Eu escuto com muita atenção quando ela fala porque ela tem um sotaque italiano.)

Deixando uma mensagem

Quando seu parceiro não estiver disponível ou a caixa postal atender, esteja preparado para deixar uma mensagem (**un mensaje**) (un men-*ssa*-rre). Aqui estão algumas frases simples para ajudá-lo nessas situações:

- **Quiero dejar un mensaje.** (*kiê*-ro de-*rrar* un men-*ssa*-rre.) (Quero deixar uma mensagem.)
- **Favor de llamarme.** (fa-*bvor* de dja-*mar*-me.) (Faça o favor de me ligar.)
- **Tengo un mensaje importante para...** (*ten*-go un men-*ssa*-rre im-por-*tán*-te *pa*-ra...) (Tenho uma mensagem importante para...)
- **Voy a estar en la oficina hasta las cuatro.** (bvoi a es-*tar* en la o-fi-*ssi*-na *as*-ta las *kua*-tro.) (Estarei no escritório até as 4h.)
- **Voy a llamar otra vez mañana.** (bvoy a djá-*mar* ô-tra bves ma-*nhá*-na.) (Volto a ligar amanhã.)
- **Quiero hablar con María.** (*kiê*-ro a-*bvlar* kon ma-*ri*-a.) (Quero falar com María.)
- **Mi número es...** (mi *nu*-me-ro ês...) (Meu número é...)

FALANDO DE GRAMÁTICA

Aqui vai uma regra válida para quando você deixar (ou escutar) uma mensagem: a palavra **tarde** (*tar*-de), sem o artigo **la** (la) (a), representa um atraso. Mas quando o artigo **la** a antecede, como em **la tarde**, você está falando sobre uma parte do dia.

Formando o Pretérito

É claro que, nas suas transações, você não fala somente sobre o que está acontecendo neste momento. Você precisa discutir o passado e os possíveis eventos futuros. Nesta seção mostramos as formas do pretérito de **llamar**, **dejar** e **escuchar**: esses três verbos regulares terminados em **a-ar** são muito úteis no ambiente corporativo (especialmente quando você está no telefone — veja a seção anterior "Atendendo ao Telefone" para mais detalhes). Nós explicaremos também como formar o pretérito de verbos regulares terminados em **-er** e **-ir**. (Confira o Capítulo 13 para detalhes sobre o futuro.)

LEMBRE-SE A conjugação no pretérito dos verbos regulares terminados em **-ar**, **-er** e **-ir** que mostramos se aplica a todos os outros verbos regulares de que você precisar.

Para conjugações dos verbos irregulares no pretérito, consulte as tabelas de verbos do Apêndice B.

Pretérito e verbos regulares -ar

Use o radical de **llamar** (dja-*mar*), que é **llam-** (djam), para conjugá-lo no pretérito.

Conjugação	Pronúncia
yo llamé	djô dja-*mê*
tú llamaste	tu dja-*mas*-te
él, ella, usted llamó	êl, ê-dja, us-*tê* dja-*mô*
nosotros, nosotras llamamos	no-*ssô*-tros, no-*ssô*-tras dja-*ma*-mos
vosotros, vosotras llamasteis	bvo-*ssô*-tros, bvo-*ssô*-tras dja-*mas*-teis
ellos, ellas, ustedes llamaron	ê-djos, ê-djas, us-*tê*-des dja-*ma*-ron

Se perder uma ligação, você pode ouvir o seguinte:

Lo llamé ayer. (lo dja-*mê* a-*djer*.) (Eu liguei para você [formal] ontem.)

Cuando ellos llamaron nadie contestó. (*kuán*-do ê-djos dja-*ma*-ron *na*-die kon-tes-*to*.) (Quando eles ligaram, ninguém atendeu.)

Ayer no me llamaste. (a-*djer* no me dja-*mas*-te) (Ontem você [informal] não me ligou.)

Si él hoy me llamó, no me enteré. (si êl oi me dja-*mô*, no me en-te-*re*.) (Se ele me ligou hoje, eu não soube.)

Te llamamos por teléfono. (te dja-*ma*-mos por te-*lê*-fo-no.) (Ligamos para você. [Literalmente: Chamamos você pelo telefone.])

FALANDO DE GRAMÁTICA A palavras **lo** (lo) (o [formal]), **me** (me) (me) e **te** (te) (o/te [informal]), nesses exemplos, são objetos diretos, que em espanhol são colocadas antes do verbo conjugado. Como no português, o objeto direto recebe a ação do verbo — neste caso, indicando quem está sendo chamado.

CAPÍTULO 11 **Negócios e Comunicação** 207

Para conjugar **dejar** (de-*rrar*) (deixar [uma mensagem]) e **escuchar** (es-ku-*tchar*) (escutar) no pretérito, você acrescenta as mesmas terminações que usa para o verbo **llamar**. Você simplesmente retira a terminação -**ar** e adiciona a desinência apropriada conforme o sujeito da sentença.

Pretérito e verbos regulares -er e -ir

Para formar o pretérito dos verbos regulares terminados em -**er** e -**ir**, você precisa aprender apenas a desinência básica, porque todos os pretéritos dos verbos regulares em -**er** e -**ir** usarão as mesmas terminações. Escolhemos o verbo regular **aprender** (a-pren-*der*) (aprender) como exemplo. Para o verbo **aprender**, siga o quadro a seguir:

Conjugação	Pronúncia
yo aprendí	djô a-pren-*di*
tú aprendiste	tu a-pren-*dis*-te
él, ella, usted aprendió	êl, ê-dja, us-*tê* a-pren-*diô*
nosotros, nosotras aprendimos	no-*ssô*-tros, no-*ssô*-tras a-pren-*di*-mos
vosotros, vosotras aprendisteis	bvo-*ssô*-tros, bvo-*ssô*-tras a-pren-*dis*-teis
ellos, ellas, ustedes aprendieron	ê-djos, ê-djas, us-*tê*-des a-pren-*diê*-ron

Aqui está um par de exemplos do verbo aprender no pretérito:

Aprendí usar la máquina de fax. (a-pren-*di* u-*ssar* la *ma*-ki-na de faks.) (Aprendi a usar a máquina de fax.)

Ella aprendió escribir a máquina. (ê-dja a-pren-*diô* es-kri-*bvir* a *ma*-ki-na.) (Ela aprendeu a digitar.)

Um Pouco de Ação no Escritório

Você pode se engajar em atividades corporativas extremamente especializadas, dependendo de onde você trabalha, mas algumas tarefas são comuns à rotina de qualquer escritório. As seções a seguir apresentam a você as frases e palavras mais usadas no cotidiano de uma empresa.

Enviando uma encomenda

Enviar um documento ou um malote pode parecer muito simples, até você chegar aos correios **(el correos)** (el ko-*rrrê*-os) e se deparar com pessoas que falam exclusivamente espanhol. Mas sabendo algumas palavras e frases, sua primeira experiência postal em espanhol não será nada traumática.

>> **el buzón** (êl bvu-*ssôn*) (a caixa de correio)

>> **la carta** (la *kar*-ta) (a carta)

>> **el código postal** (êl *kô*-di-go pos-*tal*) (o código postal)

>> **el destinatario** (êl des-ti-na-*ta*-rio) (o destinatário)

>> **la dirección** (la di-rek-*ssiôn*) (o endereço)

>> **el franqueo** (êl fran-*ke*-o) (a postagem)

>> **mandar** (man-*dar*) (mandar)

>> **el paquete** (êl pa-*kê*-te) (o pacote)

>> **el sello** (êl *se*-djo) (o selo)

>> **el sobre** (êl *so*-bvre) (o envelope)

>> **la tarifa de franqueo** (la ta-*ri*-fa de fran-*ke*-o) (a tarifa de postagem)

>> **la tarjeta postal** (la tar-*rre*-ta pos-*tal*) (o cartão-postal)

As frases a seguir podem vir a calhar:

¿Dónde está el correos más cercano? (¿*dôn*-de es-*ta* el ko-*rrre*-os mas ser-*ká*-no?) (Onde fica o correio mais próximo?)

¿Cuánto cuesta mandar este paquete? (¿*kuán*-to *kuês*-ta man-*dar* es-te pa-*kê*-te?) (Quanto custa mandar este pacote?)

Quiero mandar este paquete. (*kiê*-ro man-*dar* es-te pa-*kê*-te.) (Quero mandar este pacote.)

¿Cuándo llega? (¿*kuán*-do *dje*-ga?) (Quando chega?)

Necesito mandar esta carta urgente. (ne-sse-*ssi*-to man-dar *ês*-ta *kar*-ta ur-*rrên*-te.) (Preciso mandar esta carta urgentemente.)

Tirando cópias

Independentemente de ter uma fotocopiadora na sua sala ou se você tiver que ir a uma loja, as frases a seguir serão úteis no que quer que você deseje:

CAPÍTULO 11 **Negócios e Comunicação** 209

¿Cuántas copias necesita? (*¿kuán*-tas *kô*-pias ne-sse-*ssi*-ta?) (De quantas cópias precisa?)

Favor de hacerme dos copias de este documento. (fa-*bvor* de a-*s-ser*-me dôs *kô*-pias de *es*-te do-ku-*men*-to.) (Por favor, faça duas cópias deste documento.)

Prefiero las copias en color por favor. (pre-*fiê*-ro las *kô*-pias en ko-*lôr* por fa-*bvor*.) (Prefiro as cópias coloridas, por favor.)

Favor de ampliar este documento por diez por ciento. (fah-bvohr deh ahm-pleeahr ehs-teh doh-kooh-mehn-toh pohr deeehs pohr seeehn-toh.) (Por favor, amplie esse documento em 10%.)

Favor de reducir este documento por veinte por ciento. (fa-*bvor* de rrre-du-*ssir* ês-te do-ku-*men*-to por *bvein*-te por *siên*-to.) (Por favor, reduza este documento em 20%.)

Puedo enviarle una copia. (puê-do en-bvi-*ar*-le u-na *kô*-pia.) (Posso enviar uma cópia.)

Usando um computador

Entre em qualquer escritório e encontrará pelo menos um par de computadores para ajudar nas tarefas. Seu primeiro desafio é conseguir nomear as partes do computador **(la computadora)** (la kom-pu-ta--*do*-ra). A Figura 11–1 traz um bom resumo. Aqui estão alguns itens que você reconhecerá:

>> **el ordenador** (êl or-de-na-*dor*) (o gabinete)

>> **el monitor de video** (êl mo-ni-*tor* de bvi-*dê*-o) (o monitor)

>> **el teclado** (êl te-*kla*-do) (o teclado)

>> **el ratón** (êl rrra-*tôn*) (o mouse)

>> **la cámara web** (la *ká*-ma-ra uêb) (a webcam)

>> **la unidad de CD/DVD-ROM** (la u-ni-*da* de si di/di bvi di rrrôm) (a unidade de CD/DVD-ROM)

>> **la impresora** (la im-pre-*ssô*-ra) (a impressora)

>> **la altavoz** (la al-ta-*bvôs*) (o alto-falante)

210   PARTE 2 **Espanhol em Ação**

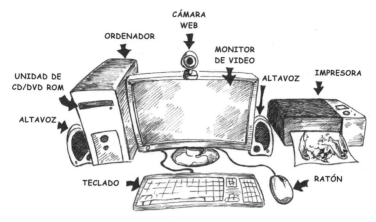

FIGURA 11-1: Componentes de um computador.

© 2017 Aurélio Corrêa

As frases a seguir descrevem atividades de escritório que são normalmente desenvolvidas usando-se um computador e a internet:

- **abrir un archivo** (a-*bvrir* un ar-*tchi*-bvo) (abrir um arquivo)
- **bajar un programa** (bva-*rrar* un pro-*grá*-ma) (baixar um programa)
- **conectarse a internet** (ko-nek-*tar*-sse a in-ter-*nê*) (conectar-se à internet)
- **crear una presentación de proyección de diapositivas** (kre-*ar* u-na pre-ssen-ta-*ssiôn* de pro-djek-*ssiôn* de dia-po-ssi-*ti*-bvas) (criar uma apresentação de slides)
- **enviar un mensaje por correo electrónico** (en-*bviar* un men-*ssa*-rre por ko-*rrrê*-o e-lek-*tro*-ni-ko) (enviar uma mensagem por e-mail)

Para mais informações sobre mandar um e-mail, confira a próxima seção.

- **escribir una carta a máquina** (es-kri-*bvi* u-na *kar*-ta a *ma*-ki-na) (digitar uma carta)
- **imprimir un documento** (im-pri-*mir* un do-ku-*men*-to) (imprimir um documento)
- **leer el correo electrónico** (le-*er* êl ko-*rrrê*-o e-lek-*tro*-ni-ko) (ler o e-mail)
- **navegar la Web** (na-bve-*gar* la uêb) (navegar na web)
- **usar una hoja de cálculo electrónica** (u-*ssar* u-na ô-rra de *kal*-ku-lo e-lek-*tro*-ni-ka) (usar uma planilha)

CAPÍTULO 11 **Negócios e Comunicação** 211

>> **usar un procesador de textos** (u-*ssar* un pro-sse-ssa-*dor* de *teks*-tos) (usar um editor de textos)

Mandando e recebendo e-mails

Duas das atividades mais comuns em um escritório feitas no computador são mandar e receber mensagens de e-mail **(mensajes de correo electrónico)** (men-*ssa*-rres de ko-*rrrê*-o e-lek-*tro*-ni-ko). Ao usar seu e-mail, lance mão destas frases:

Favor de ponerse en contacto conmigo por correo electrónico. (fa-*bvor* de po-*ner*-sse en kon-*tak*-to kon-*mi*-go por ko-*rrrê*-o e-lek-*tro*-ni-ko.) (Por favor, contate-me por e-mail.)

¿Recibió Ud. el mensaje por correo electrónico que yo envié? (¿rrre-ssi-*biô* us-*tê* êl men-*ssa*-rre por ko-*rrrê*-o e-lek-*tro*-ni-ko ke djô en-*viê*?) (Você recebeu o e-mail que mandei?)

Necesito leer mi correo electrónico. (ne-sse-*ssi*-to le-*er* mi ko-*rrrê*-o e-lek-*tro*-ni-ko.) (Preciso ler meu e-mail.)

Favor de enviarme el archivo como adjunto. (fa-*bvor* de en-*bviar*-me êl ar-*tchi*-bvo *ko*-mo ad-*rrun*-to.) (Por favor, mande-me o arquivo anexado.)

Lo siento. No recibí su correo electrónico. (lo *ssiên*-to. no rrre-ssi-*bvi* su ko-*rrrê*-o e-lek-*tro*-ni-ko.) (Desculpe-me. Não recebi seu e-mail.)

Favor de remitir el correo electrónico a mí. (fa-*bvor* de rrre-mi-*tir* êl ko-*rrrê*-o e-lek-*tro*-ni-ko a mi.) (Por favor, encaminhe o e-mail para mim.)

Marcando uma reunião

Fazer uma reunião **(la reunión)** (la rrreu-*niôn*) é um hábito rotineiro em vários países do mundo. Aqui estão algumas palavras e frases de que você precisará para se programar e falar sobre reuniões:

>> **celebrar una reunión** (se-le-*bvrar* u-na rrreu-*niôn*) (fazer uma reunião)

>> **comenzar/terminar la reunión** (ko-men-*ssar*/ter-mi-*nar* lah rrreu-*niôn*) (começar/terminar uma reunião)

>> **convocar una reunión** (kon-bvo-*kar* u-na rrreu-*niôn*) (convocar uma reunião)

212   PARTE 2 **Espanhol em Ação**

- » **el horario** (êl o-*ra*-rio) (o horário)
- » **planear** (pla-ne-*ar*) (planejar)
- » **el programa** (êl pro-*gra*-ma) (a programação)
- » **programar** (pro-gra-*mar*) (programar)
- » **la sala de reuniones** (la *sa*-la de rrreu-*niô*-nes) (a sala de reuniões)

Você pode ouvir frases como as seguintes ao falar sobre reuniões:

Los reunidos votaron en favor de la medida. (los rrreu-*ni*-dos bvo-*ta*-ron en fa-*bvor* de la me-*di*-da.) (A assembleia votou a favor da medida.)

Tengo una reunión con el jefe esta mañana. (ten-go *u*-na rrreu--*niôn* kon êl *rrê*-fe *ês*-ta ma-*nhá*-na.) (Tenho uma reunião com meu chefe esta manhã.)

Tendo uma Conversa

Nenhuma empresa está livre de reuniões. Aqui, o Sr. Alvarez, o CEO da sua empresa, e sua assistente Julia tentam marcar uma reunião de última hora para discutir as novas medidas. (Faixa 21)

Sr. Alvarez: **Quiero organizar una reunión para el miércoles con todo el personal de gerencia.**
kiê-ro or-ga-ni-*ssar* u-na rrreu-*niôn pa*-ra êl *miêr*-ko-les kon *to*-do êl per-so-*nal* de rre-*ren*-ssia.
Quero organizar uma reunião para a quarta-feira com todo o pessoal da gerência.

Julia: **Usted tiene disponible dos horas por la tarde.**
us-*tê* tiê-ne dis-po-*ni*-bvle dôs *o*-ras por la *tar*-de.
Você tem duas horas disponíveis à tarde.

Sr. Alvarez: **Bien. Póngala en la sala de reuniones.**
bviên. *pôn*-ga-la en la *sa*-la de rrreu-*niô*-nes.
Ótimo. Reserve a sala de reuniões.

Julia: **El miércoles, de cuatro a seis de la tarde en la sala de reuniones.**
êl *miêr*-ko-les, de *kua*-tro a seis de la *tar*-de en la *sa*-la de rrreu-*niô*-nes.
Na quarta-feira, das 16h às 18h. Na sala de reuniões.

CAPÍTULO 11 **Negócios e Comunicação** 213

Sr. Alvarez:	**Avise por correo electrónico a mi socio, por favor, y recuérdeme el día antes.** a-*bvi*-sse por ko-*rrrê*-o e-lek-*trô*-ni-ko a mi *sô*-ssio, por fa-bvor, i rrre-*kuêr*-de-me êl *di*-a *an*-tes. Avise por e-mail o meu sócio, por favor, e me lembre no dia anterior.
Julia:	**Sin falta.** sin *fal*-ta. Sem falta.

Palavras a Saber

organizar	or-gan-i-<u>ssar</u>	organizar
el personal de gerencia	êl per-so-<u>nal</u> de rre-<u>ren</u>-ssia	o pessoal da gerência
disponible	dis-po-<u>ni</u>-bvle	disponível
el socio	êl <u>sô</u>-ssio	o sócio
sin falta	sin <u>fal</u>-ta	sem falta

Delegando Tarefas com o Imperativo

Se você está em uma posição de gestão, é responsável por delegar tarefas para garantir que tudo seja feito. Para fazer isso você usa o *imperativo* — a forma verbal para dar comandos. Nas seções a seguir você descobre como dar ordens de modo formal para que elas sejam eficazes.

LEMBRE-SE

Usar o imperativo para dar ordens pode se tornar um pouco complicado, principalmente se você estiver lidando com comandos informais. Para deixar esta seção simples, focamos exclusivamente os comandos formais, que são os que você usará no ambiente corporativo.

Formando o imperativo com verbos regulares

Ao emitir comandos, você está normalmente dizendo a alguém o que fazer — *faça isso, faça aquilo*. O espanhol usa diferentes tipos de *você* para dar ordens. Os sujeitos de comando formais são **Ud.** (se você se endereça a uma única pessoa) e **Uds.** (se você se refere a mais de uma).

LEMBRE-SE

Para formar um comando formal afirmativo ou negativo:

1. **Altere o final para *o* de *yo* a partir do presente.**
2. **Para os verbos terminados em** -ar, **adicione** *e* **para** Ud. **e** *en* **para** Uds; **para os que terminam em** -er **ou** -ir, **adicione** *a* **para** Ud. **e** *an* **para** Uds.
3. **Para formar o negativo, simplesmente coloque** no **antes do verbo criado no Passo 2.**

A Tabela 11–5 o ajuda a ver na prática essas mudanças:

TABELA 11-5   Criando Imperativo Formal

Conjugação	Verbo	Presente de Yo	Comando Formal no Singular (Ud.)	Comando Formal no Plural (Uds.)
-ar	**firmar** (assinar)	firmo	**(No) Firme.** ([Não] Assine.)	**(No) Firmen.** ([Não] Assinem.)
-er	**leer** (ler)	leo	**(No) Lea.** ([Não] Leia.)	**(No) Lean.** ([Não] Leiam.)
-ir	**escribir** (escrever)	escribo	**(No) Escriba.** ([Não] Escreva.)	**(No) Escriban.** ([Não] Escrevam.)

Esse quadro mostra como alguns verbos regulares formam o imperativo.

LEMBRE-SE

Em português, não é comum dizer a palavra *você* quando se dá uma ordem ou se faz um pedido. Em espanhol, o uso de um pronome como sujeito **(Ud., Uds.)** em um comando é opcional, e ele não é usado com frequência. Você consegue identificar o sujeito olhando rapidamente para a forma verbal. (Se você usar um pronome, coloque-o diretamente depois do verbo conjugado.)

Trabajen cuidadosamente. (tra-*bvá*-rren kui-da-dô-ssa-*men*--te.) (Trabalhem atentamente.)

CAPÍTULO 11 **Negócios e Comunicação**   215

No trabajen tan despacio. (no tra-*bva*-rren tán des-*pa*-ssio.) (Não trabalhem tão devagar.)

Lea en voz alta. (*le*-a en bvôs *al*-ta.) (Leia em voz alta.)

No lea ese informe. (no *le*-a *ê*-se in-*fôr*-me.) (Não leia esse relatório.)

Lidando com o imperativo dos verbos irregulares

FALANDO DE GRAMÁTICA

Se a primeira pessoa do singular **(yo)** do verbo for irregular (como **traer** [trazer] e **venir** [vir]), a irregularidade será transferida para o imperativo, como nos exemplos seguintes:

Traiga el dinero. (*trai*-ga êl di-*ne*-ro.) (Traga o dinheiro.)

Vengan conmigo. (*bven*-gan kon-*mi*-go.) (Venham comigo.)

Essa regra também se aplica a verbos alomórficos, tais como **contar** (contar) e **volver** (voltar):

Cuénteme lo que pasó. (*kuên*-te-me lo ke pa-*ssô*.) (Conte-me o que aconteceu.)

No vuelvan hasta la una. (no *bvuêl*-bvan *as*-ta la *u*-na.) (Não voltem até a 1h.)

Algumas mudanças ortográficas também podem ocorrer nos verbos no modo imperativo.

» Para verbos terminados em **-ar**, as seguintes mudanças ocorrem: *c* → *qu*, *g* → *gu* e *z* → *c*, quando precedem um *e*.

» Quando o verbo termina em **-er** ou **-ir**, você altera *g* → *j*, *gu* → *g* e *c* → *z*, se preceder um *a*.

Os exemplos a seguir mostram um par de alterações ortográficas em ação que ocorrem no imperativo:

Saque la carpeta que necesito. (*sa*-ke la kar-*pe*-ta ke ne-sse-*ssi*--to.) (Pegue a pasta de que preciso.)

Empiece la tarea antes de salir de la clase. (em-*piê*-sse la ta-*rê*-a *an*-tes de sa-*lir* de la *kla*-sse.) (Comece a tarefa antes de sair da classe.)

Pague el recibo. (*pa*-gue êl rrre-*ssi*-bvo.) (Pague o boleto.)

A Tabela 11–6 mostra verbos irregulares que você deve memorizar para usá-los no imperativo e dar ordens.

TABELA 11-6   ## Verbos Irregulares no Modo Imperativo

Verbo	Comando	Significado
dar	(No) Dé (Den).	(Não) Dê (Deem).
estar	(No) Esté(n).	(Não) Esteja(m).
ir	(No) Vaya(n).	(Não) Vá (Vão).
saber	(No) Sepa(n).	(Não) Saiba(m).
ser	(No) Sea(n).	(Não) Seja(m).

E é assim que você dá ordens com verbos irregulares:

Estén listos a las dos. (es-*tên lis*-tos a las dôs.) (Estejam prontos às 2h.)

Vaya a la tienda ahora. (*bva*-dja a la *tiên*-da a-*ô*-ra.) (Vá à loja agora.)

CAPÍTULO 11 **Negócios e Comunicação**   217

Diversão & Jogos

Na imagem a seguir, marque os vários objetos encontrados em um escritório típico, com seus nomes em espanhol. (Veja o Apêndice D para as respostas dos exercícios.)

© 2018 Aurélio Corrêa

NESTE CAPÍTULO

» Falando sobre o que você curte fazer

» Curtindo atividades internas: Xadrez, leitura e escrita

» Passeando ao ar livre

» Vendo o que está aqui fora: Um vocabulário animalesco

» Jogando bola e nadando

Capítulo 12
Diversão em Todo Lugar

Diversão faz parte do estilo de vida latino-americano, e podemos dividir suas várias formas em duas categorias — atividades internas e ao ar livre. Este capítulo apresenta a você algumas das atividades mais populares nos países de língua espanhola, começando com as internas e expandindo para as externas. Nós vamos equipá-lo com palavras e frases para falar e curtir a vida adoidado e com vários diálogos para sintonizar seus ouvidos com o espanhol.

Jogando Xadrez na Espanha

SABEDORIA CULTURAL

El ajedrez (êl a-rre-*drês*) (o xadrez) é um jogo fascinante para assistir ou jogar. Ele é bem popular na Espanha desde a Invasão Árabe, no século 711 a.C. Na verdade, muitos dos termos usados em espanhol vêm de uma combinação de palavras árabes e espanholas. Xeque-mate, por exemplo, é derivado da palavra árabe **sheik** (xeik) (rei) e da espanhola

CAPÍTULO 12 **Diversão em Todo Lugar** 219

matar (ma-*tar*) (matar). É por isso que você diz xeque-mate **(el jaque-mate)** (êl *rra*-ke-*ma*-te) quando o rei é capturado no final do jogo.

Tendo uma Conversa

Nesta conversa, Gabriel e Cornelia discutem um torneio de xadrez na Espanha:

Gabriel:	**Me gusta el ajedrez. Ayer estuve en una competencia.**
	me *gus*-ta êl a-*rre*-dres. a-*djer* ês-*tu*-bve en *u*-na kom-pe-*ten*-sia.
	Eu gosto de xadrez. Ontem, eu estive em uma competição.
Cornelia:	**¿Quién ganó?**
	¿kiên ga-*nô*?
	Quem ganhou?
Gabriel:	**Yo gané. Di jaquemate en sólo diez movidas.**
	djô ga-*nê*. di rra-ke-*ma*-te en *sô*-lo diês mo-*bvi*-das.
	Eu ganhei. Dei xeque-mate com apenas dez movimentos.
Cornelia:	**¡Felicitaciones!**
	¡fe-li-si-ta-*siô*-nes!
	Parabéns!
Gabriel:	**Gracias. Estoy muy orgulloso de ganar a mi oponente. Él es un jugador muy formidable.**
	gra-sias. es-*toi* mui or-gu-*djô*-sso de ga-*nar* a mi o-po-*nen*-te. êl ês un rru-ga-*dor* mui for-mi-*da*-bvle.
	Obrigado. Estou muito orgulhoso de ter vencido meu oponente. Ele é um jogador formidável.

220   PARTE 2 **Espanhol em Ação**

Palavras a Saber

ajedrez	a-rreh-<u>dres</u>	xadrez
competencia	kom-pe-<u>ten</u>-sia	competição
dar jaquemate	dar rra-ke-<u>ma</u>-te	dar xeque-mate
sólo	<u>sô</u>-lo	só
movidas	mo-<u>bvi</u>-das	movimentos
orgulloso	or-gu-<u>djô</u>-sso	orgulhoso
el jugador	êl rru-ga-<u>dor</u>	o jogador
formidable	for-mi-<u>da</u>-bvle	formidável

Lendo com o Verbo Leer

FALANDO DE GRAMÁTICA

Ler é um prazer, um divertimento e muitas vezes um privilégio. Este é o verbo que você usa para falar sobre leitura em espanhol: leer (le-*êr*) (ler). Leer é um verbo regular terminado em –er, e quando você retira o –er para conjugá-lo, você o deixa com um radical muito pequeno, le– (le).

Conjugação	Pronúncia
yo leo	djô *lê*-o
tú lees	tu *lê*-es
él, ella, usted lee	êl, ê-dja, us-tê *lê*-e
nosotros, nosotras leemos	no-*ssô*-tros, no-*ssô*-tras le-*ê*-mos
vosotros, vosotras leéis	bvo-*ssô*-tros, bvo-*ssô*-tras le-*êis*
ellos, ellas, ustedes leen	ê-djos, ê-djas, us-tê-des *lê*-en

Obviamente, você é um grande leitor. Por que não praticar sua pronúncia usando esse verbo?

Me gusta leer revistas. (me gus-ta le-êr rrre-bvis-tas.) (Gosto de ler revistas.)

Felipe lee todo el día. (fe-li-pe le-ê to-do êl di-a.) (Felipe lê o dia todo.)

Tendo uma Conversa

Marisa e Aurelia estão conversando sobre livros. (Faixa 22)

Marisa: **¿Qué vas a leer?**
¿kê bvas a le-êr?
O que você vai ler?

Aurelia: **Yo traje una novela.**
djô tra-rre u-na no-bvê-la.
Eu peguei um romance.

Marisa: **Estoy entusiasta de una biografía.**
es-toi en-tu-ssi-as-ta de u-na bvio-gra-fi-a.
Estou entusiasmada com uma biografia.

Aurelia: **Hablando de biografía, ¿supiste que va a salir un libro sobre Vallejo?**
a-bvlán-do de bvio-gra-fi-a, ¿su-pis-te ke bva a sa-lir un li-bvro so-bvre bva-djê-rro?
Falando em biografia, você soube que vai sair um livro sobre Vallejo?

Marisa: **¿Quién, el poeta peruano?**
¿kiên, êl po-ê-ta pe-ruá-no?
Quem, o poeta peruano?

Aurelia: **Sí, dicen que va a ser excepcional.**
si, di-ssen ke bva a ser ek-ssep-ssio-nal.
Sim, dizem que vai ser excepcional.

222   PARTE 2   **Espanhol em Ação**

Palavras a Saber

leer	le-êr	ler
entusiasta	en-tu-ssias-ta	entusiasmado
la novela	la no-bvê-la	o romance
la biografía	la bvio-gra-fi-a	a biografia
el libro	êl li-bvro	o livro
el poeta	êl po-ê-ta	o poeta

Escrevendo com o Verbo Escribir

O verbo de escrita escribir (es-kri-*bvir*) (escrever) é regular. Seu radical é escrib- (es-kribv). É assim que você o conjuga no presente:

Conjugação	Pronúncia
yo escribo	djô es-*kri*-bvo
tú escribes	tu es-*kri*-bves
él, ella, usted escribe	êl, ê-dja, us-*tê* es-*kri*-bve
nosotros, nosotras escribimos	no-*ssô*-tros, no-*ssô*-tras es-kri-*bvi*-mos
vosotros, vosotras escribís	bvo-*ssô*-tros, bvo-*ssô*-tras es-kri-*bvis*
ellos, ellas, ustedes escriben	ê-djos, ê-djas, us-*tê*-des es-*kri*-bven

Use estas frases para conversar sobre escrita:

Tú siempre escribes en tu diario. (tu *siêm*-pre es-*kri*-bves en tu di*a*-rio.) (Você sempre escreve no seu diário.)

Mi madre escribe poemas. (mi *ma*-dre es-*kri*-bve po-ê-mas.) (Minha mãe escreve poemas.)

CAPÍTULO 12 **Diversão em Todo Lugar** 223

Yo escribo una carta a mis padres cada semana. (djô es-*kri*-bvo u-na *kar*-ta a mis *pa*-dres *ka*-da se-*má*-na.) (Eu escrevo uma carta para meus pais toda semana.)

Quando você vê **le** (le) em frente a uma forma conjugada do verbo escribir (ou de qualquer outro verbo), sabe que isso é um pronome oblíquo, referente a um objeto indireto, ou seja, ele indica a quem se destina aquela ação expressa no verbo. A lista completa desses pronomes é **me, te, le, nos, os**, e **les**.

Tendo uma Conversa

Durante as férias, Catalina parou suas atividades ao ar livre para escrever para seu pai, como explica para Eduardo.

Catalina: **Escribo una carta a mi padre.**
es-*kri*-bvo u-na *kar*-ta a mi *pa*-dre.
Estou escrevendo uma carta para meu pai.

Eduardo: **¿Le escribes regularmente?**
¿le es-*kri*-bves rrre-gu-lar-*men*-te?
Você escreve para ele regularmente?

Catalina: **Sí, por lo menos una vez a la semana.**
si, por lo *me*-nos *u*-na bves a la se-*má*-na.
Sim, pelo menos uma vez por semana.

Eduardo: **¿Le escribiste alguna carta ayer?**
¿le es-kri-*bvis*-te al-*gu*-na *kar*-ta a-*djêr*?
Você escreveu alguma carta ontem?

Catalina: **No, por eso quiero escribirle una carta hoy.**
no, por ê-sso *kiê*-ro es-kri-*bvir*-le u-na *kar*-ta oi.
Não, por isso quero escrever para ele uma carta hoje.

Saindo de Casa (por Bem ou por Mal)

Atividades ao ar livre fazem parte do estilo de vida latino-americano. Esse contato contemplativo com a natureza pode dar muita paz e tranquilidade, mas também pode ser um desafio se expor ao universo selvagem. O espanhol tem duas maneiras de expressar atividades ao ar livre:

» **al aire libre** (al *ai*-re *li*-bvre) (ao ar livre): Você usa essa frase quando está falando sobre ir para a rua, para um jardim ou quando quer dar uma caminhada. Isso implica sentimentos de receptividade e liberdade.

» **a la intemperie** (a la in-tem-*pê*-rie) (em espaços externos, expostos a seus elementos [Literalmente: às intempéries]): Essa frase significa que você ficará sem um telhado por perto, e isso acarreta sofrer ou desfrutar de tudo o que possa encontrar. Essa frase representa um sentimento de exposição e pouca segurança.

Os exemplos a seguir podem ajudá-lo a determinar qual frase usar:

Voy a nadar en una piscina al aire libre. (bvoi a na-*dar* en uh-na pi-*ssi*-na al *ai*-re *li*-bvre.) (Vou nadar em uma piscina ao ar livre.)

No dejes las plantas a la intemperie. (no *de*-rres las *plán*-tas a la in-tem-*pê*-rie.) (Não deixe as plantas às intempéries.)

Dando uma Volta com o Verbo Pasear

FALANDO DE GRAMÁTICA

O verbo **pasear** (pa-sse-*ar*) (passear) tem vários usos e é um verbo regular. Seu radical é **pase-** (pa-sse). É assim que o conjugamos no presente:

Conjugação	Pronúncia
yo paseo	djô pa-*ssê*-o
tú paseas	tu pa-*ssê*-as

CAPÍTULO 12 **Diversão em Todo Lugar** 225

Conjugação	Pronúncia
él, ella, usted pasea	êl, ê-dja, us-*tê* pa-*ssê*-a
nosotros, nosotras paseamos	no-*ssô*-tros, no-*ssô*-tras pa-sse-*á*-mos
vosotros, vosotras paseáis	bvo-*ssô*-tros, bvo-*ssô*-tras pa-sse-*ais*
ellos, ellas, ustedes pasean	ê-djos, ê-djas, us-*tê*-des pa-*ssê*-an

Leve estas frases para passear:

¿Quieres pasear conmigo? (*¿kiê*-res pa–sse–*ar* kon–*mi*–go?) (Você quer passear comigo?)

Mi abuela pasea todas las tardes. (mi a–*bvuê*–la pa–*ssê*–a *to*–das las *tar*–des.) (Minha avó passeia todas as tardes.)

Observando os Animais

Durante qualquer atividade ao ar livre, você pode se deparar com pelo menos alguma espécie de animal. A Tabela 12–1 apresenta uma variedade de animais.

TABELA 12–1 ## Animais Comuns nas Américas Central, do Sul e no México

Espanhol	Pronúncia	Português
la alpaca	la al-*pa*-ka	a alpaca
la ardilla	la ar-*di*-dja	o esquilo
la burra	la *bvu*-rrra	a mula
el burro	êl *bvu*-rrro	o burro
el caballo	êl ka-*bva*-djo	o cavalo
la cabra	la *ka*-bvra	a cabra
el ganso	êl *gán*-sso	o ganso
el gato	êl *ga*-to	o gato
la gaviota	la ga-*bviô*-ta	a gaivota
el gorrión	êl go-*rrriôn*	o pardal
el huanaco	êl ua-*na*-ko	o guanaco

Espanhol	Pronúncia	Português
la iguana	la i-*guá*-na	a iguana
los insectos	los in-*sek*-tos	os insetos
la llama	la *djá*-ma	a lhama
el mapache	êl ma-*pa*-tche	o guaxinim
la mariposa	la ma-ri-*po*-ssa	a borboleta
el mono	êl *mo*-no	o macaco
el pájaro	êl *pa*-rra-ro	o pássaro
la paloma	la pa-*lo*-ma	a pomba
el pato	êl *pa*-to	o pato
el perro	êl *pe*-rrro	o cachorro
el puma	êl *pu*-ma	a onça-parda
la serpiente	la ser-*piên*-te	a cobra
la tortuga	la tor-*tu*-ga	a tartaruga
el tucán	êl tu-*kán*	o tucano
la vaca	la *bva*-ka	a vaca

Você provavelmente está familiarizado com os animais das Américas do Norte e do Sul; de qualquer forma, nosso foco são os animais do México e das Américas Central e do Sul:

» A primeira espécie que vem em mente é a **llama** e seu primos, o **huanaco** e a **alpaca**. Você encontra essas delicadas criaturas, da mesma família dos camelos, na maior parte da região dos Andes — da Colômbia ao Chile. **Llamas** e **alpacas** são altamente domesticáveis, mas os **huanacos** nasceram para ser selvagens.

» **Pumas** são os leões-das-montanhas da América do Sul. São animais muito ferozes, predadores carnívoros. Eles são lindos de se observar no zoológico, mas mantenha-se longe deles nas cordilheiras.

» Você encontra cobras — peçonhentas ou não —, macacos, insetos e aves de todos os tipos nas florestas tropicais da Bolívia, da Argentina, do Paraguai, do Equador e do México.

» As Ilhas Galápagos, no Equador, são conhecidas por sua fauna única, descrita originalmente por Charles Darwin, que, na verdade, concebeu sua Teoria da Evolução das espécies observando tartarugas e aves de lá.

» Iguanas passeiam livremente pelo sul do México — até que alguém as coloque na panela de sopa —, e esquilos estão por toda parte.

Estas frases são úteis para que você comece a conversar sobre animais enquanto os observa:

Los tucanes están en la selva. (los tu-*ka*-nes es-*tan* en la *sêl*-bva.) (Os tucanos estão na selva.)

En la playa vemos gaviotas. (en la *pla*-dja *bve*-mos ga-*bviô*-tas.) (Na praia vemos gaivotas.)

Van a una carrera de caballos. (*bván* a *u*-na ka-*rrre*-ra de ka-*bva*--djos.) (Eles vão a uma corrida de cavalos.)

Hay mapaches en casi todo el continente americano. (ai ma-*pa*--tches en *ka*-ssi *to*-do el kon-ti-*nen*-te a-me-ri-*ká*-no.) (Há guaxinins em quase todo o continente americano.)

Poderíamos escrever um livro inteiro somente falando sobre animais, mas aqui estão só mais alguns exemplos:

El cerro está cubierto de mariposas. (êl *se*-rrro es-*ta* ku-*bviêr*-to de ma-ri-*po*-ssas.) (A colina está coberta de borboletas.)

De paseo, vi una manada de vacas. (de pa-*sse*-o, bvi *u*-na ma-*na*-da de *bva*-kas.) (Durante o passeio, vi uma manada de vacas.)

En el lago vimos patos silvestres. (en êl *la*-go *bvi*-mos *pa*-tos sil--*bvês*-tres.) (No lago, vimos patos-selvagens.)

Tendo uma Conversa

O esporte incrível da equitação exige uma sintonia entre o cavalo e o cavaleiro e permite que o equitador faça pausas para apreciar a paisagem, conforme Mariana explica para Dora Luz.

Mariana:	**Me encanta andar a caballo.**
	me en-*kán*-ta an-*dar* a ka-*bva*-djo.
	Eu adoro andar a cavalo. (Literalmente: Andar a cavalo me encanta.)

Dora Luz:	**¿Te preparas para algún torneo?**
	¿te pre-*pa*-ras pa-ra al-*gun* tor-*ne*-o?
	Você está se preparando para algum torneio?

Mariana:	**No, simplemente gozo el hecho de montar.**
	no, sim-ple-*men*-te *gô*-sso êl *ê*-tcho de mon-*tar*.
	Não, eu simplesmente gosto de equitar.

Dora Luz:	**¿Tienes tu propio caballo?**
	¿tiê-nes tu prô-pio ka-bva-djo?
	Você tem seu próprio cavalo?
Mariana:	**Sí, tengo una yegua. Se llama Lirio.**
	si, ten-go u-na djê-gua. se djá-ma li-rio.
	Sim, tenho uma égua. Se chama Lirio [Lírio].
Dora Luz:	**Debe ser blanca.**
	de-bve ser bvlán-ka.
	Ela deve ser branca.
Mariana:	**Es blanca y tiene una mancha café en la frente.**
	ês blán-ka i tiê-ne u-na mán-tcha ka-fê en la fren-te.
	É branca e tem uma mancha marrom no focinho.

Palavras a Saber

andar	an-dar	andar
el caballo	êl ka-bva-djo	o cavalo
preparar	pre-pa-rar	preparar
torneo	tor-ne-o	torneio
simplemente	sim-ple-men-te	simplesmente
gozar	go-ssar	desfrutar; gostar
el hecho de montar	êl ê-tcho de mon-tar	equitar
propio	prô-pio	próprio
la yegua	la djê-gua	a égua
la mancha	la mán-tcha	a mancha
la frente	la fren-te	o focinho

Brincando com o Verbo Jugar

FALANDO DE GRAMÁTICA

Jugar (rru-gar) (jogar) é um verbo parcialmente irregular — ele sofre alomorfia de **-u** para **-ue**. Mas é um verbo muito útil e bom de jogo — definitivamente, vale o esforço. Aqui está sua conjugação:

Conjugação	Pronúncia
yo juego	djô _rruê_-go
tú juegas	tu _rruê_-gas
él, ella, usted juega	êl, ê-dja, us-_tê rruê_-ga
nosotros, nosotras jugamos	no-_ssô_-tros, no-_ssô_-tras rru-_gá_-mos
vosotros, vosotras jugáis	bvo-_ssô_-tros, bvo-_ssô_-tras rru-_gais_
ellos, ellas, ustedes juegan	ê-djos, ê-djas, us-_tê_-des _rruê_-gan

É sempre bom praticar um pouco antes de jogar. As frases a seguir podem ajudá-lo:

Él juega mejor que hace un mes. (êl _rruê_-ga me-_rror_ ke _a_-sse un mes.) (Ele joga melhor que há um mês.)

¿Jugamos béisbol hoy? (¿rru-_gá_-mos bveis-_bvol_ oi?) (Vamos jogar beisebol hoje?)

Jogos com Bola

A maioria dos esportes envolve uma bola, e o tipo de bola necessário depende do que você está jogando. Se estiver falando sobre jogos com bola nos países de língua espanhola, você provavelmente se refere ao futebol **(el fútbol)** (êl _fut_-bvol) ou ao beisebol **(el béisbol)** (êl bveis-_b-vol_). Nas seções a seguir vamos ajudá-lo a falar sobre esses jogos para o caso de você se aventurar em uma dessas atividades tão alucinantes (como espectador ou jogador).

O mais famoso de todos: Fútbol

Sim, **el fútbol** é o esporte mais popular na América Latina, assunto de mesas de boteco a reuniões familiares, e seus atletas são heróis nacionais. Ousamos dizer que se fala de **el fútbol** na América Latina mais do que qualquer outra coisa.

Aqui estão alguns termos sobre o futebol que podem vir a calhar:

» **el arquero** (êl ar-_ke_-ro) (o goleiro)

» **la cancha** (la _kán_-tcha) (o campo)

SABEDORIA CULTURAL

JOGOS COM BOLA DA ERA PRÉ-COLOMBIANA

Jogos com bola eram tão importantes na cultura pré-colombiana que as pessoas construíam quadras específicas para jogos. Você pode ver muitos desses campos nos sítios arqueológicos do México e da América Central.

Um desses lugares é o Monte Albán (*mon*-te al-*bvan*), uma cidade construída no topo de uma montanha acima da atual região do Oaxaca (o-a-*rra*-ka), a capital do estado de mesmo nome, no sul do México. Ver esse campo — e lá tem muitos outros — deixa claro por que o futebol é tão popular no México. Em cada pequeno vilarejo, nos terrenos mais improváveis, você encontra um campo, até com mais frequência do que nas áreas mais urbanas.

Além disso, um jogo com bola chamado chueca (*tchuê*-ka) já existia no Chile antes da chegada dos europeus. E chueca se parece com um hóquei de campo. Os araucanos (a-rau-*ká*-nos), membros de uma nação indiana do sul do Chile, batem na bola com um bastão torto. E a palavra para torto em lugares como o Chile e o México é chueco (*tchuê*-ko).

» **el equipo** (êl e-*ki*-po) (o time)
» **ganar** (gá-*nar*) (ganhar)
» **el gol** (êl gol) (o gol)

Tendo uma Conversa

Carla e Pedro conversam sobre seu esporte favorito, o futebol. (Faixa 23)

Pedro: **Me divierte ver el fútbol.**
me di-*bviêr*-te *bver* êl *fut*-bvol.
Eu me divirto vendo futebol.

Carla: **¿Adónde vas a verlo?**
¿a-*dôn*-de bvas a *bver*-lo?
Onde você vai assistir?

Pedro: **Voy al estadio de los Guerreros.**
bvoi al es-ta-*dio* de los ge-*rrre*-ros.
Vou ao estádio dos Guerreiros.

CAPÍTULO 12 **Diversão em Todo Lugar** 231

Carla:	**¿Eres hincha de los Guerreros?** ¿ê-res *in*-tcha de los ge-*rrre*-ros? Você é torcedor dos Guerreiros?
Pedro:	**Sí, hace muchos años.** si, *a*-sse *mu*-tchos *á*-nhos. Sim, faz muitos anos.
Carla:	**¿Qué jugadores te gustan?** ¿ke rru-ga-*do*-res te *gus*-tan? De quais jogadores você gosta?
Pedro:	**Prefiero a los de la defensa.** pre-*fiê*-ro a los de la de-*fen*-ssa. Prefiro os da defesa.
Carla:	**¿Y no te gustan los centro-delanteros?** ¿i no te *gus*-tan los *sen*-tro de-lan-*te*-ros? Você não gosta dos centroavantes?
Pedro:	**Sí, pero creo que la defensa tiene un rol muy especial.** si, *pe*-ro *kre*-o ke la de-*fen*-ssa *tiê*-ne un rrrol mui es-pe-*ssial*. Sim, mas acredito que a defesa tem um papel muito especial.

Palavras a Saber

divertir	di-bver-<u>tir</u>	divertir
el estadio	êl es-<u>ta</u>-dio	o estádio
el/la hincha	êl/la <u>in</u>-tcha	o/a fã
el jugador	êl rru-ga-<u>dor</u>	o jogador
la defensa	la de-<u>fen</u>-ssa	a defesa
los delanteros	los de-lan-<u>te</u>-ros	os atacantes
el rol	êl rrrol	o papel (a função)

Beisebol #2

El béisbol é definitivamente o jogo com bola mais importante (depois do **fútbol** — veja a seção anterior) no México, na América Central e no Caribe. Aqui está um vocabulário básico de que você pode precisar para que não seja eliminado do campo:

- **la base** (la *bva*-sse) (a base)
- **la base meta** (la *bva*-sse *mê*-ta) (a base de partida)
- **el bate** (êl *bva*-te) (o taco)
- **el bateador** (êl bva-te-a-*dor*) (o rebatedor)
- **el béisbol** (êl beis-*bol*) (o beisebol)
- **el jonrón** (êl rron-*ron*) (a rebatida)
- **el lanzador** (êl lan-ssa-*dor*) (o arremessador)
- **el receptor** (êl rrre-sep-*tor*) (o receptor)

Nadando com o Verbo Nadar

FALANDO DE GRAMÁTICA

Água, água por todos os lados — convidamos você para um mergulho. Antes de pular na água, você pode querer saber como se conjuga **nadar** (na-dar) (nadar). É muito fácil. Ele é um verbo regular, e seu radical é **nad-** (nad).

Conjugação	Pronúncia
yo nado	djô *na*-do
tú nadas	tu *na*-das
él, ella, usted nada	êl, ê-dja, us-*tê na*-da
nosotros, nosotras nadamos	no-*ssô*-tros, no-*ssô*-tras na-*dá*-mos
vosotros, vosotras nadáis	bvo-*ssô*-tros, bvo-*ssô*-tras na-*dais*
ellos, ellas, ustedes nadan	ê-djos, ê-djas, us-*tê*-des *na*-dan

Tudo bem, talvez você não queira se molhar agora. Que tal então praticar sua natação aqui, com apenas poucas palavras?

Yo no sé nadar. (djô no ssê na-*dar*.) (Eu não sei nadar.)

Carlos nada como un pez. (*kar*-los na-da *ko*-mo un pês.) (Carlos nada como um peixe.)

Tendo uma Conversa

María Luisa gosta de nadar e quer competir com Alvaro. Mas primeiro ela precisa descobrir como se tornar uma boa nadadora.

María Luisa: **¿Cuándo nadas?**
¿*kuán*-do *na*-das?
Quando você nada?

Alvaro: **Los martes y los viernes.**
los *mar*-tes i los *bviêr*-nes.
Às terças e sextas.

María Luisa: **¿Qué estilo nadas?**
¿kê es-*ti*-lo na-das?
Que estilo você nada?

Alvaro: **Nado principalmente de pecho.**
na-do prin-ssi-pal-*men*-te de *pe*-tcho.
Nado principalmente peito.

María Luisa: **¿Sabes nadar crol?**
¿*sa*-bves na-*dar* krôl?
Sabe nadar crawl?

Alvaro: **Sí, y también de espalda.**
si, i tam-*bviên* de ês-*pal*-da.
Sim, e também nado de costas.

María Luisa: **¿Cuánto nadas?**
¿*kuán*-to na-das?
Quanto você nada?

Alvaro: **Nado un kilómetro cada vez.**
na-do un ki-lô-me-tro *ka*-da bves.
Nado um quilômetro a cada vez.

María Luisa: **¡Que bien!**
¡ke bviên!
Muito bom!

Palavras a Saber

nadar	na-<u>dar</u>	nadar
el estilo	êl es-<u>ti</u>-lo	o estilo
nadar de pecho	na-<u>dar</u> de	nadar de peito	<u>pe</u>-tcho
nadar crol	na-<u>dar</u> krôl	nadar crawl
nadar de espalda	na-<u>dar</u> de	nadar de costas	es-<u>pal</u>-da

DEDILHO UM TROCADILHO

Esse trocadilho é baseado no jogo de duplo sentido das palavras nada (*na*-da) e traje (*tra*-rre). Como em português, nada significa tanto a terceira pessoa do singular do verbo nadar (na-*dar*) (nadar) como nada. E traje pode ser o passado do verbo traer (tra-*er*) (trazer) e também significa terno.

- ¿No nada nada? (no *na*-da *na*-da) (Você não nada nada?)

- No traje traje. (no *tra*-rre *tra*-rre.) (Não trouxe o terno.)

Diversão & Jogos

Aqui está sua chance de mostrar seu magnetismo animal. Escreva abaixo o nome de cada animal em espanhol. (Veja o Apêndice D para as respostas dos exercícios.)

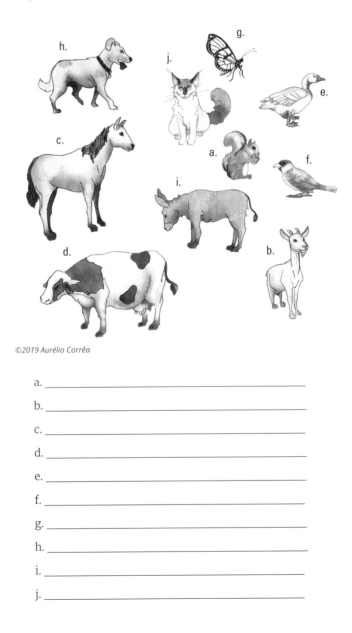

©2019 Aurélio Corrêa

a. _____
b. _____
c. _____
d. _____
e. _____
f. _____
g. _____
h. _____
i. _____
j. _____

3
Espanhol em Movimento

NESTA PARTE. . .

Esta parte possibilitará a você colocar seu espanhol na estrada, seja para ir a um restaurante local ou a um museu no México. Ela é dedicada ao mochileiro que há em você, ajudando-o a sobreviver aos processos alfandegários, a procurar acomodações, a pedir um táxi, a trocar moedas e a se divertir muito fazendo tudo isso.

Por meio dessas pequenas amostras culturais você conhecerá pessoas, lugares e coisas relevantes para a cultura espanhola.

> **NESTE CAPÍTULO**
>
> » **Planejando a viagem**
>
> » **Lidando com passaporte e visto**
>
> » **Usando o verbo ir e o futuro do presente**
>
> » **Fazendo as malas**
>
> » **Levando seu computador com você**

Capítulo **13**

Planejando uma Viagem

Este capítulo fará você se mexer! Não, você não vai terminá-lo ensopado de suor! Em vez disso, você conhecerá novos mundos, saindo da sua rotina. Aqui falaremos sobre sair de férias, em praias e montanhas, em diferentes países, para respirar novos ares. É hora da aventura, e este capítulo dará a você um guia de como desbravar novos mundos usando o espanhol.

Planos de Viagem

Uma coisa você já sabe: não importa quais são suas escolhas e seus desejos, você os encontrará na América Latina, nos países falantes de espanhol e entre esses povos. Certo?

> » **Procurando praias?** Você encontra dúzias de praias incríveis por toda parte, exceto no interior da Bolívia e do Paraguai.

» **Procurando cachoeiras?** Vá para **El Salto del Angel** (êl *sal*-to del *án*-rrel) (O Salto do Anjo), a cachoeira mais alta do mundo, na Venezuela. Ou as mais espetaculares, **Las Cataratas del Iguazú** (las ka-ta-*ra*-tas del i-gua-*ssu*) (As Cataratas do Iguaçu), na Argentina, na fronteira do Brasil com a Argentina.

» **Procurando lagos?** Considere o Lago Titicaca, entre o Peru e a Bolívia, ou passeie pelos lagos que conectam as regiões sul do Chile e da Argentina.

» **Uma trilha?** Experimente as florestas de Honduras, Venezuela, Colômbia, Bolívia, Peru, Guatemala ou da Costa Rica.

» **Desbravando civilizações antigas?** Você encontra literalmente milhares de lugares no México, na Guatemala, na Colômbia, no Peru, no Paraguai e na Espanha.

Se fazer compras é o desejo do seu coração, coloque sapatos confortáveis e confira essas dicas (veja o Capítulo 9 para compras de viagem):

» **Procurando porcelana refinada?** Vá para a Espanha.

» **Caçando boas peças de couro?** Argentina e México são primordiais.

» **Buscando prataria?** Experimente o México ou o Peru.

Aqui estão algumas frases para ajudá-lo a planejar sua viagem (veja o Capítulo 15 para mais detalhes sobre aquisição de passagens):

» **el boleto de ida** (êl bvo-*le*-to de *i*-da) (a passagem de ida)

» **el boleto de ida y vuelta** (êl bvo-*le*-to de *i*-da i *bvuêl*-ta) (a passagem de ida e volta)

» **el boleto de vuelta** (êl bvo-*le*-to de *bvuêl*-ta) (a passagem de volta)

» **la fecha de llegada** (la *fê*-tcha de dje-*ga*-da) (a data de chegada)

» **la fecha de partida** (la *fê*-cha de par-*ti*-da) (a data de partida)

» **la hora de despegue** (la ô-ra de des-*pe*-gue) (a hora de decolagem)

» **el vuelo con escalas** (êl *bvuê*-lo kon es-*ka*-las) (o voo com escalas)

» **el vuelo directo** (êl *bvuê*-lo di-*rek*-to) (o voo direto)

240   PARTE 3 **Espanhol em Movimento**

Tendo uma Conversa

Sergio quer voar da Cidade do México para Cancún. Ele vai a uma agência de viagens agendar o seu voo. (Faixa 24)

Sergio: **Buenos días.**
bvuê-nos *di*-as.
Bom dia.

Agente de viagem: **Buenos días, señor. ¿En qué le puedo servir?**
bvuê-nos *di*-as, se-*nhor*. ¿en ke le *puê*-do ser-*bvir*?
Bom dia, senhor. Em que posso ajudá-lo?

Sergio: **Necesito un boleto para Cancún.**
ne-sse-*ssi*-to un bvo-*le*-to pa-ra kan-*kun*.
Preciso de uma passagem para Cancún.

Agente de viagem: **¿En qué día le acomoda?**
¿en ke *di*-a le a-ko-*mô*-da?
Para que dia?

Sergio: **El viernes en la mañana.**
êl *bviêr*-nes en la ma-*nhá*-na.
Sexta-feira pela manhã.

Agente de viagem: **Hay un vuelo a las ocho.**
ai un *bvuê*-lo a las *ô*-tcho.
Tem um voo às 8h.

Sergio: **¿Un poco más tarde?**
¿un *po*-ko mas *tar*-de?
Um pouco mais tarde?

Agente de viagem: **Sí, hay otro a las nueve.**
si, ai *o*-tro a las *nuê*-bve.
Sim, tem outro às 9h.

Sergio: **Tomo ése.**
tô-mo *ê*-sse
Fico com esse.

Agente de viagem: **¿Hasta qué día?**
¿*as*-ta ke *di*-a?
Até que dia?

Sergio: **Hasta el domingo por la tarde.**
as-ta êl do-*min*-go por la *tar*-de.
Até domingo de tarde.

CAPÍTULO 13 **Planejando uma Viagem** 241

Agente de viagem:	**Hay un vuelo a las siete de la noche.** ai un *bvuê*-lo a las *siê*-te de la *no*-tche. Tem um voo às 19h.
Sergio:	**Es buena hora. Hágame la reservación.** ês *bvuê*-na ô-ra. *a*-ga-me la rrre-sser-bva-*ssiôn*. É um bom horário. Reserve para mim.
Agente de viagem:	**Aquí está su boleto, señor. El vuelo sale da Cidade do** **México a las nueve de la mañana.** a-ki es-*ta* su bvo-*le*-to, se-*nhor*. êl *bvuê*-lo *sa*-le de ciu-*da* de mê-rri-ko a las nuê-bve de la ma-*nhá*-na. Aqui está sua passagem, senhor. O voo sai da Cidade do México às 9h. **Tiene que estar en el aeropuerto una hora antes.** *tiê*-ne ke es-*tar* en êl a-ê-ro-*puêr*-to u-na ô-ra *án*-tes. Tem que estar no aeroporto uma hora antes.

Palavras a Saber

¿En qué le puedo servir?	¿en ke le pu<u>ê</u>-do ser-<u>bvir</u>?	Em que posso ajudá-lo?
el boleto	êl bvo-<u>le</u>-to	a passagem
¿En qué día le acomoda?	¿en ke <u>di</u>-a le a-ko-<u>mô</u>-da?	Para que dia?
el vuelo	êl bvu<u>ê</u>-lo	o voo
<u>tomo ese</u>	<u>tô</u>-mo <u>e</u>-sse	fico com esse

Vistos e Passaportes

Para entrar em outro país, você precisa seguir algumas formalidades, e elas variam conforme o local. Nosso conselho é conferir com
seu agente de viagens o consulado do seu destino para determinar os
documentos e exames (ou vacinas) de que você precisa. Na maioria das
vezes, os agentes de viagens sabem quais medidas tomar.

DICA

Sempre leve seu passaporte (**el pasaporte**) (êl pa-ssa-*pôr*-te) consigo, pois, independentemente de o país que visita exigir, você pode querer se desviar de seu destino original em algum momento. Além disso, o passaporte é fundamental para lidar com bancos ou emergências.

Ao requerer um visto (**una visa**) (*u*-na *bvi*-ssa), uma permissão para visitar um país, você tem que ter um passaporte — que é onde o visto fica carimbado. Alguns países não exigem visto.

Tendo uma Conversa

Patricia, uma canadense, tem algumas dúvidas sobre sua viagem para o México. (Faixa 25)

Patricia:	**¿Es este el consulado de México?** ¿ês *es*-te êl kon-su-*la*-do de mê-rri-ko? É este o consulado do México?
Atendente do Consulado:	**Sí, ¿en qué le puedo servir?** si, ¿en kê le *puê*-do ser-*bvir*? Sim, em que posso ajudá-la?
Patricia:	**¿Necesito una visa para ir a México?** ¿ne-sse-*ssi*-to u-na *bvi*-ssa *pa*-ra ir a *mê*-rri-ko? Eu preciso de um visto para ir ao México?
Atendente do Consulado:	**Depende. ¿Es ciudadana de los Estados Unidos o de Canadá?** de-*pen*-de. ¿ês siu-da-*dá*-na de los es-*ta*-dos u-*ni*-dos o de ka-na-*da*? Depende. Você é uma cidadã dos Estados Unidos ou do Canadá?
Patricia:	**Soy canadiense.** soi ka-na-*diên*-se. Sou canadense.
Atendente do Consulado:	**¿Por cuánto tiempo va?** ¿por *kuán*-to *tiêm*-po bva? Por quanto tempo vai ficar?
Patricia:	**De noviembre a marzo.** de no-*bviêm*-bre a *mar*-sso. De novembro a março.

CAPÍTULO 13 **Planejando uma Viagem** 243

Atendente do Consulado:	**Son cinco meses. ¿Va como turista?** son *sin*-ko *me*-sses. ¿bva *ko*-mo tu-*ris*-ta? São cinco meses. Você está indo como turista?
Patricia:	**Sí.** si. Sim.
Atendente do Consulado:	**Entonces no va a necesitar visa.** en-*tôn*-sses no bva a ne-sse-*ssi*-tar bvi-ssa. Então você não precisa de um visto.
Patricia:	**Gracias por la información.** *gra*-ssias por la in-for-ma-*ssiôn*. Obrigada pela informação.
Atendente do Consulado:	**De nada.** de *na*-da. De nada.

Palavras a Saber

el consulado	êl kon-ssu-<u>la</u>-do	o consulado
la visa	la <u>bvi</u>-ssa	o visto
depende	de-<u>pen</u>-de	depende
el/la ciudadano/a	êl/la siu-da- <u>dá</u>-no/na	o cidadão/a cidadã
canadiense	ka-na-di<u>ên</u>-se	canadense
el/la turista	êl/la tu-<u>ris</u>-ta	o/a turista

De Volta para o Futuro com a Locução Verbal Ir a Viajar

FALANDO DE GRAMÁTICA

O verbo **ir** (ir), como o nosso *ir*, pode ser usado para formar um tipo de futuro chamado *futuro simples*. É como dizer "Eu vou viajar". Em espanhol, essa frase é **voy a viajar** (bvoi a bvia-*rrar*). A seguir estão exemplos do uso do verbo **ir** com o infinitivo **viajar** (bvia-*rrar*) para formar o futuro simples desse verbo. (Vá para o Capítulo 5 para uma introdução sobre o verbo **ir**.)

Conjugação	Pronúncia
yo voy a viajar	djô bvoi a bvia-*rrar*
tú vas a viajar	tu bvas a bvia-*rrar*
él, ella, usted va a viajar	êl, ê-*dja*, us-*tê*, bva a bvia-*rrar*
nosotros, nosotras vamos a viajar	no-*ssô*-tros, no-*ssô*-tras *bvá*-mos a bvia-*rrar*
vosotros, vosotras vais a viajar	bvo-*ssô*-tros, bvo-*ssô*-tras bvais a bvia-*rrar*
ellos, ellas, ustedes van a viajar	ê-djos, ê-djas, us-*tê*-des bván a bvia-*rrar*

Pratique usando o futuro de **ir viajar**. É muito divertido, então confira:

Voy a viajar en avión. (bvoi a *bvia-rrar* en a-*bviôn*.) (Vou viajar de avião.)

Vamos a viajar en tren. (*bvá*-mos a *bvia-rrar* en tren.) (Vamos viajar de trem.)

Ellos van a viajar en autobús. (ê-djos bván a *bvia-rrar* en *au*-to-b-vus.) (Eles vão viajar de ônibus.)

DICA

Você também pode usar **ir + a** com outros verbos (no infinitivo) para dizer que irá fazer alguma coisa. Confira estes exemplos:

Voy a servir la cena a las seis. (bvoi a ser-*bvir* la *sê*-na a las seis.) (Vou servir o jantar às 6h.)

Tú vas a ir en avión. (tu bvas a ir en a-*bviôn*.) (Você vai andar de avião.)

Todos vamos a divertirnos. (to-dos *bvá*-mos a di-*bver-tir*-nos.) (Todos vamos nos divertir.)

CAPÍTULO 13 **Planejando uma Viagem** 245

Él va a llegar cansado. (êl bva a dje-*gar* kan-*sa*-do.) (Ele vai chegar cansado.)

Ella va a volver temprano. (ê-dja bva a bvol-*bver* tem-*prá*-no.) (Ela vai voltar cedo.)

Ellos van a llevar las maletas. (ê-djos bván a dje-*bvar* las ma-*le*--tas.) (Eles vão levar as malas.)

Fazendo as Malas: Menos É Mais

Sem dúvida, fazer as malas é uma parte vital de qualquer viagem. Mas antes de decidir o que levar, você precisa saber onde vai guardar tudo. Aqui estão algumas palavras para ajudá-lo a escolher qual mala de viagem lhe será útil; para mais informações sobre itens de viagem, vá para o Capítulo 9.

- » **la bolsa de viaje** (la *bvol*-sa de *bvia*-rre) (a bolsa de viagem)
- » **el equipaje** (êl e-ki-*pa*-rre) (a bagagem)
- » **la maleta** (la ma-*le*-ta) (a mala)
- » **la mochila** (la mo-*tchi*-la) (a mochila)
- » **la talega de lona** (la ta-*lê*-ga de *lo*-na) (a sacola de tecido)

Quando for arrumar suas coisas, confira estes verbos:

- » **empacar** (em-pa-*kar*) (empacotar; embalar)
- » **hacer el equipaje** (a-*sser* êl e-ki-*pa*-rre) (preparando a bagagem)

SABEDORIA CULTURAL

Ao visitar monumentos históricos, como igrejas, vista saias, vestidos ou calças compridas. Shorts são bons para ir à praia, mas nos ambientes urbanos, roupas longas são mais condizentes. Latinos são um pouco formais e prestam atenção à aparência das roupas. Você se sentirá melhor passeando pelas ruas da cidade se estiver vestindo algo bacana.

Levando seu Computador

Para aquela pausa entre uma atividade e outra, você pode querer fazer algo no seu laptop **(computadora portátil)** (kom-pu-ta-*do*-ra por--*ta*-til). (Para algumas pessoas, cujo trabalho não para nunca, nem mesmo quando elas estão de férias.) Aqui estão algumas frases para auxiliá-lo a falar sobre o seu laptop:

Voy a llevar conmigo la computadora portátil. (bvoi a dje-*bvar* kon-*mi*-go la kom-pu-ta-*do*-ra por-*ta*-til.) (Vou levar meu laptop comigo.)

No te olvides las baterías. (no te ol-*bvi*-des las bva-te-*ri*-as.) (Não se esqueça das baterias.)

Vas a llevar el adaptador de corriente. (bvas a dje-*bvar* êl a-dap--ta-*dor* de ko-*rrriên*-te.) (Você vai levar o adaptador elétrico.)

Necesitamos el adaptador para cargar la batería. (ne-sse-ssi-*tá*--mos êl a-dap-ta-*dor* pa-ra kar-*gar* la bva-te-*ri*-a.) (Precisamos do adaptador para carregar a bateria.)

Diversão & Jogos

O jogo de palavras cruzadas a seguir contém várias palavras apresentadas neste capítulo. Escreva a tradução das palavras nas numerações correspondentes, na grade do quebra-cabeça. (Veja o Apêndice D para as respostas dos exercícios.)

Horizontal

1 sapatos
4 viajar
5 baterias
6 meses
7 voo
9 mala
11 cidadã
13 porão
14 chegar
15 depende
16 ônibus

Vertical

2 turista
3 passaporte
8 bagagem
9 mochila
10 cansado
12 armário

> **NESTE CAPÍTULO**
>
> » Conferindo termos relacionados ao dinheiro
> » Sacando em um caixa eletrônico
> » Realizando outras transações
> » Trocando dólar por peso e outras moedas

Capítulo **14**

Dinheiro, Dinheiro, Dinheiro

V ocê trabalha duro, paga suas dívidas, ganha dinheiro. Você trabalha pelo dinheiro porque ele dá a você não só aquilo de que precisa, mas, principalmente, aquilo que você deseja. E agora o que você deseja é visitar o México, a Espanha ou alguma outra terra onde se fale o espanhol, para gastar um pouco desse dinheiro se divertindo pra valer.

Bem, você veio ao lugar certo. Neste capítulo você descobrirá como lidar com o dinheiro nos países de língua espanhola que você planeja visitar.

LEMBRE-SE

Você provavelmente está com seu dinheiro convertido em dólar norte-americano. Se você viajar pela América Latina, trocá-lo para a moeda local pode parecer um pouco confuso. Como este capítulo mostra, transações financeiras podem ser bem mais fáceis do que você supõe. Que ótima notícia!

CAPÍTULO 14 **Dinheiro, Dinheiro, Dinheiro** 249

Entendendo os Termos Básicos

LEMBRE-SE

Assim como você carrega dinheiro em sua bolsa ou carteira para comer fora, comprar lembranças e fazer outros pequenos gastos, precisa também carregar algumas frases e alguns termos básicos sobre dinheiro para que realize suas transações financeiras com eficácia. Aqui vão alguns termos úteis:

- **el banco** (êl *bvan*-ko) (o banco)
- **el billete** (êl bvi-*dje*-te) (a nota)
- **el centavo** (êl sen-*ta*-bvo) (o centavo)
- **la compra** (la *kom*-pra) (a compra)
- **el dinero** (êl di-*nhe*-ro) (o dinheiro)
- **dinero en efectivo** (di-*nhe*-ro en e-fek-*ti*-bvo) (dinheiro em espécie)
- **en billetes** (en bvi-*dje*-tes) (em notas)
- **en monedas** (en mo-*nê*-das) (em moedas)
- **la liquidación** (la li-ki-da-*siôn*) (a liquidação)
- **la moneda** (la mo-*nê*-da) (a moeda)
- **una moneda de oro** (*u*-na mo-*nê*-da de *ô*-ro) (uma moeda de ouro)
- **una moneda de plata** (*u*-na mo-*nê*-da de *pla*-ta) (uma moeda de prata)
- **el salario** (êl sa-*la*-rio) (o salário)
- **la venta** (la *bven*-ta) (a venda)

Quando você precisar pagar alguém por algo, use o verbo **pagar** (pa-gar) (pagar). **Pagar** é um verbo regular da primeira conjugação, **-ar**, e seu radical é **pag** (pag). Aqui conjugamos no presente este verbo útil para transações:

Conjugação	Pronúncia
yo pago	djô *pa*-go
tú pagas	tu *pa*-gas
él, ella, usted paga	êl, ê-dja, us-*tê pa-ga*
nosotros, nosotras pagamos	no-*ssô*-tros, no-*ssô*-tras pa-*gá*-mos
vosotros, vosotras pagáis	bvo-*ssô*-tros, bvo-*ssô*-tras pa-*gais*
ellos, ellas, ustedes pagan	ê-djos, ê-djas, us-*tê*-des *pa*-gan

As frases a seguir auxiliam nas transações econômicas:

¿Tienes algún dinero? (¿*tiê*-nes al-*gun* di-*ne*-ro?) (Você tem algum dinheiro?)

¿Tienes dinero en efectivo? (¿*tiê*-nes di-*ne*-ro en e-fek-*ti*-bvo?) (Você tem dinheiro em espécie?)

¿Tiene una moneda de cincuenta centavos? (¿*tiê*-ne *u*-na mo-*nê*--da de si-*kuên*-ta sen-*ta*-bvos?) (Você tem uma moeda de cinquenta centavos?)

No tenemos monedas. (no te-*ne*-mos mo-*nê*-das.) (Não temos moedas.)

Necesitan dos monedas de diez centavos. (ne-sse-*ssi*-tan dos mo-*nê*-das de diês sen-*ta*-bvos.) (Eles precisam de duas moedas de dez centavos.)

Pagamos con dos billetes de veinte pesos. (pa-*gá*-mos kon dos bvi-*dje*-tehs de *bvein*-te *pe*-ssos.) (Pagamos com duas notas de vinte pesos.)

Aquí tiene un billete de cien colones. (a-*ki tiê*-ne un bvi-*djê*-te de siên ko-*lo*-nes.) (Aqui tem uma nota de cem colones.)

Usando um caixa eletrônico

Quando estão em boas condições de funcionamento, caixas eletrônicos são uma boa maneira de sacar dinheiro. E em mais de 90% do tempo eles dão conta disso muito bem.

Caixas eletrônicos estão disponíveis em cidades e resorts de praticamente o mundo inteiro. Eles são o jeito mais simples e discreto de acessar seus fundos e podem, inclusive, ter uma taxa de câmbio menor do que a de bancos e agências específicas.

Você pode usar seu cartão de débito ou de crédito em um caixa eletrônico. Simplesmente vá até a máquina, coloque seu número de identificação (PIN) e saque o dinheiro na moeda local.

Aqui estão alguns termos associados aos caixas eletrônicos:

» **la cantidad** (la kan-ti-*da*) (a quantia)

» **la cuenta** (la *kuên*-ta) (a conta)

» **el débito** (êl *dê*-bvi-to) (o débito)

CAPÍTULO 14 **Dinheiro, Dinheiro, Dinheiro** 251

- » **entregar** (en-tre-*gar*) (entregar)
- » **introducir** (in-tro-du-*ssir*) (inserir)
- » **el número confidencial** (êl *nu*-me-ro kon-fi-den-*sial*) (o PIN)
- » **el retiro** (êl rrre-*ti*-ro) (o saque)
- » **el saldo** (êl *sal*-do) (o saldo)
- » **la tarjeta** (la tar-*rrê*-ta) (o cartão)
- » **teclear** (te-kle-*ar*) (digitar)

Geralmente os caixas eletrônicos mostram em seu visor as frases em inglês e em espanhol. De qualquer forma, aqui seguem as frases que você costuma ver nesses terminais, na ordem em que aparecem, com a tradução para o português:

> **Introduzca su tarjeta por favor.** (in-tro-*dus*-ka su tar-*rrê*-ta por fa-*bvor*.) (Insira seu cartão, por favor.)

> **Por favor tecle su número confidencial.** (por fa-*bvor* tê-kle su *nu*-me-ro kon-fi-den-*sial*.) (Por favor, digite sua senha.)

Neste ponto você deve pressionar o botão em que se lê **Continuar** (Continuar). Após apertar esse botão, você verá o menu principal **(menú principal)**, como mostrado na Figura 14-1. Suas opções — **Definir las preferencias de QuickChoice** (Defina as preferências de escolha rápida) — se parecerão com as seguintes, e você será instruído a Selecionar uma opção **(Seleccione una opción)**:

- » **estados de cuentas** (es-*ta*-dos de *kuên*-tas) (extrato de contas)
- » **retiro en efectivo** (rrre-*ti*-ro en e-fek-*ti*-bvo) (saque em espécie)
- » **depósito** (de-*pô*-ssi-to) (depósito)
- » **servicios adicionales** (ser-*bvi*-sios a-di-sio-*na*-les) (serviços adicionais)
- » **saldos de cuentas** (*sal*-dos de *kuên*-tas) (saldos de contas)
- » **dinero en efectivo rápido** (di-*nê*-ro en e-fek-*ti*-bvo *rrra*-pi-do) (dinheiro em espécie rápido)

Se você escolher sacar dinheiro, estas expressões podem ser úteis:

- » **tarjeta de crédito** (tar-*rrê*-ta de *krê*-di-to) (cartão de crédito)
- » **cuenta de cheques** (*kuên*-ta de *tchê*-kes) (conta corrente)
- » **débito/inversiones** (*dê*-bvi-to/in-bver-*siô*-nes) (débito/investimentos)

252   PARTE 3 **Espanhol em Movimento**

Se você escolher **Dinero en efectivo rápido** (Dinheiro em espécie rápido), você gostará de se deparar com as seguintes opções:

» **100, 200, 300, 400, 500, 1000, 1500**
» **¿otra cantidad?** (¿*o*-tra kan-ti-*da*?) (outra quantia?)

Escolha a quantia desejada, e seu dinheiro sairá do terminal. Então você verá mensagens como as que seguem:

» **entregado** (en-tre-*ga*-do) (entregue)
» **saldo** (*sal*-do) (saldo)
» **por favor tome su dinero** (por fa-*bvor* tô-me su di-*nê*-ro) (por favor, retire seu dinheiro)

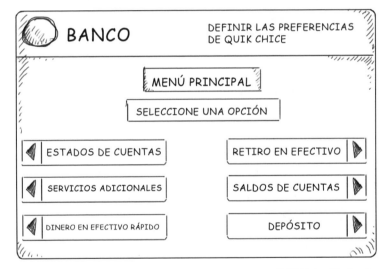

FIGURA 14-1: Um menu típico de um caixa eletrônico.

© 2019 Aurélio Corrêa

Se demorar para escolher uma opção, talvez você veja mensagens como as seguintes:

» **¿requiere más tiempo?** (rrre-*kiê*-re mas *tiêm*-po) (precisa de mais tempo?)
» **sí/no** (si/no) (sim/não)

CAPÍTULO 14 **Dinheiro, Dinheiro, Dinheiro** 253

Guarde todos os comprovantes das transações realizadas nos caixas eletrônicos durante sua viagem. Se não sair um recibo ou se você achar que ocorreu algum erro durante a operação no terminal, certifique-se de anotar a data, a hora e o local. Assim que chegar em casa, confira seu extrato bancário e siga a política de seu banco para reportar esse tipo de incidente.

Em alguns casos, o caixa eletrônico pode não funcionar ou estar sem dinheiro. Ou pode acontecer de o sistema do banco estar fora do ar (os sistemas dos bancos envolvidos podem não falar a mesma língua!). Quando isso acontecer, você pode usar seu cartão de crédito, como explicamos na próxima seção. É aí que seus cheques de viagem serão úteis. (Veja a seção "Negociando com Cheques de Viagem", ainda neste capítulo.)

Recarregando com o Cartão de Crédito

Um cartão de crédito **(la tarjeta de crédito)** (la tar-*rrê*-ta de *krê*-di-to) é um jeito seguro e prático de lidar com dinheiro. Pagar com cartão de crédito quando se está viajando tem algumas vantagens. Uma delas é que você não precisa carregar dinheiro; outra é que suas despesas ficam registradas na sua conta. Além disso, você sempre obtém um recibo **(el recibo)** (êl rrre-*si*-bvo). O problema é se o lugar em que você for não aceitar cartão (ou pelo menos a bandeira do seu).

Esteja ciente de que muitos lugares que aceitam cartão de crédito são um pouco mais caros do que os que não o fazem. Muitas vezes você pode comer em restaurantes que não aceitam cartão e ter uma excelente comida e um bom serviço pagando bem mais barato.

Tendo uma Conversa

Juan quer pagar pela sua compra em uma loja. E agora ele descobrirá se a loja aceita cartão de crédito. (Faixa 26)

Juan: **¿Aceptan tarjetas de crédito?**
¿a-*sêp*-tan tar-*rrê*-tas de *krê*-di-to?
Vocês aceitam cartões de crédito?

254 PARTE 3 **Espanhol em Movimento**

Vendedor:	**Con mucho gusto.** kon *mu*-tcho *gus*-to. Com prazer.
Juan:	**Aquí tiene mi tarjeta.** a-*ki tiê*-ne mi tar-*rrê*-ta. Aqui está o meu cartão.
Vendedor:	**Un momento, vuelvo con su recibo.** un mo-*men*-to, *bvuêl*-bvo kon su rrre-*si*-bvo. Um momento, voltarei com seu recibo.
	Firme aquí, por favor. *fir*-me a-*ki*, por fa-*bvor*. Assine aqui, por favor.
	Aquí tiene su tarjeta y su recibo. Gracias. a-*ki tiê*-ne su tar-*rrê*-ta i su rrre-*si*-bvo. *gra*-sias. Aqui estão o seu cartão e o seu recibo. Obrigado.

Palavras a Saber

la tarjeta	la tar-<u>rrê</u>-ta	o cartão
firmar	fir-<u>mar</u>	assinar

Negociando com Cheques de Viagem

Cheques de viagem (los cheques de viaje) (los *tchê*-kes de *bvia*-rre) são outra forma segura de carregar dinheiro quando você está viajando — você geralmente consegue seu dinheiro de volta se perder os cheques ou se eles forem roubados. Um inconveniente é que você precisa encontrar o lugar certo para convertê-los em dinheiro. Bancos os trocam, e muitas casas de câmbio o fazem também. Os melhores hotéis também costumam aceitá-los.

DICA

Hotéis mais baratos, restaurantes e algumas lojas podem não aceitar cheques de viagem. Tente trocá-los antes de fazer seus passeios e leve apenas quantias moderadas de dinheiro com você.

Tendo uma Conversa

Ana Maria está no banco comprando alguns cheques de viagem. (Faixa 27)

Ana María:	**¿Cuál es el cambio por dólar de los cheques de viaje?** ¿kual ês êl *kám*-bvio por *dô*-lar de los *tchê*-kes de *bvia*-rre? Quanto está a taxa de câmbio do dólar por cheques de viagem?
Caixa:	**A nueve sesenta.** a *nuê*-bve se-*ssên*-ta. R$ 9,60.
Ana María:	**Quiero cambiar estos cheques de viaje.** kiê-ro kam-*bviar* ês-tos *tchê*-kes de *bvia*-rre. Quero trocar estes cheques de viagem.
Caixa:	**¿Tiene sus documentos, por favor?** ¿*tiê*-ne sus do-ku-*men*-tos, por fa-*bvor*? Sua identidade, por favor?
Ana María:	**Mi pasaporte.** mi pa-sa-*pô*-te. Meu passaporte.
Caixa:	**Muy bien. Ahora puede firmar sus cheques.** mui bviên. a-*ô*-ra *puê*-de fir-*mar* sus tchê-kes. Certo. Agora, pode assinar seus cheques.

Palavras a Saber

cambiar	kam-bvi<u>ar</u>	trocar
los documentos	los do-ku- <u>men</u>-tos	identidade (Literalmente: os documentos)

Trocando Dólares

Cada país tem a sua própria moeda **(la moneda)** (la mo-nê-da). Ao viajar, geralmente você precisa usar a moeda local para fazer transações — comerciantes em alguns países podem não aceitar o dólar, e aqueles que o aceitam podem alterar os preços para enganar os turistas para que eles paguem muito mais caro se o dólar for forte em relação à sua moeda.

Quando desejar trocar dólares pela moeda local, olhe os indicativos de valores para saber a quantia que resultará da conversão. Por exemplo, você verá as placas indicando:

Dólar USA   Compra 9,70   Venda 9,80

Isso significa que a agência ou o banco compra dólares por 9,70 na moeda local. E se você deseja comprar dólares, eles custarão a você 9,80. Assim, eles estão descontando (o equivalente a) dez centavos para cada dólar trocado. Não se prenda muito a isso — o que é mais importante é a quantia que você receberá pelos dólares trocados.

A pessoa que empresta ou troca dinheiro é chamada de **el cambista** (êl kam-*bvis*-ta) (o cambista). As agências de câmbio emitem recibos oficiais, assim como os bancos; eles são úteis caso você descubra que há algo de errado com seu dinheiro. Então, em vez de trocar seu dinheiro na rua, procure por um estabelecimento que indique **cambio** (*kám*-bvio) (câmbio) e você saberá que está lidando com uma entidade confiável.

Estas frases podem vir a calhar ao trocar dinheiro:

¿Dónde puedo cambiar dólares? (*¿dôn*-de *puê*-do kam-*bviar* dô-la-res?) (Onde posso trocar dólares?)

Una cuadra a la derecha, hay una agencia. (*u*-na *kua*-dra a la de-*rê*-tcha, ai *u*-na a-*rren*-sia.) (Uma quadra à direita, tem uma agência.)

¿Dónde encuentro una casa de cambio? (*¿dôn*-de en-*kuên*-tro *u*-na *ka*-ssa de *kám*-bvio?) (Onde encontro uma casa de câmbio?)

Nas seções a seguir mostramos como usar o verbo que significa *trocar* e nomeamos as moedas dos países de língua espanhola.

Trocando moedas com o verbo cambiar

Em espanhol, trocar e cambiar são expressos pelo mesmo verbo: **cambiar** (kám-*bviar*). **Cambiar** é um verbo regular, e seu radical é **cambi-** (kam-bvi). É assim que ele é conjugado no presente:

Conjugação	Pronúncia
yo cambio	djô *kám*-bvio
tú cambias	tu *kám*-bvias
él, ella, usted cambia	êl, ê-dja, us-*tê kám*-bvia
nosotros, nosotras cambiamos	no-*ssô*-tros, no-*ssô*-tras kám-*bvia*-mos
vosotros, vosotras cambiáis	bvo-*ssô*-tros, bvo-*ssô*-tras kám-*bviais*
ellos, ellas, ustedes cambian	ê-djos, ê-djas, us-*tê*-des *kám*-bvian

Experimente praticar o verbo cambiar usando as frases a seguir:

En esa ventanilla cambian monedas. (en ê-ssa bven-ta-*ni*-dja *kám*-bvian mo-*nê*-das.) (Nessa baia se trocam moedas.)

Quiero cambiar bolívares por dólares. (*kiê*-ro kám-*bviar* bvo-*li*-bva-res por dô-la-res.) (Quero trocar bolívares por dólares.)

La casa de cambio te puede cambiar tus dólares. (la *ka*-ssa de *kám*-bvio te *puê*-de kám-*bviar* tus *dô*-la-res.) (A casa de câmbio pode trocar os seus dólares.)

258 PARTE 3 **Espanhol em Movimento**

En el banco cambian dólares. (en êl *bván*-ko *kám*-bvian *dô*-la--res.) (No banco se trocam dólares.)

Lacomisiónconquecambianesmuyalta.(lako-mi-*siôn*konke*kám*-bvian ês mui *al*-ta.) (A comissão de troca deles é muito alta.)

Moedas curinga: Conhecendo as moedas latino-americanas

Como você pode impressionar seus amigos? Apenas pergunte a eles coisas como: "Como é o nome da moeda do Equador?". Veja a Tabela 14–1 e os surpreenda com seu conhecimento sobre as diferentes moedas.

TABELA 14–1 **Moedas Latino-Americanas**

País	Moeda	Pronúncia	Em Português
Argentina	el peso argentino	êl *pê*-sso ar-rren-*ti*-no	o peso argentino
Bolívia	el boliviano	êl bvo-li-*bviá*-no	o boliviano
Chile	el peso chileno	êl *pê*-sso tchi-*lê*-no	o peso chileno
Colômbia	el peso colombiano	êl *pê*-sso ko-lom-*biá*--no	o peso colombiano
Costa Rica	el colón	êl ko-*lôn*	o colón
Cuba	el peso cubano	êl *pê*-sso ku-*bvá*-no	o peso cubano
	el peso cubano convertible	êl *pê*-sso ku-*bvá*-no kon-bver-*ti*-bvle	o peso cubano conversível
República Dominicana	el peso	êl *pê*-sso	o peso
Equador	el dólar	êl *dô*-lar	o dolár (o Equador usa o dólar norte-americano)
El Salvador	el dólar	êl *dô*-lar	o dolár (El Salvador usa o dólar norte-americano)
Guatemala	el quetzal	êl ke-*tsal*	o quetzal
Honduras	el lempira	êl lem-*pi*-ra	a lempira
México	el peso	êl *pê*-sso	o peso
Nicarágua	el córdoba	êl *kôr*-do-bva	o córdoba
Panamá	el balboa	êl bval-*bvô*-a	o balboa

CAPÍTULO 14 **Dinheiro, Dinheiro, Dinheiro** 259

País	Moeda	Pronúncia	Em Português
	el dólar	êl *dô*-lar	o dólar (o Panamá usa o dólar norte-americano)
Paraguai	el guaraní	êl gua-ra-*ni*	o guaraní
Peru	el sol	êl sôl	o sol
Porto Rico	el dólar americano	êl *dô*-lar a-me-ri-*ká*-no	o dólar americano
Espanha	el euro	êl *êu*-ro	o euro
Uruguai	el peso	êl *pê*-sso	o peso
Venezuela	el bolívar	êl bvo-*li*-bvar	o bolívar

Diversão & Jogos

Um poeta concretista (nós não somos engraçados?) rearranjou as letras de palavras que representam diversas moedas espanholas. Reorganize e ligue-as com suas traduções correspondentes. (Veja o Apêndice D paras as respostas dos exercícios.)

al promca	conta
al tanev	saldo
cibore	boletos
damones	em espécie
dolsa	moedas
entuac	cartão de crédito
ernoid	dinheiro
jetarat ed droticé	PIN
le canob	recibo
ne votecife	o banco
romeún fendicclaion	a compra
sibellet	a venda
tireor	saque

260 PARTE 3 **Espanhol em Movimento**

> **NESTE CAPÍTULO**
>
> » **Comprando passagens e carregando as malas**
>
> » **Andando pelo aeroporto ou pela estação de trem**
>
> » **Lidando com a alfândega**
>
> » **Conhecendo o transporte público**
>
> » **Dirigindo um carro**
>
> » **Chegando pontualmente/atrasado/ em ponto (e esperando, se necessário)**

Capítulo **15**

Por Aí Afora: Aviões, Trens, Táxis e Mais

Quando você está viajando por países estrangeiros, um dos grandes desafios é ir de um ponto A para um B. Se você encontrar sinalização em português ou com símbolos universais, isso certamente o ajudará, mas você precisa ser capaz de comprar uma passagem, dizer a um taxista para aonde deseja ir e pegar o ônibus certo. Neste capítulo nós o ajudaremos a ir do ponto A ao B de avião, trem, ônibus e por meio de um carro alugado — e tudo dentro do seu cronograma.

Adquirindo Passagens

Independentemente de estar viajando de avião, trem, ônibus ou até de navio, você precisa comprar uma passagem. Geralmente essa transação requer que você saiba números, datas e horários (veja o Capítulo 4) e que conheça a moeda local (veja o Capítulo 14). Antes de ir para a bilheteria, pratique as seguintes frases:

Voy a Puerto Escondido. (bvoi a *puêr*-to es-kon-*di*-do.) (Vou para Puerto Escondido.)

Quiero comprar un boleto. (*kiê*-ro kom-*prar* un bvo-*lê*-to.) (Quero comprar uma passagem.)

¿Cuánto cuesta un boleto a Puerto Escondido? (¿*kuán*-to *kuês*-ta un bvo-*lê*-to a *puêr*-to es-kon-di-do?) (Quanto custa uma passagem para Puerto Escondido?)

¿A qué hora sale? (¿a ke *ô*-ra *sa*-le?) (A que horas sai?)

¿Cuándo llega a Puerto Escondido? (¿*kuán*-do *djê*-ga a *puêr*-toh es-kon-*di*-do?) (Quando chega a Puerto Escondido?)

Necesito facturar una maleta. (ne-sse-*ssi*-to fak-tu-*rar* u-na ma-*lê*-ta.) (Eu preciso verificar a minha mala.)

¿Dónde necesito estar para embarcar? (¿*dôn*-de ne-sse-*ssi*-to es-*tar pa*-ra em-bvar-*kar*?) (Onde eu preciso estar para embarcar?)

Trazendo Coisas com o Verbo Traer

LEMBRE-SE

Muito comum, porém irregular, é o verbo **traer** (tra-êr) (trazer/levar). Você está sempre levando e trazendo alguma coisa (especialmente quando viaja), e muitas vezes alguém leva ou traz coisas para você. Por exemplo, você leva uma câmera nas suas férias; em um restaurante, o garçom traz a sua comida e a sua bebida. Aqui mostramos como você usa **traer** no presente:

Conjugação	Pronúncia
yo traigo	djô *trai*-goh
tú traes	tu *tra*-es
él, ella, usted trae	êl, ê-dja, us-*tê tra*-e
nosotros, nosotras traemos	no-*ssô*-tros, no-*ssô*-tras tra-*e*-mos
vosotros, vosotras traéis	bvo-*ssô*-tros, bvo-*ssô*-tras tra-*eis*
ellos, ellas, ustedes traen	ê-djos, ê-djas, us-*tê*-des *tra*-en

É sempre bom praticar um verbo novo. Aqui estão algumas frases:

Traigo una cámara. (*trai*-go u-na *ká*-ma-ra.) (Trago uma câmera.)

¿Traes las fotos? (¿*tra*-es las *fô*-tos?) (Você está trazendo as fotos?)

Lo que traemos no es problema. (lo ke tra-*e*-mos no ês pro-*bvle*-ma.) (O que trazemos não é um problema.)

Traen cosas de uso personal. (*tra*-en *ko*-ssas de *u*-sso per-so-*nal*.) (Eles trazem coisas de uso pessoal.)

Seguindo pelo Aeroporto

Se você escolher chegar de avião ao seu destino, o pessoal do aeroporto **(el aeropuerto)** (êl aê-ro-*puêr*-to) pode explicar a você como chegar aonde estiver indo. Enquanto sua bagagem estiver sendo descarregada, vá à área de verificação de documentos. Aqui estão algumas frases que você pode ouvir durante esse processo:

Pase a migración. (*pa*-sse a mi-gra-*siôn*.) (Vá para a migração.)

Pase a inmigración. (*pa*-sse a in-mi-gra-*siôn*.) (Vá para a imigração.)

Pase por aquí con su pasaporte en la mano. (*pa*-sse por a-*ki* kon su pa-ssa-*pôr*-te en la *má*-no.) (Passe por aqui com seu passaporte em mãos.)

Você pode ter algumas dúvidas específicas, especialmente se precisar fazer um voo de conexão para chegar ao seu destino final:

¿Van a transferir las maletas al vuelo de enlace? (¿bván a trans-fe-*rir* las ma-*le*-tas al bvuê-lo de en-*la*-sse?) (Vocês vão transferir minhas malas para o voo de conexão?)

¿Dónde voy a embarcar para el vuelo de enlace? (¿*dôn*-de bvoi a em-bvar-*kar* pa-ra êl bvuê-lo de en-*la*-sse?) (Onde vou embarcar para o voo de conexão?)

¿Está a tiempo el vuelo de enlace? (¿es-*ta* a *tiêm*-po êl bvuê-lo de en-*la*-sse?) (O voo de conexão vai sair no horário certo?)

¿Dónde recojo mis maletas? (¿*dôn*-de rrre-*ko*-rro mis ma-*le*-tas?) (Onde recolho minhas malas?)

Se precisar esperar em uma fila para falar com o oficial da imigração do aeroporto, você pode ter que responder a algumas perguntas que pode ouvir do oficial:

¿Me permite su pasaporte? (¿me per-*mi*-te su pa-ssa-*pôr*-te?) (Posso ver seu passaporte?)

CAPÍTULO 15 **Por Aí Afora: Aviões, Trens, Táxis e Mais** 263

¿De dónde viene? (¿de *dôn*-de *bviê*-ne?) (De onde você vem?)

¿En qué vuelo llegó? (¿en kê *bvuê*-lo dje-*gô*?) (Em que voo você chegou?)

¿Adónde va? (¿a-*dôn*-de bvá?) (Para onde está indo?)

¿Cuánto tiempo quiere quedarse en el país? (¿*kuán*-to *tiêm*-po *kiê*-re ke-*dar*-se en êl pa-*is*?) (Quanto tempo pretende ficar neste país?)

¿Cuánto dinero trae consigo? (¿*kuán*-to di-*ne*-ro *tra*-e kon-*si*-go?) (Quanto dinheiro está trazendo consigo?)

¡Que tenga una feliz estadía! (¡ke *ten*-ga *u*-na fe-*lis* es-ta-*di*-a!) (Tenha uma boa estada!)

¡Que lo pase muy bien! (¡ke lo *pa*-sse mui bviên!) (Que você se divirta bastante!)

Pase a la aduana, por favor. (*pa*-sse a la a-*duá*-na, por fah-*bvor*.) (Vá para a alfândega, por favor.)

Passeando de Trem

Viajar de trem é uma prática mais comum do que você pode imaginar, então, ao chegar ao seu destino, procure por uma estação. As seções a seguir vão ajudá-lo a se encontrar em uma estação de trem.

Encontrando a estação de trem

Se você está procurando pela estação de trem, algumas frases podem ajudar:

¿Dónde está la estación del tren? (¿*don*-de es-*ta* la es-ta-*siôn* del tren?) (Onde fica a estação de trem?)

¿Cómo llego a la Estación Central? (¿*ko*-mo *djê*-go a la es-ta-*siôn* sen-*tral*?) (Como chego à Estação Central?)

Lléveme, por favor, a la estación del tren. (*djê*-bve-me, por fa-bvor, a la es-ta-*siôn* del tren.) (Leve-me, por favor, para a estação de trem.)

Conferindo seus documentos

Se você estiver viajando de trem entre dois países, em algum momento o cobrador pode aparecer dizendo coisas como:

¿Me permiten sus pasaportes, por favor? (¿me per-*mi*-ten sus pa-sa-*pôr*-tes, por fa-*bvor*?) (Posso ver seus passaportes, por favor?)

Me llevo sus pasaportes un rato. (me dje-bvo sus pa-sa-*pôr*-tes un *rrra*-to.) (Vou levar seus passaportes por um momento.)

Aquí tienen de vuelta sus pasaportes. (a-*ki* tiê-nen de bvuêl-ta sus pa-sa-*pôr*-tes.) (Aqui estão seus passaportes de volta.)

Aquí tienen sus formularios de aduana. (a-ki *tiê*-nen sus for-mu--*la*-rios de a-*duá*-na.) (Aqui estão seus formulários da alfândega.)

Llenen, por favor, el cuestionario. (*djê*-nen, por fa-*bvor*, êl kuês--tio-*na*-rio.) (Preencham, por favor, o questionário.)

Al llegar, llévelo a la aduana. (al dje-*gar djê*-bve-lo a la a-*duá*--na.) (Ao chegar, levem-no à alfândega.)

Tendo uma Conversa

Sonia decidiu viajar para La Paz, na Bolívia. Ela está na estação de trem e quer uma passagem. (Faixa 28)

Sonia:	**Un boleto para La Paz, por favor.** un bvo-*le*-to *pa*-ra la pas, por fa-*bvor*. Uma passagem para La Paz, por favor.
Bilheteiro:	**¿Primera, segunda o tercera clase?** ¿pri-*me*-ra, se-*gun*-da o ter-*sê*-ra *kla*-sse? Primeira, segunda ou terceira classe?
Sonia:	**Primera clase, por favor.** pri-*me*-ra *kla*-sse, por fa-*bvor*. Primeira classe, por favor.
Bilheteiro:	**Son quinientos pesos, por favor.** son ki-*niên*-tos *pê*-ssos, por fa-*bvor*. São quinhentos pesos, por favor.
Sonia:	**Aquí los tiene. ¿A qué hora sale el tren?** a-*ki* los *tiê*-ne. ¿a kê *ô*-ra *sa*-le êl tren? Aqui estão. A que horas o trem sai?
Bilheteiro:	**Sale a las 12:15.** *sa*-le a las *do*-sse *kin*-sse. Sai às 12h15.

CAPÍTULO 15 **Por Aí Afora: Aviões, Trens, Táxis e Mais** 265

Sonia:	**¿De qué andén sale?** ¿de ke an-*dên sa*-le? De que plataforma ele sai?
Bilheteiro:	**Del andén número dos.** del an-*dên nu*-me-ro dos. Da plataforma número dois.
Sonia:	**Muchas gracias, señor.** *mu*-tchas *gra*-ssias, se-*nhor*. Muito obrigada, senhor.
Bilheteiro:	**De nada. ¡Que tenga un buen viaje!** de *na*-da. ¡ke *ten*-ga un bvuên *bvia*-rre! De nada. Tenha uma boa viagem!

Palavras a Saber

el boleto	êl bvo-le-to	a passagem
primera clase	pri-me-ra kla-sse	primeira classe
salir	sa-lir	sair
el tren	êl tren	o trem
andén	an-dên	a plataforma
¡Que tenga un	¡ke ten-ga un	Tenha uma boa viagem!
buen viaje!	bvuên bvia-rre!	

Lidando com a Alfândega

Quando comprar suas passagens, pergunte sobre as regulamentações alfandegárias para o seu destino. Cada país tem as suas próprias regras. Sua agência de viagens ou o consulado do país que for visitar podem dar a você, sem nenhum custo, as informações do domínio aduaneiro de que precisa. Oficiais alfandegários dos países que você for visitar estão mais preocupados com coisas como cigarros, álcool, armas, equipamentos eletrônicos e arte antiga de interesse nacional. Cuidado para não carregar itens que sejam proibidos por lei.

Nas seções a seguir mostramos como lidar com declarações, deveres e registro de equipamentos eletrônicos.

DICA

Antes de embarcar em sua jornada, procure seu país de destino em http://www.portalconsular.itamaraty.gov.br/antes-de-viajar. Esse site apresenta avisos de imprevistos de viagem, uma grande quantidade de informações que podem afastá-lo de problemas, além de contatos do consulado.

Declarações e direitos

Declare (em um formulário por escrito ou verbalmente) tudo o que você tiver que possa ser passível de imposto ou suspeito de alguma maneira. Na maior parte dos casos, por exemplo, quando leva algo para uso pessoal, você consegue entrar no país sem que seus itens sejam taxados. Em última instância, as agências alfandegárias deliberam se você deve ou não pagar impostos.

Aqui estão algumas frases para saber como lidar com taxas alfandegárias:

¿Este objeto paga derechos? (¿*es*-te obv-*rrê*-to *pa*-ga de-*rê*-tchos?) (Este objeto paga imposto?)

¿Cuánto se paga en derechos por este objeto? (¿*kuán*-to se *pa*-ga en de-*rê*-tchos por es-te obv-*rrê*-to?) (Quanto se paga de imposto por este objeto?)

Debe pagar impuestos. (*de*-bve pa-*gar* im-*puês*-tos.) (Você deve pagar impostos.)

Está libre de impuestos. (ês-*tá* li-bvre de im-*puês*-tos.) (Está livre de impostos.)

Lembre-se, o oficial alfandegário não está ali para implicar com você. Ele simplesmente está fazendo seu trabalho, que é conferir se as pessoas estão querendo entrar no país com material indesejado ou ilegal.

CUIDADO

Não faça piadas com o oficial alfandegário. Ele também está ali controlando seu senso de humor. Afinal, esse é um trabalho sério.

Tendo uma Conversa

 Aqui, Juan Carlos encontra um oficial da alfândega. (Faixa 29)

Oficial da alfândega:	**¿Tiene algo que declarar?** ¿*tiê*-ne *al*-go ke de-*kla*-rar? Você tem algum objeto para declarar? [Literalmente: Tem algo a declarar?]
Juan Carlos:	**No, no tengo nada que declarar.** no, no *ten*-go *na*-da ke de-*kla*-rar. Não, não tenho nada a declarar.
Oficial da alfândega:	**¿Trae algún material explosivo?** ¿*tra*-e al-*gun* ma-te-*rial* eks-plo-*ssi*-bvo? Você traz algum material explosivo? **¿Trae alguna bebida alcohólica?** ¿*tra*-e al-*gu*-na bve-*bvi*-da al-ko-*ô*-li-ka? Você traz alguma bebida alcoólica? **¿Trae algún aparato eléctrico?** ¿*tra*-e al-*gun* a-pa-*ra*-to e-*lêk*-tri-ko? Você traz algum equipamento eletrônico?
Juan Carlos:	**Sólo para mi uso personal.** *sô*-lo *pa*-ra mi *u*-sso per-sso-*nal*. Somente para meu uso pessoal.
Oficial da alfândega:	**Muy bien, pase. Que disfrute su estadía.** mui bviên, *pa*-sse. ke dis-*fru*-te su es-ta-*di*-a. Certo, passe. Aproveite sua estada.

268   PARTE 3   **Espanhol em Movimento**

Palavras a Saber

¿Tiene algo que declarar?	¿tiê-ne al-go ke de-kla-rar?	Você tem algum objeto para declarar?
algún material	al-gun ma-te-rial	algum material
explosivo	eks-plo-ssi-bvo	explosivo
bebida alcohólica	bve-bvi-da al-ko-ô-li-ka	bebida alcoólica
aparato eléctrico	a-pa-ra-to e-lêk-tri-ko	equipamento eletrônico
uso personal	u-sso per-sso-nal	uso pessoal
Que disfrute	ke dis-fru-te su	Aproveite
su estadía	es-ta-di-a.	sua estada

Registrando equipamentos eletrônicos

Alguns países podem exigir que você registre o número de série de sua câmera, filmadora ou de seu computador. Pense sobre isso, você também pode se beneficiar de ter registrado tudo o que levou para o país.

Geralmente, ao deixar a cidade que esteve visitando, você tem que levar os objetos registrados com você (e somente com você). Nesse momento, você tem que mostrar os documentos com o registro que fez quando chegou. Esse passo também é vantajoso — você quer levar todos os seus presentes, não é mesmo?

A ideia por trás do registro é a de que o governo do país não quer que você venda (ou fuja, de alguma maneira) ou deixe os objetos tributáveis no país que você visitou. Por razões óbvias, os cidadãos não podem ter acesso a bens cujos impostos referentes a eles não foram devidamente pagos.

Aqui estão algumas frases de que você pode precisar ao registrar os seus equipamentos eletrônicos:

Por favor llene este formulario. (por fa-*bvor*, *dje*-ne *es*-te for--mu-*la*-rio.) (Por favor, preencha este formulário.)

CAPÍTULO 15 **Por Aí Afora: Aviões, Trens, Táxis e Mais** 269

¿Cuáles son los aparatos eléctricos que tenemos que registrar? (¿*kuá*-les son los a-pa-*ra*-tos e-*lêk*-tri-kos ke te-*ne*-mos ke rrre-r-ris-*trar*?) (Quais são os equipamentos eletrônicos que temos que registrar?)

Al salir del país, debe presentar este formulario. (al sa-*lir* del pa-*is*, *de*-bve pre-ssen-*tar es*-te for-mu-*la*-rio.) (Ao sair do país, você deve apresentar este formulário.)

Puede pasar hacia la salida. (*puê*-de pa-*ssar a*-ssia la sa-*li*-da.) (Pode se dirigir à saída.)

Tendo uma Conversa

O oficial da alfândega precisa verificar o conteúdo da bagagem de Pedro.

Oficial da alfândega:	**Necesitamos revisar sus maletas.** ne-sse-ssi-*tá*-mos rrre-bvi-*ssar* sus ma-*le*-tas. Precisamos conferir suas malas.
	¿Cúantas piezas tiene? ¿*kuán*-tas *piê*-ssas *tiê*-ne? Quantas peças você tem?
Pedro:	**Tengo dos maletas.** *ten*-go dos ma-*le*-tas. Tenho duas malas.
Oficial da alfândega:	**Póngalas aquí, por favor.** *pon*-ga-la a-*ki*, por fa-*bvor*. Coloque-as aqui, por favor.
Pedro:	**Aquí están.** a-ki es-*tán*. Aqui estão.
Oficial da alfândega:	**Por favor, abra esta maleta.** por fa-*bvor*, *a*-bvra *ês*-ta ma-*le*-ta. Por favor, abra esta mala.
Pedro:	**En seguida.** en se-*gui*-da. Agora mesmo.
Oficial da alfândega:	**¿Esto, qué es?** ¿*es*-to, ke ês? O que é isto?

270 PARTE 3 **Espanhol em Movimento**

Pedro:	**Es mi máquina de afeitar eléctrica.**
	es mi *ma*-ki-na de a-fei-tar e-*lêk*-tri-ka.
	É minha máquina de barbear elétrica.
Oficial da alfândega:	**¿Trae alguna cámara fotográfica?**
	¿*tra*-e al-*gu*-na *ká*-ma-ra fo-to-*gra*-fi-ka?
	Traz uma câmera fotográfica?
	¿Tiene cámara de video?
	¿*tiê*-ne *ká*-ma-ra de bvi-*dê*-o?
	Tem uma câmera filmadora?
Pedro:	**Aquí lo tengo.**
	a-*ki* lo *ten*-go.
	Aqui, eu tenho.
Oficial da alfândega:	**¿Trae computadora portátil?**
	¿*tra*-e kom-pu-ta-*do*-ra por-*ta*-til?
	Traz um laptop?
Pedro:	**Aquí está.**
	a-*ki* es-*ta*.
	Aqui está.
Oficial da alfândega:	**Por favor pase a registrarlos en la oficina A.**
	por fa-*bvor pa*-sse a rrre-rris-*trar*-los en la o-fi-*ssi*-na a.
	Por favor, registre-os no escritório A.

Palavras a Saber

revisar	rrre-bvi-<u>ssar</u>	conferir
las maletas	las ma-<u>le</u>-tas	as malas
las piezas	las piê-ssas	as peças
abrir	a-<u>bvrir</u>	abrir
afeitar	a-fei-<u>tar</u>	barbear
la cámara	la <u>ká</u>-ma-ra	a câmera
fotográfica	fo-to-<u>gra</u>-fi-ka	fotográfica
la cámara	la <u>ká</u>-ma-ra de	a câmera
de video	bvi-<u>dê</u>-o	filmadora
la computadora	la kom-pu-ta-	o laptop
portátil	<u>do</u>-ra por-<u>ta</u>-til	

Pegando um Táxi ou um Ônibus

Independentemente de chegar de avião ou de trem, assim que deixar o aeroporto ou a estação, você procurará um táxi, um ônibus ou uma locadora de automóveis. Nas seções a seguir falamos sobre táxis e ônibus; veja depois a seção "Dirigindo em um Local Desconhecido" para detalhes de como alugar e dirigir em um lugar com o qual não está acostumado.

Chamando um táxi

Estas frases vão ajudá-lo a se entender quando precisar de um táxi:

¿Dónde encuentro un taxi? (*¿dôn*-de en-*kuên*-tro un *tak*-si?) (Onde encontro um táxi?)

¿Hay una parada de taxis? (*¿ai u*-na pa-*ra*-da de *tak*-sis?) (Tem um ponto de táxis?)

¿Pago aquí el taxi? (*¿pa*-go a-*ki* êl *tak*-si?) (Pago aqui o táxi?)

No. Paga el taxi al llegar a su destino. (no. *pa*-ga êl *tak*-si al dje-*gar* a su des-*ti*-no.) (Não. Paga o táxi ao chegar a seu destino.)

Pegando um ônibus para chegar lá

Aqui estão algumas frases úteis para quando você precisar pegar um ônibus do aeroporto ou da estação de trem:

¿Hay una parada de buses? (*¿ai u*-na pa-*ra*-da de *bvu*-sses?) (Tem uma parada de ônibus?)

¿Hay buses para ir al centro? (*¿ai bvu*-sses *pa*-ra ir al *sen*-tro?) (Tem ônibus para o centro?)

¿Se compran los boletos antes? (*¿se kom*-pran los *bvo*-*le*-tos *án*-tes?) (As passagens são compradas antes?)

Circulando com o Transporte Público

Quando você precisa circular em uma cidade grande, sua primeira forma de transporte são seus próprios pés, e depois vêm os transportes públicos — ônibus, metrôs ou bondes. A seguir estão algumas frases para ajudá-lo a passear usando o sistema público de transporte. Os lugares a que nos referimos nesta seção ficam em Buenos Aires.

En esta ciudad hay buses y trolebuses. (en *ês*-ta siu-*da* ai *bvu*-s-ses i trô-le-*bvu*-sses.) (Nesta cidade, há ônibus e bondes.)

En Buenos Aires hay trenes subterráneos. (en *bvuê*-nos *ai*-res ai *tre*-nes subv-te-*rrrá*-ne-os.) (Em Buenos Aires tem metrô.)

El mapa del subte está en la estación. (êl *ma*-pa del *subv*-te ês-*tá* en la es-ta-*ssiôn*.) (O mapa do metrô está na estação.)

Sale en la estación de Callao. (sa-le en la es-ta-*ssiôn* de ka-*dja*-o.) (Você desce na estação de Callao.)

¿Aquí para el bus de Palermo? (¿a-*ki* pa-ra êl bvus de pa-*lêr*-mo?) (Aqui para o ônibus para Palermo?)

¿Este bus va por Rivadavia? (¿*ês*-te bvus bva por rrri-bva-*da*-b-via?) (Este ônibus vai pela Rivadavia?)

Hay que hacer cola. (ai ke a-*sser* kô-la.) (Você precisa entrar na fila.)

¿Qué bus tomo para Caballito? (¿kê bvus *tô*-mo *pa*-ra ka-bva-*dji*--to?) (Que ônibus eu pego para Caballito?)

¿El cuarenta me deja en Rivadavia con La Rural? (¿êl kua-*ren*-ta me *de*-rra en rrri-bva-*da*-bvia kon la rrru-*ral*?) (O 40 me deixa na Rivadavia com La Rural?)

LEMBRE-SE

Circular pela cidade pode ser divertido, mas também confuso. Felizmente, muitas pessoas estão dispostas a dar informações. Apenas pergunte e você obterá a resposta. A maioria das pessoas gosta de ajudar. Veja o Capítulo 7 para saber como pedir informações.

Dirigindo em um Local Desconhecido

Ter seu próprio carro ou alugar um pode ser muito prático, porque dá a você liberdade para ir e vir; mas obter a licença, entender os sinais de trânsito e lidar com uma locadora de automóveis pode ser um pouco desafiador. Nas seções a seguir vamos ajudá-lo a superar esses obstáculos.

LEMBRE-SE

No México, na Espanha e na maioria dos países da América Latina, você dirige pelo lado direito da estrada, como no Brasil.

Tirando a licença

LEMBRE-SE

Alguns países, incluindo o México, aceitam a carteira de motorista (**licencia de conducir**) (li-*ssên*-ssia de kon-du-*ssir*) que você tirou no seu país. Outros países podem exigir uma licença internacional. Você pode pesquisar em associações de motoristas locais, pois elas geralmente conhecem as exigências específicas de cada país.

Decifrando placas de trânsito

Muitas placas de trânsito (**señales de tráfico**) (se-*nha*-les de *trá*-fi-ko) na América Latina são baseadas em símbolos, em vez de em palavras. Isso faz com que seja um sistema fácil de entender, independentemente da língua que você fale. Na verdade, a maioria dos sinais de direção se tornou universal; eles são muito parecidos aonde quer que você vá:

>> Um sinal de *não entre* é um círculo vermelho cortado por uma linha diagonal.

>> Um sinal de "pare" é sempre um octógono vermelho com bordas pretas. Dentro tem uma palavra como **pare** (*pa*-re) (pare) ou **alto** (*al*-to) (pare).

>> Na estrada, "vire à esquerda" e "vire à direita" são indicados por placas com formato de diamante e setas na mesma direção da curva. Por sua vez, um sinal cortado por uma linha diagonal significa que não é permitida nenhuma curva.

A Figura 15–1 mostra algumas placas de trânsito comuns que têm palavras, em vez de símbolos. Confira a lista a seguir para ficar mais fácil de entender a sinalização:

>> **alto** (*al*-to) (pare)

>> **ceda El Paso** (*sê*-da êl *pa*-sso) (reduza a velocidade)

>> **conserve Su Derecha** (kon-*ser*-bve su de-*rê*-tcha) (mantenha à direita)

>> **cruce De Ferrocarril** (*kru*-sse de fe-rrro ka-*rrril*) (cruzamento de ferrovia)

>> **curva Peligrosa** (*kur*-bva pe-li-*grô*-ssa) (curva perigosa)

- » **despacio** (des-*pa*-ssio) (devagar)
- » **no Hay Paso** (no ai *pa*-sso) (estrada fechada)
- » **no Rebase** (no rrre-*ba*-sse) (proibida a ultrapassagem)
- » **no E** (no e) (proibido estacionar)
- » **100 KM Máxima** (siên ki-*lô*-me-tros *mak*-si-ma) (100km/h — velocidade máxima)
- » **tope** (*tô*-pe) (quebra-molas)

DICA Peça na locadora de automóveis para que expliquem a você eventuais placas que não entender.

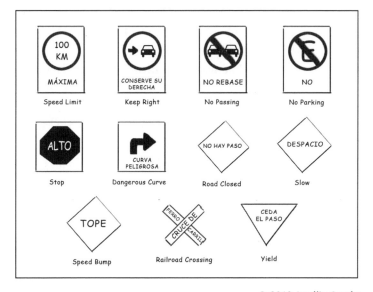

© 2019 Aurélio Corrêa

FIGURA 15-1: Placas básicas em espanhol.

Alugando um carro

No aeroporto ou nas ruas, as duas perguntas a seguir vão ajudá-lo a alugar **(arrendar)** (a-rrren-*dar*) um carro:

¿Dónde arriendan autos? (¿dôn-de a-*rrriên*-dan *au*-tos?) (Onde se alugam carros?)

¿Hay oficina de renta de autos? (¿ai o-fi-*ssi*-na de *rrren*-ta de *au*-tos?) (Tem uma locadora de automóveis?)

CAPÍTULO 15 **Por Aí Afora: Aviões, Trens, Táxis e Mais** 275

E chegamos à questão central sobre alugar um carro. Aqui estão algumas coisas que você precisará perguntar ao se aventurar nessa empreitada:

Quiero arrendar un auto. (*kiê*-ro a-rrren-*dar* un *au*-to.) (Quero alugar um carro.)

¿Me puede dar la lista de precios? (¿me *puê*-de dar la *lis*-ta de *pre*-ssios?) (Pode me dar a lista de preços?)

¿Cuánto cuesta al día? (¿*kuán*-to *kuês*-ta al *di*-a?) (Quanto custa por dia?)

¿Cuánto cuesta por semana? (¿*kuán*-to *kuês*-ta por se-*má*-na?) (Quanto custa por semana?)

¿Cuántos kilómetros puedo andar? (¿*kuán*-tos ki-*lo*-me-tros *puê*-do an-*dar*?) (Quantos quilômetros eu posso rodar?)

¿Cuántos kilómetros por litro da este auto? (¿*kuán*-tos ki-*lo*-me-tros por *li*-tr da *es*-te *au*-to?) (Esse carro faz quantos quilômetros por litro?)

¿Cuánto cuesta el seguro? (¿*kuán*-to *kuês*-ta êl se-*gu*-ro?) (Quanto custa o seguro?)

¿Tiene mapas de la región? (¿*tiê*-ne *ma*-pas de la rrre-*rriôn*?) (Você tem mapas da região?)

¿Dónde está la rueda de repuesto? (¿*dôn*-de ês-*tá* la *rruê*-da de rrre-*puês*-to?) (Onde fica o estepe?)

¿Dónde tengo que devolver el auto? (¿*dôn*-de *ten*-go ke de-bvol-*bver* êl *au*-to?) (Onde tenho que devolver o carro?)

DICA

Se planeja alugar um carro durante sua viagem, tente descobrir se combinar previamente o aluguel com a locadora traz alguma vantagem para você. Geralmente sai muito mais barato.

Nas seções a seguir descrevemos as partes de um carro e mostramos algumas perguntas que podem ser úteis quando você estiver na locadora de automóveis pedindo dicas sobre direção e conhecendo as condições das estradas.

Falando sobre o carro

Ao alugar um automóvel ou ter algum problema na estrada, você precisará mencionar as partes do carro. A Tabela 15-1 dá a você a terminologia básica.

TABELA 15-1 Partes do Carro

Espanhol	Pronúncia	Português
Exterior		
el espejo lateral	êl es-*pê*-rro la-te-*ral*	o espelho lateral
el espejo retrovisor	êl es-*pê*-rro rrre-tro-bvi-*ssor*	o espelho retrovisor
los faros delanteros	los *fa*-ros de-lan-*tê*-ros	os faróis dianteiros
los limpiaparabrisas	los *lim*-pia-pa-ra-bvri-ssas	os limpadores de para--brisa
el neumático	êl neu-*ma*-ti-ko	o pneu
el parabrisas	êl pa-ra-*bvri*-ssas	o para-brisa
la puerta	la *puêr*-ta	a porta
el claxón	êl klak-*ssôn*	a buzina
el freno de mano	êl *fre*-no de *má*-no	o freio de mão
la guantera	la guán-*te*-ra	o porta-luvas
el interruptor de encen-dido	êl in-te-rrrup-*tor* de en-ssên--*di*-do	a chave de ignição
la palanca de cambio	la pa-*lán*-ka de *kám*-bvio	a alavanca de câmbio
la palanca de limpiaparabrisas	la pa-*lán*-ka de lim-pia-pa-ra--*bvri*-ssas	a alavanca do limpador de para-brisa
el parasol	êl pa-ra-*ssol*	o teto solar
el pedal del acelerador	êl pe-dal del a-sse-le-ra-*dor*	o pedal do acelerador
Interior		
el pedal del embrague	êl pe-*dal* del em-*bvra*-gue	o pedal da embreagem
el pedal de los frenos	êl pe-*dal* de los *fre*-nos	o pedal dos freios
el velocímetro	êl bve-lo-*ssi*-me-tro	o velocímetro
el volante	êl bvo-*lán*-te	o volante

Pedindo ajuda sobre o trânsito

Você também pode querer conhecer as condições de direção na área que está visitando. Estas frases podem ajudá-lo a conseguir as informações de que precisa:

¿Es difícil manejar por aquí? (¿ês di-*fi*-ssil ma-ne-*rrar* por a-*ki*?) (É difícil dirigir por aqui?)

¿Hay que tener mucha prudencia? (¿ai ke te-*ner* mu-tcha pru--*den*-ssia?) (É preciso ter muito cuidado?)

¿Habrá mucho tráfico en la mañana? (¿a-*bvra* mu-tcho *tra*-fi-ko en la ma-*nhá*-na?) (Terá muito trânsito de manhã?)

¿Cuál es la mejor hora para salir de la ciudad? (¿kual ês la me-*rror* ô-ra *pa*-ra sa-*lir* de la siu-*da*?) (Qual é a melhor hora para sair da cidade?)

Fazendo perguntas sobre a estrada

O pessoal da locadora de automóveis pode ter informações sobre a estrada que você deve conhecer. Aqui estão algumas perguntas e respostas com as quais você pode se deparar ao olhar um mapa com o seu agente (veja o Capítulo 7 para saber mais sobre mapas):

¿Están pavimentados los caminos? (¿es-*tan* pa-bvi-men-*ta*-dos los ka-*mi*-nos?) (As estradas estão pavimentadas?)

No todos. Estos son de tierra/terracería. (no *to*-dos. *es*-tos son de tiê-rrrah/te-rrra-sse-*ri*-a.) (Nem todas. Estas são de terra.)

Esos caminos tienen muchos baches. (*e*-ssos ka-*mi*-nos tiê-nen *mu*-tchos *bva*-tches.) (Essas estradas são muito esburacadas.)

Estos caminos son excelentes. (*e*-stos ka-*mi*-nos son ek-se-*len*--tes.) (Estas estradas são excelentes.)

Hay autopista. (ai *au*-to-*pis*-ta.) (Tem uma autoestrada.)

Son caminos de cuotas/de peaje. (son ka-*mi*-nos de *kuô*-tas/de pe-*a*-rre.) (Essas estradas têm pedágio.)

Marcando Encontros: Chegando Tarde, Cedo ou em Ponto

Não importa qual meio de transporte você esteja utilizando, é importante se programar para saber se você chegará ao seu destino no horário. A lista a seguir contém frases para ajudá-lo a agendar um encontro e saber se alguém chegará pontualmente:

>> **a la hora** (a la ô-ra) (na hora)

>> **adelantado** (a-de-lán-*ta*-do) (adiantado)

>> **atrasado** (a-tra-*ssa*-do) (atrasado)

>> **el horario** (êl o-*ra*-rio) (o horário)

» **es tarde** (ês *tar*-de) (é tarde)

» **es temprano** (ês tem-*prá*-no) (é cedo)

FALANDO DE GRAMÁTICA

A palavra tarde (*tar*-de) tem diferentes sentidos, conforme você usa ou não um artigo. É um adjetivo que se refere a atraso quando você não coloca o artigo, como no exemplo a seguir:

Ellos llegaron tarde. (ê-djos dje-*ga*-ron *tar*-de.) (Eles chegaram tarde.)

Mas quando é acompanhada do artigo -la, tarde se refere a uma parte do dia, como nos exemplos seguintes:

Ellos llegaron a las dos de la tarde. (ê-djos dje-*ga*-ron a las dos de la *tar*-de.) (Eles chegaram às 2h da tarde.)

Prefieren venir por la tarde. (pre-*fiê*-ren bve-*nir* por la *tar*-de.) (Eles preferem vir à tarde.)

Às vezes, o horário indicado para a saída do ônibus, trem ou avião pode estar errado nos letreiros, e você terá que pedir ajuda a alguém perguntando ¿Está a tiempo el tren? (¿ês-*tá* a *tiêm*-po êl tren?) (O trem está no horário?), substituindo trem pelo transporte em questão. Aqui estão algumas respostas que você pode ouvir quando horários de transportes estiverem em cena:

Hay que esperar; está atrasado. (ai ke es-pe-*rar*; ês-*tá* a-tra-*ssa*-do.) (Você vai ter que esperar; está atrasado.)

El vuelo llegó adelantado. (êl *bvuê*-lo dje-*gô* a-de-*lán*-*ta*-do.) (O voo chegou antes.)

El reloj está adelantado. (êl rrre-*loh* ês-*ta* a-de-*lán*-*ta*-do.) (O relógio está adiantado.)

El bus va adelantado. (êl bvus bva a-de-*lá*-*ta*-do.) (O ônibus está adiantado.)

El tren va a llegar a la hora. (êl tren bva a dje-*gar* a la *ô*-ra.) (O trem vai chegar na hora.)

Esperan porque va a llegar tarde. (es-*pê*-ran por-*ke* bva a dje-*gar* *tar*-de.) (Esperem porque vai atrasar.)

El bus viene a la hora. (êl bvus *bviê*-ne a la *ô*-ra.) (O ônibus vem na hora certa.)

Tendo uma Conversa

Susana pede ajuda ao atendente do aeroporto.

Susana:
Necesito saber, ¿cuándo sale el avión para Mendozo?
ne-sse-*ssi*-to sa-*bver*, ¿*kuán*-do *sa*-le êl a-*bviôn pa*-ra men-*do*-sso?
Preciso saber, quando sai o avião para Mendoza?

Atendente:
Espérame un momento. Busco la información en el horario de vuelos.
es-*pê*-ra-me un mo-*men*-to. *bvus*-ko la in-for-ma-*siôn* en êl o-*ra*-rio de *bvuê*-los.
Espere um momento. Estou procurando a informação no horário dos voos.

Susana:
Gracias. También favor de chequear si es un vuelo directo.
gra-ssias. tam-*bviên* fa-*bvor* de tche-ke-*ar* si ês un *bvuê*-lo di-*rek*-to.
Obrigada. Confira, por favor, se é um voo direto.

Atendente:
Según el horario, sale a las tres de la tarde y es un vuelo directo.
se-*gun* êl o-*ra*-rio, *sa*-le a las tres de la *tar*-de i ês un *bvuê*-lo di-*rek*-to.
Segundo o horário, sai às três da tarde e é um voo direto.

Susana:
Necesito tener prisa, ya son las dos y media.
ne-sse-*ssi*-to te-*ner pri*-ssa, dja son las dos i *mê*-dia.
Preciso me apressar [Literalmente: ter pressa], já são duas e meia.

Atendente:
Ud. tiene buena suerte. La puerta está muy cerca.
us-*tê* tiê-ne *bvuê*-na *suêr*-te. la *puê*-ta ês-*tá* mui *ser*-ka.
Você está com sorte. A porta de embarque está bem perto.

280 PARTE 3 **Espanhol em Movimento**

Palavras a Saber

el avión	êl a-bviôn	o avião
chequear	tche-ke-ar	conferir
buena suerte	bvuê-na suêr-te	boa sorte
la puerta	la puêr-ta	a porta
cerca	ser-ka	perto
tener prisa	te-ner pri-ssa	ter pressa;
	se apressar	

Esperando com o Verbo Esperar

Esperar (es-pe-*rar*) é o verbo relativo ao substantivo esperanza (esperança), assim como no português - talvez você esteja esperando porque está esperançoso, ou talvez você tenha esperança de que não vai ficar esperando muito mais tempo. De qualquer maneira, **esperar** é um verbo regular e fácil de lidar, tal como mostrado a seguir conjugado no presente. Seu radical é **esper-** (es-per).

Conjugação	Pronúncia
yo espero	djô es-*pê*-ro
tú esperas	tu es-*pê*-ras
él, ella, usted espera	êl, ê-dja, us-*tê* es-*pê*-ra
nosotros, nosotras esperamos	no-*ssô*-tros, no-*ssô*-tras es-pe-*rá*-mos
vosotros, vosotras esperáis	bvo-*ssô*-tros, bvo-*ssô*-tras es-pe-*rais*
ellos, ellas, ustedes esperan	ê-djos, ê-djas, us-*tê*-des es-*pê*-ran

Esperar que (es-pe-*rar* ke) tem sentido de ter esperança. Esperar, simplesmente, significa aguardar. Aqui estão algumas frases para praticar:

Deben esperar el avión. (*de*-bven es-pe-*rar* êl a-*bviôn*.) (Eles devem esperar o avião.)

CAPÍTULO 15 **Por Aí Afora: Aviões, Trens, Táxis e Mais** 281

Espero que le guste mi auto. (es-*pê*-ro ke le *gus*-te mi *au*-to.) (Espero que goste do meu carro.)

Espero que venga el taxi. (es-*pê*-ro ke *bven*-ga êl *tak*-si.) (Espero que venha de táxi.)

Espero el taxi. (es-*pê*-ro êl *tak*-si.) (Espero o táxi.)

Espera el camión de Insurgentes. (es-*pê*-ra êl ka-*miôn* de in-sur-*rrên*-tes.) (Ele espera o ônibus para a avenida Insurgentes. [México])

Esperamos en la cola. (es-pe-*rá*-mos en la *kô*-la.) (Esperamos na fila.)

No esperamos más el bus. (no es-pe-*rá*-mos mas êl bvus.) (Não esperamos mais o ônibus.)

Diversão & Jogos

As ilustrações a seguir mostram o exterior e o interior de um carro padrão. Sua tarefa: escreva suas partes em espanhol. (Veja o Apêndice D para as respostas dos exercícios.)

© 2017 Aurélio Corrêa

a. _____

b. _____

c. _____

d. _____

e. _____

f. _____

g. _____

h. _____

i. _____

j. _____

k. _____

l. _____

m. _____

n. _____

o. _____

p. _____

q. _____

r. _____

s. _____

t. _____

> **NESTE CAPÍTULO**
>
> » **Reservando um hotel**
>
> » **Conferindo o quarto**
>
> » **Indo dormir e acordando com os verbos dormir e despertarse**
>
> » **Pedindo toalhas, sabonete, lençóis e outras coisas**

Capítulo **16**

Encontrando um Lugar para Ficar

Quando você viaja para o exterior, uma das principais necessidades é um lugar para ficar. Se você tem amigos morando no país para o qual irá, já está tudo pronto — escolher outro lugar para ficar beira à ofensa. Se não conhece ninguém em seu destino, você precisa reservar acomodações em um hotel, pensão ou hostel (dependendo de seu orçamento) e em seguida se comunicar com o funcionário responsável para ter certeza de que todas as suas necessidades serão atendidas.

Este capítulo oferece os termos e as frases de que você precisa para reservar e organizar a sua estada em um hotel.

Reservando a Estada

Não importa se a reserva será feita pelo telefone ou pessoalmente, você precisa saber algumas frases, incluindo as seguintes:

¿Cuánto cobran por noche? (*¿kuán*-to *kô*-bvran por *nô*-tche?) (Quanto cobram por noite?)

¿Cuántas personas pueden quedarse en la habitación? (*¿kuán*-tas per-*so*-nas *puê*-den ke-*dar*-se en la a-bvi-ta-*siôn*?) (Quantas pessoas podem ficar no quarto?)

¿Aceptan tarjetas de crédito? (*¿a-sêp*-tan tar-*rre*-tas de *krê*-di--to?) (Vocês aceitam cartões de crédito?)

¿Cuáles tarjetas de crédito aceptan? (*¿kuá*-les tar-*rre*-tas de *krê*--di-to a-*sêp*-tan?) (Quais cartões de crédito vocês aceitam?)

Quiero reservar una habitación por tres noches. (*kiê*-ro rrre-sser-*bvar* u-na a-bvi-ta-*siôn* por tres *nô*-tches.) (Quero reservar um quarto por três noites.)

Quiero... (*kiê*-ro...) (Quero...)

   ... una habitación cerca de la piscina. (... *u*-na a-bvi-ta-*siôn sêr*--ka de la pi-*ssi*-na.) (... um quarto perto da piscina.)

   ... una habitación en la planta baja. (... *u*-na a-bvi-ta-*siôn* en la *plan*-ta *bva*-rra.) (... um quarto no primeiro piso.)

   ... una habitación de no fumadores. (... *u*-na a-bvi-ta-*siôn* de no fu-ma-*do*-res.) (... um quarto para não fumantes.)

   ... dos camas, por favor. (... dos *ká*-mas por fa-*bvor*.) (... duas camas, por favor.)

   ... una cama doble. (... *u*-na *ká*-ma *dô*-bvle.) (... uma cama dupla.)

   ... una cama grande. (... *u*-na *ká*-ma *grán*-de.) (... uma cama grande.)

   ... una cama extragrande. (... *u*-na *ká*-ma *êks*-tra-*grán*-de.) (... uma cama extragrande.)

¿Está el hotel cerca de... (*¿ês-tá* êl o-*têl ser*-ka de...) (Este hotel fica perto de...)

   ... la playa? (... la *pla*-djya?) (... a praia?)

   ... el mercado? (... êl mer-*ka*-do?) (... o mercado?)

284   PARTE 3 **Espanhol em Movimento**

... **la ciudad?** (... la siu-*da*?) (... a cidade?)

... **el teatro?** (... êl te-*a*-tro?) (... o teatro?)

¿Tienen las habitaciones aire acondicionado? (¿*tiê*-nen las a-bvi-ta-*siô*-nes *ai*-re a-kon-di-siô-*na*-do?) (Os quartos têm ar-condicionado?)

Tendo uma Conversa

Anita acabou de chegar à cidade e está na recepção de um grande hotel. Ela pede um quarto para passar a noite. (Faixa 30)

Anita: **Necesito una habitación, por favor.**
ne-sse-*ssi*-to *u*-na a-bvi-ta-*siôn*, por fa-*bvor*.
Preciso de um quarto, por favor.

Recepcionista: **¿Le gusta una habitación hacia la calle o hacia el patio?**
¿le *gus*-ta *u*-na a-bvi-ta-*siôn a*-ssia la *ka*-dje o *a*-ssia êl *pa*-tio?
Você prefere um quarto perto da rua ou do pátio?

Anita: **Prefiero hacia el patio.**
pre-*fiê*-ro *a*-ssia êl *pa*-tio.
Prefiro perto do pátio.

Recepcionista: **Las del patio son muy tranquilas. Las habitaciones hacia el patio cuestan cuarenta pesos, sin desayuno.**
las dêl *pa*-tio son mui trán-*ki*-las. las a-bvi-ta-*siô*-nes *a*-ssia êl *pa*-tio *kuês*-tan kua-*ren*-ta *pe*-ssos, sin de-ssa-*dju*-no.
Os do pátio são muito tranquilos. Os quartos perto do pátio custam quarenta pesos, sem café da manhã.

Anita: **¿En el primer piso?**
¿en êl pri-*mer pi*-sso?
No primeiro piso?

Recepcionista: **No, las del segundo piso. Las del primero son a cincuenta pesos.**
no, las del se-*gun*-do *pi*-sso. las del pri-*me*-ro son a sin-*kuên*-ta *pe*-ssos.
Não, os do segundo piso. Os do primeiro piso custam cinquenta pesos.

Anita: **Prefiero una en el primer piso.**
pre-*fiê*-ro *u*-na en êl pri-*mer pi*-sso.
Prefiro um no primeiro piso.

CAPÍTULO 16 **Encontrando um Lugar para Ficar** 285

Recepcionista: **Muy bien, señora.**
mui bviên, se-*nhô*-ra.
Certo, senhora.

Palavras a Saber

una habitación	u-na a-bvi-ta-siôn	um quarto
hacia	a-ssia	perto
preferir	pre-fe-rir	preferir
tranquila	tran-ki-la	tranquila
desayuno	de-ssa-dju-no	café da manhã
el piso	êl pi-sso	o piso

Conhecendo o Hotel

Ao chegar ao hotel, você provavelmente estará cansado da viagem. No entanto, independentemente do quão cansado estiver, olhar os quartos antes de fazer o check-in é uma boa ideia. Conferir o quarto é ainda mais essencial se você vier de uma cidade em que os hábitos de higiene são diferentes — especialmente quando o hotel tem menos de quatro estrelas. A vantagem desses hotéis é que costumam ser mais baratos do que aqueles que você precisa reservar com antecedência.

Conhecer bem as frases a seguir antes de chegar ao hotel pode ajudá--lo a encontrar um quarto com mais facilidade.

» **al interior** (al in-te-*rior*) (para o interior)
» **a la calle** (a la *ka*-dje) (para a rua)
» **con agua caliente** (kon *a*-gua ka-*liên*-te) (com água quente)
» **con baño** (kon *bvá*-nho) (com banheiro)
» **sólo con agua fría** (*sô*-lo kon *a*-gua *fri*-a) (só com água fria)

286 PARTE 3 **Espanhol em Movimento**

FALANDO DE GRAMÁTICA

Às vezes o espanhol tem duas palavras para a mesma coisa. Por exemplo, **la habitación** (la a-bvi-ta-*siôn*) e **el cuarto** (êl *kuar*-to) significam o quarto. Nós escolhemos usar **la habitación** neste capítulo para falar da escolha de quartos de hotéis, mas saiba que **el cuarto** é uma opção perfeitamente aceitável.

Tendo uma Conversa

Anita quer relaxar no seu quarto. Mas, primeiro, ela precisa ter certeza de que tem um banheiro privativo. Caso contrário, ela precisará mudar seus planos.

Recepcionista: **La habitación ciento diecinueve está en el segundo patio. Es una habitación preciosa.**
la a-bvi-ta-*siôn* siên-to diê-si-*nuê*-bve ês-*tá* en êl se-*gun*-do *pa*-tio. ês *u*-na a-bvi-ta-*siôn* pre-*ssiô*-ssa.
O quarto 119 está no segundo pátio. É um lindo quarto.

Anita: **¿Tiene baño?**
¿*tiê*-ne *bvá*-nho?
Tem banheiro?

Recepcionista: **Sí. Pase, por aquí está el baño.**
si. *pa*-sse, por a-ki ês-*tá* êl *bvá*-nho.
Sim. Venha, o banheiro fica por aqui.

Anita: **¿El baño no tiene tina?**
¿êl *bvá*-nho no *tiê*-ne *ti*-na?
O banheiro não tem uma banheira?

Recepcionista: **No. Como hace calor, aquí la gente prefiere ducharse.**
no. *ko*-mo *a*-sse ka-*lor*, a-*ki* la *rren*-te pre-*fiê*-re du-*tchar*-se.
Não. Como faz calor, as pessoas preferem tomar uma ducha.

Anita: **¿Hay agua caliente?**
¿ai *a*-gua ka-*liên*-te?
Tem água quente?

Recepcionista: **Sí, hay agua caliente y fría todo el día.**
si, ai *a*-gua ka-*liên*-te i *fri*-a *to*-do êl *di*-a.
Sim, tem água quente e fria durante todo o dia.

Palavras a Saber

preciosa	pre-ssiô-ssa	linda
el baño	êl bvá-nho	o banheiro
la tina	la ti-na	a banheira
ducharse	du-tchar-se	tomar uma ducha
caliente	ka-lien-te	quente
fría	fri-a	frio

Registrando-se no Hotel

Antes de decidir qual quarto reservar, você geralmente tem que completar um formulário de registro (**el formulario de registración**) (êl for-mu-*la*-rio de rrre-rris-tra-*siôn*). Aqui estão alguns termos que aparecerão ao preenchê-lo:

» **dirección permanente** (di-rek-*siôn* per-ma-*nen*-te) (endereço permanente)

» **calle, ciudad y estado o provincia** (*ka*-dje, siu-*da* i es-*ta*-do o pro-*bvin*-sia) (rua, cidade e estado ou província)

» **país, código postal, teléfono** (pa-*is*, *kô*-di-go pos-*tal*, te-*lê*-fo-no) (país, código postal, telefone)

» **número de su pasaporte** (*nu*-me-ro de su pa-sa-*pôr*-te) (número do seu passaporte)

» **si viene con vehículo**... (si *bviê*-ne kon bve*i*-ku-lo ...) (se vem com automóvel...)

» **número de placa de matrícula** (*nu*-me-ro de *pla*-ka de ma-*tri*-ku-la) (número da placa)

» **fecha en que vence** (*fê*-tcha en ke *bven*-se) (data de vencimento)

Tendo uma Conversa

Anita gostou do hotel; a TV tem muitos canais, e o quarto é realmente ótimo. Agora ela precisa cuidar dos detalhes e fazer o check-in. (Faixa 31)

Anita:	**Me gusta la habitación ciento diecinueve. La voy a tomar.** me *gus*-ta la a-bvi-ta-*siôn siên*-to-diê-si-*nuê*-bve. la bvoi a *to*-mar. Eu gosto do quarto 119. Vou ficar com ele.
Recepcionista:	**¿Cuántas noches desea quedarse?** ¿ku-*án*-tas *no*-tches de-*sse*-a ke-*dar*-se? Quantas noites você deseja ficar?
Anita:	**Me quedo por tres noches.** me *kê*-do por tres *no*-tches. Ficarei por três noites.
Recepcionista:	**Haga el favor de registrarse.** *a*-ga êl fa-*bvor* de rrre-rris-*trar*-se. Faça o check-in, por favor. **El desayuno no está incluido en el precio. ¿Va a hacer un depósito por la primera noche?** êl de-ssa-*dju*-no no ês-*tá* in-*klui*-do en êl *pre*-ssio. ¿bva a *a*-sser un de-*pô*-ssi-to por la pri-*me*-ra *no*-tche? O café da manhã não está incluso no preço. Você vai fazer um depósito pela primeira noite?
Anita:	**Sí, lo voy a pagar.** si, lo bvoi a pa-*gar*. Sim, vou pagar.
Recepcionista:	**¿Cómo quiere usted pagar, con tarjeta o en efectivo?** ¿*kô*-mo *kiê*-re us-*tê* pa-gar, kon tar-*rrê*-ta o en e-fek-*ti*-bvo? Como deseja pagar, com cartão ou em espécie?
Anita:	**Voy a pagar con mi tarjeta de crédito.** bvo a pa-gar kon mi tar-*rrê*-ta de krê-di-to. Vou pagar com cartão de crédito.

CAPÍTULO 16 **Encontrando um Lugar para Ficar** 289

Recepcionista:	**Está bien. ¿Tiene completado el formulario de registración?** ês-*tá* bviên. ¿tiê-ne kom-ple-*ta*-do êl for-mu-*la*-rio de rrre-rris-tra-*siôn*? Está bem. Já completou o formulário de registro?
Anita:	**Sí, llené toda la información.** si, dje-*nê to*-da la in-for-ma-*siôn*. Sim, preenchi todas as informações.
Recepcionista:	**Gracias. Aquí está la llave para su habitación.** *gra*-sias. a-*ki* ês-*tá* la *dja*-bve *pa*-ra su a-bvi-ta-*siôn*. Obrigado. Aqui está a chave do quarto.

Palavras a Saber

quedarse	ke-<u>dar</u>-se	ficar
registrarse	rrre-rris-<u>trar</u>-se	registrar-se
incluido	in-klu<u>i</u>-do	incluso; incluído
el precio	êl <u>pre</u>-sio	o preço
un depósito	un de-<u>pô</u>-ssi-to	um depósito
con tarjeta	kon tar-<u>rrê</u>-ta o	com cartão
o en efectivo	en e-fek-<u>ti</u>-bvo	ou em espécie
completado	kom-ple-<u>ta</u>-do	completado; completo
llenar	dje-<u>nar</u>	preencher
la llave	la <u>dja</u>-bve	a chave

Dormindo com o Verbo Dormir

Depois de um longo dia, a hora mais esperada de descansar e dor-mir finalmente chega. Em espanhol, **dormir** (dor–*mir*) (dormir) é um verbo irregular, tal como uma pessoa realmente cansada. **Dormir** é um

290   PARTE 3 **Espanhol em Movimento**

verbo alomórfico que muda de **-o** para **-ue** (veja o Capítulo 6 para a introdução sobre os verbos alomórficos).

FALANDO DE GRAMÁTICA

Na conjugação a seguir do presente do verbo **dormir**, repare as diferenças entre as formas do singular e do plural da primeira pessoa.

Conjugação	Pronúncia
yo duermo	djô *duêr*-mo
tú duermes	tu *duêr*-mes
él, ella, usted duerme	êl, ê-dja, us-*tê duêr*-me
nosotros, nosotras dormimos	no-*ssô*-tros, no-*ssô*-tras dor-*mi*-mos
vosotros, vosotras dormís	bvo-*ssô*-tros, bvo-*ssô*-tras dor-*mis*
ellos, ellas, ustedes duermen	ê-djos, ê-djas, us-*tê*-des *duêr*-men

Aqui estão algumas frases usando o verbo dormir para você praticar:

Yo duermo ocho horas todos los días. (djô *duêr*-mo *o*-tcho ô-ras *to*-dos los *di*-as.) (Eu durmo oito horas todos os dias.)

Camilo duerme en su cama. (ka-*mi*-lo *duêr*-me en su *ká*-ma.) (Camilo dorme na própria cama.)

Dormimos en nuestra casa. (dor-*mi*-mos en *nuês*-tra *ka*-ssa.) (Dormimos em nossa casa.)

Los invitados duermen en tu recámara. (los in-bvi-*ta*-dos *duêr*-men en tu rrre-*ká*-ma-ra.) (Os convidados dormem em seu quarto. [México])

Dos gatos duermen en mi cama. (dos *ga*-tos *duêr*-men en mi *ká*-ma.) (Dois gatos dormem na minha cama.)

LAS MAÑANITAS

No México, alguém pode cantar (com uma banda) uma cantiga matinal embaixo da janela de uma pessoa para que ela acorde, como uma serenata matutina. Mañanita (ma-nhá-*ni*-ta) é a palavra para esse tipo de música. Na verdade, as crianças conhecem a mañanita como uma música de comemoração de aniversários, especificamente quando ele coincide com o dia de comemoração de algum santo.

CAPÍTULO 16 **Encontrando um Lugar para Ficar** 291

Acordando com o Verbo Despertarse

FALANDO DE GRAMÁTICA

Você usa o verbo reflexivo **despertarse** (des-per-*tar*-se) (despertar; acordar) depois de uma boa noite de sono. (O Capítulo 3 traz a verdade nua e crua a respeito dos verbos reflexivos.) Você pode considerar esse verbo como irregular porque o radical da primeira pessoa do singular tem uma forma diferente do radical da primeira pessoa do plural. Esse verbo sofre alomorfia de -**e** para -**ie** (veja o Capítulo 6 para saber mais sobre verbos alomórficos).

Conjugação	Pronúncia
yo me despierto	djô me des-*piêr*-to
tú te despiertas	tu te des-*piêr*-tas
él, ella, usted se despierta	êl, ê-dja, us-*tê* se des-*piêr*-ta
nosotros, nosotras nos despertamos	no-*ssô*-tros, no-*ssô*-tras nos des-per-*tá*-mos
vosotros, vosotras os despertáis	bvo-*ssô*-tros, bvo-*ssô*-tras os des-per-*tais*
ellos, ellas, ustedes se despiertan	ê-djos, ê-djas, us-*tê*-des se des-*piêr*-tan

Você consegue entender as conjugações acima, mas pode pensar: "Eu estou acordado ou estou dormindo; então, como posso praticar este verbo?" Os exemplos a seguir mostram a você como começar a usar despertarse:

Yo me despierto temprano en la mañana. (djô me des-*piêr*-to tem-*prá*-no en la ma-*nhá*-na.) (Eu acordo cedo.)

Se despierta con el canto de los pájaros. (se des-*piêr*-ta kon êl *kán*-to de los *pa*-rra-ros.) (Ele acorda com o canto dos pássaros.)

Ellos no se despiertan de noche. (ê-djos no se des-*piêr*-tan de *no*-tche.) (Eles não acordam durante a noite.)

Ustedes se despiertan juntos. (us-*te*-des se des-*piêr*-tan *rrun*-tos.) (Vocês [formal] acordam juntos.)

Pedindo Toalhas e Outros Itens

Se você estiver em um hotel no seu país natal ou em uma terra estrangeira, pode precisar de mais de alguns destes itens, como toalhas ou outras coisas. Quando precisar de algo, vá ou ligue para a recepção e peça:

> **Por favor puedo tener...** (por fa–*bvor* puê–do te–*ner*...) (Por favor, me veja...)

... algum destes itens a seguir:

- » **champú** (tcham-*pu*) (shampoo)
- » **dos toallas** (dos to-*a*-djas) (duas toalhas)
- » **papel higiénico** (pa-*pêl* i-*rriê*-ni-ko) (papel higiênico)
- » **una pastilla de jabón** (*u*-na pas-*ti*-dja de rra-*bvon*) (uma barra de sabonete)
- » **sábanas limpias** (*sá*-bva-nas *lim*-pias) (lençóis limpos)
- » **suavizante** (sua-bvi-*ssán*-te) (condicionador)
- » **una toallita** (*u*-na to-a-*dji*-ta) (uma toalhinha)
- » **un vaso** (un *bva*-sso) (um copo)

CAPÍTULO 16 **Encontrando um Lugar para Ficar** 293

Diversão & Jogos

O caça-palavras a seguir contém diversas palavras deste capítulo. A tradução para o português está listada aqui, então encontre as equivalentes em espanhol e as circule. (Veja o Apêndice D para as respostas dos exercícios.)

```
B  A  L  G  N  O  C  Q  S  A  V  E  K  Y  L
Q  O  J  O  S  O  E  D  N  C  H  A  M  P  Ú
I  I  E  A  I  L  E  I  E  I  T  T  W  Q  Q
F  D  V  C  L  N  C  E  E  S  W  T  H  A  B
B  O  E  G  S  S  C  I  L  H  A  H  C  V  A
L  R  W  Z  I  B  L  L  J  K  S  Y  S  G  Ñ
P  M  J  P  Z  Z  J  N  U  W  K  A  U  N  O
D  I  R  E  C  C  I  Ó  N  I  L  H  S  N  V
M  R  E  D  J  H  M  W  A  L  D  H  H  B  O
N  B  P  M  A  P  V  K  A  E  Q  O  F  O  R
G  A  N  F  K  K  C  O  W  Q  B  V  X  G  R
B  L  A  C  O  S  T  A  R  S  E  R  B  F  Y
D  E  S  P  E  R  T  A  R  S  E  M  D  R  B
H  A  B  I  T  A  C  I  Ó  N  P  S  D  Í  N
F  T  B  L  W  T  W  R  V  E  S  R  M  A  S
```

deitar-se:

shampoo:

acordar:

dormir:

quarto:

piscina:

jarra:

banheiro:

café da manhã:

endereço:

frio:

incluso:

preço:

toalhas:

> **NESTE CAPÍTULO**
>
> » Pedindo ajuda
>
> » Comunicando-se sobre questões de saúde
>
> » Resolvendo problemas legais
>
> » Negando ajuda quando você não a deseja

Capítulo 17

Lidando com Emergências

Sempre alerta! Este é o lema dos escoteiros e é uma boa ideia para qualquer situação: você deve estar sempre preparado para emergências, especialmente se não fala a língua nativa do local. A barreira linguística pode complicar uma emergência, e parte de seu preparo para emergências ao viajar para uma terra estrangeira é conhecer palavras e frases que o ajudem a superar esse obstáculo.

Este capítulo foca em duas áreas relacionadas a emergências:

» A primeira parte é dedicada a questões de saúde, como quebrar um braço ou ter uma gastrite.

» A segunda parte trata de emergências que envolvem instâncias legais — acidentes de carro e outras infrações à lei podem levá-lo ao consulado, à polícia ou à necessidade de um advogado.

Gritando por Socorro

LEMBRE-SE

Antes de se preparar para emergências, você precisa conhecer um vocabulário básico de pedidos de ajuda de que pode precisar. Você pode estar em uma situação em que necessite de auxílio. Buscar um dicionário nessas horas atrasará a solução, então memorize essas palavras. Você pode usar algumas opções para gritar *Socorro!* intercambiáveis.

- ¡Auxilio! (¡au-*ksi*-lio!) (Ajuda!)
- ¡Ayúdeme! (¡a-*dju*-de-me!) (Ajude-me!)
- ¡Incendio! (¡in-*sen*-dio!) (Fogo!)
- ¡Inundación! (¡i-nun-da-*siôn*!) (Inundação!)
- ¡Maremoto! (¡ma-re-*mô*-to!) (Maremoto!)
- ¡Socorro! (¡so-*ko*-rrro!) (Socorro!)
- ¡Temblor! (¡tem-*bvlor*!) (Tremor!)
- ¡Terremoto! (¡te-rrre-*mô*-to!) (Terremoto!)

> ## O QUE DIZER QUANDO UM VASO CAIR
>
> Você vê um vaso de flores caindo da varanda enquanto alguém passa bem embaixo dela. O que você grita? Os falantes de espanhol, com exceção dos mexicanos, reagem assim:
>
> ¡Cuidado! (¡kui-*da*-do!) (Cuidado!)
>
> Quando o vaso de flores cai no México, no entanto, você deve dizer:
>
> ¡Aguas! (¡*a*-guas!) (Cuidado! [Literalmente: Águas!])
>
> Esse hábito provavelmente vem dos tempos em que não existia sistema de esgoto, e as pessoas nas cidades coloniais simplesmente jogavam a água suja na rua pela janela do segundo andar. Eles gritavam ¡Aguas! para avisar aos pedestres que a água suja estava indo em sua direção. Presumivelmente, o hábito de gritar ¡Aguas! se estendeu para todo tipo de perigo.

Você informa a urgência do seu problema com essas duas palavras:

» **¡Apúrese!** (¡a-*pu*-re-se!) (Depressa!)

» **¡Rápido!** (¡*rrra*-pi-do!) (Rápido!)

Lidando com Problemas de Saúde

Quando uma doença ou um acidente colocam sua saúde em risco, é natural se sentir desgastado, especialmente se você estiver em um país estrangeiro, em que você não pode explicar a situação na sua língua nativa. Nas seções a seguir vamos guiá-lo por potenciais situações de maneira calma e prudente. A Tabela 17–1 lista termos comuns em emergências médicas.

TABELA 17–1   **Termos Médicos**

Espanhol	Pronúncia	Português
la ambulancia	la am-bvu-*lán*-sia	a ambulância
el analgésico	êl a-nal-*rrê*-si-ko	o analgésico
la anestesia	la a-nes-te-*ssia*	a anestesia
la camilla	la ka-*mi*-ya	a maca
el corte	êl *kôr*-te	o corte
el dolor	êl do-*lôr*	a dor
el/la enfermo/a	êl/la en-*fer*-mo/ma	o/a doente
enyesar	en-dje-*sar*	engessar
la fractura	la frak-*tu*-ra	a fratura
la herida	la e-*ri*-da	a ferida
el mareo	êl ma-*rê*-o	a tontura
el/la médico/a	êl/la *mê*-di-ko/ka	o/a médico/a
los puntos	los *pun*-tos	os pontos
la radiografía	la rrra-dio-gra-*fi*-a	a radiografia
los rayos X	los *rrra*-djos ê-kis	o raio x
sangrar	sán-*grar*	sangrar
el yeso	êl *djê*-sso	o gesso

CAPÍTULO 17 **Lidando com Emergências**   297

DICA

Se você ficar doente durante a viagem, peça conselhos na recepção do hotel. Se pedir um médico que fale português e o apresentarem a um, certifique-se de que o português dele é melhor que seu espanhol antes de explicar seus sintomas a ele. Se você tiver problemas de comunicação, peça por outro médico, cuja habilidade de comunicação em uma dessas línguas seja compatível com a sua.

Prestando ajuda com o verbo ayudar

O verbo **ayudar** (a-dju-*dar*) (ajudar) é, como você deve imaginar, uma palavra muito útil de saber. É um verbo regular terminado em **-ar**, então é muito fácil conjugá-lo. Aqui nós mostramos como ele fica no presente:

Conjugação	Pronúncia
yo ayudo	djô a-*dju*-do
tú ayudas	tu a-*dju*-das
él, ella, usted ayuda	êl, ê-dja, us-tê a-*dju*-da
nosotros, nosotras ayudamos	no-*ssô*-tros, no-*ssô*-tras a-dju-*dá*-mos
vosotros, vosotras ayudáis	bvo-*ssô*-tros, bvo-*ssô*-tras a-dju-*dais*
ellos, ellas, ustedes ayudan	ê-djos, ê-djas, us-tê-des a-*dju*-dan

A seguir mostramos frases que podem ser úteis em casos em que você esteja falando com pessoas que encontrou — como um médico ou transeuntes em geral. Nós também apresentamos algumas frases para situações informais ou em que os envolvidos são crianças.

DICA

Vamos começar com frases formais e genéricas para você demonstrar que deseja ajudar alguém. O modo formal é o que será normalmente mais usado. Ele mostra respeito de sua parte para com o médico, por exemplo, e vice-versa. Vocês não têm uma relação informal que permita outro tipo de interação:

¿Le ayudo? (¿le a-*dju*-do?) (Posso ajudá-lo?)

Sí, necesito una ambulancia. (si, ne-sse-*ssi*-to u-na ám-bvu--*lán*-sia.) (Sim, preciso de uma ambulância.)

Espere. Le van a ayudar. (es-*pê*-re. le bván a a-dju-*dar*.) (Espere. Eles vão ajudá-lo.)

Usted ayude al enfermo. (us-tê a-*dju*-de al en-*fer*-moh.) (Você, ajude o doente.)

¡Apúrese! (¡a-*pu*-re-se!) (Depressa!)

As frases a seguir são para situações informais. Lembre-se, o modo informal é apropriado para usar com crianças ou se a pessoa em questão é alguém próximo a você.

¿Te ayudo? (¿te a-*dju*-do?) (Posso te ajudar?)

Sí, ayúdame. (si, a-*dju*-da-me.) (Sim, me ajuda.)

Te busco un médico. (te *bvus*-ko un *mê*-di-ko.) (Vou chamar um médico para você.)

¡Apúrate! (¡a-*pu*-ra-te!) (Depressa!)

¡Sujétame! (¡su-*rrê*-ta-me!) (Me segura!)

Expressando dor com pronomes oblíquos

Quando você está machucado, quer ser capaz de explicar às pessoas como você pode ser ajudado da melhor maneira possível. As sentenças a seguir descrevem dores e machucados com o verbo de segunda conjugação, **-er, doler** (do-*ler*) (doer). E assim como carregar um guarda-chuva pode ajudá-lo em uma chuva, essas frases vão auxiliá-lo em algumas situações.

Me duele la espalda. (me *duê*-le la es-*pal*-da.) (Minhas costas estão doendo.)

¿Le duele la cabeza? (¿le *duê*-le la ka-*bve*-sa?) (Sua cabeça está doendo? [Formal])

Me duele todo. (me *duê*-le *to*-do.) (Tudo me dói.)

Me duelen las manos. (me *duê*-len las *má*-nos.) (As mãos me doem.)

¿Te duele aquí? (¿te *duê*-le a-*ki*?) (Dói aqui? [Informal])

FALANDO DE GRAMÁTICA

As maneiras de expressar dor em português e em espanhol são um pouco diferentes. Em português, por exemplo, você pode dizer algo como *Meu dedo do pé está doendo*, enquanto que, em espanhol, você diz o equivalente a *O dedo do meu pé está me doendo* — usando um pronome oblíquo. A Tabela 17-2 elenca os pronomes oblíquos.

TABELA 17-2   ## Pronomes Oblíquos

Pronome	Tradução
me (me)	me
te (te)	te
le (le)	se, lhe, o, a
nos (nôs)	nos
os (ôs)	se, lhes, os, as
les (les)	vos

Falando de sangramentos

A seguir estão alguns exemplos de como pedir ajuda médica quando alguém estiver com uma hemorragia:

¡Hay una emergencia! (¡ai *u*-na e-mer-*rren*-sia!) (Temos uma emergência!)

¡Traigan un médico! (¡*trai*-gan un *mê*-di-ko!) (Tragam um médico!)

¡Traigan una ambulancia! (¡*trai*-gan *u*-na am-bvu-*lán*-sia!) (Tragam uma ambulância!)

Lo más rápido posible. (lo mas *rrra*-pi-do po-*si*-bvle.) (O mais rápido possível.)

Tiene un corte. (*tiê*-ne un *kôr*-te.) (Você [formal] tem um corte.)

Necesita puntos. (ne-sse-*ssi*-ta *pun*-tos.) (Você [formal] precisa de pontos.)

Se você precisar levar pontos, aqui estão algumas frases comuns:

Le vamos a poner anestesia local. (le *bvá*-mos a po-*ner* a-nes-te-*ssia* lo-*kal*.) (Vamos dar anestesia local.)

Ya se pasó el dolor. (dja se pa-*ssô* êl do-*lor*.) (A dor passou.)

Dizendo onde dói

Abaixo listamos algumas frases úteis para explicar a alguém qual o tipo de lesão que você tem. A seguir, nesta seção, mostramos um vocabulário pertinente para essas situações.

300   PARTE 3 **Espanhol em Movimento**

Me sangra la nariz. (me *sán*-gra la na-*ris.*) (Meu nariz está sangrando.)

No puedo ver. (no *puê*-do bver.) (Não consigo enxergar.)

Me entró algo en el ojo. (me en-*trô* al-go en êl ô-rro.) (Entrou alguma coisa no meu olho.)

Me torcí el tobillo. (me tor-*si* êl to-*bvi*-djo.) (Torci o tornozelo.)

Él se quebró el brazo derecho. (êl se ke-*brô* êl *bvra*-sso de-*rê*-t-cho.) (Ele quebrou o braço direito.)

La herida está en el antebrazo. (la e-*ri*-da ês-*tá* en êl *án*-te-*bvra*- -sso.) (A ferida está no antebraço.)

A ella le duele la muñeca izquierda. (a ê-dja le *duê*-le la mu-*nhê*- -ka is-*kiêr*-da.) (Ela está com dor no punho esquerdo.)

Él se cortó el dedo índice. (êl se kor-*tô* êl *de*-do *in*-di-sse.) (Ele cortou o dedo indicador.)

Ella se torció el cuello. (ê-dja se tor-*siô* êl *kuê*-djo.) (Ela torceu o pescoço.)

Ahora ya no sale sangre. (a-ô-ra dja no *sa*-le *sán*-gre.) (Agora já parou de sangrar.)

Para explicar a um médico qual é exatamente a parte do seu corpo que está machucada, você precisa saber como se referir a elas. A Tabela 17−3 lista várias partes do corpo em espanhol.

TABELA 17–3   **Partes do Corpo**

Espanhol	Pronúncia	Português
Cabeça e adjacências		
las amígdalas	las a-*mig*-da-las	as amígdalas
la boca	la *bvo*-ka	a boca
la cabeza	la ka-*bvê*-ssa	a cabeça
el cuello	êl *kuê*-djo	o pescoço
la lengua	la *lên*-gua	a língua
la nariz	la na-*ris*	o nariz
la oreja	la o-*re*-rra	a orelha, o ouvido
el ojo	êl ô-rro	o olho
el rostro	êl *rrros*-tro	o rosto

(continua)

(continuação)

Espanhol	Pronúncia	Português
Tronco		
el corazón	êl ko-ra-*sôn*	o coração
el estómago	êl es-*to*-ma-go	o estômago
el hígado	êl *i*-ga-do	o fígado
el hombro	êl *om*-bvro	o ombro
el intestino	êl in-tes-*ti*-no	o intestino
el pecho	êl *pe*-tcho	o peito
el pulmón	êl pul-*môn*	o pulmão
el riñón	êl rrri-*nhôn*	os rins
Membros superiores		
el antebrazo	êl án-te-*bvra*-sso	o antebraço
el brazo	êl *bvra*-sso	o braço
el dedo	êl *de*-do	o dedo
el dedo anular	êl *de*-do a-nu-*lar*	o dedo anular
el dedo del medio	êl *de*-do del *mê*-dio	o dedo médio
el dedo índice	êl *de*-do *in*-di-sse	o dedo indicador
el dedo meñique	êl *de*-do me-*nhi*-ke	o dedo mindinho
la mano	la *má*-no	a mão
la muñeca	la mu-*nhê*-ka	o punho; o pulso
el pulgar	êl pul-*gar*	o polegar
Membros inferiores		
el dedo del pie	êl *de*-do del piê	o dedo do pé
el muslo	êl *mus*-lo	a coxa
la pantorrilla	la pan-tu-*rrri*-dja	a panturrilha
el pie	êl piê	o pé
la pierna	la *piêr*-na	a perna
la planta del pie	la *plán*-ta del piê	a sola do pé
el tobillo	êl to-*bvi*-djo	o tornozelo
Lateralidade		
derecho	de-*rê*-tcho	direito
izquierdo	is-*kiêr*-do	esquerdo

Tendo uma Conversa

Depois de uma colisão, Melissa foi levada ao hospital para o médico observar se ela não quebrou nada.

Médico:
¿Tiene dolor en la pierna?
¿ti-ê-ne do-*lôr* en la *piê*-er-na?
Sua perna dói?

Melissa:
Sí, doctor, ¡me duele mucho!
si, dok-*tor*, ¡me *duê*-le *mu*-tcho!
Sim, doutor, dói muito!

Médico:
Vamos a sacarle rayos X.
bvá-mos a sa-*kar*-le *rrra*-djos ê-kis.
Vamos fazer um raio x.

Radiologista:
Aquí, súbanla a la mesa.
a-*ki*, *su*-bvan-la a la *me*-ssa.
Aqui, ponha ela na mesa.

No se mueva, por favor.
no se *muê*-bva, por fa-*bvor*.
Não se mexa, por favor.

Médico:
Ya está la radiografía.
dja ês-*tá* la rrra-dio-gra-*fí*-a.
A radiografia já está pronta.

Aquí tiene una fractura.
a-*ki* tiê-ne *u*-na frak-*tu*-ra.
Aqui tem uma fratura.

Vamos a tener que enyesar su pierna.
bvá-mos a te-*ner* ke en-dje-*ssar* su *piêr*-na.
Vamos ter que engessar sua perna.

Le voy a dar un analgésico.
le bvoi a dar un a-nal-*rrê*-ssi-ko.
Vou dar um analgésico a você.

Palavras a Saber

el dolor	êl do-lôr	a dor
la pierna	la pi-êr-na	a perna
los rayos X	los rrra-djos ê-kis	o raio x
la radiografía	la rrra-dio-gra-fi-a	a radiografia
la fractura	la frak-tu-ra	a fratura
enyesar	en-dje-ssar	engessar
el analgésico	êl a-nal-rrê-si-ko	o analgésico

Descrevendo sintomas

A Tabela 17-4 mostra termos comuns para problemas de saúde que você pode ter quando procura um médico.

TABELA 17-4 ## Palavras Úteis para Descrever Sintomas e Conseguir uma Solução

Espanhol	Pronúncia	Português
la cirugía	la si-ru-*rri*-a	a cirurgia
enfermo	en-*fer*-mo	doente
el estornudo	êl es-tor-*nu*-do	o espirro
el estreñimiento	êl es-tre-nhi-*miên*-to	a constipação
la evacuación	la e-bva-kua-*siôn*	a evacuação
la farmacia	la far-*ma*-sia	a farmácia
el jarabe	êl rra-*ra*-bve	o xarope
la medicina	la me-di-*si*-na	o medicamento
la náusea	la *nau*-se-a	a náusea
la orina	la o-*ri*-na	a urina
la presión sanguínea	la pre-*siôn* sán-*gui*-ne-a	a pressão sanguínea
la receta	la rrre-*se*-ta	a receita
la salud	la sa-*lu*	a saúde
la sangre	la *sán*-gre	o sangue
sano	*sá*-no	saudável

304 PARTE 3 **Espanhol em Movimento**

SABEDORIA CULTURAL

Quando você espirra perto de um falante de espanhol, não consegue se desvencilhar de uma tradição. No momento do espirro, imediatamente alguém dirá a você **¡Salud!** (¡sa-*lu*!) (Saúde!). E você deve responder no ato **¡Gracias!** (¡*gra*-ssias!) (Obrigado!), como no Brasil.

Tendo uma Conversa

Depois de cair e bater a cabeça, Julia está com uma dor de cabeça terrível. Ela finalmente decide que precisa consultar um médico. Depois de fazer o check-in na recepção, Julia entra no consultório e começa a explicar os sintomas. (Faixa 32)

Julia:	**Me duele la cabeza.** me *duê*-le la ka-*bve*-ssa. Minha cabeça dói.
Dr. Díaz:	**¿Desde cuándo?** ¿*des*-de *kuán*-do? Desde quando?
Julia:	**Desde ayer. Me golpeé la cabeza.** *des*-de a-*djer*. me gol-pe-*ê* la ka-*bve*-ssa. Desde ontem. Eu bati com a cabeça.
Dr. Díaz:	**¿Cómo se golpeó?** ¿*kô*-mo se gol-pe-*ô*? Como bateu?
Julia:	**Me caí en la calle.** me ka*i* en la *ka*-dje. Eu caí na rua.
Dr. Díaz:	**¿Tiene mareos?** ¿*tiê*-ne ma-*rê*-os? Você está com tontura?
Julia:	**Sí, tengo mareos.** si, *ten*-go ma-*rê*-os. Sim, tenho tonturas.
Dr. Díaz:	**Vamos a tenerle en observación durante dos días.** *bvá*-mos a te-*ner*-le en obv-ser-bva-*siôn* du-*rán*-te dos *di*-as. Vamos mantê-la em observação durante dois dias.

CAPÍTULO 17 **Lidando com Emergências** 305

Palavras a Saber

la cabeza	la ka-_bve_-ssa	a cabeça
golpear	gol-pe-_ar_	bater
el mareo	êl ma-_rê_-o	a tontura
la observación	la obv-ser-bva-si_ôn_	a observação

Encarando o dentista

Se você tiver algum problema dentário em um país de língua espanhola, marcar uma consulta e receber os cuidados médicos não deve ser muito mais difícil do que o habitual se você conhecer as palavras e frases certas.

Aqui resumimos os termos que você comumente ouve no consultório do dentista:

» **la caries** (la _ka_-ries) (a cárie)

» **la corona** (la ko-_ro_-na) (a coroa)

» **el/la dentista** (êl/la den-tis-ta) (o/a dentista)

» **el diente** (êl _diên_-te) (o dente)

» **el dolor de muelas** (êl do-_lor_ de _muê_-las) (a dor de dente)

» **la muela** (la _muê_-la) (o molar; o dente)

» **un puente** (un _puên_-te) (a ponte)

Você pode ouvir estas frases (ou outras parecidas) quando estiver no dentista:

Necesito un dentista. (ne-sse-_ssi_-to un den-_tis_-ta.) (Preciso de um dentista.)

¿Me puede recomendar un dentista? (¿me _puêh_-de rrre-ko-men-_dar_ un den-_tis_-ta?) (Pode me recomendar um dentista?)

Doctor, tengo un dolor de muelas. (dok-_tor_, _ten_-go un do-_lor_ de _muê_-las.) (Doutor, estou com dor de dente.)

Tiene una caries. (_tiê_-ne u-na _ka_-ries.) (Você está com cárie.)

Quebré una muela. (ke-_bvrê_ u-na _muê_-lah.) (Eu quebrei um dente.)

306   PARTE 3 **Espanhol em Movimento**

Voy a ponerle anestesia. (voi a po-*ner*-le a-nes-te-*sia*.) (Vou aplicar anestesia.)

Voy a taparle la caries. (voi a ta-*par*-le la ka-ries.) (Vou extrair a cárie.)

Voy a sacarle la muela. (voi a sa-*kar*-le la *muê*-la.) (Vou arrancar o dente.)

Voy a ponerle un puente. (voi a pon-*er*-le un *puên*-te.) (Vou colocar uma ponte.)

Voy a ponerle una corona. (voi a pon-*er*-le u-na ko-*ro*-na.) (Vou colocar uma coroa.)

Conseguindo reembolso: Planos de saúde

Se precisar visitar um dentista ou algum outro profissional de saúde quando estiver em viagem, certifique-se de pegar a receita para conseguir um reembolso com seu plano de saúde quando estiver de volta.

DICA

Contate seu plano de saúde ou sua companhia de seguros antes de viajar para um país estrangeiro para saber como proceder caso precise de um reembolso e como é o processo com as pessoas envolvidas. Você pode inclusive adquirir um seguro de saúde separado para viagem durante sua estada — geralmente esses planos são bastante acessíveis.

As frases a seguir são úteis para falar sobre planos de saúde e reembolso:

¿Tiene seguro dental? (¿*tiê*-ne se-*gu*-ro den-*tal*?) (Você tem plano dentário?)

Sí, tengo seguro dental. (si, *ten*-go se-*gu*-ro den-*tal*.) (Sim, tenho plano dentário.)

¿Tiene seguro de salud? (¿*tiê*-ne se-*gu*-ro de sa-*lu*?) (Você tem plano de saúde?)

Sí, tengo seguro de salud. (si, *ten*-go se-*gu*-ro de sa-*lu*.) (Sim, tenho plano de saúde.)

¿Me puede dar un recibo para el seguro? (¿me *puê*-de dar un rrre-*si*-bvo *pa*-ra êl se-*gu*-ro?) (Você pode me dar um recibo para o plano?)

CAPÍTULO 17 **Lidando com Emergências** 307

Obtendo Ajuda com Problemas Legais

A maioria das pessoas segue as leis e, geralmente, não se envolve em atividades que afetem a polícia ou outros aspectos do sistema jurídico. Mas acidentes acontecem, e você pode quebrar alguma lei local que desconheça. Se algo assim acontecer, você precisará da ajuda do consulado ou de algum advogado para resguardar os seus direitos.

LEMBRE-SE

Em emergências de qualquer tipo, mas principalmente nas que envolvam autoridades legais, seja paciente e, acima de tudo, firme. Tenha em mente que, assim como você não conhece a legislação e as práticas processuais estrangeiras, os representantes legais daquele sistema também não sabem quais suas expectativas.

Se você se envolver em questões jurídicas em um país de língua espanhola, tente conseguir ajuda no seu consulado — eles levarão seu caso mais a sério do que as autoridades locais. Na verdade, após resolver a data de sua viagem, descubra onde fica o consulado do Brasil — e, quando chegar, faça seu cadastro lá para eventuais emergências. Em alguns países você é obrigado a se registrar dentro de um prazo preestabelecido.

Você pode precisar perguntar ao chegar:

¿Hay aquí un Consulado del Brasil? (¿ai a-*ki* un kon-su-*la*-do dêl bra-*ssil*?) (Aqui tem um consulado do Brasil?)

¿Hay un abogado que hable portugués? (¿ai un a-bvo-*ga*-do ke *a*-bvle por-tu-*guês*?) (Tem algum advogado aqui que fale português?)

DICA

Se o espanhol não é a sua primeira língua e você está em uma área de língua espanhola, peça um advogado que fale português e certifique-se de que ele seja melhor em português do que você em espanhol. Não aceite qualquer um. Se você tiver problemas em se fazer entender, peça outro.

As seções a seguir mostram frases úteis para duas situações: denunciar um assalto e explicar um incidente à polícia. O diálogo a seguir retrata um caso referente a problemas legais no exterior. Nós esperamos que você não se envolva em uma situação como a de Francisco, mas precisamos precavê-lo dessa possibilidade, e, neste caso, estas frases podem ajudá-lo.

Tendo uma Conversa

Silverio foi parado pela polícia e está tentando entender o motivo. (Faixa 33)

Policial: **Buenas noches, señor, ¿puedo ver su licencia para conducir, por favor?**
bvuê-nas no-tches, se-nhor, ¿puê-do bver su li-ssên-sia pa-ra kon-du-ssir por fa-bvor?
Boa noite, senhor, posso ver sua carteira de motorista, por favor?

Francisco: **Sí, señor. Aquí está.**
si, se-nhor. a-ki ês-tá.
Sim, senhor. Aqui está.

¿Puedo saber por qué me detenía?
¿puê-do sa-bver por ke me de-te-ni-a?
Posso saber por que me parou?

Policial: **Usted giró ilegalmente.**
us-tê rri-rô i-le-gal-men-te.
Você fez uma manobra ilegal.

Francisco: **Lo siento. Pienso que estoy perdido.**
lo siên-to. piên-so ke es-toi per-di-do.
Desculpe-me. Acho que estou perdido.

Policial: **Tengo que darle una multa por la infracción de tráfico.**
ten-go ke dar-le u-na mul-ta por la in-frak-ssi-ôn de tra-fi-ko.
Tenho que dar a você uma multa pela infração de trânsito.

Francisco: **A lo mejor me puede decir como llegar a la plaza de toros.**
a lo me-rrôr, me puê-de de-sir ko-mo dje-gar a la pla-ssa de to-ros.
Em vez disso, você poderia me dizer como chego à arena de touradas.

Policial: **Tiene que viajar cuatro cuadras más al sur.**
tiê-ne ke bvia-rrar kua-tro kua-dras mas al sur.
Você tem que seguir quatro quadras ao sul.

CAPÍTULO 17 **Lidando com Emergências**   309

Doblar a la izquierda y maneje un kilómetro.
do-*bvlar* a la is-*kiêr*-da i ma-*nê*-rre un ki-*lo*-me-tro.
Dobrar à esquerda e dirigir um quilômetro.

La plaza de toros queda al norte.
la *pla*-ssa de *to*-ros *kê*-da al *nor*-te.
A arena de touradas fica ao norte.

Francisco:

Muchísimas gracias, señor policía, por toda su ayuda.
mu-*tchi*-si-mas *gra*-sias, se-*nhor* po-li-*si*-a, por *to*-da su a-*dju*-da.
Muitíssimo obrigado, senhor policial, por toda sua ajuda.

Policial:

Aquí está su licencia para conducir. Tenga más cuidado.
a-*ki* ês-*tá* su li-*ssên*-sia *pa*-ra kon-du-*sir*. *ten*-ga mas kui-*da*-do.
Aqui está sua carteira. Tenha mais cuidado.

Francisco:

Buenas noches.
bvuê-nas *no*-tches.
Boa noite.

Policial:

Adiós.
a-*diôs*.
Tchau.

Palavras a Saber

licencia para conducir	li-ssên-sia pa-ra kon-du-sir	carteira de motorista
giró ilegalmente	rri-rô i-le-gal-men-te	manobra ilegal
multa	mul-ta	multa
infracción de tráfico	in-frak-si-ôn de tra-fi-ko	infração de trânsito
señor policía	se-nhor po-li-si-a	policial

LEMBRE-SE

Denunciando um roubo

Se alguém assaltá-lo em uma área de língua espanhola, você pode conseguir ajuda usando estas frases:

¡Un robo! (¡un *rrrô*-bvo!) (Um roubo!)

¡Un asalto! (¡un a-*ssal*-to!) (Um assalto!)

¡Atrápenlo! (¡a-*tra*-pen-lo!) (Pega ladrão!)

¡Policía! (¡po-li-*si*-a!) (Polícia!)

Esperamos que você nunca precise, mas se for roubado ou atacado em locais de espanhol nativo, é importante saber estas frases:

¡Llamen a la policía! (¡*djá*-men a la po-li-*si*-a!) (Chamem a polícia!)

¡Me robó la billetera! (¡me rrro-*bvô* la bvi-dje-*te*-ra!) (Roubaram minha carteira!)

¡Me robó el bolso! (¡me rrro-*bvô* êl *bvol*-so!) (Roubaram minha bolsa!)

Haga una denuncia a la policía. (*a*-ga *u*-na de-*nun*-sia a la po-li--*si*-a.) (Faça uma denúncia à polícia.)

Explicando um incidente à polícia

Se você foi abordado por um assaltante, aqui estão algumas frases úteis para ajudá-lo a descrevê-lo para a polícia:

Es un hombre bajo, corpulento. (ês un *ôm*-bvre *bva*-rroh, kor--pu-*len*-to.) (É um homem baixo, corpulento.)

Tiene el pelo moreno y una barba. (*tiê*-ne êl *pe*-lo mo-*re*-no i *u*-na *bvar*-bva.) (Ele tem cabelo escuro e barba.)

Lleva pantalón de mezclilla y camisa blanca. (*djê*-bva pan-ta-*lôn* de mes-*kli*-dja i ka-*mi*-ssa *bvlán*-ka.) (Estava usando calças jeans e uma camisa branca.)

Tiene unos cuarenta años. (*tiê*-ne *u*-nos kua-*ren*-ta *á*-nhos.) (Tem uns 40 anos.)

Está con una mujer delgada. (ês-*tá* kon *u*-na mu-*rrêr* del-*ga*-da.) (Estava com uma mulher magra.)

CAPÍTULO 17 **Lidando com Emergências** 311

Es alta, rubia, de ojos claros. (ês *al*-ta, *rrru*-bvia, de ô-rros *kla*--ros) (Ela é alta, loira, de olhos claros.)

Os verbos seguintes podem ajudá-lo a descrever um crime:

» **atacar** (a-ta-*kar*) (atacar)
» **robar** (rrro-*bvar*) (roubar; assaltar)

Tendo uma Conversa

Alguém assaltou Julieta! Agora ela está fazendo a denúncia à polícia.

Julieta:	**¡Rápido, vengan!**
	¡*rrra*-pi-do *bven*-gan!
	Rápido, alguém!
Transeunte:	**¿Qué le pasó?**
	¿kê le pa-*ssô*?
	O que aconteceu?
Julieta:	**¡Un hombre alto con una máscara me robó el bolso!**
	¡un ôm-bvre *al*-to kon *u*-na *mas*-ka-ra me rrro-*bvô* êl *bvol*-so!
	Um homem alto de máscara roubou minha bolsa!
Policial:	**¿En qué dirección corrió?**
	¿en kê di-rek-*siôn* ko-*rriô*?
	Para qual direção ele correu?
Julieta:	**Cruzó la calle y corrió al norte, hacia el parque.**
	kru-*ssô* la ka-dje i ko-*rriô* al *nôr*-te, *a*-ssia êl *par*-ke.
	Cruzou a rua ao norte, na direção do parque.
Policial:	**¿Puede Ud. acompañarme a la comisaría de policía para hacer un informe acerca del incidente?**
	¿*puê*-de us-*tê* a-kom-pa-*nhar*-me a la ko-mi-ssa-*ri*-a de po-li-*si*-a *pa*-ra a-*ssêr* un in-*fôr*-me a-*sser*-ka del in-si-*den*-te?
	Você pode me acompanhar à delegacia para registrar a ocorrência?
Julieta:	**Claro que sí.**
	kla-ro ke si
	Claro que sim.

312 PARTE 3 **Espanhol em Movimento**

Palavras a Saber

una máscara	u-na <u>mas</u>-ka-ra	a máscara
correr	ko-<u>rrrer</u>	correr
acompañar	a-kom-pa-<u>nhar</u>	acompanhar
la comisaría de policía	la ko-mi-ssa-<u>ri</u>-a de po-li-<u>si</u>-a	delegacia
hacer un informe	a-<u>sser</u> un in-<u>fôr</u>-me	registrar a ocorrência
claro que sí	<u>kla</u>-ro ke si	claro que sim

Recusando Ajuda Quando Você Realmente Não Quiser

SABEDORIA CULTURAL

Em nossa experiência, nativos de língua espanhola são muito prestativos e gentis, estão sempre prontos para ajudar um estrangeiro e são muito tolerantes se sua pronúncia não for tão boa. Na verdade, eles vão querer enchê-lo de cuidados, podendo deixá-lo em uma saia justa caso você deseje dizer que não precisa de ajuda sem ferir seus sentimentos.

Aqui estão algumas frases para ajudá-lo a ser respeitoso e amável, mas ao mesmo tempo firme, ao dizer que não precisa de ajuda, quando oferecerem. Suponha que alguém esteja tentando ser solícito falando algo como:

¡Pobrecito!, ¿le ayudo? (¡po-bre-*ssi*-to!, ¿le a-*dju*-do?) (Pobrezinho! Posso ajudá-lo?)

¡Vengan todos a ayudar! (¡*bven*-gan *to*-dos a a-*dju*-dar!) (Venham todos ajudar!)

Nesses casos, você pode responder assim:

Por favor, estoy bien, no me ayude. (porfa-*bvor*, es-*toi*bviên, no me a-*dju*-de.) (Por favor, estou bem, não me ajude.)

Muchas gracias; prefiero estar solo. (*mu*-tchas *gra*-ssias; pre-*fiê*-ro es-*tar* sô-lo.) (Muito obrigado; prefiro ficar sozinho.)

CAPÍTULO 17 **Lidando com Emergências**   313

Estoy muy bien, gracias; no necesito ayuda. (es-*toi* mui bviên, *gra*-ssias; no ne-sse-*ssi*-to a-*dju*-da.) (Estou muito bem, obrigado; não preciso de ajuda.)

Usted es muy gentil, gracias; no me ayude, por favor. (us-*tê* ês mui rren-*til*, *gra*-ssias; no me a-*dju*-de, por fa-*bvor*.) (Você é muito gentil, obrigado; não me ajude, por favor.)

Ustedes son muy amables, pero estoy bien. (us-*tê*-es son mui a-*ma*-bvles, *pê*-ro es-*toi* bviên.) (Vocês [formal] são muito amáveis, mas estou bem.)

Diversão & Jogos

Alberto ainda não sabe, mas ele sofrerá um acidente com sua prancha de surfe. Veja você, ele o convidou para se juntar a ele nas férias e decidiu dar uma de surfista para impressionar uma garota. Mas a questão é que Alberto não é exatamente um bom surfista como pensa que é, e ele acabará bem derrotado. Como você é um ótimo amigo, está indo junto com ele ao médico para explicar o que aconteceu. Preencha todas as partes do corpo indicadas na ilustração a seguir, em espanhol. Desse jeito você poderá consultar a imagem quando estiver no consultório, caso a emoção do momento não permita que você se lembre exatamente. (Ah, e não se preocupe, Alberto ficará bem — os solavancos e as contusões não foram nada perto do orgulho ferido.)

© 2017 Aurélio Corrêa

4

A Parte dos Dez

NESTA PARTE. . .

Se você está procurando por informações breves e dinâmicas sobre o espanhol, esta parte do livro foi feita para você. Aqui você encontrará dez formas de aprender espanhol rápido, dez coisas que nunca devem ser ditas, dez expressões favoritas em espanhol e dez frases que farão com que você pareça um legítimo nativo de língua espanhola.

NESTE CAPÍTULO

» Adquirindo o espanhol em uma viagem

» Adicionando a cultura espanhola na playlist

» Criando um jogo com o vocabulário

Capítulo 18

Dez Formas de Aprender Rápido

Você sabe qual é a melhor maneira de passar o fio pela agulha, de cravar um prego na madeira ou de digitar uma carta. Assim como você pode adquirir essas habilidades de várias maneiras, você pode fazer com o espanhol. As dez sugestões neste capítulo são bons caminhos para você acrescentar esse idioma tão bonito à sua vida.

Vá para Locais em que Se Fale Espanhol

Essa informação provavelmente não é nenhuma surpresa, mas absolutamente a melhor maneira de aprender espanhol é estar em um ambiente em que todos o falam e ninguém fala sua língua natal. Essa situação é bem fácil de criar se você pode se dar ao luxo de viajar. Considere mergulhar no espanhol se você puder tirar férias em um país em que ele seja a língua nativa. Como existem países de língua espanhola que fazem fronteira com o Brasil, uma viagem de carro, ônibus ou avião para esses países geralmente não é tão cara.

Investigue sua Vizinhança

Você pode conseguir encontrar falantes de espanhol na sua própria vizinhança ou cidade. E entre essas pessoas pode achar alguém disposto a conversar por algumas horas por semana com você, realizando atividades diárias em que você possa praticar o espanhol. Você pode fazer um trabalho voluntário em uma biblioteca local, em um zoológico ou museu; dessa maneira você pode encontrar crianças que podem ser ótimos professores, além de seus pais e tutores. Logo você estará participando de festas, eventos e diversas atividades cotidianas que envolvam o espanhol.

Ouça Músicas e Assista à TV

Como muitas pessoas nas Américas do Norte, Central e do Sul falam espanhol, você pode encontrar estações de rádio ou algum canal de TV na sua região que ofereça programas em espanhol. Ao ouvir e assistir a esses programas, você expande seu vocabulário, ganha uma compreensão da linguagem corporal e expressões idiomáticas e passa a compreender as sacadas dos jogos de palavras e referências culturais nas piadas. Sem mencionar que, quanto mais você se acostuma a ouvir o espanhol, mais familiar (portanto, menos estrangeiro) ele soa. Nesse caso, a familiaridade gera um nível de conforto que permite que você aprenda com mais facilidade.

Assista a um Filme

Há várias opções de filmes em espanhol na internet e nos canais por assinatura. Para se sentir em um país de língua espanhola, retire as legendas. Você ficará impressionado com o quanto pode entender mesmo da primeira vez que assistir ao filme, mas a grande vantagem é que você pode repeti-lo quantas vezes desejar. Repetir, repetir, repetir realmente ajuda!

Confira a Biblioteca

Sua biblioteca local pode ter livros, áudios e outros materiais sobre espanhol e os países que o falam. São várias porções de informação para você construir sua biblioteca mental. Aqui estão alguns itens para você procurar:

>> Atlas e mapas dos países falantes de espanhol nas Américas do Norte, Central e do Sul.

>> Guias de viagem e livros que descrevem as áreas de língua espanhola nativa.

>> Romances de autores que descrevem regiões de países onde se fala espanhol. A maioria será tradução de textos de autores que escreveram em espanhol, mas você também encontrará os que foram escritos diretamente em português.

Você pode também acessar a internet pelo computador da biblioteca. Na internet você encontra uma enorme quantidade de informações e curiosidades divertidas sobre os locais em que o espanhol é falado.

Traduza Palavras e Frases no Google

Programas de tradução datam de bastante tempo, especialmente os que traduzem espanhol para português, e vice-versa. Se você tem algo a dizer e não sabe como fazê-lo, consulte o Google para auxiliá-lo:

1. **Vá a www.google.com.br e clique em ferramentas de idiomas (à direita da caixa de busca).**

2. **Em cima do tradutor, selecione português, na lista à esquerda, e espanhol, na lista à direita (ou ao contrário, dependendo de que língua você traduzirá).**

3. **Clique na caixa de texto e digite o que você deseja traduzir.**

4. **Clique no botão de tradução.**

O Google traduzirá a palavra ou frase para você.

Volte para a página de Ferramentas de Idiomas (usando o botão voltar de seu navegador ou repetindo o Passo 1 das instruções anteriores), vá para a seção Utilizar a Interface do Google em Seu Idioma e selecione espanhol. Essa mudança exibirá todo o material do Google, de textos a botões e links, em espanhol, o que lhe permitirá uma prática adicional do idioma.

Encontre Imagens em Espanhol no Google

Você costuma reter melhor o vocabulário se puder visualizar o que uma palavra representa. Obviamente, neste livro relativamente pequeno não é possível incluirmos uma imagem para cada palavra que apresentamos. Porém o Google pode. Faça uma busca na versão em espanhol do Google para "ver" o que uma palavra significa:

1. **Vá a images.google.es.**

2. **Na caixa** Buscar **(bvus-*kar*)** (*buscar*), **digite a palavra em espanhol que deseja visualizar e clique no botão** Buscar.

O Google exibirá a imagem que representa a palavra digitada ou o mais perto disso possível.

PENSE EM ESPANHOL, AOS POUCOS

Uma boa dica para estudar e fixar uma língua é inserindo alguma palavra ou frase que você tenha captado nessa língua em frases e pensamentos na sua cabeça.

É assim que funciona: imagine uma situação de que goste, como contar uma história, explicar um evento ou descrever um sonho. Na sua cabeça, tente fazê-lo em espanhol. Para cada palavra que não souber, insira a equivalente em português. No começo você terá apenas uma pitada de espanhol misturada ao português. Mas, com o tempo — em apenas poucos dias —, o número de palavras em espanhol aumentará.

Crie um Jogo

Você mesmo pode criar jogos (veja o box acima, "Pense em espanhol, aos poucos", por exemplo). Você pode criar um jogo usando uma frase por dia:

1. **Cole a frase na sua geladeira, perto do telefone, no espelho do banheiro ou em outro lugar que escolher.**
2. **A cada vez que abrir a geladeira, olhar no espelho etc., leia e repita em voz alta aquela frase.**

Use sua imaginação e divirta-se!

Marque Tudo com Notas Adesivas

Escreva as palavras em espanhol equivalentes a cada coisa em um cômodo de sua casa em notas adesivas. Ponha cada nota nos itens corretos e repita em voz alta a palavra correspondente em espanhol a cada vez que usar (ou olhar) o objeto. Conforme você memorizar as palavras, remova as notas adesivas, mas continue falando os nomes das coisas. Se você se esquecer de algum nome, recoloque as notas. Quando você já tiver retirado a maioria delas, faça o mesmo em outro cômodo.

Você pode estender esse exercício para além da sua casa, sem usar as notas — nomeie em espanhol (em voz alta ou silenciosamente) cada objeto que encontrar nas suas atividades diárias.

Repita, Pequeno Padawan

Você ouve uma frase em um filme, canta um trecho de uma música ou compreende uma frase em um anúncio. Esses são pequenos tesouros, e você deve usá-los e lapidá-los o tempo todo. Várias vezes por dia, repita essas palavras e frases em voz alta. Para que saiba o que está repetindo, você pode consultar um dicionário, como o que está no Apêndice A deste livro. Logo você terá esse tesouro para cuidar.

322   PARTE 4 **A Parte dos Dez**

> **NESTE CAPÍTULO**
>
> » Evitando pressupostos sobre a cultura do turista ser melhor
>
> » Evitando comentários sobre a mãe de alguém (e outros desvios culturais)
>
> » Observando falsos cognatos e outros erros técnicos

Capítulo **19**

Dez Coisas para Nunca Dizer

As pessoas muitas vezes se preocupam em como dizer as coisas em espanhol, mas raramente se perguntam o que não dizer; afinal, dizer a coisa errada é bem pior do que não dizer nada. Neste capítulo expomos dez coisas para nunca se dizer em espanhol. Algumas dessas coisas incluem falsos cognatos — palavras em espanhol que soam como palavras em português, mas que têm significados completamente diferentes. Outras frases estão inclusas porque podem ser culturalmente ofensivas. Esperamos que este capítulo o ajude a evitar gafes e outros constrangimentos.

Soy un americano

Mesmo se você for um cidadão dos Estados Unidos da América, descrever você mesmo como **Soy un americano o americana** (*Sou um americano ou americana*) pode parecer um pouco pedante. Além disso, geograficamente falando, quase todos no Hemisfério Ocidental são americanos, e mexicanos e canadenses são norte-americanos também.

Quando for falar de onde você é para alguém da América Latina, é melhor se descrever como alguém advindo do Brasil: **Soy de Brasil** (soi de *bra*-ssil.) (Sou do Brasil). Ou você pode ser mais específico e dizer o estado em que vive, por exemplo, **Yo vivo en Rio de Janeiro** (djô *bvi*-bvo en rrrio de rra-*nê*-ro.) (Eu moro no Rio de Janeiro.).

Yo no hablo mexicano

Dizer **Yo no hablo mexicano** (Eu não falo mexicano) é um pouco depreciativo e também demonstra certo nível de ignorância do falante. O México é um país, e não um idioma. As pessoas do México são consideradas mexicanas, mas elas não falam mexicano, assim como um nativo do Brasil não fala brasileiro. Elas falam espanhol; então diga: **Yo no hablo español**. (djo no *a*-bvlo es-*pá*-nhôl.) (Eu não falo espanhol.)

Así no es como lo hacemos en Brasil

LEMBRE-SE

Provavelmente você já ouviu "Em Roma, aja como os romanos", que significa essencialmente mostrar cortesia com seu anfitrião, fazendo o melhor para respeitar suas tradições e sua cultura. Ao visitar um país, tente ao máximo não fazer julgamentos sobre cultura e costumes. (Julgar, neste caso, consiste em pensar ou dizer que algo está certo ou errado ou é melhor ou pior, quando é apenas diferente.)

Pessoas de outros países têm seu próprio senso de orgulho e nacionalismo. Dizer **Así no es como lo hacemos en Brasil** (Assim não é como o fazemos no Brasil) implica que o Brasil ou seu estilo de vida é melhor ou o certo. Essa declaração tem implícito um nível de arrogância e desrespeita a cultura de seu anfitrião. Você pode pensar que seus costumes são melhores e fazer as coisas da sua maneira quando ninguém estiver por perto, mas tente se misturar quando estiver na presença das pessoas locais que o acolheram.

Tu madre...

Em alguns países, como nos Estados Unidos, é possível soltar um comentário depreciativo sobre a mãe de algum amigo em tom de piada e sem entrar em grandes problemas, mas no México, dizer isso soa mal, especialmente se for a mãe de um homem. É um tabu.

SABEDORIA CULTURAL

A cultura latino-americana tende a ser matriarcal — uma sociedade em que as mulheres, especialmente as mães, são respeitadas e reverenciadas. Piadas com mães ou mesmo críticas leves sobre a mãe de alguém são consideradas como falta de respeito não só com aquela pessoa, mas com todas as mães.

No sé

Responder **No sé** (Não sei) a uma pergunta parece esnobe. Quando você diz "Não sei", as pessoas entendem "Não me importo ou não quero ajudá-lo". Em vez de responder **No sé**, fale de um jeito mais positivo, como "**Vamos a preguntarle a Pedro. Él podría saber**". (b*vá*-mos a pre-gun-*tar*-le a *pe*-dro. êl pod-*ri*-a sa-*bver*.) (Vamos perguntar ao Pedro. Ele poderia saber.)

Yo iré un poco más temprano

SABEDORIA CULTURAL

Quando for convidado para uma festa ou para acompanhar alguém, nunca chegue muito cedo ou diga a seu anfitrião **Yo iré un poco más temprano.** (Eu irei um pouco mais cedo). Chegar com pelo menos meia hora de atraso é uma etiqueta adequada. Chegar muito cedo é completamente rude. Da mesma forma, sendo você o anfitrião, não fique chateado se seus convidados chegarem com meia hora ou uma hora de atraso em relação àquela que está no convite. Eles só estão tentando ser educados. Se você realmente deseja que as pessoas cheguem às 14h, convide-as para as 13h e fique agradavelmente surpreso quando elas chegarem "cedo".

CAPÍTULO 19 **Dez Coisas para Nunca Dizer**   325

¡Muy mucho!

Nativos de espanhol nunca combinarão duas palavras como **muy** (mui) (muito) e **mucho** (*mu*-tcho) (tanto) —, mesmo que eles realmente gostem muito de alguma coisa. Se você quer elogiar os sapatos de alguém, dos quais você gostou muito, apenas diga "**Me gustan sus zapatos nuevos muchísimo**" (me *gus*-tan sus sa-*pa*-tos *nuê*-bvos mu-*tchi*-si-mo) (Gosto muitíssimo dos seus sapatos novos). O **-íssimo** adicionado ao final de **mucho** é o equivalente espanhol para o português "muito mesmo".

Disculpe — me siento tan embarazada

Você pensou que estava dizendo *Me desculpe. Estou tão embaraçado!* Infelizmente, você está prestes a se sentir ainda mais envergonhado do que pensou que estava. Em espanhol, a palavra **embarazada** (em-bva--ra-*ssa*-da) é a mãe dos falsos cognatos. Ela parece e soa como *embaraçada*, mas significa *grávida*.

A maneira usual para dizer que está embaraçado em espanhol é **Me sientoavergonzada.** (meh *siên*-to a-bver-gon-*ssa*-da.). Rapazes, vocês devem dizer **avergonzado** (a-bver-gon-*ssa*-do).

Presunto en la Salada

Se você gosta de adicionar complementos à sua salada, como presunto, pode ficar tentado a dizer **Me gusta presunto en la salada**. Mas **presunto** em espanhol significa, "suposto" ou "presumido", como **El presunto autor del crimen** (O suposto autor do crime), e **salada**, significa "salgada". Portanto, sua frase não faria sentido algum.

É muito provável que a pessoa para a qual você comentou isso possa rir. Assim, se quiser dizer que gosta de presunto na salada, diga: **Me gusta jamón en la ensalada**. (me *gus*-ta rra-*môn* en la *ên*-sa-la-da).

326 PARTE 4 **A Parte dos Dez**

¿Tiene hombre? e Outros Acidentes de Troca de Letras

Muitos idiomas têm muitas coisas em comum, e uma dessas coisas é que, mudando uma única letra em uma palavra, você pode alterar todo o seu sentido. E se você mudar o significado de uma palavra, você pode alterar todo o sentido de uma frase ou pergunta. Isso se torna especialmente complicado se você não for cuidadoso quanto à pergunta correta. Por exemplo, para um ouvido brasileiro, **hombre** (*ôm*-bvre) (homem) e **hambre** (*ám*-bvre) (fome) podem soar bem parecidos, porque -**o** e -**a** eventualmente podem se assemelhar em português. Mas colocando esse erro na sua pergunta, você mudará a questão sobre a pessoa ter fome (**¿Tiene hambre?**) para uma curiosidade sobre ela ter um homem (**¿Tiene hombre?**). Agora estamos tratando de assuntos completamente diferentes.

Outro deslize simples pode acontecer se você se oferecer para pagar a conta de alguém dizendo **Vos pegamos** (bvos pe-*gá*-mos) (Pegaremos vocês), em vez do correto **Vos pagamos** (bvos pa-*gá*-mos) (Pagaremos para vocês).

E, é claro, há ainda **Los Siete Pescados Mortales** (Os Sete Peixes Mortais), que nós podemos achar que significam **Los Siete Pecados Mortales** (lohs *siê*-te pe-*ka*-dos mor-*ta*-les) (Os Sete Pecados Mortais); nesse caso, certamente muito mais sério. Entende o que queremos dizer sobre uma única letra fazer toda a diferença?

PARTE 4 **A Parte dos Dez**

> **NESTE CAPÍTULO**
>
> » Cinco maneiras de perguntar *E aí? Tudo bem?*
>
> » Duas maneiras de perguntar *Quanto custa?*, e outros termos para fazer compras
>
> » Brindando em espanhol
>
> » Traduzindo *Bon voyage* do francês para o espanhol

Capítulo **20**

Dez Expressões Favoritas

Este capítulo dá a você um monte de frases e palavras que os falantes de espanhol usam o tempo todo em encontros, cumprimentos e quando lidam uns com os outros.

¿Qué tal?

Você usa o cumprimento **¿Qué tal?** (¿ke tal?) (Como vai?) quando encontra alguém que já conhece. Essa frase (que apresentamos no Capítulo 3) é fácil de pronunciar e imediatamente dá a impressão de que o falante é está por dentro das coisas.

¿Quiubo?

¿Quiubo? (¿ki-*u*-bvo?) (Como vai?) tem um efeito similar a **¿Qué tal?**, mas é ainda mais coloquial. Você usa essa frase, comum no Chile e em

CAPÍTULO 20 **Dez Expressões Favoritas** 329

alguns outros países, somente com quem você conhece bem e com quem tem um relacionamento próximo.

¿Quiubo? é uma compressão da frase **¿qué hubo?** (¿ke u-bvo?), que significa O que está havendo? Para soar natural, deixe **¿Quiubo?** fluir da sua boca de uma vez só. (Nós também mencionamos este cumprimento no Capítulo 3.)

¿Qué pasó?

No México você frequentemente ouve **¿Qué pasó?** (¿ke pa-ssô?) (Como vai? [Literalmente: O que aconteceu?]). Essa frase pode parecer engraçada a princípio. Uma pessoa vê outra e grita **¿Qué pasó?**, como se elas tivessem sido separadas antes de um grande evento e agora querem saber o que houve. Isso é o que essa frase significa, mas seu uso é muito mais amplo.

Até pessoas que mal se conhecem e não se veem há muito tempo podem usar essa expressão. De qualquer forma, use essa frase no México para dirigir-se a alguém que você já tenha visto pelo menos uma vez. Parecerá que você sempre viveu no México! (Essa saudação é mencionada nos capítulos 1 e 3.)

¿Cómo van las cosas?

¿Cómo van las cosas? (¿ko-mo bván las ko-ssas?) (Como vão as coisas?) é um cumprimento bastante gentil que as pessoas bem-educadas usam para expressar preocupação. As pessoas também usam essa frase quando já conheceram a pessoa antes. (Discutimos essa frase no Capítulo 3.)

¿Cómo van las cosas? é mais apropriada que **¿Quiubo?** ou **¿Qué pasó?** para cumprimentar pessoas mais velhas do que você ou pelas quais você quer demonstrar respeito.

¡Del uno!

¡Del uno! (¡dêl u-no!) (De primeira!) é uma frase comum no Chile, mas você também pode ouvi-la em outros países. Seu significado é claro, mesmo que você não a tenha escutado antes. Confira esta pequena rima:

"¿Cómo estamos?", dijo Ramos. (*¿ko*-mo es-*tá*-mos?, *di*-rroh *rrra*-mos.) ("Como estamos?", disse Ramos.)

"¡Del uno!", dijo Aceituno. (¡dêl *u*-no!, *di*-rro a-ssei-*tu*-no.) ("De primeira!", disse Vieira.)

Ramos e Aceituno (ou Vieira na rima em português) são sobrenomes usados aqui para fazer a rima. Desse jeito, você vai se enturmar com facilidade.

¿Cuánto cuesta?

¿Cuánto cuesta? (*¿kuán*-to *kuês*-ta?) (Quanto custa?). Você faz essa pergunta quanto está fazendo compras e quer saber o preço de alguma coisa. (Veja o Capítulo 9 para alguns exemplos.)

¿A cuánto?

¿A cuánto? (¿a-*kuán*-to?) (Quanto está?) é muito parecido com **¿Cuánto cuesta?**, exceto pelo fato de que essa frase é usada para perguntar o preço de várias coisas juntas, como em **¿A cuánto la docena?** (¿a-*kuán*-to la do-*ssê*-na?) (Quanto por uma dúzia?). Você parecerá um comprador profissional ao usar essa frase. (Veja o Capítulo 9 para mais exemplos.)

¡Un asalto!

Você pode pensar que exclamar **¡Un asalto!** (¡un a-*ssal*-to!) (Um assalto!) no meio de uma negociação por um desconto acabe esquentando as coisas, mas, na verdade, acrescentar um tempero como esse à sua fala pode ser útil — pelo menos o vendedor perceberá que você está familiarizado com essa frase, que expressa indignação. Essa frase também é útil quando você está realmente indignado. (Veja o Capítulo 17 para mais informações sobre ela.)

¡Una ganga!

Os vendedores geralmente usam a frase **¡Una ganga!** (¡u-na *gán*-ga!) (Uma pechincha!) para tentar vender alguma coisa. Você pode mostrar sua familiaridade com a língua usando essa expressão quando encontrar uma barganha de verdade.

¡Buen provecho!

Imagine-se sentado à mesa, com a colher na mão, pronto para mergulhar a colher numa sopa quentinha e começar a comer. Para parecer um nativo, você diz — neste exato momento — **¡Buen provecho!** (¡bvuên pro-*bvê*-tcho!) (Bom proveito!) antes que outra pessoa o faça.

¡Buen provecho! também é a frase certa a ser dita quando você servir algum prato aos seus convidados.

¡Salud!

¡Salud! (¡sa-*lu*!) (Saúde!) tem dois usos:

- » Você usa essa palavra para fazer um brinde.
- » Você também pode usar essa palavra depois que alguém espirrar, que recebe, como resposta, **¡Gracias!** (Veja o Capítulo 17 para mais informações.)

¡Buen viaje!

Você vai ouvir a frase **¡Buen viaje!** (¡bvuên *bvia*-rre!) (Boa viagem!) por todos os lados em estações de trem, aeroportos e terminais de ônibus. Use essa expressão para desejar uma viagem tranquila às pessoas das quais você gosta.

E se você está lendo este livro para se preparar para uma viagem, nós dizemos a você **¡Buen viaje!**

> **NESTE CAPÍTULO**
>
> » **Expressando entusiasmo**
>
> » **Mostrando forte aversão a respeito de alguma coisa**
>
> » **Nem bom e nem ruim**

Capítulo **21**

Dez Frases Para Parecer Nativo

Saber algumas palavras — contanto que sejam palavras certeiras — pode convencer os outros de que você é fluente em espanhol. Algumas frases podem fazer uma grande diferença também. Este capítulo traz dez frases para usar nos momentos certos, nos lugares certos. Você impressionará seus amigos e ainda se divertirá!

¡Esta es la mía!

A exclamação **¡Esta es la mía!** (¡ês-ta ês la *mi*-a!) (Esta é a minha chance! [Literalmente: Esta é a minha!]) virá naturalmente quando você perceber que tem uma chance em algo. Nessa frase, **la** (la) (a) se refere a **una oportunidad** (*u*-na o-por-tu-ni-*da*) (uma oportunidade), mas você também pode usá-la com o sentido de Peguei!, se for o caso.

Por exemplo, você pode estar pescando, esperando pelo **pez** (pês) (peixe). No momento em que fisgá-lo, é comum gritar **¡Este es el mío!**

CAPÍTULO 21 **Dez Frases Para Parecer Nativo** 333

(¡es-te ês êl *mi*-o!) (Este é o meu!). (É a mesma frase da versão anterior; você só está usando a sentença no masculino.) Você usa a mesma frase quando está esperando para pegar **un vuelo** (un *bvuê*-lo) (um voo) ou **un bus** (un bvus) (um ônibus). Quando os vê se aproximarem, você diz **¡Este es el mío!**

¡Voy a ir de farra!

Você frequentemente ouve a palavra **farra** (*fa*-rrra) (festa; diversão; farra) na América do Sul. Se **farras** são uma parte crucial da sua vida, você vai amar esta palavra — que tem também a forma verbal: **farrear** (fa-rrre-*ar*) (festejar, farrear). Quando estiver se preparando para uma noite na cidade, você parecerá um nativo se disser **¡Voy a ir de farra!** (¡bvoi a ir de *fa*-rrra!) (Vou farrear!).

De maneira isolada, **ir de farra** significa ir a uma festa, se divertir e outras coisas desse gênero.

Um tango antigo e melancólico diz: **Se acabaron... todas las farras** (sea-ka-*bva*-rohn... *to*-das las *fa*-rrras) (Se acabaram... todas as farras). Nenhuma notícia poderia ser pior!

¡La cosa va viento en popa!

A expressão idiomática **¡La cosa va viento en popa!** (¡la *ko*-ssa bva *bviên*-to en *po*-pa!) (A coisa vai de vento em popa!) vem da linguagem dos marinheiros. A corrida segue, e o vento está indo da vela para a popa — nada poderia ser melhor. Você pode usar essa expressão assim:

> **¡El trabajo anduvo viento en popa!** (¡êl tra-*bva*-rro an-*du*-bvo *bviên*-to en *po*-pa!) (O trabalho foi de vento em popa!)

> **¡El partido salió viento en popa!** (¡êl par-*ti*-do sa-*liô bviên*-to en *po*-pa!) (A partida foi de vento em popa!)

> **El aprendizaje del español va viento en popa!** (¡êl a-pren-di-*s*-sa-rre del es-*pá*-nhôl bva *bviên*-to en *po*-pa!) (O aprendizado de espanhol vai de vento em popa!)

Nos divertimos en grande

A frase **Nos divertimos en grande** (nôs di-bver-*ti*-mos en *grán*-de) significa que nos divertimos muito. Você pode usar **en grande** (en *grán*-de) (muito) para muitas coisas. Por exemplo, você pode dizer "**Comimos en grande"** (ko-*mi*-mos en *grán*-de) (Comemos muito) depois de um jantar ou "**Gozamos en grande"** (go-*ssá*-mos en *grán*--de) (Realmente nos divertimos muito) depois de um grande evento prazeroso.

O verbo **divertir** (di-bver-*tir*) significa divertir ou entreter — assim como este livro entretém você e o distrai de atividades bem menos interessantes (pelo menos, é o que esperamos). **Divertirse** (di-bver--*tir*-se) (divertir-se) é uma forma reflexiva do verbo. (Para entender melhor as formas verbais reflexivas, veja o Capítulo 3.) **Diversión** (di-bver-*siôn*) é a palavra para diversão ou entretenimento.

¿Y eso con qué se come?

¿Y eso con qué se come? (¿i *ê*-sso kon ke se *kô*-me?) (O que diabos é isso? [Literalmente: E isso com que se come?]), uma frase engraçada que pressupõe um bom conhecimento da língua. Essa é uma frase tradicional e não pertence a um país específico. Você diz **¿Y eso con qué se come?** quando se depara com algo desconhecido ou absurdo. Por exemplo, para dizer a um amigo que ele comprou um chapéu bastante peculiar. Ele pensa que o chapéu é maravilhoso, mas você não está seguro se ele deve dar as caras na sociedade com ele; é realmente muito engraçado. Mas seu amigo não percebe isso, então você diz **¿Y eso con qué se come?** para que a brincadeira faça com que ele perceba que usá-lo não é uma boa ideia.

¡Así a secas!

¡Así a secas! (¡a-*ssi* a *se*-kas!) (Simplesmente assim! [Literalmente: Assim no seco!]) é uma expressão de espanto e descrença. Você pode usar essa frase de várias maneiras — especialmente com um estalo de dedos para ajudar a mostrar que algo aconteceu rapidamente. Por exemplo, se acontecer de você se encontrar com uma pessoa que sempre pede dinheiro emprestado, poderá dizer algo como **Me pidió mil**

reales, ¡así a secas! (me pi-*diô* mil rrre-*a*-les, ¡a-*ssi* a *se*-kas!) (Me pediu R$1.000, simplesmente assim!).

Caer fatal

Você usa a frase **caerse fatal** (ka-*êr*-se fa-*tal*) (detestar, não gostar de jeito nenhum [literalmente: cair mal, fatalmente]) para falar de algo que realmente lhe desagrada. Você pode usar **caerse fatal** para a maioria das coisas de que não gosta ou para aquelas que te chateiam de alguma maneira. Por exemplo:

» Você pode dizer **Sus bromas me caen fatal** (sus *bvro*-mas me *ka*-en fa-*tal*) (Eu detesto as suas piadas) quando o senso de humor de alguém realmente tirar você do sério.

» **La comida me cayó fatal** (la ko-*mi*-da me ka-*djô* fa-tal) (A comida me caiu mal) é apropriado quando você está sofrendo as consequências daquela refeição que não te fez bem.

Você também pode usar a palavra **fatal** (fa-*tal*) (ruim, desagradável [literalmente: fatal]) isolada para indicar que algo não foi bom. Por exemplo, para dizer a alguém que você viu um filme realmente ruim, você diz **La película estuvo fatal** (la pe-*li*-ku-la ês-*tu*-bvo fa-*tal*.) (O filme estava ruim demais.).

Ver negras para

A expressão **ver negras para...** (bver *ne*-gras pa-ra...) (ter um momento difícil... [Literalmente: ver a situação negra...]) seguida de um verbo significa que a tarefa está realmente difícil de ser realizada. A seguir estão alguns exemplos dessa frase na prática:

Las vimos negras para terminarlo. (las *bvi*-mos *ne*-gras *pa*-ra ter-mi-*nar*-lo.) (Tivemos muita dificuldade para conclui-lo.)

Los refugiados se las vieron negras para salir del área. (los rrre--fu-*rriá*-dos se las bvi-ê-ron *ne*-gras *pa*-ra sa-*lir* dêl *a*-re-a.) (Os refugiados tiveram muitas dificuldades para sair da área.)

Juana se las vio negras para aprender el inglés. (*rruá*-na se las bviô *ne*-gras pa-ra a-pren-*der* êl in-*gles*.) (Juana teve muitas dificuldades para aprender o inglês.)

336   PARTE 4   **A Parte dos Dez**

¡Ojo!

A palavra **¡Ojo!** (¡ô-rro!) (Cuidado!, Mantenha seus olhos bem abertos! [Literalmente: Olho!]) é uma maneira bem típica de avisar a um
falante de espanhol a iminência de algum perigo ou alertá-lo sobre
alguma coisa. Por exemplo, para avisar alguém sobre um desnível na
calçada, você pode dizer **¡Ojo!** (Ou apenas usar sua linguagem corporal
e apontar para o seu olho.).

Pasó sin pena ni gloria

Você geralmente usa a frase **pasó sin pena ni gloria** (pa-*ssô* sin *pe*-na
ni *glô*-ria) (o equivalente para o nem fede nem cheira, em português
[Literalmente: ocorreu sem pesar nem glória]) para falar de eventos
em que não houve nada de significativo, nem de bom nem de ruim.

O verbo **pasar**, nesse caso, representa a passagem de tempo. **Pena** (*pe*-
na) significa pesar; e **gloria** (*glô*-ria), glória. Representa que o evento
ocorreu sem um saldo positivo ou negativo — ele não fez diferença
alguma para você. A seguir estão alguns exemplos de como você pode
usar essa frase:

El concierto pasó sin pena ni gloria. (êl kon-si-*êr*-to pa-*ssô* sin
pe-na ni *glô*-ria.) (O show não foi nem bom nem ruim.)

La reunión pasó sin pena ni gloria. (la rrreu-*niôn* pa-*ssô* sin *pe*-na
ni *glô*-ria.) (A reunião não foi significativa.)

La cena se acabó sin pena ni gloria. (la *se*-na se a-ka-*bvô* sin
pe-na ni *glô*-ria.) (O jantar foi mais ou menos.)

CAPÍTULO 21 **Dez Frases Para Parecer Nativo**   337

338   PARTE 4 **A Parte dos Dez**

Apêndices

NESTA PARTE...

Esta parte do livro inclui informações importantes que podem ser usadas como referência. Incluímos dois minidicionários (espanhol–português e português–espanhol), tabelas que mostram como conjugar verbos regulares e irregulares, uma lista com as faixas inclusas nos áudios (e a localização no livro dos diálogos correspondentes para que você possa acompanhá-los) e todas as respostas para as seções "Diversão & Jogos", do final de cada capítulo.

Apêndice A

Minidicionário Espanhol–português

A

a pie (a pê): a pé

abogado (a-bvo-*ga*-do) m: advogado

abrigo (a-*bvri*-go) m: casaco

abril (a-*bvril*) m: abril

abrir (a-*bvrir*): abrir

abuela (a-*bvuê*-la) f: avó

abuelo (a-*bvuê*-lo) m: avô

acompañar (a-kom-pá-*nhar*): acompanhar

acostarse (a-kos-*tar*-se): deitar-se

actor (ak-*tor*) m: ator

actriz (ak-*tris*) f: atriz

acústica (a-*kus*-ti-ka) f: acústica

adelante (a-de-*lán*-te): adiante

adentro (a-*den*-tro): adentro

adiós (a-*diôs*): tchau

aduana (a-*duá*-na) f: alfândega

afuera (a-*fuê*-ra): fora

agencia (a-*rrên*-sia) f: agência

agosto (a-*gos*-to) m: agosto

agua (*a*-gua) f: água

aguacate (a-gua-*ka*-te) m: abacate

ahora (a-ô-ra): agora

ajedrez (a-rre-*dres*) m: xadrez

ajo (*a*-rro) m: alho

al fondo (al *fôn*-do): ao fundo

al frente (de) (al *fren*-te [de]): à frente

al interior (al in-te-*rior*): para dentro

al lado (de) (al *la*-do [de]): ao lado (de)

alcohol (al-ko-*ol*) m: álcool

alfombra (al-*fom*-bvra) f: tapete

algodón (al-go-*dôn*) m: algodão

algún (al-*gun*): algum

allá (a-*dja*): lá

allí (a-*dji*): aí

almohada (al-mo-*a*-da) f: travesseiro

almuerzo (al-*muêr*-so) m: almoço

alto (*al*-to): alto

amarillo (a-ma-*ri*-djo): amarelo

ambulancia (am-bvu-*lán*-sia) f: ambulância

amígdalas (a-*mig*-da-las) f: amígdalas

anaranjado (a-na-rán-*rra*-do): laranja (cor)

antebrazo (án-te-*bvra*-so): antebraço

anunciar (a-nun-*siar*): anunciar

año (*á*-nho) m: ano

aorta (a-*ôr*-ta) f: aorta

aparato (a-pa-*ra*-to) m: aparelho

aprender (a-pren-*der*): aprender

apretado (a-pre-*ta*-do): apertado

aquí (a-*ki*): aqui

aretes (a-*rê*-tes) m, pl: brincos

armario (ar-*ma*-rio) m: armário

arriba (a-*rrri*-bva): acima

arroz (a-*rrrôs*) m: arroz

ascensor (a-sen-*sor*) m: elevador

asiento (a-*siên*-to) m: assento

aspiradora (as-pi-ra-*do*-ra) f: vácuo

atacar (a-ta-*kar*): atacar

ático (*a*-ti-ko) m: sótão

atún (a-*tun*) m: atum

auto (*au*-to) m: carro (América do Sul)

autobús (au-to-*bvus*) m: ônibus

autopista (au-to-*pis*-ta) f: autoestrada

avenida (a-bve-*ni*-da) f: avenida

ayer (a-*djêr*): ontem

ayudar (a-dju-*dar*): ajudar

azul (a-*ssul*): azul

B

bailar (bvai-*lar*): dançar

bajar (bva-*rrar*): abaixar

bajo (*bva*-rro): abaixo

balcón (bval-*kôn*) m: varanda

bañarse (bva-*nhár*-se): tomar banho

bañera (bvá-*nhe*-ra) f: banheira

baño (*bvá*-nho) m: banheiro

barato (bva-*ra*-to): barato

barrio (*bva*-rrrio) m: bairro

bastante (bvas-*tán*-te): bastante

basurero (bva-ssu-*rê*-ro) m: lixeira

bata de baño (*bva*-ta de *bvá*-nho)
f: roupão de banho

batería (bva-te-*ri*-a) f: bateria

batidor manual (bva-ti-*dor* ma-nu-*al*)
m: batedor de claras

beber (bve-*bver*): beber

bello (*bvê*-djo): belo

biblioteca (bvi-bvlio-*tê*-ka) f: biblioteca

bicicleta (bvi-si-*klê*-ta) f: bicicleta

bife (*bvi*-fe) m: bife

bigote (bvi-*gô*-te) m: bigode

billete (bvi-*djê*-te) m: nota

billetera (bvi-dje-te-*ria*) f: carteira

biografía (bvio-gra-*fi*-a) f: biografia

blanco (*bvlán*-ko): branco

blusa (*bvlu*-ssa) f: blusa

boca (*bvo*-ka) f: boca

boleto (bvo-*le*-to) m: passagem

bolígrafo (bvo-*li*-gra-fo) m: caneta

bolsillo (bvo-*si*-djo) m: bolso

botas (*bvô*-tas) f, pl: botas

botiquín (bvo-ti-*kin*) m: armário de remédios

bragas (*bvra*-gas) f, pl: calcinha

brazo (*bvra*-sso) m: braço

brillo (*bvri*-djo) m: brilho

broche (bvrô-tche) m: broche

342 PARTE 5 **Apêndices**

brócoli (*bvrô*-ko-li) m: brócolis

broma (*bvro*-ma) f: piada

bueno (*bvuê*-no): bom

bufanda (bvu-*fán*-da) f: cachecol

bulevar (bvu-le-*bvar*) m: bulevar, alameda

buscar (bvus-*kar*): buscar

C

caballo (ka-*bva*-djo) m: cavalo

cabeza (ka-*bve*-ssa) f: cabeça

café (ka-*fê*) m: café

cajero (ka-*rrê*-ro) m: caixa (masculino)

calcetines (kal-se-*ti*-nes) m, pl: meias

caldero (kal-*de*-ro) m: panela

calendario (ka-len-*da*-rio) m: calendário

caliente (ka-*liên*-te): quente

calle (*ka*-dje) f: rua

cama (*ká*-ma) f: cama

camarón (ka-ma-*rôn*) m: camarão

cambiar (*kám*-bvi*ar*): trocar

cambista (*kám*-*bvis*-ta) m, f: cambista

camino (ka-*mi*-no) m: caminho

camisa (ka-*mi*-ssa) f: camisa

camiseta (ka-mi-*sse*-ta) f: camiseta

campeón (*kám*-pe-*ôn*) m, f: campeã

canal (ka-*nal*) m: canal

cancelar (*kán*-se-*lar*): cancelar

cancha (*kán*-tcha) f: campo

cantante (*kán*-*tán*-te) m, f: cantor(a)

cantar (kan-*tar*): cantar

cantidad (*kán*-ti-*da*) f: quantidade

carácter (ka-*rak*-ter) m: personalidade

caries (*ka*-ries) f: cáries

caro (*ka*-ro): caro

carpetas (kar-*pe*-tas) f, pl: pastas

carrera (ka-*rrre*-ra) f: corrida, profissão

carro (*ka*-rrro) m: carro (México)

carta (*kar*-ta) f: carta

casa (*ka*-ssa) f: casa

cebolla (se-*bvo*-dja) f: cebola

celeste (se-*lês*-te): azul-celeste

cena (*sê*-na) f: jantar

cerca (*sêr*-ka): perto

cereales (se-re-*a*-les) m, pl: cereais

cereza (se-*re*-ssa) f: cereja

cero (*sê*-ro): zero

chaqueta (tcha-*ke*-ta) f: jaqueta

chico (*tchi*-ko): pequeno

chofer (tcho-*fêr*) m, f: motorista

ciclismo (si-*klis*-mo) m: ciclismo

cine (*si*-ne) m: cinema

cinturón (sin-tu-*rôn*) m: cinto

ciruela (si-*ruê*-la) f: ameixa

cirugía (si-ru-*rria*) f: cirurgia

cita (*si*-ta) f: compromisso

ciudad (siu-*da*) f: cidade

claro (*kla*-ro): claro

cobija (ko-*bvi*-rra) f: cobertor

cocina (ko-*si*-na) f: cozinha

cocinera (ko-si-*nê*-ra) f: cozinheira

coco (*kô*-ko) m: coco

código postal (*kô*-di-go pos-*tal*) m: código postal

colgar (kol-*gar*): pendurar

APÊNDICE A **Minidicionário Espanhol–português** 343

collar (ko-*djar*) m: colar

comer (ko-*mer*): comer

comida (ko-*mi*-da) f: comida

comprar (kom-*prar*): comprar

comprender (kom-pren-*der*): entender

computadora (kom-pu-ta-*do*-ra)
f: computador

computadora portátil (kom-pu-ta-*do*-ra
por-*ta*-til) f: laptop

congelador (kon-rre-la-*dor*) m: freezer

contar (kon-*tar*): contar

contento (kon-*ten*-to) m: contente

corazón (ko-ra-*sôn*) m: coração

corbata (kor-*bva*-ta) f: gravata

correo (ko-*rrrê*-o) m: correio

correo electrónico (ko-*rrrê*-o
e-lek-*tro*-ni-ko) m: correio eletrônico, e-mail

cosa (*ko*-ssa) f: coisa

costar (kos-*tar*): custar

cuadra (*kua*-dra) f: quadra

cuál (kual): qual (acentuado quando usado
em uma pergunta)

cual (kual): qual (não acentuado quando
usado em uma resposta)

cuándo (*kuán*-do): quando (acentuado
quando usado em uma pergunta)

cuando (*kuán*-do): quando (não acentuado
quando usado em uma resposta)

cuánto (*kuán*-to): quanto (acentuado
quando usado em uma pergunta)

cuanto (*kuán*-to): quanto
(não acentuado quando usado em uma
resposta)

cuarto (*kuar*-to) m: quarto (cômodo)

cuarto (*kuar*-to): quarto (numeral)

cuchara (ku-*tcha*-ra) f: colher

cuchillo (ku-*tchi*-djo) m: faca

cuello (*kuê*-djo) m: pescoço

cuenta (*kuên*-ta) f: conta

cuenta de cheques (*kuên*-ta de *tchê*-kes)
f: conta corrente

cuestionario (kuês-tio-*na*-rio)
m: questionário

cuñada (ku-*nha*-da) f: cunhada

cuñado (ku-*nha*-do) m: cunhado

D

de (de): de

debajo (de-*bva*-rro): embaixo

débito (*dê*-bvi-to): débito

décimo (*dê*-si-mo): décimo

dedo (*de*-do) m: dedo

defensa (de-*fen*-sa) f: defesa

dejar (de-*rrar*): deixar

dentista (den-*tis*-ta) m, f: dentista

dentro (de) (*den*-tro [de]): dentro

departamento (de-par-ta-*men*-to)
m: departamento, apartamento

derecha (de-*rê*-tcha): direita

derecho (de-*rê*-tcho): direito

desayuno (de-ssa-*dju*-no)
m: café da manhã

despacio (des-*pa*-sio): devagar

despertador (des-per-ta-*dor*)
m: despertador

despertarse (des-per-*tar*-se):
acordar

día (*di*-a) m: dia

diamantes (dia-*mán*-tes) m, pl: diamantes

diario (*dia*-rio) m: jornal

344   PARTE 5 **Apêndices**

dibujo (di-*bvu*-rro) m: desenho

diciembre (di-*siêm*-bvre) m: dezembro

diente (*diên*-te) m: dente

difícil (di-*fi*-sil): difícil

dinero (di-*nê*-ro): dinheiro

dirección (di-rek-*siôn*) f: endereço

disponible (dis-po-*ni*-bvle): disponível

divertido (di-bver-*ti*-do): divertido

doblar (do-*bvlar*): voltar

doble (*dô*-bvle): dobro

doctor (dok-*tor*) m: médico

doctora (dok-*to*-ra) f: médica

documento (do-ku-*men*-to) m: documento

dolor (do-*lor*) m: dor

dolor de muelas (do-*lor* de *muê*-las) m: dor de dentes

domingo (do-*min*-go) m: domingo

dormitorio (dor-mi-*tô*-rio) m: quarto

ducha (*du*-tcha) f: chuveiro

dulce (*dul*-se) m: doce

durante (du-*rán*-te): durante

durazno (du-*ras*-no) m: pêssego

E

edad (e-*da*) f: idade

edificio (e-di-*fi*-sio) m: edifício

él (êl) m: ele

electricista (e-lek-tri-*sis*-ta) m, f: eletricista (ambos os sexos)

ella (ê-dja) f: ela

ellas (ê-djas) f: elas

ellos (ê-djos) m: eles

empezar (em-pe-*ssar*): começar

empleo (em-*plê*-o) m: emprego

encima (de) (en-*si*-ma [de]): acima

encontrar (en-kon-*trar*): encontrar

enero (e-*nê*-ro) m: janeiro

enfermera (en-fer-*mê*-ra) f: enfermeira

enfermo (en-*fer*-mo): doente

ensalada (en-sa-*la*-da) f: salada

entender (en-ten-*der*): entender

entrada (en-*tra*-da) f: entrada

entradas (en-*tra*-das) f, pl: antepastos

entregar (en-tre-*gar*): entregar

enviar (en-bvi*ar*): enviar

equipo (e-*ki*-po) m: time

escalera (ês-ka-*lê*-ra) f: escada

escribir (es-kri-*bvir*): escrever

escritorio (es-kri-*tô*-rio) m: escrivaninha

escuchar (es-ku-*tchar*): escutar

escuela (es-*kuê*-la) f: escola

escultura (es-kul-*tu*-ra) f: escultura

escurridor (es-ku-rrri-*dor*) m: espremedor

especial (es-pe-*sial*): especial

espejo (es-*pê*-rro) m: espelho

esperar (es-pe-*rar*): esperar

espinaca (es-pi-*na*-ka) f: espinafre

esposa (es-*po*-ssa) f: esposa

esposo (es-*po*-ssoh) m: marido

esquí (es-*ki*) m: esqui

esquina (es-*ki*-na) f: esquina

estación (es-ta-*siôn*) f: estação

estacionamiento (es-ta-siô-na-*miên*-to) m: estacionamento

estadio (es-*ta*-dio) m: estádio

APÊNDICE A **Minidicionário Espanhol–português** 345

estado (es-*ta*-do) m: estado

estar (es-*tar*): estar

este (*ês*-te) m: este

estilo (es-*ti*-lo) m: estilo

estómago (es-*tô*-ma-go) m: estômago

estreñimiento (es-tre-nhi-*miên*-to) m: constipação

estudio (es-*tu*-dio) m: estúdio

estufa (es-*tu*-fa) f: fogão

evacuación (e-bva-kua-*siôn*) f: evacuação

examen (ek-*ssá*-men) m: exame

F

fábrica (*fa*-bvri-ka) f: fábrica

fácil (*fa*-sil): fácil

falda (*fal*-da) f: saia

farmacia (far-*ma*-sia) f: farmácia

febrero (fe-*bvre*-ro) m: fevereiro

fecha (*fê*-tcha) f: data

feliz (fe-*lis*): feliz

feo (*fê*-o): feio

fideo (fi-*dê*-o) m: macarrão

fiebre (*fiê*-bvre) f: febre

fila (*fi*-la) f: fila

firmar (fir-*mar*): assinar

formulario (for-mu-*la*-rio) m: formulário

fotocopiadora (fô-to-ko-pia-*do*-ra) f: fotocopiadora

fotógrafo (fo-*tô*-gra-fo) m: fotógrafo

fractura (frak-*tu*-ra) f: fratura

franqueo (frán-*ke*-o) m: postagem

fregadero (fre-ga-*de*-ro) m: pia (de cozinha)

fresa (*fre*-ssa) f: morango

fría (*fri*-a): frio

fruta (*fru*-ta) f: fruta

fuera (*fuê*-ra): fora

G

gabinete (ga-bvi-*ne*-te) m: gabinete

galleta (ga-*dje*-ta) f: biscoito, bolacha

ganar (gá-*nar*): ganhar

gancho (*gán*-tcho) m: prendedor de roupa

garantía (ga-rán-*ti*-a) f: garantia

garganta (gar-*gán*-ta) f: garganta

gente (*rren*-te) f: gente

gerente (rre-*ren*-te) m, f: gerente

gol (gol) m: gol

golpear (gol-pe-*ar*): golpear

gracias (*gra*-ssias): obrigado

grande (*grán*-de): grande

grapadora (gra-pa-*do*-ra) f: grampeador

grapas (*gra*-pas) f, pl: grampos

gris (gris): cinza

grupo (*gru*-po) m: grupo

guantes (*guán*-tes) m, pl: luvas

guerra (*guê*-rrra) f: guerra

guía (guia) m, f: guia

gustar (gus-*tar*): gostar

H

hablar (a-*bvlar*): falar

hacia (*a*-ssia): em direção a

hambre (*ám*-bvre) f: fome

hecho a mano (*ê*-tcho a *má*-no): feito à mão

herida (e-*ri*-da) f: ferida

hermana (êr-*má*-na) f: irmã

hermano (êr-*má*-no) m: irmão

hija (*i*-rra) f: filha

hijo (*i*-rro) m: filho

hombre (*om*-bvre) m: homem

hombro (*om*-bvro) m: ombro

hora (*ô*-ra) f: hora

horario (o-*ra*-rio) m: horário

horno (*or*-no) m: forno

horno microondas (*or*-no *mi*-kro *ôn*-das) m: micro-ondas

hoy (oi): hoje

hueso (*uê*-sso) m: osso

huevo (*uê*-bvo) m: ovo

I

identificación (i-deh-ti-fi-ka-*siôn*) f: identificação

idioma (i-*dio*-ma) m: idioma

impermeable (im-per-me-*a*-bvle) m: capa de chuva

impresora (im-pre-*sso*-ra) f: impressora

imprimir (im-pri-*mir*): imprimir

incluido (in-*klui*-do): incluso

ingeniero (in-rre-*niê*-ro) m: engenheiro

inmigración (in-mi-gra-*siôn*) f: imigração

intestino (in-tes-*ti*-no) m: intestino

invitar (in-bvi-*tar*): convidar

ir (ir): ir

ir de compras (ir de *kom*-pras): fazer compras

isla (*is*-la) f: ilha

izquierda (is-*kiêr*-da): esquerda

J

jardín (rrar-*din*) m: jardim

jeans (xins) m, pl: jeans

juego (*rruê*-go) m: jogo

jueves (*rruê*-bves) m: quinta-feira

jugador (rru-ga-*dor*) m: jogador

jugar (rru-*gar*): jogar

julio (*rru*-lho) m: julho

junio (*rru*-nio) m: junho

junto (*rrun*-to): junto

L

lámpara (*lám*-pa-ra) f: lâmpada

lana (*lá*-na) f: lã

lápiz (*la*-pis) m: lápis

lástima (*las*-ti-ma) f: pena

lavadora (la-bva-*do*-ra) f: lavadora

lavamanos (la-bva-*má*-nos) m: pia (de banheiro)

lavaplatos (la-bva-*pla*-tos) m: lava-louça

leche (*lê*-tche) f: leite

lechuga (le-*tchu*-ga) f: alface

leer (le-*er*): ler

libre (*li*-bvre): livre

libreta (li-*bvre*-ta) f: bloco de notas

libro (*li*-bvro) m: livro

lima (*li*-ma) f: lima

limón (li-*môn*) m: limão

limpiar (lim-pi-*ar*): limpar

línea (*li*-ne-a) f: linha

liso (*li*-sso): plano

listada (lis-*ta*-da): listrada

APÊNDICE A **Minidicionário Espanhol–português** 347

llamar (dja-*mar*): chamar

llamarse (dja-*mar*-se): chamar-se

llave (*dja*-bve) f: chave

llegar (dje-*gar*): chegar

llevar (dje-*bvar*): levar

lluvia (*dju*-bvia) f: chuva

luna (*lu*-na) f: lua

lunes (*lu*-nes) m: segunda-feira

M

madera (ma-*dê*-ra) f: madeira

madre (*ma*-dre) f: mãe

madrina (ma-*dri*-na) f: madrinha

maleta (ma-*le*-ta) f: mala

malo (*ma*-lo): mau

mañana (ma-*nhá*-na) f: manhã

mañana (ma-*nhá*-na): amanhã

manejar (ma-ne-*rrar*): dirigir (um carro)

manga (*mán*-ga) f: manga

mano (*má*-no) f: mão

manzana (man-*ssá*-na) f: maçã, quadra (de uma rua)

mapa (*ma*-pa) m: mapa

máquina de fax (*ma*-ki-na de faks) f: máquina de fax

mar (mar) m: mar

maravilloso (ma-ra-bvi-*djo*-sso): maravilhoso

marcador (mar-ka-*dor*) m: marcador

marcar (mar-*kar*): marcar

mariposa (ma-ri-*po*-ssa) f: borboleta

marisco (ma-*ris*-ko) m: marisco

marrón (ma-*rrrôn*): marrom

martes (*mar*-tes) m: terça-feira

martillo (mar-*ti*-djo): martelo

marzo (*mar*-sso) m: março

más (mas): mais

máscara (*mas*-ka-ra) f: máscara

matiné (ma-ti-*nê*) f: matinê

mayo (*ma*-djo) m: maio

mecánico (me-*ká*-ni-ko) m: mecânico

medianoche (me-dia-*no*-tche) f: meia-noite

médica (*mê*-di-ka) f: médica

médico (*mê*-di-ko) m: médico

medio (*mê*-dio) m: metade, meio

medio baño (*mê*-dio *bvá*-nho) m: lavabo

mediodía (me-dio-*di*-a) m: meio-dia

medir (me-*dir*): medir

mejor (me-*rrôr*): melhor

menos (*me*-nos): menos

mes (mes) m: mês

mesa (*me*-ssa) f: mesa

miércoles (*miêr*-ko-les) m: quarta-feira

minuto (mi-*nu*-to) m: minuto

moneda (mo-*nê*-da) f: moeda

monitor de video (mo-ni-*tor* de bvi-*de*-o) m: monitor de vídeo

montaña (mon-*tá*-nha) f: montanha

morado (mo-*ra*-do): roxo

mucho (*mu*-tcho): muito

mueble (*muê*-bvle) m: mobília

muela (*muê*-la) f: dente

mujer (mu-*rrêr*) f: mulher

muñeca (mu-*nhê*-ka) f: pulso

museo (mu-*ssê*-o) m: museu

348   PARTE 5 **Apêndices**

muslo (*mus*-lo) m: coxa

N

nadar (na-*dar*): nadar

naranja (na-*rán*-rra) f: laranja (fruta)

nariz (na-*ris*) f: nariz

náusea (*nau*-sse-a) f: enjoo

negro (*ne*-gro): negro, preto, escuro

nevera (ne-*bve*-ra) f: frigorífico

nieta (*niê*-ta) f: neta

nieto (*niê*-to) m: neto

ningún (nin-*gun*): ninguém

niña (*ni*-nha) f: menina

niño (*ni*-nho) m: menino

noche (*nô*-tche) f: noite

norte (*nôr*-te) m: norte

nosotras (no-*sso*-tras) f: nós (feminino)

nosotros (no-*sso*-tros) m: nós (masculino e grupos misturados)

notas autoadhesivas desprendibles (*nô*-tas *au*-to-ad-e-*si*-bvas des-pren-*di*-bvles) f, pl: notas adesivas

novela (no-*bvê*-la) f: romance (ficção)

noveno (no-bvê-no): nono

novia (*no*-bvia) f: namorada

noviembre (no-*bviêm*-bvre) m: novembro

novio (*no*-bvio) m: namorado

nuera (*nuê*-ra) f: nora

número (*nu*-me-ro) m: número

O

obra (*ô*-bvra) f: peça de teatro, obra

observación (obv-ser-bva-*siôn*) f: observação

octavo (ok-*ta*-bvo): oitavo

octubre (ok-*tu*-bvre) m: outubro

ocupado (o-ku-*pa*-do): ocupado

oeste (o-*ês*-te) m: oeste

oficina (o-fi-*si*-na) f: oficina

ojo (*ô*-rro) m: olho

olla (*ô*-dja) f: panela

olvidarse de (ol-bvi-*dar*-se [de]): esquecer-se de

once (*on*-se): onze

ordenador (or- de-na- *dor*) m: gabinete de computador

oreja (o-*re*-rra) f: orelha

orina (o-*ri*-na) f: urina

oro (*ô*-ro) m: ouro

oscuro (os-*ku*-ro): escuro

otro (*ô*-tro): outro

P

padre (*pa*-dre) m: pai

padrino (pa-*dri*-no) m: padrinho

pagar (pa-*gar*): pagar

país (pa-*is*) m: país

pájaro (*pa*-rra-ro) m: pássaro

palta (*pal*-ta) f: abacate (América do Sul)

pantalones (pan-ta-*lo*-nes) m, pl: calças

pantalones cortos (pan-ta-*lo*-nes *kôr*-tos) m, pl: shorts

pantorrilla (pan-to-*rrri*-dja) f: panturrilha

pañales (pa-*nhá*-les) m, pl: fraldas

pañuelos de papel (pa-*nhuê*-los de pa-*pel*) m, pl: toalhas de papel

papas (*pa*-pas) f, pl: batatas

APÊNDICE A Minidicionário Espanhol–português   349

papas fritas (*pa*-pas *fri*-tas) f: batatas fritas

papaya (pa-*pa*-dja) f: papaya

papel (pa-*pêl*) m: papel

papel de fotocopiadora (pa-*pêl* de fô-to--ko-pia-*do*-ra) m: papel de fotocopiadora

papel higiénico (pa-*pêl* i-rri-ê-ni-ko) m: papel higiênico

paquete (pa-*kê*-te) m: pacote

parada (pa-*ra*-da) f: parada

pared (pa-*rêd*) f: parede

parque (*par*-ke) m: parque

partir (par-*tir*): começar

pasaporte (pa-sa-*pôr*-te) m: passaporte

pasear (pa-sse-*ar*): passear

paseo (pa-*sse*-o) m: passeio

pasillo (pa-*si*-djo) m: corredor

patatas (pa-*ta*-tas) f, pl: batatas (Espanha)

pato (pah-toh) m: pato

pavimento (pa-bvi-*men*-to) m: pavimento

peaje (pe-*a*-rre) m: ferramenta

pecho (*pê*-tcho) m: peito

pegamento (pe-ga-*men*-to) m: cola

peinarse (pei-*nar*-se): pentear-se

peine (*pei*-ne) m: pente

pelea (pe-*le*-a) f: briga

pelo (*pe*-lo) m: cabelo

pena (*pe*-na) f: pena

pensar (pen-*sar*): pensar

peor (pe-*ôr*): pior

pequeño (pe-*ke*-nho): pequeno

pera (*pê*-ra) f: pera

perla (*pêr*-la) f: pérola

personal (per-so-*nal*) m: pessoal

pescado (pes-*ka*-do) m: peixe

picante (pi-*kán*-te): picante (sabor)

pie (piê) m: pé

pierna (*piêr*-na) f: perna

piyamas (pi-*djá*-mas) m, pl: pijamas

piloto (pi-*lo*-to) m: piloto

pimentón (pi-men-*tôn*) m: páprica (Argentina, Chile e Uruguai)

piña (*pi*-nha) f: abacaxi

pintar (pin-*tar*): pintar

pintura (pin-*tu*-ra) f: pintura

piscina (pi-*ssi*-na) f: piscina

piso (*pi*-sso) m: piso

pizarra blanca (pi-*ssa*-rrra bvlán-ka) f: quadro branco

plancha (*plán*-tcha) f: ferro de passar

planear (pla-ne-*ar*): planar

planta del pie (*plán*-ta del piê) f: sola do pé

plátano (*pla*-ta-no) m: bananeira

plato (*pla*-to) m: prato

playa (*pla*-dja) f: praia

plaza (*pla*-ssa) f: praça

plomo (*plô*-mo) m: chumbo

poco (*po*-ko) m: pouco

poeta (po-*ê*-ta) m: poeta

policía (po-li-*si*-a) m, f: polícia

pollo (*pô*-djo) m: frango

pomelo (po-*mê*-lo) m: toranja (México)

por ciento (por *siên*-to): por cento

por qué (por kê): por quê

portal (por-*tal*) m: portal

potable (po-*ta*-bvle): potável

precio (*prê*-ssio) m: preço

precioso (pre-*siô*-sso): lindo

preferir (pre-fe-*rir*): preferir

preguntar (pre-*gun*-tar): perguntar

preocuparse (por) (pre-o-ku-*par*-se [por]): preocupar-se

preparar (pre-pa-*rar*): preparar

presión sanguínea (pre-*siôn* san-*gui*-ne-a) f: pressão arterial

prima (*pri*-ma) f: prima

primera clase (pri-*mê*-ra *kla*-sse) f: primeira classe

primero (pri-*mê*-ro): primeiro

primo (*pri*-mo) m: primo

probador (pro-bva-*dor*) m: provador

probar (pro-*bvar*): experimentar

programa (pro-*grá*-ma) m: programa

programar (pro-gra-*mar*): programar

pronto (*pron*-to): pronto

propio (*prô*-pio): próprio

proyector (pro-djek-*tor*) m: projetor

puente (*puên*-te) m: ponte

puerta (*puêr*-ta) f: porta

pulgar (pul-*gar*) m: polegar

pulmón (pul-*môn*) m: pulmão

pulsera (pul-*se*-ra) f: pulseira

puntos (*pun*-tos) m, pl: pontos (cirúrgicos)

pura (*pu*-ra): pura

Q

que (ke): que

qué (ke): que (acentuado quando usado em uma pergunta)

quedarse (ke-*dar*-se): ficar

quejarse (de) (ke-*rrar*-se [de]): reclamar

querer (ke-*rer*): querer

queso (*ke*-sso) m: queijo

quién (kiên): quem (acentuado quando usado em uma pergunta)

quien (kiên): quem (não acentuado quando usado em uma resposta)

quinto (*kin*-to): quinto

quitarse (ki-tar-*se*): despir-se

R

radiografía (rrra-dio-gra-*fi*-a) f: radiografia

raqueta (rrra-*kê*-ta) f: raquete

ratón (rrra-*tôn*) m: mouse

receta (rrre-*se*-ta) f: receita

recibidor (rrre-si-bvi-*dor*) m: hall

recibo (rrre-*si*-bvo) m: recibo

recogedor (rrre-ko-rre-*dor*) m: pá de lixo

reembolsar (rrre-em-bvol-*sar*): reembolsar

registrarse (rrre-rris-*trar*-se): registrar-se

reglamentos (rrre-gla-*men*-tos) m: regras

reírse (de) (*rrreir*-se [de]): rir

reloj (rrre-*lôh*) m: relógio

repetir (rrre-pe-*tir*): repetir

repollo (rrre-*po*-djo) m: repolho (Argentina e Chile)

reservación (rrre-sser-bva-*siôn*) f: reserva

reservar (rrre-sser-*bvar*): reservar

responder (rrehs-pohn-dehr): responder

restaurante (rrres-tau-*rán*-te) m: restaurante

retiro (rrre-*ti*-ro) m: saque

reunión (rrreu-*niôn*) f: reunião

revisar (rrre-bvi-*ssar*): conferir

riñón (rrri-*nhôn*) m: rim

río (*rrri*-o) m: rio

robar (rrro-*bvar*): roubar

rojo (*rrrô*-rro): vermelho

rol (rrrôl) m: papel (função)

romántico (rrro-*mán*-ti-ko): romântico

ropa (*rrro*-pa) f: roupa

ropa interior (*rrro*-pa in-te-*rior*) f: roupa de baixo

rosado (rrro-*ssa*-do): rosa

rostro (*rrros*-tro) m: rosto

ruinas (*rrrui*-nas) f, pl: ruínas

S

sábado (*sa*-bva-do) m: sábado

sábana (*sa*-bva-na) f: lençol

sacagrapas (sa-ka-*gra*-pas) m: extrator de grampos

sacapuntas (sa-ka-*pun*-tas) m: apontador

sala (*sa*-la) f: sala de estar

sala de copias (*sa*-la de *kô*-pias) f: sala de cópias

sala de correos (*sa*-la de ko-*rrre*-os) f: agência de correios

sala de descanso (*sa*-la de des-*kán*-so) f: sala de descanso

sala de reuniones (*sa*-la de rrru-*niô*-nes) f: sala de reuniões

salado (sa-*la*-do): salgado

saldo (*sal*-do) m: saldo

salir (sa-*lir*): sair

salud (sa-*lu*) f: saúde

sandalias (san-*da*-lias) f, pl: sandálias

sandía (san-*di*-a) f: melancia

sangrar (sán-*grar*): sangrar

sangre (*sán*-gre) f: sangue

sano (*sá*-no): saudável

sardinas (sar-*di*-nas) f, pl: sardinhas

sartén (sar-*tên*) f: frigideira

secadora (se-ka-*do*-ra) f: secadora

seco (*se*-ko): seco

sed (sed) f: sede

seguir (se-*guir*): seguir

segundo (se-*gun*-do) m: segundo

sello (*se*-djo) m: selo, carimbo

semana (se-*má*-na) f: semana

señor (Sr.) (se-*nhor*) m: senhor

señora (Sra.) (se-*nhô*-ra) f: senhora

señorita (Srta.) (se-nhô-*ri*-ta) f: senhorita

sentarse (sen-*tar*-se): sentar

sentirse (sen-*tir*-se): sentir

septiembre (sep-*tiêm*-bvre) m: setembro

séptimo (*sêp*-ti-mo): sétimo

ser (ser): ser

serrucho (se-*rrru*-tcho) m: serrote

servilleta (ser-bvi-*dje*-ta) f: guardanapo

servir (ser-*bvir*): servir

sexto (*seks*-to): sexto

si (si): se

sí (si): sim

siguiente (si-*guiên*-te): seguinte

silla (*si*-dja) f: cadeira

sillón reclinable (si-*djôn* rrre-kli-*na*-bvle) m: cadeira reclinável

sobre (*so*-bvre) m: envelope

sofá (so-*fa*) m: sofá

sol (sôl) m: sol

sombrero (som-*bvre*-ro) m: chapéu

soplar (so-*plar*): soprar

sótano (sô-ta-no) m: porão

subir (su-*bvir*): subir

subterráneo (subv-te-*rrrá*-ne-o): subsolo

suelo (*suê*-lo) m: chão

suelto (*suêl*-to): solto

suéter (*suê*-ter) m: suéter

sujetador (su-rre-ta-*dor*) m: sutiã

sujetapapeles (su-rre-ta-pa-*pê*-les) m, pl: clip de papel

sur (sur) m: sul

T

tabla (*ta*-bvla) f: mesa (de madeira)

tabla de cortar (*ta*-bvla de kor-*tar*) f: tábua de corte

tabla de planchar (*ta*-bvla de plán-*tchar*) f: tábua de passar

talla (*ta*-dja) f: tamanho

también (tám-*bviên*): também

tampones (tám-*po*-nes) m, pl: absorvente íntimo interno

tapa (*ta*-pa) f: tampa

tarde (*tar*-de) f: tarde

tarea (ta-*rê*-a) f: dever de casa

tarifa de franqueo (ta-*ri*-fa de frán-*ke*-o) f: tarifa de postagem

tarjeta (tar-*rrê*-ta) f: cartão

tarjeta de crédito (tar-*rrê*-ta de *krê*-di-to) f: cartão de crédito

tarjeta postal (tar-*rrê*-ta pos-*tal*) f: cartão-postal

taza (*ta*-ssa) f: xícara

tazón (ta-*ssôn*) m: tigela

té (tê) m: chá

techo (*tê*-tcho) m: teto

teclado (tek-*la*-do) m: teclado

tele (*tê*-le) f: TV (coloquial)

teléfono (te-*lê*-fo-no) m: telefone

teléfono celular (te-*lê*-fo-no se-lu-*lar*) m: celular

televisor (te-le-bvi-*ssôr*) m: televisão

tenedor (te-ne-*dor*) m: garfo

tener (te-*ner*): ter

tercero (ter-*ssê*-ro): terceiro

termómetro (m): ter-*mô*-me-tro m: termômetro

tía (*ti*-a) f: tia

tierra (*tiê*-rrra) f: terra

tijeras (ti-*rrê*-ras) f, pl: tesoura

tina (*ti*-na) f: banheira

tío (*ti*-o) m: tio

típica (*ti*-pi-ka): típico

toalla (to-*a*-dja) f: toalha

toallas femeninas (to-*a*-djas fe-me-*ni*-nas) f, pl: absorvente

toallita (to-a-*dji*-ta) f: lenços umedecidos

tobillo (to-*bvi*-djo) m: tornozelo

todavía (to-da-*bvi*-a): ainda

tomar (to-*mar*): tomar

tomar el sol (to-*mar* êl sôl): bronzear-se

toronja (to-*rôn*-rra) f: toranja

tos (tôs) f: tosse

tostador (tos-ta-*dor*) m: torradeira

trabajar (tra-bva-*rrar*): trabalhar

APÊNDICE A Minidicionário Espanhol–português 353

traer (tra-*êr*): trazer

tráfico (*tra*-fi-ko) m: tráfico

traje de baño (*tra*-rre de *bvá*-nho) m: traje de banho

tranquilo (trán-*ki*-lo): tranquilo

trapeador (tra-pe-a-*dor*) m: esfregão

tren (tren) m: trem

trolebús (trô-le-*bvus*) m: bonde

trucha (*tru*-tcha) f: truta

tú (tu): você (informal)

tuna (*tu*-na) f: pera-espinhosa

U

unidad de CD/DVD-ROM (uo-ni-*da* de si-*di*/de-bve-*de* rrrôm) f: unidade de CD/DVD-ROM

uso personal (*u*-sso per-so-*nal*) m: uso pessoal

usted (Ud.) (us-*tê*): você (formal)

ustedes (Uds.) (us-*te*-des): vocês (formal)

uva (*u*-bva) f: uva

V

vaqueros (bva-*kê*-ros) m, pl: jeans

vaso (*bva*-sso) m: copo

vehículo (bve-*i*-ku-lo) m: veículo

velocímetro (bve-lo-*si*-me-tro) m: velocímetro

venta (*bven*-ta) f: venda

ventana (bven-*tá*-na) f: janela

ventanilla (bven-ta-*ni*-dja) f: janelinha

ver (bver): ver

verde (*bver*-de): verde

vestíbulo (bves-*ti*-bvu-lo) m: portaria

vestido (bves-*ti*-do) m: vestido

vestirse (bves-*tir*-se): vestir-se

viaje (*bvia*-rre) m: viagem

viajero (bvia-*rre*-ro) m: viajante

vida (*bvi*-da) f: vida

viernes (*bviêr*-nes) m: sexta-feira

vino (*bvi*-no) m: vinho

violeta (bvio-*le*-ta): violeta

violín (bvio-*lin*) m: violino

vivir (bvi-*bvir*): viver

vosotras (bvo-*sso*-tras) f, pl: vocês (informal, feminino)

vosotros (bvo-*sso*-tros) m, pl: vocês (informal, masculino e grupos misturados)

vuelo (*bvuê*-lo) m: voo

vuelo con escalas (*bvuê*-lo kon es-*ka*-las) m: voo com escalas

vuelo directo (*bvuê*-lo di-*rêk*-to) m: voo direto

vuelta (*bvuêl*-ta) f: troco (Espanha)

vuelto (*bvuêl*-to) m: troco

Y

yerno (*djêr*-no) m: genro

yeso (*djê*-sso) m: gesso (de parede)

yo (djô): eu

Z

zanahoria (ssa-na-*ô*-ria) f: cenoura

zapallito (ssa-pa-*dji*-to) m: abobrinha (Uruguai e Argentina)

zapatos (ssa-*pa*-tos) m, pl: sapatos

zapatos de salón (ssa-*pa*-tos de sa-*lôn*) m, pl: escarpins

zona de carga y descarga (*ssô*-na de *kar*-ga i des-*kar*-ga) f: zona de carga e descarga

Minidicionário Português-espanhol

A

abacate: **aguacate** (a-gua-*ka*-te) m

abacate (América do Sul): **palta** (*pal*-ta) f

abacaxi: **piña** (*pi*-nha) f

abaixar: **bajar** (bva-*rrar*)

abobrinha (Uruguai e Argentina): **zapallito** (ssa-pa-*dji*-to) m

abril: **abril** (a-*bvril*) m

abrir: **abrir** (a-*bvrir*)

absorventes íntimos: **toallas femeninas** (to-*a*-djas fe-mi-*ni*-nas) f, pl

absorventes íntimos internos: **tampones** (tám-*pô*-nes) m, pl

acima: **arriba** (a-*rrri*-bva)

acompanhar: **acompañar** (a-kom-pá-*nhar*)

acordar: **despertarse** (des-per-*tar*-se)

acústica: **acústica** (a-*kus*-ti-ka) f

adiante: **adelante** (a-de-*lán*-te)

adentro: **adentro** (a-*dên*-tro)

advogado: **abogado** (a-bvo-*ga*-do) m

à frente: **al frente** (de) (al *fren*-te [de])

agência: **agencia** (a-*rrên*-sia) f

agência de correios: **sala de correos** (*sa*-la de ko-*rrre*-os) f

agora: **ahora** (a-ô-ra)

agosto: **agosto** (a-*gos*-to) m

água: **agua** (*a*-gua) f

aí: **allí** (a-*dji*)

ainda: **todavía** (to-da-*bvi*-a)

ajudar: **ayudar** (a-dju-*dar*)

álcool: **alcohol** (al-ko-*ol*) m

alface: **lechuga** (le-*tchu*-ga) f

alfândega: **aduana** (a-*duá*-na) f

algodão: **algodón** (al-go-*don*) m

algum: **algún** (al-*gun*)

alho: **ajo** (*a*-rro) m

almoço: **almuerzo** (al-*muêr*-so) m

alto: **alto** (*al*-to)

amanhã: **mañana** (má-*nhá*-na)

amarelo: **amarillo** (a-ma-*ri*-djo)

ambulância: **ambulancia** (ám-bvu-*lán*-sia) f

ameixa: **ciruela** (si-*ruê*-la) f

amígdalas: **amígdalas** (a-*mig*-da-las) f, pl

ano: **año** (á-nho) m

antebraço: **antebrazo** (án-te-*bvra*-so) m

antepastos: **entradas** (en-*tra*-das) f, pl

anunciar: **anunciar** (a-nun-*siar*)

ao fundo: **al fondo** (al *fôn*-do)

ao lado: **al lado** (de) (al *la*-do [de])

aorta: **aorta** (a-*ôr*-ta) f

aparelho: **aparato** (a-pa-*ra*-to) m

a pé: **a pie** (a piê)

apertado: **apretado** (a-pre-*ta*-do)

apontador: **sacapuntas** (sa-ka-*pun*-tas) m

aprender: **aprender** (a-pren-*der*)

aqui: **aquí** (a-*ki*)

armário: **armario** (ar-*ma*-rio) m

armário de remédios: **botiquín** (bvo-ti-*kin*) m

arroz: **arroz** (a-*rrrôs*) m

aspirador: **aspiradora** (as-pi-ra-*dô*-ra) f

assento: **asiento** (a-*siên*-to) m

assinar: **firmar** (fir-*mar*)

atacar: **atacar** (a-ta-*kar*)

ator: **actor** (ak-*tor*) m

atriz: **actriz** (ak-*tris*) f

atum: **atún** (a-*tun*) m

autoestrada: **autopista** (au-to-*pis*-ta) f

avenida: **avenida** (a-bve-*ni*-da) f

avó: **abuela** (a-*bvuê*-la) f

avô: **abuelo** (a-*bvuê*-lo) m

azul: **azul** (a-*ssul*)

azul-celeste: **celeste** (se-*lês*-te)

B

bairro: **barrio** (*bva*-rrrio) m

baixo: **bajo** (*bva*-rro)

balcão: **balcón** (bval-*kôn*) m

banana, bananeira: **plátano** (*pla*-ta-no) m

banheira: **tina** (*ti*-na) f, **bañera** (bva-*nhê*-ra) f

banheiro: **baño** (*bvá*-nho) m

barato: **barato** (bva-*ra*-to)

bastante: **bastante** (bvas-*tán*-te)

batatas: **papas** (*pa*-pas) f, pl

batatas (Espanha): **patatas** (pa-*ta*-tas) f, pl

batatas fritas: **papas fritas** (*pa*-pas fri-tas) f, pl

batedor de claras: **batidor manual** (bva-ti-*dor* ma-*nual*) m

bateria: **batería** (bva-te-*ri*-a) f

beber: **beber** (bve-*bver*)

belo: **bello** (*bvê*-djo)

biblioteca: **biblioteca** (bvi-bvlio-*tê*-ka) f

bicicleta: **bicicleta** (bvi-si-*klê*-ta) f

bife: **bife** (*bvi*-fe) m

bigode: **bigote** (bvi-*gô*-te) m

biografia: **biografía** (bvio-gra-*fi*-a) f

biscoito, bolacha: **galleta** (ga-*djê*-ta) f

bloco de notas: **libreta** (li-*bvre*-ta) f

blusa: **blusa** (*bvlu*-ssa) f

boca: **boca** (*bvo*-ka) f

bolso: **bolsillo** (bvol-*si*-djo) m

bom: **bueno** (*bvuê*-no)

bonde: **trolebús** (trô-le-*bvus*) m

borboleta: **mariposa** (ma-ri-*pô*-ssa) f

botas: **botas** (*bvô*-tas) f, pl

braço: **brazo** (*bvra*-sso) m

branco: **blanco** (*bvlán*-ko)

356   PARTE 5 Apêndices

briga: **pelea** (pe-*lê*-a) f

brilho: **brillo** (*bvri*-djo) m

brincos: **aretes** (a-*rê*-tes) m, pl

broche: **broche** (*bvrô*-tche) m

brócolis: **brócoli** (*bvrô*-ko-li) m

bronzear-se: **tomar el sol** (to-*mar* êl sôl)

bulevar, alameda: **bulevar** (bvu-le-*bvar*) m

C

cabeça: **cabeza** (ka-*bvê*-ssa) f

cabelo: **pelo** (*pê*-lo) m

cachecol: **bufanda** (bvu-*fán*-da) f

cadeira: **silla** (*si*-dja) f

cadeira reclinável: **sillón reclinable** (si-*djôn* rrre-kli-*na*-bvle) m

café: **café** (ka-*fê*) m

café da manhã: **desayuno** (de-ssa-*dju*-no) m

caixa (masculino): **cajero** (ka-*rrê*-ro) m

calcinha: **bragas** (*bvra*-gas) f, pl

calças: **pantalones** (pan-ta-*lô*-nes) m, pl

calendário: **calendario** (ka-len-*da*-rio) m

cama: **cama** (*ká*-ma) f

camarão: **camarón** (ka-ma-*rôn*) m

cambista: **cambista** (kám-*bvis*-ta) m, f

caminho: **camino** (ka-*mi*-no) m

camisa: **camisa** (ka-*mi*-ssa) f

camiseta: **camiseta** (ka-mi-*ssê*-ta) f

campeão: **campeón** (kám-pe-*ôn*) m

campo: **cancha** (*kán*-tcha) f

canal: **canal** (ka-*nal*) m

cancelar: **cancelar** (kán-se-*lar*)

caneta: **bolígrafo** (bvo-*li*-gra-fo) m

cantar: **cantar** (kán-*tar*)

cantor(a): **cantante** (kán-*tán*-te) m, f

capa de chuva: **impermeable** (im-per-me-*a*-bvle) m

cáries: **caries** (*ka*-ries) f

caro: **caro** (*ka*-ro)

carro (América do Sul): **auto** (*au*-to) m

carro (México): **carro** (*ka*-rrro) m

carta: **carta** (*kar*-ta) f

cartão: **tarjeta** (tar-*rrê*-ta) f

cartão de crédito: **tarjeta de crédito** (tar-*rrê*-ta de *krê*-di-to) f

cartão-postal: **tarjeta postal** (tar-*rrê*-ta pos-*tal*) f

carteira: **billetera** (bvi-dje-*te*-ra) f

casa: **casa** (*ka*-ssa) f

casaco: **abrigo** (a-*bvri*-go) m

cavalo: **caballo** (ka-*bva*-djo) m

cebolas: **cebollas** (se-*bvo*-djas) f, pl

celular: **teléfono celular** (te-*lê*-fo-no se-lu-*lar*) m

cenoura: **zanahoria** (ssa-na-*ô*-ria) f

cereais: **cereales** (se-re-*a*-les) m, pl

cereja: **cereza** (se-*re*-ssa) f

chá: **té** (tê) m

chamar: **llamar** (djá-*mar*)

chamar-se: **llamarse** (djá-*mar*-se)

chão: **suelo** (*suê*-lo) m

chapéu: **sombrero** (som-*bvre*-ro) m

chave: **llave** (*dja*-bve) f

chegar: **llegar** (dje-*gar*)

chumbo: **plomo** (*plô*-mo) m

chuva: **lluvia** (*dju*-bvia) f

APÊNDICE A **Minidicionário Português-espanhol** 357

chuveiro: **ducha** (*du*-tcha) f

ciclismo: **ciclismo** (si-*klis*-mo) m

cidade: **ciudad** (siu-*da*) f

cinema: **cine** (*si*-ne) m

cinto: **cinturón** (sin-tu-*rôn*) m

cinza: **gris** (gris)

cirurgia: **cirugía** (si-ru-*rri*-a) f

claro: **claro** (*kla*-ro)

clips de papel: **sujetapapeles**
(su-rre-ta-pa-*pê*-les) m, pl

cobertor: **cobija** (ko-*bvi*-rra) f

coco: **coco** (*ko*-ko) m

código postal: **código postal**
(*kô*-di-go pos-*tal*) m

coisa: **cosa** (*kô*-ssa) f

cola: **pegamento** (pe-ga-*men*-to) m

colar: **collar** (ko-*djar*) m

colher: **cuchara** (ku-*tcha*-ra) f

começar: **empezar** (em-pe-*ssar*)

comer: **comer** (kom-*er*)

comida: **comida** (ko-*mi*-da) f

comprar: **comprar** (kom-*prar*)

compreender: **comprender**
(kom-pren-*der*)

compromisso: **cita** (*si*-ta) f

computador: **computadora**
(kom-pu-ta-*do*-ra) f

conferir: **revisar** (rrre-bvi-*ssar*)

constipação: **estreñimiento**
(es-tre-nhi-*miên*-to) m

conta: **cuenta** (*kuên*-ta) f

conta corrente: **cuenta de cheques** (*kuên*-
-ta de *tchê*-kes) f

contar: **contar** (kon-*tar*)

contente: **contento** (kon-*ten*-to)

convidar: **invitar** (in-bvi-*tar*)

copo: **vaso** (*bva*-sso) m

coração: **corazón** (ko-ra-*sôn*) m

corredor: **pasillo** (pa-*si*-djo) m

correio: **correo** (ko-*rrrê*-o) m

corrida: **carrera** (ka-*rrre*-ra) f

coxa: **muslo** (*mus*-lo) m

cozinha: **cocina** (ko-*si*-na) f

cozinheira: **cocinera** (ko-si-*nê*-ra) f

cunhada: **cuñada** (ku-*nha*-da) f

cunhado: **cuñado** (ku-*nha*-do) m

custar: **costar** (kos-*tar*)

D

dançar: **bailar** (bvai-*lar*)

data: **fecha** (*fê*-tcha) f

de: **de** (de)

debaixo: **debajo** (de-*bva*-rro)

débito: **débito** (*dê*-bvi-to) m

décimo: **décimo** (*dê*-si-mo)

dedo: **dedo** (*de*-do) m

defesa: **defensa** (de-*fen*-sa) f

deitar-se: **acostarse** (a-kos-*tar*-se)

deixar: **dejar** (de-*rrar*)

delegacia: **comisaría de policía** (co-mi-ssa-
-*ri*-a de po-li-*si*-a) m, f

dente: **diente** (*diên*-te) m, **muela** (*muê*-la) f

dentista: **dentista** (den-*tis*-ta) m, f

dentro: **dentro** (de) (*den*-tro [de])

departamento: **departamento**
(de-par-ta-*men*-to) m

desenho: **dibujo** (di-*bvu*-rro) m

358　　PARTE 5 **Apêndices**

despertador: **despertador**
(des-per-ta-*dor*) m

despir-se: **quitarse** (ki-*tar*-se)

de táxi: **en taxi** (en *tak*-si)

devagar: **despacio** (des-*pa*-sio)

dever de casa: **tarea** (ta-*rê*-a) f

dezembro: **diciembre** (di-*siêm*-bvre) m

dia: **día** (dia) m

diamantes: **diamantes** (di-a-*mán*-tes) m, pl

difícil: **difícil** (di-*fi*-sil)

dinheiro: **dinero** (di-*ne*-ro) m

direita: **derecha** (de-*re*-tcha)

direito: **derecho** (de-*re*-tcho)

dirigir (um carro): **manejar** (ma-ne-*rrar*)

disponível: **disponible** (dis-po-*ni*-bvle)

divertido: **divertido** (di-bver-*ti*-do)

dobro: **doble** (*dô*-bvle)

doce: **dulce** (*dul*-se)

documento: **documento** (do-ku-*men*-to) m

doente: **enfermo** (en-*fer*-mo)

domingo: **domingo** (do-*min*-go) m

dor: **dolor** (do-*lor*) m

dor de dente: **dolor de muelas**
(do-lor de *muê*-las) m

dormir: **dormir** (dor-*mir*)

durante: **durante** (du-*rán*-te)

E

edifício: **edificio** (e-di-*fi*-sio) m

ela: **ella** (*ê*-dja) f

elas: **ellas** (*ê*-djas) f

ele: **él** (êl) m

eles: **ellos** (*ê*-djos) m

eletricista: **electricista** (e-lek-tri-*sis*-ta) m, f

elevador: **ascensor** (a-sen-*sor*) m

e-mail: **correo electrónico**
(ko-*rrê*-o e-lek-*tro*-ni-ko) m

em cima: **encima** (de) (en-*si*-ma [de])

emprego: **empleo** (em-*ple*-o) m

encontrar: **encontrar** (en-kon-*trar*)

endereço: **dirección** (di-rek-*siôn*) f

enfermeira: **enfermera** (en-fer-*me*-ra) f

engenheiro: **ingeniero** (in-rre-*niê*-ro) m

enjoo: **náusea** (*nau*-sse-a) f

entender: **entender** (en-ten-*der*)

entrada: **entrada** (en-*tra*-da) f

entregar: **entregar** (en-tre-*gar*)

envelope: **sobre** (*sô*-bvre) m

enviar: **enviar** (en-*bviar*)

escada: **escalera** (es-ka-*lê*-ra) f

escarpins: **zapatos de salón**
(ssa-*pa*-tos de sa-*lôn*) m, pl

escola: **escuela** (es-*kuê*-la) f

escrever: **escribir** (es-kri-*bvir*)

escritório: **oficina** (o-fi-*si*-na) f

escrivaninha: **escritorio** (es-kri-*tô*-rio) m

escultura: **escultura** (es-kul-*tu*-ra) f

escuro: **oscuro** (os-*ku*-ro)

escutar: **escuchar** (es-ku-*tchar*)

esfregão: **trapeador** (tra-pe-a-*dor*) m

especial: **especial** (es-pe-*sial*)

espelho: **espejo** (es-*pe*-rro) m

esperar: **esperar** (es-pe-*rar*)

espinafre: **espinaca** (es-pi-*na*-ka) f

esposa: **esposa** (es-*po*-ssa) f

APÊNDICE A **Minidicionário Português-espanhol**   359

espremedor: **escurridor** (es-ku-rrri-*dor*) m

esquecer-se de: **olvidarse de** (ol-bvi-*dar*-se [de])

esquerda: **izquierda** (is-*kiêr*-da)

esqui: **esquí** (es-*ki*) m

esquina: **esquina** (es-*ki*-na) f

estacionamento: **estacionamiento** (es-ta-siô-na-*men*-to) m

estação: **estación** (es-ta-*siôn*) f

estádio: **estadio** (es-*ta*-dio) m

estado: **estado** (es-*ta*-do) m

estar: **estar** (es-*tar*)

este: **este** (*ês*-te)

estilo: **estilo** (es-*ti*-lo) m

estômago: **estómago** (es-*to*-ma-go) m

estúdio: **estudio** (es-*tu*-dio) m

estufa: **estufa** (es-*tu*-fa) f

eu: **yo** (djô)

evacuação: **evacuación** (e-bva-kua-*siôn*) f

exame: **examen** (ek-*ssá*-men) m

extrator de grampos: **sacagrapas** (sa-ka-*gra*-pas) m

F

fábrica: **fábrica** (*fa*-bvri-ka) f

faca: **cuchillo** (ku-*tchi*-djo) m

face: **rostro** (*rrros*-tro) m

fácil: **fácil** (*fa*-sil)

falar: **hablar** (a-*bvlar*)

farmácia: **farmacia** (far-*ma*-sia) f

fazer compras: **ir de compras** (ir de *kom*-pras)

febre: **fiebre** (*fiê*-bvre) f

feio: **feo** (*fe*-o)

feito à mão: **hecho a mano** (*ê*-tcho a *má*-no)

feliz: **feliz** (fe-*lis*)

ferida: **herida** (e-*ri*-da) f

ferramenta: **peaje** (pe-*a*-rre) m

ferro de passar: **plancha** (*plán*-tcha) f

fevereiro: **febrero** (fe-*bvre*-ro) m

ficar: **quedarse** (ke-*dar*-se)

fila: **fila** (*fi*-la) f

filha: **hija** (*i*-rra) f

filho: **hijo** (*i*-rro) m

fome: **hambre** (*ám*-bvre) f

fora: **afuera** (a-*fuê*-ra), **fuera** (*fuê*-ra)

formulário: **formulario** (for-mu-*la*-rio) m

forno: **horno** (*or*-no) m

fotocopiadora: **fotocopiadora** (fô-to-ko-pia-*do*-ra) f

fotógrafo: **fotógrafo** (fo-*tô*-gra-fo) m

fraldas: **pañales** (pa-*nha*-les) m, pl

frango: **pollo** (*po*-djo) m

fratura: **fractura** (frak-*tu*-ra) f

freezer: **congelador** (kon-rre-la-*dor*) m

frio: **fría** (*fri*-a)

frigideira: **sartén** (sar-*tên*) f

fruta: **fruta** (*fru*-ta) f

G

gabinete: **gabinete** (ga-bvi-*ne*-te) m

gabinete de computador: **ordenador** (or-de-na-*dor*) m

ganhar: **ganar** (gá-*nar*)

garantia: **garantía** (ga-ran-*ti*-a) f

garfo: **tenedor** (te-ne-*dor*) m

garganta: **garganta** (gar-*gán*-ta) f

genro: **yerno** (*djer*-no) m

gente: **gente** (*rren*-te) f

gerente: **gerente** (rre-*ren*-te) m

gesso (de parede): **yeso** (*dje*-sso) m

goiaba: **guayaba** (gua-*dja*-bva) f

gol: **gol** (gol) m

golpear: **golpear** (gol-pe-*ar*)

gostar: **gustar** (gus-*tar*)

grampeador: **grapadora** (gra-pa-*do*-ra) f

grampos: **grapas** (*gra*-pas) f, pl

grande: **grande** (*grán*-de)

gravata: **corbata** (kor-*bva*-ta) f

grupo: **grupo** (*gru*-po) m

guardanapo: **servilleta** (ser-bvi-*dje*-ta) f

guerra: **guerra** (*guê*-rrra) f

guia: **guía** (*gui*-a) m, f

H

hall: **recibidor** (rrre-si-bvi-*dor*) m

hoje: **hoy** (oi)

homem: **hombre** (*om*-bvre) m

hora: **hora** (*ô*-ra) f

horário: **horario** (o-*ra*-rio) m

I

idade: **edad** (e-*da*) f

identificação: **identificación** (i-den-ti-fi-ka-*siôn*) f

idioma: **idioma** (i-*dio*-ma) m

ilha: **isla** (*is*-la) f

imigração: **inmigración** (in-mi-gra-*siôn*) f

impressora: **impresora** (im-pre-*sso*-ra) f

imprimir: **imprimir** (im-pri-*mir*)

incluso: **incluido** (in-klu-*i*-do)

intestino: **intestino** (in-tes-*ti*-no) m

ir: **ir** (ir)

irmã: **hermana** (er-*má*-na) f

irmão: **hermano** (er-*má*-no) m

J

janeiro: **enero** (e-*ne*-ro) m

janela: **ventana** (bven-*tá*-na) f

janelinha: **ventanilla** (bven-ta-*ni*-dja) f

jantar: **cena** (*se*-na) f

jaqueta: **chaqueta** (tcha-*ke*-ta) f

jardim: **jardín** (rrar-*din*) m

jeans: **jeans** (xins), **vaqueros** (bva-*ke*-ros) m, pl

jogar: **jugar** (rru-*gar*)

jogador: **jugador** (rru-ga-*dor*) m

jogo: **juego** (*rruê*-go) m

jornal: **diario** (di-*a*-rio) m

julho: **julio** (*rru*-lio) m

junho: **junio** (*rru*-nio) m

junto: **junto** (*rrun*-to)

L

lá: **allá** (a-*dja*)

lã: **lana** (*lá*-na) f

lâmpada: **lámpara** (*lám*-pa-ra) f

lápis: **lápiz** (*la*-pis) m

laptop: **computadora portátil** (kom-pu-ta-*do*-ra por-*ta*-til) f

laranja (cor): **anaranjado** (a-na-rán-*rra*-do)

laranja (fruta): **naranja** (na-*rán*-rra) f

APÊNDICE A **Minidicionário Português-espanhol** 361

lavabo: **medio baño** (*mê*-dio *bvá*-nho) m

lavadora: **lavadora** (la-bva-*do*-ra) f

lava-louça: **lavaplatos** (la-bva-*pla*-tos) m

leite: **leche** (*le*-tche) f

lençol: **sábana** (*sa*-bva-na) f

lenços de papel: **pañuelos de papel** (pa-*nhuê*-los de pa-*pêl*) m, pl

lenços umedecidos: **toallita** (to-a-*dji*-ta) f

ler: **leer** (le-*er*)

leste: **este** (*ês*-te) m

levar: **llevar** (dje-*bvar*)

lima: **lima** (*li*-ma) f

limão: **limón** (li-*môn*) m

limpar: **limpiar** (lim-*piar*)

lindo: **precioso** (pre-*ssiô*-sso)

língua: **lengua** (*len*-gua) f

linha: **línea** (*li*-ne-a) f

listrada: **listada** (lis-*ta*-da)

livre: **libre** (*li*-bvre)

livro: **libro** (*li*-bvro) m

lixeira: **basurero** (bva-ssu-*re*-ro) m

lua: **luna** (*lu*-na) f

luvas: **guantes** (*guán*-tes) m, pl

M

macarrão: **fideo** (fi-*dê*-o) m

maçã: **manzana** (man-*sá*-na) f

madeira: **madera** (ma-*de*-ra) f

madrinha: **madrina** (ma-*dri*-nha) f

mãe: **madre** (*ma*-dre) f

maio: **mayo** (*ma*-djo) m

mais: **más** (mas)

mala: **maleta** (ma-*le*-ta) f

manga: **manga** (*mán*-ga) f

manhã: **mañana** (ma-*nhá*-na) f

mão: **mano** (*má*-no) f

mapa: **mapa** (*ma*-pa) m

máquina de fax: **máquina de fax** (*ma*-ki-na de faks) f

mar: **mar** (mar) m

maravilhoso: **maravilloso** (ma-ra-bvi-*djo*-sso)

marcar: **marcar** (mar-*kar*)

marcador: **marcador** (mar-ka-*dor*) m

março: **marzo** (*mar*-sso) m

marido: **esposo** (es-*po*-sso) m

marisco: **marisco** (ma-*ris*-ko) m

marrom: **marrón** (ma-*rrrôn*)

martelo: **martillo** (mar-*ti*-djo) m

máscara: **máscara** (*mas*-ka-ra) f

matinê: **matiné** (ma-ti-*nê*) f

mau: **malo** (*ma*-lo)

mecânico: **mecánico** (me-*ká*-ni-ko) m

médica: **doctora** (dok-*to*-ra) f

médico: **médico** (*mê*-di-ko/ka) m, f, **doctor** (dok-*tor*)

medir: **medir** (me-*dir*)

meia-noite: **medianoche** (me-dia-*nô*-tche) f

meias: **calcetines** (kal-se-*ti*-nes) m, pl

meio-dia: **mediodía** (me-dio-*di*-a) m

melancia: **sandía** (san-*di*-a) f

melhor: **mejor** (me-*rrôr*)

menina: **niña** (*ni*-nhya) f

menino: **niño** (*ni*-nhyo) m

menos: **menos** (*me*-nos)

mês: **mes** (mes) m

mesa: **mesa** (*me*-ssa) f

mesa (de madeira): **tabla** (*ta*-bvla) f

metade: **medio** (*me*-dio) m

micro-ondas: **horno microondas** (*or*-no mi-kro-*on*-das) m

minuto: **minuto** (mi-*nu*-to) m

mobília: **mueble** (*muê*-bvle) m

moeda: **moneda** (mo-*nê*-da) f

monitor de vídeo: **monitor de video** (mo-ni-*tor* de bvi-*dê*-o) m

montanha: **montaña** (mon-*tá*-nha) f

morango (da Colômbia ao Polo Sul): **frutilla** (fru-*ti*-dja) f

morango (México, América Central e Espanha): **fresa** (*frê*-ssa) f

motorista: **chofer** (tcho-*fêr*) m

mouse: **ratón** (rrra-*ton*) m

muito: **mucho** (*mu*-tcho)

mulher: **mujer** (mu-*rrêr*) f

museu: **museo** (mu-*sse*-o) m

N

nadar: **nadar** (na-*dar*)

namorada: **novia** (*no*-bvia) f

namorado: **novio** (*no*-bvio) m

nariz: **nariz** (na-*ris*) f

negro: **negro** (*ne*-gro)

neta: **nieta** (*niê*-ta) f

neto: **nieto** (*niê*-to) m

ninguém: **ningún** (nin-*gun*)

noite: **noche** (*no*-tche) f

nono: **noveno** (no-*bve*-no)

nora: **nuera** (*nuê*-ra) f

norte: **norte** (*nôr*-te) m

nós (feminino): **nosotras** (no-*ssô*-tras) f

nós (masculino e grupos misturados): **nosotros** (no-*ssô*-tros) m

nota: **billete** (bvi-*djê*-te) m

notas autoadesivas: **notas autoadhesivas desprendibles** (nô-tas au-to-ad-e-*si*-bvas des-pren-*di*-bvles) f, pl

novembro: **noviembre** (no-*bviêm*-bre) m

número: **número** (*nu*-me-ro) m

O

obrigado: **gracias** (gra-*ssias*)

observação: **observación** (obv-ser-bva-*siôn*) f

ocupado: **ocupado** (o-ku-*pa*-do)

oeste: **oeste** (o-*ês*-te) m

oficina: **taller** (ta-*djêr*) m

oitavo: **octavo** (ok-*ta*-bvo)

olho: **ojo** (*ô*-rro) m

ombro: **hombro** (*om*-bvro) m

ônibus: **autobús** (au-to-*bvus*) m

ontem: **ayer** (a-*djêr*)

onze: **once** (*on*-sse)

orelha: **oreja** (o-*re*-rra) f

osso: **hueso** (*uê*-sso) m

ouro: **oro** (*o*-ro) m

outro: **otro** (*o*-tro)

outubro: **octubre** (ok-*tu*-bvre) m

ovo: **huevo** (*uê*-bvo) m

P

pacote: **paquete** (pa-*kê*-te) m

pá de lixo: **recogedor** (rrre-ko-rre-*dor*) m

padrinho: **padrino** (pa-*dri*-no) m

pagar: **pagar** (pa-*gar*)

pago: **pagado** (pa-*ga*-do)

pai: **padre** (*pa*-dre) m

país: **país** (pa-*is*) m

panela: **caldero** (kal-*dê*-ro) m

panturrilha: **pantorrilla** (pan-tu-*rrri*-dja) f

papaya: **papaya** (pa-*pa*-dja) f

papel: **papel** (pa-*pêl*) m

papel (função): **rol** (rrrôl) m

papel de fotocopiadora: **papel de fotoco-piadora** (pa-*pêl* de fô-to-ko-pia-*do*-ra) m

papel higiênico: **papel higiénico** (pa-*pêl* i-*rriê*-ni-ko) m

páprica (Argentina, Chile e Uruguai): **pimentón** (pi-men-*tôn*) m

para: **hacia** (*a*-ssia)

para-brisa: **parabrisas** (pa-ra-*bvri*-ssas) m

parada: **parada** (pa-*ra*-da) f

para dentro: **al interior** (al in-te-*rior*)

parede: **pared** (pa-*rêd*) f

parque: **parque** (*par*-ke) m

passagem: **boleto** (bvo-*le*-to) m

passaporte: **pasaporte** (pa-sa-*pôr*-te) m

pássaro: **pájaro** (*pa*-rra-ro) m

passear: **pasear** (pa-sse-*ar*)

passeio: **paseo** (pa-*sse*-o) m

pastas: **carpetas** (kar-*pe*-tas) f, pl

patins: **patín** (pa-*tin*) m

pato: **pato** (*pa*-to) m

pavimento: **pavimento** (pa-bvi-*men*-to) m

pé: **pie** (piê) m

peça de teatro: **obra** (ô-bvra) f

peito: **pecho** (*pê*-tcho) m

peixe: **pescado** (pes-*ka*-do) m

pena: **lástima** (*las*-ti-ma) f, **pena** (*pe*-na) f

pendurar: **colgar** (kol-*gar*)

pensar: **pensar** (pen-*sar*)

pente: **peine** (*pei*-ne) m

pentear-se: **peinarse** (pei-*nar*-se)

pequeno: **chico** (*tchi*-ko), **pequeño** (pe-*ke*-nhyo)

pera: **pera** (*pê*-ra) f

pera-espinhosa: **tuna** (*tu*-na) f

perguntar: **preguntar** (pre-*gun*-tar)

perna: **pierna** (*piêr*-na) f

pérola: **perla** (*pêr*-la) f

personalidade: **carácter** (ka-*rak*-ter) m

perto: **cerca** (*ser*-ka)

pescoço: **cuello** (*kuê*-djo) m

pêssego: **durazno** (du-*ras*-no) m

pessoal: **personal** (per-so-*nal*) m

picante (sabor): **picante** (pi-*kán*-te)

pia (de banheiro): **lavamanos** (la-bva-*má*-nos) m

pia (de cozinha): **fregadero** (fre-ga-*de*-ro) m

piada: **broma** (*bro*-ma) f

pijamas: **piyamas** (pi-*djá*-mas) f, pl

piloto: **piloto** (pi-*lo*-to) m

pintar: **pintar** (pin-*tar*)

pintura: **pintura** (pin-*tu*-ra) f

pior: **peor** (pe-*or*)

piscina: **piscina** (pi-*si*-na) f

piso: **piso** (*pi*-sso) m

planar: **planear** (pla-ne-*ar*)

364   PARTE 5 **Apêndices**

plano: **liso** (*li*-sso)

poeta: **poeta** (po-ê-ta) m, f

polegar: **pulgar** (pul-*gar*) m

ponte: **puente** (*puên*-te) m

pontos (cirúrgicos): **puntos** (*pun*-tos) m, pl

porão: **sótano** (sô-ta-no) m

porcentagem: **por ciento** (por *siên*-to)

por quê: **por qué** (por *kê*)

porta: **puerta** (*puêr*-ta) f

portal: **portal** (por-*tal*) m

portaria: **vestíbulo** (bves-*ti*-bvu-lo) m

postagem: **franqueo** (frán-*ke*-o) m

potável: **potable** (po-*ta*-bvle)

pouco: **poco** (*pô*-ko) m

praça: **plaza** (*pla*-ssa) f

praia: **playa** (*pla*-dja) f

prato: **plato** (*pla*-to) m

preço: **precio** (*pre*-ssio) m

preferir: **preferir** (pre-fe-*rir*)

prendedor de roupa: **gancho** (*gán*-tcho) m

preocupar-se: **preocuparse** (por)
(pre-o-ku-*par*-se [por])

preparar: **preparar** (pre-pa-*rar*)

pressão sanguínea: **presión sanguínea**
(pre-*siôn* sán-*gui*-ne-a) f

prima: **prima** (*pri*-ma) f

primeira classe: **primera clase**
(pri-*me*-ra *kla*-sse) f

primeiro: **primero** (pri-*mê*-ro)

primo: **primo** (*pri*-mo) m

procurar: **buscar** (bvus-*kar*)

profissão: **carrera** (ka-*rrrê*-ra) f

programa: **programa** (pro-*grá*-ma) m

programar: **programar** (pro-gra-*mar*)

projetor: **proyector** (pro-*djek*-tor) m

pronto: **pronto** (*pron*-to)

próprio: **propio** (*prô*-pio)

provador: **probador** (êl pro-bva-*dor*) m

provar: **probar** (pro-*bvar*)

pulmão: **pulmón** (pul-*môn*) m

pulseira: **pulsera** (pul-*sê*-ra) f

pulso: **muñeca** (mu-*nhê*-ka) f

pura: **pura** (*pu*-ra)

Q

quadra: **cuadra** (*kua*-dra) f

quadro branco: **pizarra blanca**
(pi-*ssa*-rrra *bvlán*-ka) f

qual (acentuado quando usado em uma
pergunta): **cuál** (kual)

qual (não acentuado quando usado em
uma resposta): **cual** (kual)

quando (acentuado quando usado em uma
pergunta): **cuándo** (*kuan*-do)

quando (não acentuado quando usado em
uma resposta): **cuando** (*kuan*-do)

quantidade: **cantidad** (kán-ti-*da*) f

quanto: **cuánto** (*kuán*-to) (acentuado
quando usado em uma pergunta)

quarta-feira: **miércoles** (*miêr*-ko-les) m

quarto: **cuarto** (*kuar*-to) m

quarto: **dormitorio** (dor-mi-*tô*-rio) m

que (acentuado quando usado em uma
pergunta): **qué** (kê)

que (não acentuado quando usado em
uma reposta): **que** (kê)

queijo: **queso** (*kê*-sso) m

quem (acentuado quando usado em uma
pergunta): **quién** (kiên)

APÊNDICE A Minidicionário Português-espanhol 365

quem (não acentuado quando usado em uma resposta): **quien** (kiên)

quente: **caliente** (ka-*liên*-te)

querer: **querer** (ke-*rêr*)

questionário: **cuestionario** (kuês-tio-*na*-rio) m

quinta-feira: **jueves** (rruê-bves) m

quinto: **quinto** (*kin*-to)

R

radiografia: **radiografía** (rrra-dio-gra-*fi*-a) f

raquete: **raqueta** (rrra-*ke*-ta) f

receita: **receta** (rrre-*se*-ta) f

recibo: **recibo** (rrre-*si*-bvo) m

reclamar: **quejarse** (de) (ke-*rrar*-se [de])

reembolsar: **reembolsar** (rre-em-bvol-*sar*)

refrigerador: **nevera** (ne-*bvê*-ra) f

registrar-se: **registrarse** (rrre-rris-*trar*-se)

regras: **reglamentos** (rrreg-la-*men*-tos) m

relógio: **reloj** (rrre-*lôh*) m

repetir: **repetir** (rrre-pe-*tir*)

repolho (Argentina e Chile): **repollo** (rrre-*po*-djo) m

reserva: **reservación** (rrre-sser-bva-*siôn*) f

reservar: **reservar** (rrre-sser-*bvar*)

responder: **responder** (rrres-pon-*der*)

restaurante: **restaurante** (rrres-tau-*rán*-te) m

reunião: **reunión** (rrreu-*niôn*) f

rim: **riñón** (rrri-*nhôn*) m

rio: **río** (*rrri*-o) m

rir: **reírse** (de) (rrre*ir*-se [de])

romance (ficção): **novela** (no-*bvê*-la) f

romântico: **romántico** (rrro-*mán*-ti-ko)

rosa: **rosado** (rrro-*ssa*-do)

roubar: **robar** (rrro-*bvar*)

roupa: **ropa** (*rrro*-pa) f

roupa de baixo: **ropa interior** (*rrro*-pa in-te-*riôr*) f

roupão de banho: **bata de baño** (*bva*-ta de *bvá*-nho) f

roxo: **morado** (mo-*ra*-do)

rua: **calle** (*ka*-dje) f

ruínas: **ruinas** (*rrrui*-nas) f

S

sábado: **sábado** (*sa*-bva-do) m

saia: **falda** (*fal*-da) f

sair: **salir** (sa-*lir*)

salada: **ensalada** (en-sa-*la*-da) f

sala de cópias: **sala de copias** (*sa*-la de *kô*-pias) f

sala de descanso: **sala de descanso** (*sa*-la de des-*kán*-so) f

sala de estar: **sala** (*sa*-la) f

sala de reuniões: **sala de reuniones** (*sa*-la de rrreu-*niô*-nes) f

saldo: **saldo** (*sal*-do) m

salgado: **salado** (sa-*la*-do)

sandálias: **sandalias** (san-*da*-lias) f, pl

sangrar: **sangrar** (san-*grar*)

sangue: **sangre** (*sán*-gre) f

sapatos: **zapatos** (ssa-*pa*-tos) m, pl

saque: **retiro** (rrre-*ti*-ro) m

sardinhas: **sardinas** (sar-*di*-nas) f, pl

saúde: **salud** (sa-*lu*) f

saudável: **sano** (*sá*-no)

se: **si** (si)

366   PARTE 5 **Apêndices**

secadora: **secadora** (se-ka-*do*-ra) f

seco: **seco** (*se*-ko)

sede: **sed** (*sêd*) f

seguinte: **siguiente** (si-*guiên*-te)

seguir: **seguir** (se-*guir*)

segunda-feira: **lunes** (*lu*-nes) m

segundo: **segundo** (se-*gun*-do) m

selo: **sello** (*se*-djo) m

semana: **semana** (se-*má*-na) f

senhor: **señor** (Sr.) (se-*nhor*) m

senhora: **señora** (Sra.) (se-*nhô*-a) f

senhorita: **señorita** (Srta.) (se-nho-*ri*-ta) f

sentar-se: **sentarse** (sen-*tar*-se)

sentir: **sentirse** (sen-*tir*-se)

ser: **ser** (ser)

serrote: **serrucho** (se-*rrru*-tcho) m

servir: **servir** (ser-*bvir*)

setembro: **septiembre** (sep-*tiêm*-bvre) m

sétimo: **séptimo** (*sêp*-ti-mo)

sexta-feira: **viernes** (*bviêr*-nes) m

sexto: **sexto** (*sêks*-to)

shorts: **pantalones cortos** (pan-ta-*lô*-nes *kôr*-tos) m, pl

sim: **sí** (si)

sofá: **sofá** (so-*fa*) m

sol: **sol** (sôl) m

sola do pé: **planta del pie** (*plán*-ta del piê) f

solto: **suelto** (*suêl*-to)

soprar: **soplar** (so-*plar*)

sótão: **ático** (*a*-ti-ko) m

subir: **subir** (su-*bvir*)

subsolo: **subterráneo** (subv-te-*rrrá*-ne-o)

suéter: **suéter** (*suê*-ter) m

sul: **sur** (sur) m

sutiã: **sujetador** (su-rre-ta-*dor*) m

T

tábua de corte: **tabla de cortar** (*ta*-bvla de kor-*tar*) f

tábua de passar: **tabla de planchar** (*ta*-bvla de *plán*-tchar) f

tamanho: **talla** (*ta*-dja) f

também: **también** (tam-*bviên*)

tampa: **tapa** (*ta*-pa) f

tapete: **alfombra** (al-*fom*-bvra) f

tarde: **tarde** (*tar*-de)

tarifa de postagem: **tarifa de franqueo** (ta-*ri*-fa de frán-*ke*-o) f

tchau: **adiós** (a-*diôs*)

teclado: **teclado** (te-*kla*-do) m

telefone: **teléfono** (te-*lê*-fo-no) m

televisão: **televisor** (te-le-*bvi*-ssor) m

ter: **tener** (te-*nêr*)

terceiro: **tercero** (ter-*se*-ro)

terça-feira: **martes** (*mar*-tes) m

termômetro: **termómetro** (ter-*mô*-me-tro) m

terra: **tierra** (*tiê*-rrra) f

tesouras: **tijeras** (ti-*rrê*-ras) f, pl

teto: **techo** (*tê*-tcho) m

tia: **tía** (*ti*-a) f

tigela: **tazón** (ta-*ssôn*) m

time: **equipo** (e-*ki*-po) m

tio: **tío** (*ti*-o) m

típico: **típica** (*ti*-pi-ka)

toalha: **toalla** (to-*a*-dja) f

APÊNDICE A **Minidicionário Português-espanhol** 367

tomar banho: **bañarse** (bva-*nhár*-se)

toranja: **toronja** (to-*ron*-rra) f

toranja (no México): **pomelo** (po-*mê*-lo) m

tornozelo: **tobillo** (to-*bvi*-djo) m

torradeira: **tostador** (tos-ta-*dor*) m

tosse: **tos** (tôs) f

trabalhar: **trabajar** (tra-bva-*rrar*)

tráfico: **tráfico** (*tra*-fi-ko) m

traje de banho **traje de baño** (*tra*-rre de *bvá*-nho) m

tranquilo: **tranquilo** (trán-*ki*-lo)

travesseiro: **almohada** (al-mo-*a*-da) f

trazer: **traer** (tra-*er*)

trem: **tren** (tren) m

trocar: **cambiar** (kám-*bviar*)

troco: **vuelto** (*bvuêl*-to) m

troco (na Espanha): **vuelta** (*bvuêl*-ta) f

truta: **trucha** (*tru*-tcha) f

TV: **tele** (*tê*-le) f

U

unidade de CD/DVD-ROM: **unidad de CD/DVD-ROM** (u-ni-*da* de si-*di*/de-bve-*de* rrrôm) f

urina: **orina** (o-*ri*-na) f

uso pessoal: **uso personal** (*u*-sso per-so-*nal*) m

uva: **uva** (*u*-bva) f

V

veículo: **vehículo** (bve-*i*-ku-lo) m

velocímetro: **velocímetro** (bve-lo-*si*-me-tro) m

venda: **venta** (*bven*-ta) f

ver: **ver** (bver)

verde: **verde** (*bver*-de)

vermelho: **rojo** (*rrro*-rro)

vestido: **vestido** (bves-*ti*-do) m

vestir-se: **vestirse** (bves-*tir*-se)

viagem: **viaje** (*bvia*-rre) m

viajante: **viajero** (bvia-*rrê*-ro) m

vida: **vida** (*bvi*-da) f

vinho: **vino** (*bvi*-no) m

violeta: **violeta** (bvio-*lê*-ta)

violino: **violín** (bvio-*lin*) m

virar: **doblar** (do-*bvlar*)

viver: **vivir** (bvi-*bvir*)

você (informal): **tú** (tu)

você (formal): **usted** (Ud.) (us-*tê*)

vocês (informal, feminino): **vosotras** (bvo-*ssô*-tras)

vocês (informal, masculino e grupos misturados): **vosotros** (bvo-*ssô*-tros)

vocês (formal): **ustedes** (Uds.) (us-*te*-des)

voo: **vuelo** (*bvuê*-lo) m

voo com escalas: **vuelo con escalas** (*bvuê*-lo kon es-*ka*-las) m

voo direto: **vuelo directo** (*bvuê*-lo di-*rêk*-to) m

X

xadrez: **ajedrez** (a-rre-*dres*) m

xarope: **jarabe** (rra-*ra*-bve) m

xícara: **taza** (*ta*-ssa) f

Z

zero: **cero** (seh-roh)

zona de carga e descarga: **zona de carga y descarga** (soh-nah deh kahr-gah ee dehs--kahr-gah) f

368   PARTE 5 **Apêndices**

Apêndice B
Tabelas de Verbos

Verbos Regulares

Verbos regulares terminados em -ar
Exemplo: hablar (falar)
Particípio: hablado (falado); gerúndio: hablando (falando)

	Presente	Pretérito	Futuro
yo (eu)	hablo	hablé	hablaré
tú (você, informal)	hablas	hablaste	hablarás
Ud. (você, formal)	habla	habló	hablará
él/ella (ele/ela)	habla	habló	hablará
nosotros/nosotras (nós)	hablamos	hablamos	hablaremos
vosotros/vosotras (vocês, informal)	habláis	hablasteis	hablaréis
Uds. (vocês, formal)	hablan	hablaron	hablarán
ellos/ellas (eles/elas)	hablan	hablaron	hablarán

Verbos regulares terminados em -er
Exemplo: comer (comer)
Particípio: comido (comido); gerúndio: comiendo (comendo)

	Presente	Pretérito	Futuro
yo (eu)	como	comí	comeré
tú (você, informal)	comes	comiste	comerás
Ud. (você, formal)	come	comió	comerá
él/ella (ele/ela)	come	comió	comerá
nosotros/nosotras (nós)	comemos	comimos	comeremos
vosotros/vosotras (vocês, informal)	coméis	comisteis	comeréis
Uds. (vocês, formal)	comen	comieron	comerán
ellos/ellas (eles/elas)	comen	comieron	comerán

Verbos regulares terminados em -ir
Exemplo: vivir (viver)
Particípio: vivido (vivido); gerúndio: viviendo (vivendo)

	Presente	Pretérito	Futuro
yo (eu)	vivo	viví	viviré
tú (você, informal)	vives	viviste	vivirás
Ud. (vocês, formal)	vive	vivió	vivirá
él/ella (ele/ela)	vive	vivió	vivirá
nosotros/nosotras (nós)	vivimos	vivimos	viviremos
vosotros/vosotras (vocês, informal)	vivís	vivisteis	viviréis
Uds. (vocês, formal)	viven	vivieron	vivirán
ellos/ellas (eles/elas)	viven	vivieron	vivirán

Verbos Irregulares

		Presente	Pretérito	Futuro
conocer	yo (eu)	conozco	conocí	conoceré
conhecer	tú (você, informal)	conoces	conociste	conocerás
Particípio: conocido (conhecido)	Ud. (você, formal)	conoce	conoció	conocerá
	él/ella (ele/ela)	conoce	conoció	conocerá
Gerúndio: conociendo (conhecendo)	nosotros/nosotras (nós)	conocemos	conocimos	conoceremos
	vosotros/vosotras (vocês, informal)	conocéis	conocisteis	conoceréis
	Uds. (vocês, formal)	conocen	conocieron	conocerán
	ellos/ellas (eles/elas)	conocen	conocieron	conocerán

		Presente	Pretérito	Futuro
dar	yo (eu)	doy	di	daré
dar	tú (você, informal)	das	diste	darás
Particípio: dado (dado)	Ud. (você, formal)	da	dio	dará
Gerúndio: dando (dando)	él/ella (ele/ela)	da	dio	dará
	nosotros/nosotras (nós)	damos	dimos	daremos
	vosotros/vosotras (vocês, informal)	dais	disteis	daréis
	Uds. (vocês, formal)	dan	dieron	darán
	ellos/ellas (eles/elas)	dan	dieron	darán

	Presente	Pretérito	Futuro
estar			
estar			
yo (eu)	estoy	estuve	estaré
tú (você, informal)	estás	estuviste	estarás
Particípio: estado (estado)			
Ud. (você, formal)	está	estuvo	estará
él/ella (ele/ela)	está	estuvo	estará
Gerúndio: estando (estando)			
nosotros/nosotras (nós)	estamos	estuvimos	estaremos
vosotros/vosotras (vocês, informal)	estáis	estuvisteis	estaréis
Uds. (vocês, formal)	están	estuvieron	estarán
ellos/ellas (eles/elas)	están	estuvieron	estarán

	Presente	Pretérito	Futuro
hacer			
fazer			
yo (eu)	hago	hice	haré
tú (você, informal)	haces	hiciste	harás
Particípio: hecho (feito)			
Ud. (você, formal)	hace	hizo	hará
él/ella (ele/ela)	hace	hizo	hará
Gerúndio: haciendo (fazendo)			
nosotros/nosotras (nós)	hacemos	hicimos	haremos
vosotros/vosotras (vocês, informal)	hacéis	hicisteis	haréis
Uds. (vocês, formal)	hacen	hicieron	harán
ellos/ellas (eles/elas)	hacen	hicieron	harán

	Presente	Pretérito	Futuro
ir			
ir			
yo (eu)	voy	fui	iré
tú (você, informal)	vas	fuiste	irás
Particípio: ido (ido)			
Ud. (você, formal)	va	fue	irá
Gerúndio: yendo (indo)			
él/ella (ele/ela)	va	fue	irá
nosotros/nosotras (nós)	vamos	fuimos	iremos
vosotros/vosotras (vocês, informal)	vais	fuisteis	iréis
Uds. (vocês, formal)	van	fueron	irán
ellos/ellas (eles/elas)	van	fueron	irán

APÊNDICE B **Tabelas de Verbos** 371

		Presente	Pretérito	Futuro
lavarse	*yo (eu)*	me lavo	me lavé	me lavaré
lavar-se	*tú (você, informal)*	te lavas	te lavaste	te lavarás
Particípio: lavado	*Ud. (você, formal)*	se lava	se lavó	se lavará
(lavado-se)	*él/ella (ele/ela)*	se lava	se lavó	se lavará
Gerúndio: lavándose (lavando-se)	*nosotros/nosotras (nós)*	lavamos	nos lavamos	nos lavaremos
	vosotros/vosotras (vocês, informal)	os laváis	os lavasteis	os lavaréis
	Uds. (vocês, formal)	se lavan	se lavaron	se lavarán
	ellos/ellas (eles/elas)	se lavan	se lavaron	se lavarán

		Presente	Pretérito	Futuro
leer	*yo (eu)*	leo	leí	leeré
ler	*tú (você, informal)*	lees	leíste	leerás
Particípio: leído (lido)	*Ud. (você, formal)*	lee	leyó	leerá
Gerúndio: leyendo (lendo)	*él/ella (ele/ela)*	lee	leyó	leerá
	nosotros/nosotras (nós)	leemos	leímos	leeremos
	vosotros/vosotras (vocês, informal)	leéis	leísteis	leeréis
	Uds. (vocês, formal)	leen	leyeron	leerán
	ellos/ellas (eles/elas)	leen	leyeron	leerán

		Presente	Pretérito	Futuro
oir	*yo (eu)*	oigo	oí	oiré
ouvir	*tú (você, informal)*	loyes	oíste	oirás
Particípio: oído (ouvido)	*Ud. (você, formal)*	oye	oyó	oirá
	él/ella (ele/ela)	oye	oyó	oirá
Gerúndio: oyendo (ouvindo)	*nosotros/nosotras (nós)*	oímos	oímos	oiremos
	vosotros/vosotras (vocês, informal)	oís	oísteis	oiréis
	Uds. (vocês, formal)	oyen	oyeron	oirán
	ellos/ellas (eles/elas)	oyen	oyeron	oirán

	Presente	**Pretérito**	**Futuro**
poner	*yo (eu)*	pongo	puse	pondré
pôs	*tú (você, informal)*	pones	pusiste	pondrás
Particípio: puesto (posto)	*Ud. (você, formal)*	pone	puso	pondrá
	él/ella (ele/ela)	pone	puso	pondrá
Gerúndio: poniendo (pondo)	*nosotros/nosotras (nós)*	ponemos	pusimos	pondremos
	vosotros/vosotras (vocês, informal)	ponéis	pusisteis	pondréis
	Uds. (vocês, formal)	ponen	pusieron	pondrán
	ellos/ellas (eles/elas)	ponen	pusieron	pondrán

	Presente	**Pretérito**	**Futuro**
querer	*yo (eu)*	quiero	quise	querré
querer	*tú (você, informal)*	quieres	quisiste	querrás
Particípio: querido (querido)	*Ud. (você, formal)*	quiere	quiso	querrá
	él/ella (ele/ela)	quiere	quiso	querrá
Gerúndio: que-riendo (querendo)	*nosotros/nosotras (nós)*	queremos	quisimos	querremos
	vosotros/vosotras (vocês, informal)	queréis	quisisteis	querréis
	Uds. (vocês, formal)	quieren	quisieron	querrán
	ellos/ellas (eles/elas)	quieren	quisieron	querrán

	Presente	**Pretérito**	**Futuro**
saber	*yo (eu)*	sé	supe	sabré
saber	*tú (você, informal)*	sabes	supiste	sabrás
Particípio: sabido (sabido)	*Ud. (você, formal)*	sabe	supo	sabrá
	él/ella (ele/ela)	sabe	supo	sabrá
Gerúndio: sabiendo (sabendo)	*nosotros/nosotras (nós)*	sabemos	supimos	sabremos
	vosotros/vosotras (vocês, informal)	sabéis	supisteis	sabréis
	Uds. (vocês, formal)	saben	supieron	sabrán
	ellos/ellas (eles/elas)	saben	supieron	sabrán

APÊNDICE B Tabelas de Verbos   373

		Presente	Pretérito	Futuro
salir	yo (eu)	salgo	salí	saldré
sair	tú (você, informal)	sales	saliste	saldrás
Particípio: salido	Ud. (você, formal)	sale	salió	saldrá
(saído)	él/ella (ele/ela)	sale	salió	saldrá
Gerúndio: saliendo	nosotros/nosotras (nós)	salimos	salimos	saldremos
(saindo)	vosotros/vosotras (vocês, informal)	salís	salisteis	saldréis
	Uds. (vocês, formal)	salen	salieron	saldrán
	ellos/ellas (eles/elas)	salen	salieron	saldrán

		Presente	Pretérito	Futuro
ser	yo (eu)	soy	fui	seré
ser	tú (você, informal)	eres	fuiste	serás
Particípio: sido (sido)	Ud. (você, formal)	es	fue	será
Gerúndio: siendo	él/ella (ele/ela)	es	fue	será
(sendo)	nosotros/nosotras (nós)	somos	fuimos	seremos
	vosotros/vosotras (vocês, informal)	sois	fuisteis	seréis
	Uds. (vocês, formal)	son	fueron	serán
	ellos/ellas (eles/elas)	son	fueron	serán

		Presente	Pretérito	Futuro
tener	yo (eu)	tengo	tuve	tendré
ter	tú (você, informal)	tienes	tuviste	tendrás
Particípio: tenido	Ud. (você, formal)	tiene	tuvo	tendrá
(tido)	él/ella (ele/ela)	tiene	tuvo	tendrá
Gerúndio: teniendo	nosotros/nosotras (nós)	tenemos	tuvimos	tendremos
(tendo)	vosotros/vosotras (vocês, informal)	tenéis	tuvisteis	tendréis
	Uds. (vocês, formal)	tienen	tuvieron	tendrán
	ellos/ellas (eles/elas)	tienen	tuvieron	tendrán

		Presente	Pretérito	Futuro
traer	*yo (eu)*	traigo	traje	traeré
trazer	*tú (você, informal)*	traes	trajiste	traerás
Particípio: traído (trazido)	*Ud. (você, formal)*	trae	trajo	traerá
	él/ella (ele/ela)	trae	trajo	traerá
Gerúndio: trayendo (trazendo)	*nosotros/nosotras (nós)*	traemos	trajimos	traeremos
	vosotros/vosotras (vocês, informal)	traéis	trajisteis	traeréis
	Uds. (vocês, formal)	traen	trajeron	traerán
	ellos/ellas (eles/elas)	traen	trajeron	traerán

		Presente	Pretérito	Futuro
venir	*yo (eu)*	vengo	vine	vendré
vir	*tú (você, informal)*	vienes	viniste	vendrás
Particípio: venido (vindo)	*Ud. (você, formal)*	viene	vino	vendrá
	él/ella (ele/ela)	viene	vino	vendrá
Gerúndio: viniendo (vindo)	*nosotros/nosotras (nós)*	venimos	vinimos	vendremos
	vosotros/vosotras (vocês, informal)	venís	vinisteis	vendréis
	Uds. (vocês, formal)	vienen	vinieron	vendrán
	ellos/ellas (eles/elas)	vienen	vinieron	vendrán

		Presente	Pretérito	Futuro
ver	*yo (eu)*	veo	vi	veré
ver	*tú (você, informal)*	ves	viste	verás
Particípio: visto (visto)	*Ud. (você, formal)*	ve	vio	verá
	él/ella (ele/ela)	ve	vio	verá
Gerúndio: viendo (vendo)	*nosotros/nosotras (nós)*	vemos	vimos	veremos
	vosotros/vosotras (vocês, informal)	veis	visteis	veréis
	Uds. (vocês, formal)	ven	vieron	verán
	ellos/ellas (eles/elas)	ven	vieron	verán

APÊNDICE B **Tabelas de Verbos** 375

Verbos com Alomorfia de e para i

conseguir		Presente	Pretérito	Futuro
conseguir	*yo (eu)*	consigo	conseguí	conseguiré
conseguir	*tú (você, informal)*	consigues	conseguiste	conseguirás
Particípio:	*Ud. (você, formal)*	consigue	consiguió	conseguirá
conseguido	*él/ella (ele/ela)*	consigue	consiguió	conseguirá
(conseguido)	*nosotros/nosotras (nós)*	conseguimos	conseguimos	conseguiremos
Gerúndio: consiguiendo	*vosotros/vosotras (vocês, informal)*	conseguís	conseguisteis	conseguiréis
(conseguindo)	*Uds. (vocês, formal)*	consiguen	consiguieron	conseguirán
	ellos/ellas (eles/elas)	consiguen	consiguieron	conseguirán

pedir		Presente	Pretérito	Futuro
pedir	*yo (eu)*	pido	pedí	pediré
pedir	*tú (você, informal)*	pides	pediste	pedirás
Particípio: pedido	*Ud. (você, formal)*	pide	pidió	pedirá
(pedido)	*él/ella (ele/ela)*	pide	pidió	pedirá
Gerúndio: pidiendo	*nosotros/nosotras (nós)*	pedimos	pedimos	pediremos
(pedindo)	*vosotros/vosotras (vocês, informal)*	pedís	pedisteis	pediréis
	Uds. (vocês, formal)	piden	pidieron	pedirán
	ellos/ellas (eles/elas)	piden	pidieron	pedirán

repetir		Presente	Pretérito	Futuro
repetir	*yo (eu)*	repito	repetí	repetiré
repetir	*tú (você, informal)*	repites	repetiste	repetirás
Particípio: repetido	*Ud. (você, formal)*	repite	repitió	repetirá
(repetido)	*él/ella (ele/ela)*	repite	repitió	repetirá
Gerúndio: repitiendo	*nosotros/nosotras (nós)*	repetimos	repetimos	repetiremos
(repetindo)	*vosotros/vosotras (vocês, informal)*	repetís	repetisteis	repetiréis
	Uds. (vocês, formal)	repiten	repitieron	repetirán
	ellos/ellas (eles/elas)	repiten	repitieron	repetirán

		Presente	Pretérito	Futuro
servir	yo (eu)	sirvo	serví	serviré
servir	tú (você, informal)	sirves	serviste	servirás
Particípio: servido (servido)	Ud. (você, formal)	sirve	sirvió	servirá
	él/ella (ele/ela)	sirve	sirvió	servirá
Gerúndio: sirviendo (servindo)	nosotros/nosotras (nós)	servimos	servimos	serviremos
	vosotros/vosotras (vocês, informal)	servís	servisteis	serviréis
	Uds. (vocês, formal)	sirven	sirvieron	servirán
	ellos/ellas (eles/elas)	sirven	sirvieron	servirán

		Presente	Pretérito	Futuro
vestir	yo (eu)	visto	vestí	vestiré
vestir	tú (você, informal)	vistes	vestiste	vestirás
Particípio: vestido (vestido)	Ud. (você, formal)	viste	vistió	vestirá
	él/ella (ele/ela)	viste	vistió	vestirá
Gerúndio: vistiendo (vestindo)	nosotros/nosotras (nós)	vestimos	vestimos	vestiremos
	vosotros/vosotras (vocês, informal)	vestís	vestisteis	vestiréis
	Uds. (vocês, formal)	visten	vistieron	vestirán
	ellos/ellas (eles/elas)	visten	vistieron	vestirán

Verbos com Alomorfia de e para ie

		Presente	Pretérito	Futuro
cerrar	yo (eu)	cierro	cerré	cerraré
fechar	tú (você, informal)	cierras	cerraste	cerrarás
Particípio: cerrado (fechado)	Ud. (você, formal)	cierra	cerró	cerrará
	él/ella (ele/ela)	cierra	cerró	cerrará
Gerúndio: cerrando (fechando)	nosotros/nosotras (nós)	cerramos	cerramos	cerraremos
	vosotros/vosotras (vocês, informal)	cerráis	cerrasteis	cerraréis
	Uds. (vocês, formal)	cierran	cerraron	cerrarán
	ellos/ellas (eles/elas)	cierran	cerraron	cerrarán

		Presente	Pretérito	Futuro
empezar	*yo (eu)*	empiezo	empecé	empezaré
começar	*tú (você, informal)*	empiezas	empezaste	empezarás
Particípio:	*Ud. (você, formal)*	empieza	empezó	empezará
empezado (começado)	*él/ella (ele/ela)*	empieza	empezó	empezará
Gerúndio:	*nosotros/nosotras (nós)*	empezamos	empezamos	empezaremos
empezando (começando)	*vosotros/vosotras (vocês, informal)*	empezáis	empezasteis	empezaréis
	Uds. (vocês, formal)	empiezan	empezaron	empezarán
	ellos/ellas (eles/elas)	empiezan	empezaron	empezarán

		Presente	Pretérito	Futuro
entender	*yo (eu)*	entiendo	entendí	entenderé
entender	*tú (você, informal)*	entiendes	entendiste	entenderás
Particípio:	*Ud. (você, formal)*	entiende	entendió	entendiendo
entendido (entendido)	*él/ella (ele/ela)*	entiende	entendió	entendiendo
	nosotros/nosotras (nós)	entendemos	entendimos	entenderemos
Gerúndio:	*vosotros/vosotras (vocês, informal)*	entendéis	entendisteis	entenderéis
entendiendo (entendendo)	*Uds. (vocês, formal)*	entienden	entendieron	entenderán
	ellos/ellas (eles/elas)	entienden	entendieron	entenderán

		Presente	Pretérito	Futuro
pensar	*yo (eu)*	pienso	pensé	pensaré
pensar	*tú (você, informal)*	piensas	pensaste	pensarás
Particípio:	*Ud. (você, formal)*	piensa	pensó	pensará
pensado (pensado)	*él/ella (ele/ela)*	piensa	pensó	pensará
Gerúndio:	*nosotros/nosotras (nós)*	pensamos	pensamos	pensaremos
pensando (pensando)	*vosotros/vosotras (vocês, informal)*	pensáis	pensasteis	pensaréis
	Uds. (vocês, formal)	piensan	pensaron	pensarán
	ellos/ellas (eles/elas)	piensan	pensaron	pensarán

		Presente	Pretérito	Futuro
perder	*yo (eu)*	pierdo	perdí	perderé
perder	*tú (você, informal)*	pierdes	perdiste	perderás
Particípio:	*Ud. (você, formal)*	pierde	perdió	perderá
perdido (perdido)	*él/ella (ele/ela)*	pierde	perdió	perderá
Gerúndio:	*nosotros/nosotras (nós)*	perdemos	perdimos	perderemos
perdiendo (perdendo)	*vosotros/vosotras (vocês, informal)*	perdéis	perdisteis	perderéis
	Uds. (vocês, formal)	pierden	perdieron	perderán
	ellos/ellas (eles/elas)	pierden	perdieron	perderán

Verbos com Alomorfia de o para ue

		Presente	Pretérito	Futuro
almorzar	*yo (eu)*	almuerzo	almorcé	almorzaré
almoçar	*tú (você, informal)*	almuerzas	almorzaste	almorzarás
Particípio:	*Ud. (você, formal)*	almuerza	almorzó	almorzará
almorzado (almoçado)	*él/ella (ele/ela)*	almuerza	almorzó	almorzará
	nosotros/nosotras (nós)	almorzamos	almorzamos	almorzaremos
Gerúndio:	*vosotros/vosotras (vocês, informal)*	almorzáis	almorzasteis	almorzaréis
almorzando (almoçando)	*Uds. (vocês, formal)*	almuerzan	almorzaron	almorzarán
	ellos/ellas (eles/elas)	almuerzan	almorzaron	almorzarán

		Presente	Pretérito	Futuro
dormir	*yo (eu)*	duermo	dormí	dormiré
dormir	*tú (você, informal)*	duermes	dormiste	dormirás
Particípio: dormido	*Ud. (você, formal)*	duerme	durmió	dormirá
(dormido)	*él/ella (ele/ela)*	duerme	durmió	dormirá
Gerúndio:	*nosotros/nosotras (nós)*	dormimos	dormimos	dormiremos
durmiendo (dormindo)	*vosotros/vosotras (vocês, informal)*	dormís	dormisteis	dormiréis
	Uds. (vocês, formal)	duermen	durmieron	dormirán
	ellos/ellas (eles/elas)	duermen	durmieron	dormirán

APÊNDICE B **Tabelas de Verbos** 379

		Presente	Pretérito	Futuro
encontrar	*yo (eu)*	encuentro	encontré	encontraré
encontrar	*tú (você, informal)*	encuentras	encontraste	encontrarás
Particípio:	*Ud. (você, formal)*	encuenta	encontró	encontrará
encontrado (encontrado)	*él/ella (ele/ela)*	encuenta	encontró	encontrará
	nosotros/nosotras (nós)	encontramos	encontramos	ncontraremos
Gerúndio: encontrando (encontrando)	*vosotros/vosotras (vocês, informal)*	encontráis	encontrasteis	encontraréis
	Uds. (vocês, formal)	encuentran	encontraron	encontrarán
	ellos/ellas (eles/elas)	encuentran	encontraron	encontrarán

		Presente	Pretérito	Futuro
poder	*yo (eu)*	puedo	pude	podré
poder	*tú (você, informal)*	puedes	pudiste	podrás
Particípio: podido (podido)	*Ud. (você, formal)*	puede	pudo	podrá
	él/ella (ele/ela)	puede	pudo	podrá
Gerúndio: pudiendo (podendo)	*nosotros/nosotras (nós)*	podemos	pudimos	podremos
	vosotros/vosotras (vocês, informal)	podéis	pudisteis	podréis
	Uds. (vocês, formal)	pueden	pudieron	
	ellos/ellas (eles/elas)	pueden	pudieron	podrán

		Presente	Pretérito	Futuro
volver	*yo (eu)*	vuelvo	volví	volveré
voltar	*tú (você, informal)*	vuelves	volviste	volverás
Particípio: vuelto (voltado)	*Ud. (você, formal)*	vuelve	volvió	volverá
	él/ella (ele/ela)	vuelve	volvió	volverá
Gerúndio: volviendo (voltando)	*nosotros/nosotras (nós)*	volvemos	volvimos	volveremos
	vosotros/vosotras (vocês, informal)	volvéis	volvisteis	volveréis
	Uds. (vocês, formal)	vuelven	volvieron	volverán
	ellos/ellas (eles/elas)	vuelven	volvieron	volverán

Verbo com Alomorfia de u para ue

		Presente	Pretérito	Futuro
jugar	*yo (eu)*	juego	jugué	jugaré
jogar	*tú (você, informal)*	juegas	jugaste	jugarás
Particípio: jugado (jogado)	*Ud. (você, formal)*	juega	jugó	jugará
	él/ella (ele/ela)	juega	jugó	jugará
Gerúndio: jugando (jogando)	*nosotros/nosotras (nós)*	jugamos	jugamos	jugaremos
	vosotros/vosotras (vocês, informal)	jugáis	jugasteis	jugaréis
	Uds. (vocês, formal)	juegan	jugaron	jugarán
	ellos/ellas (eles/elas)	juegan	jugaron	jugarán

APÊNDICE B Tabelas de Verbos   381

382   PARTE 5 Apêndices

Apêndice C
Sobre o Áudio

Lista de Faixas de Áudio

A seguir, você vê a lista das faixas que acompanham este livro e que podem ser encontradas ao buscar o título desta obra no site www.altabooks.com.br.

Faixa 1: Apresentação e Guia de Pronúncia

Faixa 2: Organizando o Jantar com o Verbo **Preparar** (Capítulo 2)

Faixa 3: Discutindo Idades com o Verbo **Tener** (Capítulo 2)

Faixa 4: Entendendo Formalidades para Falar com Estranhos (Capítulo 3)

Faixa 5: Praticando o Verbo **Estar** (Capítulo 3)

Faixa 6: Fazendo Planos para as Férias com Datas e Horas (Capítulo 4)

Faixa 7: Negociando o Preço e o Peso de Laranjas e Bananas (Capítulo 4)

Faixa 8: Mudando-se para a Casa Nova (Capítulo 5)

Faixa 9: Planejando o Cotidiano ao Sair para a Escola (Capítulo 5)

Faixa 10: Perguntando sobre o Clima (Capítulo 6)

Faixa 11: Descrevendo Profissões (Capítulo 6)

Faixa 12: Encontrando o Restaurante e a Piscina do Hotel (Capítulo 7)

Faixa 13: Conhecendo o Passo a Passo para Chegar ao Museu (Capítulo 7)

Faixa 14: Pedindo Comida em um Restaurante (Capítulo 8)

Faixa 15: Comprando Peixe em um Mercado (Capítulo 8)

Faixa 16: Experimentando uma Saia (Capítulo 9)

Faixa 17: Barganhando um Tapete (Capítulo 9)

Faixa 18: Sendo Convidado para uma Festa (Capítulo 10)

Faixa 19: Fazendo Planos para Assistir a um Filme (Capítulo 10)

Faixa 20: Começando no Escritório e Conseguindo Materiais (Capítulo 11)

Faixa 21: Organizando uma Reunião de Negócios (Capítulo 11)

Faixa 22: Discutindo Material de Leitura (Capítulo 12)

Faixa 23: Conversando sobre Futebol (Capítulo 12)

Faixa 24: Reservando um Voo (Capítulo 13)

Faixa 25: Perguntando sobre o Visto (Capítulo 13)

Faixa 26: Usando Cartões de Crédito (Capítulo 14)

Faixa 27: Economizando com Cheques de Viagem (Capítulo 14)

Faixa 28: Comprando uma Passagem de Trem (Capítulo 15)

Faixa 29: Encontrando um Funcionário da Alfândega (Capítulo 15)

Faixa 30: Pedindo um Quarto de Hotel (Capítulo 16)

Faixa 31: Fazendo o Check-in no Hotel (Capítulo 16)

Faixa 32: Descrevendo Sintomas para um Médico (Capítulo 17)

Faixa 33: Falando com um Policial após um Assalto (Capítulo 17)

Apêndice D

Respostas dos Exercícios

A seguir você encontra todas as respostas das atividades da seção Diversão & Jogos.

Capítulo 1: Espanhol em Poucas Palavras

L	T	U	A	J	T	J	B	K	S	O	L	A	H	O	R	A
N	C	O	M	E	D	O	R	P	I	K	A	J	C	A	E	M
P	X	K	C	Y	V	I	A	R	H	A	B	L	A	M	O	S
H	O	L	A	R	A	P	O	R	A	Z	Z	D	R	X	Y	O

tchau: **adiós**

cidade: **ciudad**

quarto: **dormitorio**

falamos: **hablamos**

sabão: **jabón**

escritório: **oficina**

agora: **ahora**

sala de jantar: **comedor**

estação: **estación**

falo: **hablo**

mapa: **mapa**

trem: **tren**

banheiro: **baño**

dia: **día**

obrigado: **gracias**

olá: **hola**

geladeira: **nevera**

sapatos: **zapatos**

Capítulo 2: Elementos Básicos de Gramática

Horizontal: 1 **vive**, 3 **retiran**, 7 **barre**, 8 **soplan**, 9 **viajo**, 12 **preparamos**, 13 **habla**, 14 **camina**.

Vertical: 1 **venden**, 2 **visitáis**, 4 **abre**, 5 **mencionas**, 6 **como**, 7 **bailas**, 8 **sospecha**, 10 **desea**, 11 **nadan**.

Capítulo 3: Expressões Básicas

» Boa tarde! **¡Buenas tardes!**

» Meu nome é Sr. Kendall. **Me llamo Sr. Kendall.**

» Prazer, senhora. **Mucho gusto, señora.**

» Meu nome é Jane Wells. **Me llamo Jane Wells.**

» De onde você é? **¿De dónde eres tú?**

» Sou do Canadá. **Soy de Canadá.**

» De que cidade você é? **¿De qué eres tú?**

» Sou de Nova Iorque. **Soy de Nueva York.**

» Essa cidade é muito grande? **¿Es ésa una ciudad muy grande?**

» Sim, é uma cidade muito grande. **Sí, es una ciudad muy grande.**

» Estamos de férias. **Estamos de vacaciones.**

» Estão contentes? **¿Están contentos?**

» Estamos muito felizes. **Estamos muy felices.**

Capítulo 4: Conhecendo Horas, Números e Unidades de Medida

Horizontal: 1 **verano**, 4 **ocho**, 7 **mes**, 8 **segundo**, 11 **agosto**, 13 **cincuenta**, 14 **mayo**, 15 **primavera**, 18 **treinta**, 20 **cien**, 21 **ochenta**, 22 **tres**, 23 **invierno**, 25 **once**.

Vertical: 1 **viernes**, 2 **quinto**, 3 **domingo**, 5 **hoy**, 6 **quince**, 7 **martes**, 9 **enero**, 10 **cuatro**, 12 **semana**, 16 **marzo**, 17 **jueves**, 19 **nueve**, 20 **catorce**, 24 **noveno**.

Capítulo 5: Falando Espanhol em Casa

1. **el dormitorio**

2. **el baño**

3. **la cocina**

4. **el comedor**

5. **el salón**

6. **el sótano**

7. **la lavandería**

a. **la cama**   b. **el gavetero**   c. **el excusado**   d. **la bañera**

e. **la nevera**   f. **la estufa**   g. **el gabinete**   h. **el fregadero**

i. **la silla**   j. **la mesa**   k. **el televisor**   l. **el sofá**

m. **la lavadora**   n. **la secadora**

Capítulo 6: Batendo Papo

prima: **prima**   qual: **cuál**   tio: **tío**

neta: **nieta**   avó: **abuela**   padrinho: **padrino**

avô: **abuelo**   pai: **padre**   quando: **cuándo**

por quê **por qué**   madrinha: **madrina**   filho: **hijo**

genro: **yerno**   nora: **nuera**   mãe: **madre**

irmã: **hermana**   cunhado: **cuñado**   irmão: **hermano**

neto: **nieto**   primo: **primo**   cunhada: **cuñada**

tia: **tía**   que: **qué**   filha: **hija**

Capítulo 7: Pedindo Informações

» Vá até a praia. **Vaya a la playa.**

» Caminhe duas quadras até o jardim. **Camine dos cuadras al jardín.**

» Vá pela direita para a Avenida Alabaster. **Vaya derecho a la Avenida Alabaster.**

» Dobre à esquerda. **Doble a la izquierda.**

» Siga ao norte para a Rua Camisa. **Siga al norte a la Calle Camisa.**

» Dobre à direita. **Doble a la derecha.**

» Ande mais duas quadras e dobre à esquerda no Bulevard Reina. **Siga dos cuadras más y doble a la izquierda en el Bulevar Reina.**

» Minha casa fica atrás do parque. **Mi casa está detrás del parque.**

Capítulo 8: Jantando Fora e Indo ao Mercado

carne: **carne** café: **café** leite: **leche**

frango frito: **pollo frito** molho verde: **salsa verde** cerveja: **cerveza**

marisco: **marisco**

un vaso de agua: um copo de água

un vaso de leche: um copo de leite

una ensalada mixta: uma salada mista

mole amarillo con pollo: massa amarela com frango

calabacita: abobrinha

Capítulo 9: Compras à Moda Espanhola

a. **el cinturón** b. **la blusa** c. **la falda**

d. **los pantalones** e. **la camisa** f. **los calcetines**

g. **los zapatos** h. **los zapatos de salón** i. **la corbata**

j. **la chaqueta or el saco**

Capítulo 10: Saindo na Cidade

Horizontal: 1 **cine**, 3 **fila**, 4 **matiné**, 5 **boletos**, 7 **anunciar**, 10 **ópera**, 14 **cartelera**, 15 **viaje**, 16 **agotados**, 17 **teatro**.

Vertical: 1 **crítica**, 2 **cantante**, 6 **dramaturgo**, 8 **concierto**, 9 **actriz**, 11 **película**, 12 **subasta**, 13 **fiesta**.

Capítulo 11: Negócios e Comunicação

a escrivaninha: **el escritorio** a cadeira: **la silla**

a luminária de mesa: **la lámpara de escritorio** o computador: **la computadora**

a estante para livros: **la estantería para libros** o calendário: **el calendario**

a caneta: **el bolígrafo** o apontador: **el sacapuntas**

o grampeador: **la grapadora** o telefone: **el teléfono**

o cesto de lixo: **el bote de basura**

Capítulo 12: Diversão em Todo Lugar

a. **la ardilla:** o esquilo b. **la cabra:** a cabra c. **el caballo:** o cavalo

d. **la vaca:** a vaca e. **el ganso:** o ganso f. **el gornón:** o pardal

g. **la mariposa:** a borboleta h. **el perro:** o cachorro i. **el burro:** o burro

j. **el gato:** o gato

Capítulo 13: Planejando uma Viagem

Horizontal: 1 **zapatos**, 4 **viajar**, 5 **baterías**, 6 **meses**, 7 **vuelo**, 9 **maleta**, 11 **ciudadana**, 13 **sótano**, 14 **llegar**, 15 **depende**, 16 **autobús**.

Vertical: 2 **turista**, 3 **pasaporte**, 8 **equipaje**, 9 **mochila**, 10 **cansado**, 12 **armario**.

Capítulo 14: Dinheiro, Dinheiro, Dinheiro

la compra: a compra

recibo: o recibo

saldo: saldo

dinero: dinheiro

el banco: o banco

número confidencial: PIN

retiro: saque

la venta: a venda

monedas: moedas

cuenta: conta

tarjeta de crédito: cartão de crédito

en efectivo: em espécie

billetes: boletos

Capítulo 15: Por Aí Afora: Aviões, Trens, Táxis e Mais

Exterior

a. os faróis dianteiros: **los faros delanteros**

b. os limpadores de para-brisa: **los limpiaparabrisas**

c. o para-brisa: **el parabrisas**

d. o espelho retrovisor: **el espejo retrovisor**

e. o espelho lateral: **el espejo lateral**

f. a porta: **la puerta**

g. a roda: **la rueda**

h. o pneu: **el neumático**

Interior

i. o volante: **el volante**

j. o teto solar: **el parasol**

k. o velocímetro: **el velocímetro**

l. a alavanca do limpador de para-brisa: **la palanca de limpiaparabrisas**

m. a buzina: **el claxón**

n. o pedal de embreagem: **el pedal del embrague**

o. o pedal dos freios: **el pedal de los frenos**

p. o pedal do acelerador: **el pedal del acelerador**

q. a chave de ignição: **el interruptor de encendido**

r. o freio de mão: **el freno de mano**

s. a alavanca de câmbio: **la palanca de cambio**

t. o porta-luvas: **la guantera**

Capítulo 16: Encontrando um Lugar para Ficar

B	A	L	G	N	O	C	Q	S	A	V	E	K	Y	L
Q	O	J	O	S	O	E	D	N	C	H	A	M	P	Ú
I	I	E	A	I	L	E	I	E	I	T	T	W	Q	Q
F	D	V	C	L	N	C	E	E	S	W	T	H	A	B
B	O	E	G	S	S	C	I	L	H	A	H	C	V	A
L	R	W	Z	I	B	L	L	J	K	S	Y	S	G	Ñ
P	M	J	P	Z	Z	J	N	U	W	K	A	U	N	O
D	I	R	E	C	C	I	Ó	N	I	L	H	S	N	V
M	R	E	D	J	H	M	W	A	L	D	H	H	B	O
N	B	P	M	A	P	V	K	A	E	Q	O	F	O	R
G	A	N	F	K	K	C	O	W	Q	B	V	X	G	R
B	L	A	C	O	S	T	A	R	S	E	R	B	F	Y
D	E	S	P	E	R	T	A	R	S	E	M	D	R	B
H	A	B	I	T	A	C	I	Ó	N	P	S	D	Í	N
F	T	B	L	W	T	W	R	V	E	S	R	M	A	S

deitar-se: **acostarse**

shampoo: **champú**

acordar: **despertarse**

dormir: **dormir**

quarto: **habitación**

piscina: **piscina**

jarra: **vaso**

banheiro: **baño**

café da manhã: **desayuno**

endereço: **dirección**

frio: **fría**

incluso: **incluido**

preço: **precio**

toalhas: **toallas**

Capítulo 17: Lidando com Emergências

a. o olho: **el ojo**

c. a boca: **la boca**

e. o peito: **el pecho**

g. o dedo: **el dedo**

i. a coxa: **el muslo**

k. o dedo do pé: **el dedo del pie**

m. a perna: **la pierna**

o. o polegar: **el pulgar**

q. o pescoço: **el cuello**

s. a cabeça: **la cabeza**

b. o nariz: **la nariz**

d. o ombro: **el hombro**

f. a mão: **la mano**

h. o estômago: **el estómago**

j. o tornozelo: **el tobillo**

l. o pé: **el pie**

n. o pulso: **la muñeca**

p. o braço: **el brazo**

r. a orelha: **la oreja**

t. o rosto: **el rostro**

Índice

SÍMBOLOS

¡Hola!, 41

A

ação, 22
acima e abaixo, 14
actriz, 386
adelante, 52–64
Adiós, 41
adjetivo, 23–40
adjetivos possessivos, 103–108
à esquerda e à direita, 14–20
agências de câmbio, 254–258
agosto, 384
agotados, 386
agradable, 113
aguacates, 80
ahora, 34, 383
ajo, 80
alfabeto espanhol, 41–64
alomorfia verbal, 120–124
ambiente corporativo, 197–216
apresentações, 11–20
aqui e lá, 14
área de verificação de documentos, 261–280
artigos definidos, 35–40
artigos indefinidos, 35–40
assistir a um filme, 188–196
atender ao telefone, 16–20
atividades culturais, 183–196
autobús, 386
ayudar, 90

B

bailas, 384
baño, 383
barre, 384
barreira linguística, 293–312
barrer, 102

bate-papo, 13–20
baterías, 386
blocos básicos, 22–40

C

camina, 384
Cancún, 238–246
cantante, 386
cartão de crédito, 17–20
centímetros, 80–82
check-in, 284–292
Cidade do México, 238–246
cincuenta, 384
cine, 386
ciudad, 383
ciudadana, 386
comparativos, 173–182
concierto, 386
conjugação, 10–20
contenta, 34
cordialidades, 60–64
cuatro, 384
cultura pré-colombiana, 228–234
cumprimentos, 11–20

D

dentro e fora, 14–20
derecha, 127–138
derecho, 127–138
desea, 384
desempacar, 90
desinência, 25–40
día, 383
diálogos, 13–20, 16–20
dime, 123
dinheiro emprestado, 333–336
diptongo, 44–64
direção, 130–138
distância, 78–82
dólar norte-americano, 247–258

Índice   391

domingo, 384
dormitorio, 383

E

él, 24–40
el arroz, 31
el cambio, 153
el dinero, 153
ella, 24–40
ellas, 24–40
ellos, 24–40
el novio, 31
empezar, 102
enero, 384
entonação vocal, 25–40
entonces, 90
equipaje, 386
equivalente verbal, 45–64
escribir, 95
esportes, 227–234
estación, 383
exclamação, 112–124
Exercícios, 383
expressão corporal, 45–64
expressões, 41–64
expressões idiomáticas, 187–196

F

farmácia, 162–182
fazer cópias, 16–20
fazer transações, 254–258
fazer uma ligação, 203–216
Ferramentas de Idiomas, 317–320
fiesta, 386
fila, 386
forma
    interrogativa, 23
    negativa, 23
formalidade, 50–64
formulário de registro, 286–292
frase negativa, 22–40
frutas, 154–160
futuro, 10–20
futuro simples, 242–246

G

gafes, 321–326
gênero, 25–40
gracias, 383
gramática, 15–20

H

habla, 384
hablamos, 383
hablo, 383
horário de funcionamento, 164–182
horas, 71
hoy, 384

I

Ilhas Galápagos, 224–234
imperativo, 212–216
infinitivo, 242–246
informalidade, 50–64
interrogação, 112–124
Invasão Árabe, 217–234
invierno, 384
itens de viagem, 243–246

J

jabón, 383
jueves, 384

K

L

la cena, 31
Lago Titicaca, 238–246
las cebollas, 31
las judías verdes, 31
listo, 148
llegar, 386
locadora de automóveis, 269–280
los camarones, 31

M

maleta, 386
mapa, 383
martes, 384

marzo, 384
materiais de escritório, 199–216
matiné, 386
mayo, 384
mencionas, 384
mes, 384
mesóclise, 46–64
metros, 80–82
millón, 68–82
millones, 68–82
minutos, 71
mixta, 148
monossílabos, 42–64
Monte Albán, 228–234
mucho gusto, 52–64
mudanças ortográficas, 214–216

N

nadan, 384
naranjas, 80
nevera, 383
ningún, 90
norte e sul, 14–20
nosotros/nosotras, 24–40
noveno, 384
número de identificação (PIN), 249–258
números ordinais, 69–82

O

objetos diretos, 205–216
ochenta, 384
ocho, 384
oficial da imigração, 261–280
oficina, 383
once, 384
ordem
     do sujeito, 22
     do verbo, 22
Oswaldo Guayasamín, 191–196

P

pagar a conta, 140–160
partes do computador, 208–216
particípio, 49–64
pasaporte, 386

pausas estranhas, 11–20
peixes, 154–160
película, 386
perfumaria, 162–182
pescado, 148
peso, 78–82
platos, 148
pontos cardeais, 130–138
preciosa, 34
predicado, 22–40
preparamos, 384
presente, 10–20
pretérito, 10–20
primer, 113
próclise, 46–64
pronome substantivo, 24–40
pronúncias, 11–20
pues, 90

Q

quilômetros, 80–82
quince, 384
quinto, 384

R

radical, 100–108
ramillete, 80
regulamentações alfandegárias, 264–280
restaurantes, 140–160
retiran, 384
romántica, 31

S

sala de jantar, 85
segundo, 384
sílaba tônica, 42–64
sistema jurídico, 305–312
sistema público de transporte, 270–280
soplan, 384
sospecha, 384
sótano, 386
subasta, 386
substantivo, 10–20
sufixo, 122–124
sujeito, 22–40

sujeito da frase, 22–40
superlativos, 173–182

T

tarjeta de crédito, 153
templado, 115
trapear, 102
treinta, 384
tren, 383
trocadilho, 232–234
tú, 24–40
tutearse, 26–40

U

usar o computador, 16–20
usted, 24–40
ustedes, 24–40

V

vegetais, 154–160

venden, 384
venir, 90
verano, 384
verbo, 10–20
verbo llamar, 51–64
verbo regular, 295–312
viajo, 384
viernes, 384
visitáis, 384
vive, 384
vocabulário, 15–20
vocabulário pertinente, 298–312
volume, 78–82
vosotros/vosotras, 24–40
vuelo, 113, 386

Y

yo, 24–40

Z

zapatos, 383

CONHEÇA OUTROS LIVROS DA PARA LEIGOS!

Negócios - Nacionais - Comunicação - Guias de Viagem - Interesse Geral - Informática - Idiomas

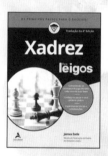

Todas as imagens são meramente ilustrativas.

SEJA AUTOR DA ALTA BOOKS!

Envie a sua proposta para: autoria@altabooks.com.br

Visite também nosso site e nossas redes sociais para conhecer lançamentos e futuras publicações!
www.altabooks.com.br

/altabooks ▪ /altabooks ▪ /alta_books

ALTA BOOKS
GRUPO EDITORIAL

Rua Álvaro Seixas, 165
Engenho Novo - Rio de Janeiro
Tels.: (21) 2201-2089 / 8898
E-mail: rotaplanrio@gmail.com